毛泽东与孔夫子

许全兴 著

人民出版社

重印的告白

　　第一,本书在 2003 年毛泽东诞辰 110 年之际作为《百年后的毛泽东》丛书的第一本出版。本书作为国家社科基金项目"毛泽东与孔夫子——马克思主义中国化个案研究"成果在 2004 年结项评定为"优"级。"毛泽东同志的孔子观"由全国哲学社会科学规划办公室编的《成果要报》上报有关部门领导参阅。"毛泽东与孔夫子"成果简介收入《国家社科基金项目成果选介汇编》第二辑(社会科学文献出版社 2006 年出版)。

　　本书受到学术界的欢迎和好评。《北京日报》2004 年 12 月 27 日"理论周刊"推出"2004 年名家案头书"专版,著名哲学家黄楠森教授将拙著《毛泽东与孔夫子》和《为毛泽东辩护》列为六本案头书中两本。已故的研究毛泽东思想的著名学者、时任四川省毛泽东思想研究所所长和《毛泽东思想研究》杂志主编毕剑横研究员撰写了《马克思主义中国化研究的新途经——读许全兴〈毛泽东与孔夫子〉》书评(刊《毛泽东思想研究》2004 年第 3 期),称赞该书"开辟从个案上深入研究马克思主义中国化的蹊径,意义重大,立意新颖;具有结构合理,逻辑严密;资料丰富,内容翔实;观点鲜明,求真务实等特点和优点,是一部研究毛泽东思想与中国传统文化的佳作。"毛泽东研究崭露头角的青年才俊、现任江苏省哲学社会科学办公室主任、南京大学教授尚庆飞为拙著发表了《理解毛泽东:思路、视角与方法——从〈毛泽东与孔夫子〉谈起》的长篇评论(《马克思主义研究》2005 年第 5 期)。尚庆飞认为:"作者首次全面而深入地论析了毛泽东与孔子之间的关系,澄清和纠正了国内外学术界在这方面的错误观点,在对孔子思想所处的时代、毛泽东对孔子的评价、孔子对毛泽东的影响、马克思主义中国化的经验等方面均提出了独到的见解,对推进毛泽东研究、孔子研究、马克思主义中国化和社会主义文化建设等方面的研究均有比较重要的意义。"针对学界在毛泽东研究方面存在的问题,作者从研究思路、视角与方法诸方面评析了该书"对于深化21世纪毛泽东研究具有重要的参考意义与借鉴价值"。

可以说,凡是读过拙著的人,普遍认为该书写得不错,有价值,有可读性。这是令人欣慰的。

第二,一本学术著作要经得起时间的检验,不能仅看一时是否走红。有的应景之作,一时窜红,但时过境迁,化为纸浆,未能存留。拙著当时印数为6000册,作为学术著作能有这样的印数,已属不易。该书出版至今已有15年,传统的书店早已无货。当时定价25元一册。从网上旧书店查看,该书售价不仅没有打折,而且一直看涨,现今普遍标价200—300元一册,个别的标为500多元,比原价高出20多倍。这从一个侧面反映出本书仍有价值,仍有社会的需求。鉴于2019年是孔子诞辰2700周年,又鉴于当前传统文化热、国学热和儒学热的现状,我向人民出版社哲学编辑室方国根主任提议能否重印拙著,一则以满足社会的需要;二则表达对孔老夫子的敬意;三则在当前传统文化热、国学热和儒学热中表达一种观点,希冀有益于传统文化热、国学热和儒学热的健康发展。方国根主任把我的提议积极向社领导反映。人民出版社领导很爽快同意了我的提议,决定明年尽快重印出版。在此要感谢人民出版社领导和方国根主任对重印拙著的热心支持,感谢夏青同志认真高效的编辑。

第三,考虑到出版的方便、快捷,本书正文除个别文字的校正外,无任何观点的修改和内容的增删。为尊重原版,尊重历史,故本书不是再版,而只是重印。

本书的附录则有明显增补。

本书附录一《毛泽东论孔子言论辑录》,如笔者所料的颇受研究者好评:"具有较高的文献价值与研究价值"。鉴于《毛泽东年谱》等著作披露了拙著出版以来的毛泽东在讲话、谈话中涉及有关孔子的诸多新材料,很有必要进行增补。

本书附录另一增补是,在"论文"部分增加了《关于儒学复兴的若干思考》

和《两个老祖宗都不能丢》两文。这两文较集中地表达了笔者15年来在对马克思主义与中国传统文化关系方面的新认识,回答了学术界在马克思主义中国化和儒学现代化方面的不同见解。增加这两文略可弥补本书只是"重印"带来的某些不足。

许全兴

2018 年 12 月 31 日

序　言

　　孔子是中国古代伟大的政治家、思想家和教育家,封建社会的圣人。毛泽东是现代中国革命之父,中华人民共和国的主要缔造者。毛泽东博古通今,学识渊博,思想精深,集政治家、军事家、哲学家、诗人和书法家于一身,可称为中国现代的"圣人"。孔夫子,毛泽东,一古一今,他们之间有何关系,国内外论者众说纷纭,莫衷一是。

　　毛泽东说过:"从孔夫子到孙中山,我们应当给以总结,承继这一份珍贵的遗产。"①他本人好读古书,经史子集,稗史笔记,无所不读,对中国的历史、哲学、文学颇有研究。1936年,斯诺在陕北窑洞里采访毛泽东后得出了这样的结论:毛泽东"是一个精通中国旧学的有成就的学者,他博览群书,对哲学和历史有深入的研究"②。毛泽东在讲话、著作中常常引用中国古人的话借以表达自己对问题的看法。在他引用的古人古语中,孔子的话最多。他反对教条主义,致力于马克思主义中国化。与此形成鲜明对照的是毛泽东较少直接引用马列经典作家的言论。有的学者据此便认为,毛泽东思想的主要来源是中国传统思想,而非外国的马克思主义。也有少数论者认为,马克思列宁主义经过毛泽东之手已发生了变形,不再具有马克思列宁主义的性质。更有甚者则认为,毛泽东的马克思主义中国化实质上是马克思主义的"封建化"、"儒家化"。

---

　　①　毛泽东:《中国共产党在民族战争中的地位》(1938年10月14日),《毛泽东选集》第二卷,人民出版社1991年版,第534页。
　　②　斯诺:《西行漫记》,三联书店1979年版,第65页。

　　毛泽东领导的新民主主义革命是彻底地反帝反封建的革命。他高度评价五四新文化运动,曾严厉批判尊孔读经的复古主义。在晚年,他发动了中国历史上最大规模的批孔运动,谓"孔学名高实秕糠"。据此,有些人攻击毛泽东和中国共产党摧毁和破坏了中国几千年来的一切文化,是全盘否定中国文化的罪人。也有人认为,五四新文化运动的全盘反传统,导致了中国文化的中断,造成了中国意识的危机,最后导致"文化大革命"的发生。

　　以上是两种相反的极端看法。

　　毛泽东对孔子究竟采取什么态度? 孔子对毛泽东究竟有何影响? 这确实是毛泽东研究中一个需要解决的问题,也是笔者写作本书的直接缘由。正因为如此,本书有着鲜明的针对性,对海内外的不同观点直率地提出了自己的见解。

　　笔者写作本书还有更深层次的原因,即希望通过毛泽东与孔夫子关系的个案研究,为马克思主义中国化提供有益的启示。近十多年来,有关论述毛泽东思想与中国传统文化的关系、马克思主义与中国传统文化(尤其是儒家)的关系的著作不断涌现,笔者案头就有十多种。这些论著都是全面地论述、总结马克思主义中国化的著作。本书力图通过毛泽东与中国文化最有代表性的、也是毛泽东讲得最多的人物孔子的关系,深入研究马克思主义中国化的经验与教训。毛泽东思想是中国化的马克思主义,毛泽东为马克思主义的中国化作出了开创性的历史贡献,为我们留下了丰富的宝贵遗产和经验。这是历史证明了的,是为海内外绝大多数研究者所承认的。毛泽东是人,而不是神。他在马克思主义中国化进程中不可避免地会出现这样那样的问题。把马克思主义中国化说成是封建化,这是完全错误的。但也应承认,在马克思主义中国化进程中确实渗进了某些封建主义和小生产习惯势力的因素,认真总结这方面的教训,对我们今天将马克思主义进一步中国化是极为有益的。本着这种精神,本书在充分肯定马克思主义中国化成功经验的同时,严肃认真地总结了这方面的教训,力求如实地指出毛泽东在这方面存在的问题。

　　如何评价孔子,这是从孔子活着时起就有争论的问题,争论了二千五百多年,至今毁誉不一。毛泽东对孔子的评价只是许多种评价中的一种。把毛泽东的评价定于一尊,固然不对;以轻蔑的态度对待也不可取。如何评价孔子,如何评价毛泽东对孔子的评价，这是一个需要认真研究的学术问题，它涉及中国古代的历史、哲学诸多方面。笔者对毛泽东的思想与实践较为熟悉，而对中国古代的历史、哲学，对孔子的学说，则知之不深，但为了写作此书，笔者对孔子及其生活的时代作了一番学习、研究，并旁及中国历史、哲学方面书籍的研读。也许正因为笔者不是从事中国哲学史专业研究的，不是专门研究孔子的，所以在论及孔子时也就没有多少条条框框的束缚，无所顾忌，不怕专门家见笑。

笔者对毛泽东与孔子关系的课题的关注甚早，1992年曾发表过《毛泽东论孔夫子》，在1993年完成《毛泽东晚年的理论与实践》一书后就把主要精力转向本课题的研究，中间也发表过《毛泽东与孔夫子：古今伟大"教员"》、《中华民族优秀传统——毛泽东思想来源之一》、《中国哲学精神简论》等文章，但由于为行政工作所累，无法有较为完整的时间静下心来读书、研究和写作。直到今年3月才摆脱了行政琐事，得以实现自己的心愿，专事教学与研究。十多年来，虽写作进展甚微，但思考一直没有停止过。基于十多年的思考，笔者在前人研究的基础上对孔子所处的时代、孔子的思想、毛泽东对孔子的评价和马克思主义中国化的经验教训等诸多问题大胆地提出了自己的见解。对中国历史，对毛泽东研究来说，笔者还是个小学生。书中见解是否言之成理，持之有故，希望得到同行和广大读者的批评。

为了写作本书，笔者不断地搜集、积累毛泽东有关孔子的言论，这是研究工作的基础。笔者搜集到毛泽东这方面的言论，有一部分是读者所知的，也有相当多的则未必为广大读者所知，即使读者所知道的言论，也显得很零散。为了让读者全面地如实了解毛泽东对孔子的评论和对孔子思想的批判、继承和发挥，笔者将所搜集到的这方面的资料，以年代为序，放在书的正文后作为附录排出。我想这定会受到读者的欢迎。

许全兴

2002 年 12 月 26 日

目　录

一

纵 论 篇

一个人的思想总是随着社会的变迁、个人年龄的增长而发生变化,毛泽东也不例外。他对孔子的评论、批判、继承和发挥,也因社会客观形势和自己主观条件的变化而变化。为了让读者对毛泽东与孔子的复杂关系有一个总体的了解,笔者首先按照历史的不同时期来梳理毛泽东对孔子的态度与评价。

（一） 青年时代的毛泽东论孔子

毛泽东少年时代受的是传统的封建主义教育,八岁入家乡的私塾,读四书五经,共六年。1911 年离开家乡到省城长沙求学,大大开阔了视野,读赫胥黎的《天演论》、斯宾塞的《群学肄言》、卢梭的《民约论》等反映 18—19 世纪西方资产阶级民主主义思想和成就的社会科学、自然科学方面的著作,由相信孔夫子转变成为资产阶级民主主义者。毛泽东自己不止一次说过,我过去读过孔夫子的书,四书五经,读了六年,很相信孔夫子。还写过文章,后来进了资产阶级学校。读了七年资产阶级的书。关于少年时代的毛泽东相信孔夫子的情况迄今未发现留下什么资料,只好暂付阙如。

毛泽东在转变成资产阶级民主主义者后对孔子取何种态度,是继续相信孔夫子呢？还是和同时代的许多进步青年一样抛弃了孔夫子呢？从留下来的大量早期文稿看,毛泽东在长沙求学时代还是颇为崇信孔夫子的。①

---

① 有材料说,在去长沙之前,毛泽东已对孔子采取反对的态度。据萧三回忆,在湘乡县东山高等小学堂时,他与毛泽东"常在一起交谈各自的读书心得。毛泽东同我们大家一样,不喜欢孔夫子。"毛泽东还同萧三谈起他的父亲,说:"他很严厉。可是我也找到了对付他的办法。我用孔夫子说的'父慈子孝'来抵制他。"(萧三:《毛泽东》,原载萧三的《不可征服的中国》,苏联国立军事出版社 1940 年俄文版,引自《党的文献》1993 年第 3 期)。毛泽东曾对罗伯特·佩思说:"我从八岁起就讨厌孔夫子。"(罗伯特·佩思:《毛泽东》1962 年纽约版,第 30 页。转引自哈理森·索尔兹伯里:《长征——前所未闻的故事》,解放军出版社 1986 年版,第 81 页。)

在新文化运动中,陈独秀以《新青年》为阵地对康有为等人掀起的尊孔复辟逆流进行了猛烈批判。孔子"圣人"的权威被打倒了。毛泽东是《新青年》的热心读者,也很崇拜陈独秀。但在对孔子的态度上,他与陈独秀有明显不同。孔子在他心中依然是圣人。他在 1917 年 4 月出版的《新青年》上发表了《体育之研究》,论述体育之重要及怎样开展体育运动。该文提倡的完全是新思想,可他在文中却大量引用《论语》、《孟子》、《礼记》、《史记》等古代文献中的典故、成语。他称孔子为圣人,赞扬孔子讲卫生重体育。他说:"有圣人者出,于是乎有礼,饮食起居皆有节度,故'子之燕居,申申如也,夭夭如也'(按:此语出于《论语·述而》,以下凡引自《论语》一书的只注篇名);'食饐而餲,鱼馁而肉败,不食'(《乡党》);'射于矍相之圃,盖观者如墙堵焉'(《礼记·射义》)。""体育者,养生之道也。东西之所明者不一:庄子效法于庖丁,仲尼取资于射御……"在批评"精神身体不能并完"的观点时,毛泽东说:"孔子七十二而死,未闻其身体不健。"接着他又举了释迦和穆罕默德,称"此皆古之所谓圣人,而最大之思想家也"①。

受传统思想的影响,毛泽东认为,圣人、愚人的区别在于得不得宇宙的"大本大源"。1917 年 3 月 23 日,他在致黎锦熙的信中说:"圣人,既得大本者也;贤人,略得大本者也;愚人,不得大本者也。圣人通达天地,明贯过去现在未来,洞悉三界现象,如孔子之'百世可知',孟子之'圣人复起,不易吾言'。"②

1917 年 11 月,毛泽东主办湖南第一师范工人夜学。他主持的夜学开学仪式还向孔子像行三鞠躬礼。他在《夜学日志》中记有:在仪式上,师生员工"整队向国旗、孔圣行三鞠礼,职教、学生相向互行一鞠躬礼"③。

以上言行足以说明,学生时代的毛泽东对孔子是持崇敬态度的,这与当时猛烈开展的批孔运动适成鲜明对比。

① 毛泽东:《体育之研究》(1917 年 4 月 1 日),《毛泽东早期文稿》,湖南出版社 1990 年版,第 66、70 页。

② 毛泽东:《致黎锦熙信》(1917 年 8 月 23 日),《毛泽东早期文稿》,湖南出版社 1990 年版,第 87 页。

③ 毛泽东:《夜学日志首卷》(1917 年 11 月),《毛泽东早期文稿》,湖南出版社 1990 年版,第 103 页。

陈独秀认为,东西文明若水火不相容,不可能调和。受时代潮流的推动,毛泽东如饥似渴地学习西方新思想,尖锐批判中国旧思想、旧道德,希望以新思想、新道德来洗净国民头脑中的旧思想、旧道德。与陈独秀不同的是,毛泽东继续推崇国学。他主张:"为学之道,先博而后约,先中而后西,先普通而后专门。"①他认为:就学问来讲,"吾人所最急者,国学常识也"。"国学则亦广矣,其义甚深,四部之篇,上下半万载之纪述,穷年竭智,莫殚几何,不向若而叹也!"②书太多,为通国学,"首贵择书,其书必能孕群籍而抱万有"。他认为,曾国藩所纂的《经史百家杂钞》就是这样的书。1916 年 2 月 29 日,他为学友萧子升开了一个国学书目,其中"经之类十三种,史之类十六种,子之类二十二种,集之类二十六种,合七十有七种"。他说:"据现在眼光观之,以为中国应读之书止乎此。苟有志于学问,此实为必读而不可缺。"③青年毛泽东身体力行,经、史、子、集,无不勤奋苦读。

青年毛泽东推崇孔子、推崇国学,孔子思想自然会对他产生影响。

孔子注重道德修养。《大学》则把"修身"看成是"齐家"、"治国"、"平天下"的出发点和根本点。注重人生哲学则成了中国哲学的一个传统。毛泽东受时代思潮和传统思想的双重影响,认为改造中国"宜从哲学伦理学入手"。在他看来,哲学是探讨宇宙大本大源的学问,要是人能得大本大源,就成了圣人,故他提出"普及哲学"的治国之道。他说:"人人有哲学见解,自然人己平,争端息,真理流行,群妄退匿。""普及哲学",可使"天下皆为圣贤,而无凡愚,可尽毁一切世法,呼太和之气而吸清海之波。孔子知此义,故立太平世为鹄,而不废据乱、升平二世。大同者,吾人之鹄也。"④由此可见,青年毛泽东的理想社会及其实现的途径无不受到孔子的影响。

---

① 毛泽东:《致湘生信》(1915 年 6 月 25 日),《毛泽东早期文稿》,湖南出版社 1990 年版,第 7 页。

② 毛泽东:《致萧子升信》(1915 年 9 月 6 日),《毛泽东早期文稿》,湖南出版社 1990 年版,第 24 页。

③ 毛泽东:《致萧子升信》(1916 年 2 月 29 日),《毛泽东早期文稿》,湖南出版社 1990 年版,第 37 页。

④ 毛泽东:《致黎锦熙信》(1917 年 8 月 23 日),《毛泽东早期文稿》,湖南出版社 1990 年版,第 88、89 页。

在宇宙观上,青年毛泽东更多的是倾向于中国传统的心学。他认为宇宙之本源是宇宙之真理,而宇宙之真理,各具于人之心中。他主张"唯我论",他说:"我即宇宙也。各除去我,即无宇宙。""宇宙间可尊者惟我也,可畏者惟我也,可服从者惟我也。"①当然,毛泽东的唯我论的社会作用与传统的心学不同。中国传统的心学主张尽心知性知天,是为维护现存的封建制度服务的。毛泽东的唯我论,强调个性解放,实现自我,具有反封建反教条的革命意义。

孔子主张知(智)②、仁、勇。《礼记·中庸》称:"知、仁、勇三者,天下之达德也。"毛泽东将知、仁、勇三者并举改造为德、智、体三育并重。1916 年 12 月 9 日他在致黎锦熙的信中说:"古称三达德,智、仁与勇并举。今之教育学者以为可配德智体之三言。"③毛泽东注重德、智、体全面发展的教育思想既吸取了西方现代的新思想,又改造继承了中国古代孔子的思想。德、智、体全面发展的教育思想贯穿于毛泽东的整个一生。

在学习方法上,毛泽东颇受孔子的启发。他认为,孔子所说的"博学于文",孟子所说的"博学而详说",是"天经地义"的,是"学者之所宜遵循"的。④他反对拘于一家一派之言,主张"庇千山之材而为一台,汇百家之说而成一学,取精用宏,根茂实盛"。循"博学于文"的学习之道,毛泽东博览群书,对各种学说"挈其瑰宝,而绝其淄磷"⑤。

在生活上,青年毛泽东也有受孔子影响的地方。孔子赞美自己最得意的弟子颜回说:"一箪食,一瓢饮,在陋巷,人不堪其忧,回也不改其乐。"(《雍也》)从毛泽东所记的《讲堂录》中可看出,他的老师以此来教导自己的学生。

---

① 毛泽东:《〈伦理学原理〉批注》(1917 年至 1918 年),《毛泽东早期文稿》,湖南出版社 1990 年版,第 231 页。

② 在《论语》《中庸》等古代典籍中,作为名词、形容词使用的"知"多等同于"智",指聪明、有智慧。在大多数情况下,毛泽东也是持这样的看法。详见"道德篇"、"教育篇"的相关论述。

③ 毛泽东:《致黎锦熙信》(1916 年 12 月 9 日),《毛泽东早期文稿》,湖南出版社 1990 年版,第 59 页。

④ 毛泽东:《致萧子升信》(1915 年 9 月 6 日),《毛泽东早期文稿》,湖南出版社 1990 年版,第 21 页。

⑤ 毛泽东:《一切入一》(1917 年夏),《毛泽东早期文稿》,湖南出版社 1990 年版,第 82、83 页。

受此影响,毛泽东"身无分文",而"心忧天下"。他曾设想,"学颜子之箪瓢与范公(按:范仲淹)之画粥",办一所自修学校。在生活上,他主张节俭,反对奢侈。他不屑与追求生活享受的人交往。

在长沙求学时代,毛泽东受孔子和儒家的影响是十分明显的。从早期文稿看,在形式上,国学占主导地位,因为文稿中大量引用中国古代的文献、典籍,但从青年毛泽东的思想实质讲,占主导地位的是资产阶级民主主义。他强调"贵我",认为人的价值在于实现自我。他宣称:"个人有无上之价值","故凡有压抑个人、违背个性者,罪莫大焉。故吾国之三纲在所必去,而教会、资本家、君主、国家四者,同为天下之恶魔也。"①他在读《伦理学原理》一书时常常作中西学术思想比较,写有"吾国先儒之说亦然"、"吾国宋儒之说与康德同"、"与宋儒异处"等批语。从他写的中西比较批语看,总的倾向是以西释中,而非以中释西。青年毛泽东的装束是长衫布鞋,而非时髦的西服革履,但支配他行动的却非中学,而是西学。孔子主张三纲五常,毛泽东主张个性解放,形成了"性不受束缚"的鲜明个性。孔子主张中庸,毛泽东主张抵抗、斗争,"与天奋斗,其乐无穷;与地奋斗,其乐无穷;与人奋斗,其乐无穷"。他要"毁旧宇宙而得新宇宙"。毛泽东身上无一点"温文尔雅"的儒者气象。所以,我认为,中学虽然在青年毛泽东的思想中占有重要地位,但它不起主导作用,起主导作用的是西方的资产阶级民主主义。

青年毛泽东对孔子态度发生明显变化是在他第一次到北京后。1918年夏,毛泽东在湖南第一师范学校毕业。8月,因组织新民学会会员赴法勤工俭学事宜到北京。经杨昌济介绍,毛泽东在北京大学图书馆主任李大钊手下当一名助理员。北京大学是新文化运动的中心,各种西方思潮在校园竞相传播。毛泽东在李大钊指导下开始接触到马克思主义。他参加哲学会和新闻学会,尽量了解各种新学说。从长沙到北京,他又一次开阔了视野,"思想越来越激进"。1919年4月回到长沙。五四运动爆发后,他全力参与并领导学生运动,再也无暇去读经、史、子、集。1919年7月,他在由他主编的《湘江评论》创刊

---

① 毛泽东:《〈伦理学原理〉批注》(1917年至1918年),《毛泽东早期文稿》,湖南出版社1990年版,第151—152页。

号上发表了四则揭露康有为等人尊孔丑行的短评,这是他早期文稿中最早的批孔文字,标志着在他思想中孔子的权威已被否定。他在《健学会之成立及进行》(1919 年 7 月 21 日)一文中指出:二十年来,湖南省虽然在政治上排满,但在思想上仍以"中学为体,西学为用"、"以孔子为中心"、"于孔老爹,仍不敢说出半个'非'字",而今则到了一改旧观的时候了。在论到学会章程中"自由讨论学术"一条时,他说:"我们反对孔子,有很多别的理由。单就这独霸中国,使我们思想界不能自由,郁郁做二千年偶像的奴隶,也是不能不反对的。"①

总之,毛泽东从主办《湘江评论》起,我们在他的文稿中已很难见到再有恭维孔子的话了,也很少见到引用孔子及儒家的语录。当然,这并不是说,作为历史人物的孔子已完全从青年毛泽东心中抹去了。他在《问题研究会章程》(1919 年 9 月 1 日)中将"孔子问题"列为研究问题之一。1920 年春,在第二次由北京取道上海回长沙的途中,他虽然一文不名,但还是下了火车,到曲阜拜谒孔子故里和坟茔,凭吊古代伟人。

(二) 革命时期的毛泽东论孔子

1920 年是毛泽东由革命民主主义者转变为共产主义者的一年。这时,他虽然致力于新思潮的比较研究,但在思想原则上依然十分明确:西方文明必须与我国文明相结合。1920 年 3 月,他在一封信中写道:"世界文明分东西两流,东方文明在世界文明内,要占个半壁的地位。然东方文明可以说就是中国文明。吾人似应先研究过吾国古今学说制度的大要,再到西洋留学才有可资比较的东西。"又说:"吾人如果要在现今的世界稍为尽一点力,当然脱不开'中国'这个地盘。关于这地盘内的情形,似不可不加以实地的调查,及研究。"②毛泽东的这些话表明他是以辩证的态度来对待中西文明的,预示着他

---

① 毛泽东:《健学会之成立及进行》(1919 年 7 月 21 日),《毛泽东早期文稿》,湖南出版社 1990 年版,第 363、368 页。

② 毛泽东:《致周世钊信》(1920 年 3 月 14 日),《毛泽东早期文稿》,湖南出版社 1990 年版,第 474 页。

将马克思主义与中国具体实际相结合的正确方向。

在转变成马克思主义者后,毛泽东对孔子采取什么态度呢?

新民主主义革命是反对帝国主义、封建主义和官僚资本主义的革命。不言而喻,作为无产阶级革命家的毛泽东对维护封建制度的孔子之道持批判态度。在第一次大革命时期,他结合农民运动,批判忠孝主义,批判束缚农民的政权、族权、神权和夫权。他在《新民主主义论》、《反对党八股》等文章中充分肯定五四新文化运动在提倡民主与科学、反对封建旧教条方面的巨大历史功绩。他激烈批判大地主大资产阶级提倡尊孔读经的反动主张。1940 年,历史学家范文澜在延安新哲学会年会上作了《中国经学史的演变》的报告,毛泽东称赞范的报告为"用马克思主义清算经学这是头一次",并指出,"目前大地主大资产阶级的复古反动十分猖獗,目前思想斗争的第一任务就是反对这种反动"①。

那么,作为马克思主义者的毛泽东是否就全盘否定孔子了呢? 不是的,请看事实:

1930 年 5 月,他在《反对本本主义》中批评有的干部"才力小,干不下"时说:"迈开你的两脚,到你的工作范围的各部分各地方去走走,学个孔夫子的'每事问',任凭什么才力小也能解决问题。"②

1936 年 12 月 28 日,他在《关于蒋介石声明的声明》中引用孔子的"言必信,行必果"、"人而无信,不知其可"的话,③要求蒋介石兑现在西安事变时答应的诺言。

1937 年,他在抗大讲哲学。在讲到"内因是变化的根据,外因是变化的条件"时,他说:"'物必先腐也,而后虫生之,人必先疑也,而后谗入之',这是苏东坡的名言。'内省不疚,夫何忧何惧',这也是孔夫子的实话。"④

---

① 毛泽东:《致范文澜》(1940 年 9 月 5 日),《毛泽东书信选集》,人民出版社 1981 年版,第 163 页。

② 毛泽东:《反对本本主义》(1930 年 5 月),《毛泽东选集》第一卷,人民出版社 1991 年版,第 110 页。

③ 毛泽东:《关于蒋介石声明的声明》(1936 年 12 月 28 日),《毛泽东选集》第一卷,人民出版社 1991 年版,第 247 页。

④ 许全兴、魏世峰主编:《延安时期的毛泽东哲学思想》,陕西人民教育出版社 1988 年版,第 45 页。

1937 年 10 月 19 日,他在纪念鲁迅逝世一周年的大会上说:"鲁迅在中国的价值,据我看要算是中国的第一等圣人,孔夫子是封建社会的圣人,鲁迅则是现代中国的圣人。"①这显然是在肯定的意义上称孔子为封建社会的圣人。

毛泽东在抗大的多次讲话中更是从正面讲到孔子。

1938 年 5 月 21 日,针对一些同志不安心当教员这一点,毛泽东在抗大干部会上说:黑格尔是马克思的老师,此人似乎当了一世教员。我们中国的孔夫子起初做官,以后撤职,大概就是当教员当到死吧! 我们要学习黑格尔,学习孔夫子。我们三四百人,可否出几个孔夫子,出几个黑格尔呢? 又说:孔夫子是个圣人,几千年只此一个。在此次讲话中,他还以肯定的口气讲到武训办学堂。

1938 年 7 月 9 日,他在抗大讲话中说:"孔子说:'吾十有五而志于学',马克思主义者也有他的志向。但是为什么当时的孔夫子不作共产党呢? 那是当时的老百姓不要他作共产党而要他作教书先生,而今天的老百姓则需要我们作共产党了。"②毛泽东的这些话表明:孔夫子作教书先生是时代的需要,老百姓的需要。

过了一月,即 8 月 5 日,毛泽东说:抗大学生毕业后无论做什么工作,都要既当学生,又当先生。像孔子那样的周游列国,碰到一个人就可以从他那里学得一些东西,也可以教他一些东西。他还肯定孔子的"学而不厌,诲人不倦"、"因材施教"的教育态度和方法。

当然,在教育上,毛泽东也有批评孔子的地方。1939 年 4 月 24 日,他在抗大生产运动初步总结大会上讲:孔子虽然是圣人,但有一个缺点,就是不耕地。人家问孔先生耕地种菜怎么做? 他说,不知道,去问耕田的人,去问种菜的人。在《青年运动的方向》一文中毛泽东又说了类似的话。

1938 年 10 月,毛泽东在中共六届六中全会上向全党提出研究理论、研究历史和研究现状的任务。他在谈到研究历史时指出:中国民族有数千年的历

① 毛泽东:《论鲁迅》(1937 年 10 月 19 日),《毛泽东文集》第二卷,人民出版社 1993 年版,第 43 页。
② 毛泽东:《在抗大纪念"七一"、"七七"及突击运动总结大会上的讲话》(1938 年 7 月 9 日),《党史研究资料》1989 年第 10 期。

史,有它的许多珍贵品。"从孔夫子到孙中山,我们应当给以总结,承继这一份珍贵的遗产。"①"从孔夫子到孙中山"的提法,表达了毛泽东对孔子在中国历史上所占重要地位的一种肯定。在此讲话中,毛泽东首次提出"马克思主义中国化"的问题,要求马克思主义不仅要同中国现实的革命运动相结合,而且要同中国的历史实际、同中国的历史文化相结合,使之具有中国的作风和中国的气派。

在中共六届六中全会后,毛泽东从肯定意义上评价孔子和引用孔子的话非常多。

1939年2月,毛泽东在致张闻天、陈伯达的信中对孔子的哲学思想作了辩证的精辟分析。他指出:孔子的"正名"理论,作为哲学整个纲领来说,是观念论,但如果作为哲学的部分来说则是对的,强调主观能动性,有片面真理;中庸思想,"过犹不及",肯定质的安定性,是两条战线斗争的方法,是重要的思想方法之一,是孔子的一大发现,一大功绩;在认识论上与社会论上,孔子除基本的形而上学之外,在对名与事、文与质、言与行等关系的说明上有辩证法的因素;对孔子教育普及化的功绩应给予肯定。同时,毛泽东也提出:对孔子的道德论应给以唯物论的观察与批判,以便与国民党的道德观有原则的区别。同年,针对有同志全盘肯定中庸,毛泽东在读书批语中指出:中庸思想是反辩证法的,关于这方面的详细论述见本书"哲学篇"和"教育篇"。

据《孔子评传》作者匡亚明讲:1942年,他在延安曾向毛泽东请教如何评价孔子的问题。毛泽东认为:孔子生在二千多年以前,确是中国历史上一个非常伟大的人物。但孔子毕竟是二千多年前的人物,他思想中有消极的东西,也有积极的东西。只能当作历史遗产,批判地加以继承和发扬。对当前革命运动来说,它是属于第二位的东西。第一位的用以指导革命运动的,是马克思主义理论。特别是当时重庆(国民党政府所在地)方面正在大搞什么"尊孔读经"。他们靠孔夫子,我们靠马克思。要划清界限,旗帜鲜明。毛泽东又认为:当时对孔夫子,最好是暂时沉默,既不大搞批判,也不大搞赞扬。②

① 毛泽东:《中国共产党在民族战争中的地位》(1938年10月14日),《毛泽东选集》第二卷,人民出版社1991年版,第534页。
② 匡亚明:《孔子评传》,齐鲁书社1985年版,第47页。

1942 年 2 月,毛泽东在《反对党八股》一文中谈到对事情要多想、对文章要反复修改时说:"孔夫子提倡'再思',韩愈也说'行成于思'。"①

1943 年 6 月 6 日,毛泽东在致彭德怀的信中指出:在阶级社会是"己所不欲,要施于人",只有在阶级消灭后,才能实现"己所不欲,勿施于人"的原则。他在同年 8 月 8 日的一次讲话中指出对孔夫子讲的"仁爱"要作具体分析,揭露了剥削阶级"仁爱"的阶级实质。

1943 年 6 月 28 日,刘少奇在致续范亭的信中谈了有关人性、是非、善恶等问题的看法。同年 12 月 17 日,毛泽东在刘的信上批写道:"剥削阶级当着还能代表群众的时候,能够说出若干真理,如孔子、苏格拉底、资产阶级,这样看法才是历史的看法。""孔孟有一部分真理,全部否定是非历史的看法。"②

1945 年毛泽东在中共七大的讲话中提出:"要讲真话,不偷、不装、不吹。"在谈到"不装"时他说:"什么是不装? 就是'知之为知之,不知为不知'。孔夫子的学生子路,那个人很爽直,孔夫子曾对他说:'知之为知之,不知为不知,是知也。'"在此次讲话中,毛泽东还谈到同国民党斗争的方针是:"第一条,就是老子的哲学,叫做'不为天下先'。就是说,我们不打第一枪。第二条,就是《左传》上讲的'退避三舍'……第三条,是《礼记》上讲的'礼尚往来'。来而不往非礼也,往而不来亦非礼也,就是说'人不犯我,我不犯人;人若犯我,我必犯人'。"③

1949 年 3 月,毛泽东在《党委会的工作方法》中说:"我们切不可强不知以为知,要'不耻下问',要善于倾听下面干部的意见。"④

孔子讲过:"君子欲讷于言,而敏于行。"(《里仁》)在辗转陕北时,毛泽东化名李得胜。他为自己的两个女儿取名为李敏、李讷,以寄托自己的心愿。毛

---

① 毛泽东:《反对党八股》(1942 年 2 月 8 日),《毛泽东选集》第三卷,人民出版社 1991 年版,第 844 页。

② 毛泽东:《对刘少奇致续范亭信的批语》(1943 年 12 月 17 日),《毛泽东文集》第三卷,人民出版社 1996 年版,第 85 页。

③ 毛泽东:《在中国共产党第七次全国代表大会上的口头政治报告》(1945 年 4 月 24 日),《毛泽东文集》第三卷,人民出版社 1996 年版,第 350、326 页。

④ 毛泽东:《党委会的工作方法》(1949 年 3 月 13 日),《毛泽东选集》第四卷,人民出版社 1991 年版,第 1441 页。

泽东为女儿的这种取名不也正是表明他对孔子的一种态度吗？

（三）建设时期的毛泽东论孔子

有人认为，儒家思想不适用于革命而适用于治国。因此，毛泽东在革命时期批孔，而在夺取政权后，则同历史上的当权者们一样崇孔。这种看法显然是错误的。从1949年中华人民共和国成立起至1966年"文化大革命"爆发前，毛泽东虽然更多地讲到孔子，但对孔子的态度同新中国成立前大体相同。

毛泽东在政治上、道德论上对孔子继续采取严厉的批判态度。

1953年，毛泽东在一次讲话中说：关于孔夫子的缺点，我认为就是不民主，没有自我批评精神。"吾自得子路而恶声不入于耳"、"三盈三虚"、"三月而诛少正卯"，很有些恶霸作风，法西斯气味。不过，第二年，毛泽东在一次讲话中说过与此相反的话：孔夫子是革命党，此人不可一笔抹杀，不能简单地就是"打倒孔家店"。1955年，他在为一篇反映曲阜县的一个农业生产合作社增产情况的文章写的按语中说："曲阜县是孔夫子的故乡，他老人家在这里办过多少年的学校，教出了许多有才干的学生，这件事是很出名的。可是他不大注意人民的经济生活。""现在的社会主义确实是前无古人的。社会主义比起孔夫子的'经书'来，不知道要好过多少倍。"①这说明，孔夫子的"经书"虽然在古代很有名，但时代前进了，在今天它的内容已远远落后了。在此之前数月，即1955年3月，他在中国共产党全国代表会议上的结论的提纲中写道："没有孔夫子，中国更进步了。"②

1959年8月1日，他在庐山会议上说："王子犯法，与庶民同罪"，是旧社会流行的成语，是封建主义骗人的。从古以来未曾有过的事。统治者与被统治者犯王法，哪有什么同罪？这是不懂历史唯物主义，不懂阶级斗争。孔夫子

---

① 毛泽东：《〈中国农村的社会主义高潮〉的按语》（1955年），《建国以来重要文献选编》第七册，中央文献出版社1993年版，第219页。

② 毛泽东：《在中国共产党全国代表会上的结论的提纲》（1955年3月31日），《建国以来毛泽东文稿》第五册，中央文献出版社1991年版，第74页。

说"己所不欲,勿施于人",也只是在同一阶级朋友之间适用,对立集团不适用。蒋介石与冯玉祥之间,己所不欲,要施于人,互相消灭,军阀混战一场,有什么"己所不欲,勿施于人"?

1964 年 8 月 18 日,他在北戴河的哲学谈话中说:孔子讲"仁者人也","仁者爱人"。爱什么人? 所有的人? 没有那回事。爱剥削者? 也不完全,只是剥削者的一部分。不然为什么孔子不能做大官? 人家不要他。接着在谈到《诗经》时,他又表扬了孔子,认为孔夫子也相当民主,男女恋爱的诗,他也收。

在哲学上,他继续认为,孔子的思想是唯心论和形而上学的。1957 年 1 月,他在一次讲话中说:一讲哲学少不了唯物主义与唯心主义、辩证法与形而上学这两个对子。他要求大家不仅要懂唯物主义和辩证法,而且要补学一点它的对立面,唯心主义和形而上学。"康德和黑格尔的书,孔子和蒋介石的书,这些反面的东西,需要读一读。"①

新中国成立以后至"文化大革命"之前,毛泽东在批评孔子的同时,更多的是从肯定方面讲到孔子。

1956 年 6 月,他在《水调歌头·游泳》中直接填入了"子在川上曰:逝者如斯夫!"借以抒发时光在流逝,社会在进步,应奋发跃进的豪情壮志。

1956 年 8 月 24 日,他在同音乐工作者的谈话中说:"孔子是教育家,也是音乐家,他把音乐列为六门课程中的第二门。"②

1957 年 2 月 27 日,他在关于正确处理人民内部矛盾问题的讲话中谈到许多新生事物在开始时往往受打击,被视为毒草。他先举了马克思、孙中山、共产党,然后说到孔子。他说:孔夫子也是不被承认的。孔夫子老先生,他一生不得志,他的道理没人听。在谈到人人都可以批评时,毛泽东说:你活着不受批评,你死了人家还要批评你,我们就批评过死人,批评过孔子,打倒孔家店嘛! 人家死了几千年,还批评他嘛! 现在孔子又好了一点。毛泽东所说的"现在好了一点"是什么意思? 大概是指讲孔子的优点比以往多了一些,以往

① 毛泽东:《在省市自治区党委书记会议上的讲话》(1957 年 1 月 27 日),《毛泽东文集》第七卷,人民出版社 1999 年版,第 193 页。

② 毛泽东:《同音乐工作者的谈话》(1956 年 8 月 24 日),《毛泽东文集》第七卷,人民出版社 1999 年版,第 81 页。

反对尊孔读经,着重于批判,讲孔子的缺点。

1958 年,毛泽东在一些重要会议上多次谈到孔子。同年 3 月 22 日,他在成都会议上讲到破除迷信时说:中国的儒家对孔子就是迷信,不敢称孔丘。唐朝李贺就不是这样,对汉武帝直称其名,曰刘彻、刘郎,称魏人为魏娘。一有迷信就把我们脑子镇压住了,那很危险。在谈到青年人胜过老年人时他说:从古以来,创新思想、新学派的人,都是学问不足的青年人。孔子二十三岁开始,耶稣有什么学问? 释迦牟尼十九岁创佛教,学问是后来慢慢学来的。往下他又讲到孙中山、马克思、章太炎等人。

5 月 8 日,在中共八大二次会议上,毛泽东在讲破除迷信时又说:封建主义宣传那一套,要服从孔子,总觉得自己不行。怕孔夫子,"非圣即违法",反对圣人,就是违反宪法。在讲到青年人胜过老年人时他列举了中国历史上的许多名人,其中说到孔子。他说:孔夫子在青年时也没有什么地位,当过吹鼓手,在人家办丧事时,给人家喊礼,后来教书。他虽然做过官,在鲁国当过司法部长,也是短期的。也还当过管钱的小官,相当于我们农业社的会计。他学了很多本领,颜渊是孔子的弟子,算个二等圣人,他死时才三十二岁。

1958 年 11 月 21 日,他在武昌会议上谈到有实无名时说:一个人学问很高,如孔夫子、耶稣、释迦牟尼,谁也没有给他博士头衔,并不妨碍他们行博士之实,孔子是后来汉朝董仲舒捧起来的,以后不太灵了。到了唐朝好一点,特别是宋朝朱熹以后,圣人就定了。到了明清两代才封为"大成至圣文宣王之位"。到了五四运动,又下降了。圣人不圣人,吃不开了。我们共产党人是历史唯物主义者,承认他的历史地位,但不承认什么圣人不圣人。

新中国成立后,毛泽东更肯定孔子的教育思想。1958 年 8 月 6 日,他在审阅陆定一的《教育必须与生产劳动相结合》一文时增写道:"中国教育史有人民性的一面。孔子的有教无类,孟子的民贵君轻……"8 月 22 日,他又致信陆定一,说:"中国教育史有好的一面,应当说到,否则不全。"①毛泽东的这些话明显是针对当时过多地否定历史的"左"的倾向而发的,带有纠偏的性质。

① 毛泽东:《对陆定一〈教育必须与生产劳动相结合〉一文的批语、按语和修改》,《建国以来毛泽东文稿》第七册,第 340、338 页。

1964年2月13日,毛泽东在春节座谈会上谈教育问题时充分肯定了孔子的教育思想。他说:孔子办私塾,教出了颜回、曾子等七十二贤人,有弟子三千。他批评现行教育制度,课程多,学生负担重,主张精简课程,减轻学生负担。他说:孔子教学生的课程只有六门:礼、乐、射、御、书、数。这样还教出了颜回、曾子等四大贤人。我们丢掉了孔夫子的主流。他对主管教育工作的领导同志说:孔夫子的传统不要丢。在谈话中,他还以赞赏的口气讲了孔子的经历,说明孔子的学问是从实践中自学得来的。他认为,孔子这个人爱说老实话,为此,吃了不少苦,挨了不少骂。在谈话中他又一次指出孔子办教育不讲生产劳动的缺点,提出这方面我们要想办法补足。

1964年9月4日,毛泽东在同外宾谈话中说:孔夫子办了中国历史上第一个学校,他是宣传了封建道德的,那时人人都说他是个圣人。他是中国第一个教育家。

总的看来,出于建设社会主义新文化的需要,在新中国成立后,毛泽东虽然在政治上、道德论上继续批评孔子,但更多的是讲他的优点,承认他是有学问的,是中国第一个教育家。

(四)"文化大革命"期间的毛泽东论孔子

"文化大革命"是中共历史上的一个非常时期。在这一时期,毛泽东晚年的"左"的错误发展到了极端,他对孔子的评价发生了重大变化。

毛泽东认为,"文化大革命"实质上是一场"政治革命"。但"文化大革命"是从意识形态领域开始的,大破剥削阶级的旧思想、旧文化、旧风俗、旧习惯,大立无产阶级的新思想、新文化、新风俗、新习惯,是这场革命的重要内容之一。孔子是中国传统旧思想、旧文化的主要代表者。所以"批孔"是"文化大革命"题中应有之义。

1966年12月,毛泽东对一位外宾讲:无产阶级文化大革命的重要任务之一是消除孔夫子在各方面的影响。针对西方资产阶级反对"文化大革命"这一点,毛泽东说:让他们发愁吧!要抓住阶级斗争和还未完成的反封建主义的斗争,孔夫子在大学文科的影响,如哲学、历史、美术等方面存在着。他们灌输帝王将相思想,资产阶级思想,这些都同孔夫子影响联系着,要在教育方面进行革命。但当时他的注意力集中在斗"走资派"、"夺权"上,无暇顾及二千多年前的孔老先生。此后,虽然有的文章也提到批孔,甚至把刘少奇的《论共产党员的修养》说成是宣扬孔孟之道的"黑修养"而加以批判,但批孔未成气候。

在1968年10月召开的中共八届十二中全会上,毛泽东说:广东的杨荣国、党校的赵纪彬是反孔夫子的。拥护孔夫子的在座的有郭老(沫若)。我看范老(文澜)你基本上也是学孔夫子的,你的那个书(按:指《中国通史简编》)上还有孔夫子的像,冯友兰也是学孔夫子的。我这个人有些偏向,不学孔夫子。不赞成说孔子是新兴阶级的代表人物。他是代表奴隶主、旧贵族的。我同郭老在这点上不那么对劲。你那个《十批判书》崇儒反法,我不赞成。

紧接着,他又说:人家说老子是唯物论,我不赞成。毛泽东讲这些话并非要批孔,更非批郭沫若、范文澜。他是在讲文化革命要注意政策,对冯友兰、翦伯赞这样的教授要给以出路时顺便谈到的。在此以前,毛泽东认为孔子是维护封建制度的思想家,而在这次讲话中则认为是代表奴隶主的思想家,这是一个变化。从毛泽东的讲话中可看出:他很了解学术界在孔子问题上的不同观点。

1971年9月13日,毛泽东的"亲密战友"、"接班人"林彪乘三叉戟飞机仓皇出逃,自我爆炸,"折戟沉沙"于异国荒漠之中。从事后查获的材料看,林彪一伙竭力从孔孟之道中寻找反革命的精神武器。毛泽东认为,林彪与国民党一样是尊儒反法的。

1972年9月27日,毛泽东对日本国内阁总理大臣田中角荣说:中国古代的东西太多了,让旧事物束缚了你并不好。他感到中国旧的传统在阻碍社会前进。

江青在一次批孔会上的讲话中说:1973年5月,她去看毛主席,见毛主席那里放着大字本的郭沫若的《十批判书》。毛主席说,我目的是为了批判用。毛主席还给她念了一首诗:"郭老从柳退,不及柳宗元。名曰共产党,崇拜孔二先。"7月4日,毛泽东在同王洪文、张春桥谈话时说:郭老在《十批判书》里头自称人本主义,即人民本位主义,孔夫子也是人本主义,跟他一样。郭老不仅崇孔,而且是反法的。毛泽东赞成郭老的历史分期,奴隶社会和封建社会以春秋战国之间为界。但他提出,不能大骂秦始皇。8 月 3 日,毛泽东读了杨荣国的《孔子——顽固维护奴隶制的思想家》,批示"杨文颇好"。8 月 5 日,毛泽东对江青讲了中国历史上的儒法斗争,说法家主张中央集权、郡县制。历代政治家,有成就的,在封建社会前期有建树的,都是法家。这些人主张法治,犯了法就杀头,主张厚今薄古。而儒家呢?他满口仁义道德,一肚子男盗女娼,是厚古薄今的,开倒车的。毛泽东还让江青记下了他写的一首诗《读〈封建论〉呈郭老》,诗云:"劝君少骂秦始皇,焚坑事业要商量。祖龙魂死秦犹在,孔学名高实秕糠。百代都行秦政法,十批不是好文章。熟读唐人封建论,莫从子厚返文王。"此诗在批孔运动中广为流传。

1974 年 1 月 18 日,毛泽东批示,同意中共中央转发《林彪与孔孟之道(材料之一)》。这一个材料是北京大学、清华大学大批判组根据毛泽东本人的意见搞的。两校大批判组从林彪一伙的笔记、手书题词、摘录的卡片及公开的言论中选摘出涉及孔孟或类似孔孟语言的材料,并与孔孟之道相对照。毛泽东想通过这个材料,通过批孔,进一步揭露林彪反党集团的思想根源、极右实质以及批判社会上存在的所谓"右倾思潮",以巩固和发展"文化大革命"的"成果"。在中共中央转发《林彪与孔孟之道(材料之一)》后,全国立即出现了批林批孔的高潮。毛泽东为什么要搞批孔?"四人帮"又为什么热衷于批孔?如何评价毛泽东的批孔? 这些问题将在后面专门探讨,在此暂且不论。

毛泽东提出要清除孔夫子在各方面的影响,抽象地讲,这并没有错。因为在现实的社会生活中封建主义意识形态和旧的习惯势力还广泛存在着。但他没有具体地去研究究竟孔子的哪些影响阻碍着今天社会的进步。他激烈批孔,可是他没有意识到他自己身上就有孔子的某些消极影响,如欣赏个人崇拜、家长制,过分夸大道德精神的作用等。他只看到孔子对今天的消极一面,没有注意到孔子对今天也还有积极的一面。这也是一种片面性。

(五) 几点结论

从以上的历史过程的梳理中可看出,毛泽东一生,从青年到晚年,对孔夫

子的态度与评价是有变化的。青年学生时代尊孔,晚年激烈批孔。但从其一生总的来看,我们可以得出以下的结论:

第一,毛泽东早年受封建教育,读四书五经,很相信孔子。在长沙求学时,虽然明确了反帝国主义和封建军阀的政治方向,但仍很推崇孔子,受孔子及儒家多方面的影响。青年毛泽东在中国旧学方面积累的深厚功底,为日后将马克思主义中国化准备了极有利的条件。

第二,在转变成马克思主义者之后,毛泽东认为孔子是代表封建阶级的思想家,在政治上是保守的,是为维护现存制度服务的。他坚决反对"尊孔读经"的复古主义。

第三,毛泽东认为,孔子是中国古代的圣人,几千年只此一人。孔子创立新的学派,是有学问的,在中国文化史上有伟大的功绩。

第四,毛泽东尤其重视孔子在教育上的贡献,称孔子为中国第一位教育家。孔子的教育思想和教学方法中有不少地方值得我们继承与借鉴。他也批评孔子不注意生产、不注意经济的缺点。

第五,毛泽东认为,孔子的哲学从总体上讲是唯心论和形而上学的,应给以批判,但其中包含有片面真理,有辩证法的因素。

第六,在"文化大革命"时期,毛泽东全盘否定孔子,但这并不能代表他一生对孔子的态度。

总之,在"文化大革命"以前,毛泽东以辩证的历史的科学态度对待孔子,他立足于中国革命现实的需要,以马克思主义为武器,一方面批判孔子在政治上、哲学上和道德论上的错误,反对尊孔读经;另一方面又充分肯定孔子在中国历史上的重要地位,善于改造、吸取孔子思想中有价值的东西,丰富和补充自己的思想。

二

时 代 篇

人是社会的存在物。每个人都是他那个时代的产物。知世才能论人。要评价一个人的思想、活动，首先要弄清他所处的时代。现今对孔子评价上的分歧，许多与对孔子所处时代的认识不一致有关。毛泽东不是专门的历史学家，没有像专门家那样去研究孔子处于什么样的社会和时代。他对孔子所处时代的看法，很大程度上是受同时代的史学家的影响。他起初认为孔子生长在封建社会，最后则认为孔子所生活的春秋时期是我国由奴隶制向封建制的过渡时期。

（一）起初认同西周封建论

马克思主义传入中国以前，一般的史学家都把夏、商、周三代称为封建制。但这种封建制的含义是指古代帝王把爵位、土地赐给诸侯，在封定的区域内建邦立国，有别于后来秦实行的郡县制。这种封建制不是现代意义上的封建社会。

孔子生于公元前551年，卒于公元前479年，属春秋时期。在两千多年的封建社会，孔子被尊为"圣人"、"文宣王"、"至圣先师"等。五四新文化运动时，一般的进步人物都认为，孔子生于封建制时代，其思想是封建社会的产物。五四新文化运动的领袖陈独秀说："孔子生长封建时代，所提倡之道德，封建时代之道德也；所垂示之礼教，即生活状态，封建时代之礼教，封建时代之生活状态也；所主张之政治，封建时代之政治也。"[①]胡适在《中国古代哲学史》中讲孔子所生活的社会用的也是"封建制"。受五四新文化运动的影响，毛泽东很自然地采用了孔子生活在封建社会的说法。1926年，他在广州农民运动讲

---

① 陈独秀：《孔子之道与现代生活》（1916年12月1日），《陈独秀文章选编》（上），三联书店1984年版，第155页。

习所的讲课中说:孔子生在封建社会中,所以他的思想,因环境的压迫,也成了封建思想了。

随着马克思主义在中国的传播,用马克思主义指导中国历史研究也逐渐开始。郭沫若是开先河者。1930年,他出版了《中国古代社会研究》,此书的重要贡献之一是强调马克思主义的唯物史观具有普遍的指导意义,同样适用于中国。在书中,他论证中国古代确实存在过奴隶制,中国社会发展与马克思恩格斯关于社会发展一般规律相一致。他提出西周以前是原始公社制(后改为夏商也是奴隶制),西周为奴隶制,春秋以后为封建制(后改为战国以后为封建制)。在20世纪30年代,中国思想界发生了中国社会史论战。论战的问题之一是,中国封建社会从何时开始。当时有七种观点:黄帝说;尧舜说;夏代说;商代说;西周说;东周说;五胡十六国说。不仅马克思主义者与反马克思主义者、非马克思主义者之间在争论,而且马克思主义者内部也存在着分歧。吕振羽、翦伯赞都认为中国历史上存在奴隶制,反对"奴隶制空白论",但他们主张商代是奴隶制,到了周代开始封建制。30年代前期,毛泽东忙于革命战争,无暇过问这方面的争论。国民党反动派对革命根据地的封锁、围剿,客观上也使毛泽东无法得到这方面的资料。长征到达陕北后,情况有了很大的变化。一些参与中国社会史论战的或比较了解这方面论战的学者来到了陕北根据地,有些人同毛泽东有交往,如何干之、陈伯达等。这就使得毛泽东有可能了解数年前发生的争论。毛泽东对中国古代社会历史分期如何看?迄今尚未见到专门的论述,但有几个材料可以反映出他的看法。

首先是对陈伯达的《孔子的哲学思想》的评论。陈伯达在30年代中国社会史论战中持"奴隶制空白论",认为中国直接由原始社会过渡到封建社会。到延安后,他的观点未变。他在《老子的哲学思想》一文的开头就提出:"西周还处在封建社会的第一时期";"由西周进到春秋,这是中国封建社会由第一个时期进到第二个时期",老子是"破落的小封建主的代表者"。陈伯达在《孔子的哲学思想》一文开头也说:"周代封建文化制度是继承自殷人之草创的规模的,孔子是殷人之后,而又熏陶于这个典型的封建邦国中,这样使孔子成为封建统治思想的集大成者。春秋时代是封建制度充分发展的时代,封建思想恰在这时候达到了'集大成'的发展,而孔子就是其代表人。"毛泽东对陈的

《孔子的哲学思想》给予了积极的评价,同时也提出了修改的意见(关于这方面的内容将在"哲学篇"讲),但他对陈伯达关于孔子所处的时代及孔子所代表的阶级的观点未提出异议。这一情况至少可以说明,毛泽东在1939年时是认同陈伯达"西周封建论"的。

其次是《中国革命和中国共产党》。该书第一章《中国社会》说:"中国自从脱离奴隶制度进到封建制度以后,其经济、政治、文化的发展,就长期地陷在发展迟缓的状态中。这个封建制度,自周秦以来一直延续了三千年左右。"①这一章是由其他几个同志起草,经过毛泽东修改而成的。这说明,毛泽东是赞成上述观点的。

再次是《新民主主义论》。毛泽东在文中写道:"自周秦以来,中国是一个封建社会……"②

如何理解"周秦"以来?郭沫若在《中国古代社会》中认为:奴隶制的革命是殷周之际,封建制的革命是周秦之际。1972年,他为了替自己的历史分期观点作论证,对毛泽东的"周秦"一词有所解释。他认为,毛泽东的"周秦"一词"就是指周秦之际"。"'周秦'二字不能分开来讲。'自周秦以来,中国是一个封建社会',换一句话说便是:中国古代奴隶社会与封建社会的交替,是在春秋与战国之交。"③值得注意的是郭老在文中引的是《新民主主义论》中的话,而不是《中国革命和中国共产党》。仅从《新民主主义论》看,郭老的解释似可成立。但若从《中国革命和中国共产党》来看,郭老的说法尚可商榷。因为毛泽东在《中国革命和中国共产党》中说:中国封建制度"自周秦以来,一直延续了三千年左右"。在最初的稿子中则明确讲:"三千年来的中国社会是一个封建社会。"④"三千年的封建社会"就意味着封建制应从西周(公元前11

① 毛泽东:《中国革命和中国共产党》(1939年12月),《毛泽东选集》第二卷,人民出版社1991年版,第623页。
② 毛泽东:《新民主主义论》(1940年1月),《毛泽东选集》第二卷,人民出版社1991年版,第664页。
③ 郭沫若:《中国古代史的分期问题》(1972年7月),《郭沫若全集》(历史编)第3卷,人民出版社1984年版,第13页。
④ 毛泽东:《中国革命和中国共产党》(1939年12月),《毛泽东选集》,东北书店1948年版,第207页。

世纪)算起,而不是从春秋与战国之交开始。春秋的最后一年为公元前 476 年,从春秋与战国之交算起就没有"三千年左右",而只有二千五百年左右。

既然从西周就开始了封建制,那么毛泽东为什么不直说自周以来,而是说周秦以来呢? 我认为,这可能出于两种考虑。第一,封建社会的形成有一个过程。《中国革命和中国共产党》说:"秦以前的一个时代是诸侯割据称雄的封建国家。""自秦始皇统一中国以后,就建立了专制主义的中央集权的封建国家。"①这说明,中国封建社会在周朝时只是开始,至秦才最终确立。第二,考虑到学者们的争论。在延安,不仅陈伯达持西周封建论,而且吴玉章也持此观点(范文澜在 1939 年以后到延安)。在国统区的史学大家郭沫若则持西周奴隶论。为了避免学术争论上的独断,"周秦"两字不失为一个灵活的词,给争论者留有余地。

(二) 最后赞成西周奴隶论

到 1945 年中共七大召开时,毛泽东改变了西周封建论的看法。他在中共七大上所作的口头政治报告中在讲到要重视知识分子时说:"一个阶级革命要胜利,没有知识分子是不可能的。""无产阶级要翻身,劳苦群众要有知识分子,任何一个阶级都要有为它那个阶级服务的知识分子。奴隶主有为奴隶主服务的知识分子,就是奴隶主的圣人,比如希腊的亚里士多德、苏格拉底。我们中国的奴隶主也有为他们服务的知识分子,周公旦就是奴隶主的圣人。"②周公旦是周武王之弟,曾助武王灭商,武王死后,成王年幼,由他摄政。史家一般认为周公旦制礼作乐,建立了一套典章制度,为巩固周朝的统治作出了重大贡献,为后人称颂。毛泽东称他为"奴隶主圣人",不无道理。这里毛泽东是作为举例顺便说到,并非专论中国古代史的分期。但从中可以看出,他改变了

---

① 　毛泽东:《中国革命和中国共产党》(1939 年 12 月),《毛泽东选集》第二卷,人民出版社 1991 年版,第 624 页。

② 　毛泽东:《在中国共产党第七次全国代表大会上的口头政治报告》(1945 年 4 月 24 日),《毛泽东文集》第三卷,人民出版社 1996 年版,第 342 页。

以往西周封建论的观点,认为西周是奴隶制社会。毛泽东的这个报告当时没有公开发表,直到1995年才正式发表。所以毛泽东讲的"周公旦是奴隶主的圣人"的话,很多人并不知道。当然在学术界也就没有什么影响。

关于中国历史的分期,新中国成立后争论又起,主要是在郭沫若和范文澜两位史学大家之间进行。1952年,郭沫若出版《奴隶制时代》一书,力说西周是奴隶制社会,并把奴隶制的下限划在春秋与战国之交。1954年,范文澜修改后的《中国通史简编》再版。范老在书的绪论和正文中针对郭老的观点,详细阐述西周已是封建社会而不是奴隶社会。这种争论有利于学术的发展,也很难由权威来作出谁对谁错的判决。1954年9月14日,毛泽东在中央人民政府委员会临时会议通过《中华人民共和国宪法草案》后发表了关于辛亥革命评价的讲话。他从人类历史发展一般过程的高度评价辛亥革命。他说,人类历史上有过几次性质不同的大的革命。第一次,奴隶主推翻原始共产主义社会,使人类的生产和社会大进一步。第二次,是封建地主革掉奴隶主的命。第三次,是资产阶级革封建地主阶级的命,也就是民主主义革封建主义的命。在中国,就是辛亥革命。所以辛亥革命有伟大意义。在讲到第二次革命时,他说:"这次革命,在中国大概是在春秋战国时代。关于这个问题,历史学家们还在争论不决,有人说西周就是封建社会了。我想,今天中央人民政府委员会对这个问题可以不去作结论。"毛泽东的这些话表明,他对历史学界关于中国历史分期的争论,尤其是对郭沫若与范文澜两位大家的不同观点是了解的。学术问题不能用行政手段去解决,而只能通过学术界的自由讨论、争鸣去解决。当然,作为领导人也可以谈自己的看法,只要不把它看成是最后定论。往下,毛泽东说:"我个人是比较相信郭沫若副总理的在春秋战国时代产生封建制度的主张的。"①

郭沫若在《十批判书》等著作中阐述自己的观点时特别强调了鲁国的"初税亩"改革。据《左传》记载,鲁国在宣公十五年(公元前594年)实行"初税亩",即按土地面积征税。郭沫若认为,西周奴隶制实行的是井田制,只对公

① 毛泽东:《关于辛亥革命的评价》(1954年9月14日),《毛泽东文集》第六卷,人民出版社1999年版,第344—345页。

田征税,取十分之一,谓之彻,而对已出现的少量私田不征税,亦不承认私田的合法性。随着私田数量的增加,鲁国实行"初税亩",对公私田一律征税,以增加收入。这也等于承认私田的合法性。郭沫若强调:"初税亩","虽然只是这样的三个字,但它们确是新旧两个时代的分水岭"。因为这三个字,"正式地承认了土地的私有","这样便是社会制度的改革"①。郭沫若还对《论语》上鲁哀公与孔子弟子有若关于税收的对话作了新的解释。据《论语》记载:"哀公问于有若曰:'年饥,用不足,如之何?'有若对曰:'盍彻乎?'曰:'二,吾犹不足,如之何其彻也?'对曰:'百姓足,君孰与不足? 百姓不足,君孰与足?'"(《颜渊》)郭沫若认为,一向的注家把它作为仁政讲,但这样讲,有点滑稽,说不通。因为取十分之二都不够,取十分之一(即"彻")怎么能够呢? 他另有解释:哀公的"二,吾犹不足",是用旧制,只对公田征税;有若用的是新制,公私田都征税,总的田亩多,所以虽单位面积只取十分之一,但总量仍然比取十分之二的老办法收的多。

受郭沫若《十批判书》的影响,毛泽东在这次讲话中一改过去对孔子是保守的奴隶主思想家的看法,认为孔子是革命党。同时,他又说:"总之,在春秋战国时代,发生了激烈的变化,发生了大的阶级斗争、革命斗争,从那时起,开始允许土地私有,允许土地收租。大概是在鲁宣公时代'初税亩',第一次开始收地租。鲁哀公还说过什么'二,吾犹不足,如之何其彻也?',彻,即十分之一。可见当时收地租大概是收百分之二十左右。这证明当时的社会制度已经开始变革,不再是实行井田制,而是采用收土地税的办法了。过去是'普天之下,莫非王土;率土之滨,莫非王臣',这个时候是搞私有了。私有制曾经是一个很好的东西。"②

毛泽东的观点很明确,赞成郭沫若的观点,并说了主要理由。

毛泽东上述讲话,郭沫若、范文澜都是知道的,学术界多数人并不了解,也未披露过。所以毛泽东的讲话并没有影响学术界在这个问题上继续展开争

---

① 郭沫若:《十批判书》,《郭沫若全集》(历史编)第 2 卷,人民出版社 1982 年版,第 50、51 页。

② 毛泽东:《关于辛亥革命的评价》(1954 年 9 月 14 日),《毛泽东文集》第六卷,人民出版社 1999 年版,第 344—345 页。

论。这方面不同的观点，也反映到大学的教材上。1961年高校文科教材编选计划会议决定委托北京大学教授、史学家翦伯赞主编中国通史教材。第一分册先秦部分由内蒙古大学教师吴荣曾执笔，采用的是郭沫若的西周奴隶论。"后来在有关同志建议下，为更利于百家争鸣，翦伯赞同志改用了自己素来所主张的西周封建论，并把西周至战国部分改由他执笔。"①1972年，郭沫若在《红旗》杂志上发表《中国古代史的分期问题》，再次力证西周是奴隶社会，说明"春秋和战国是截然不同的两个时代。春秋和战国之交恰好是古代社会的发展由量变达到质变的时期。""中国古代奴隶社会与封建社会的交替，是在春秋与战国之交。"②由于郭老的文章发表在中共中央机关刊物《红旗》杂志上，表明郭老的观点得到了官方的认可。1973年，毛泽东虽然不赞成郭老的《十批判书》，但却肯定郭老在历史分期上有功劳，表示赞成他的观点。1973年7月4日，毛泽东在谈话中说：我赞成郭老的历史分期，奴隶制以春秋战国之间为界。郭沫若的观点一时定于一尊，似乎成了定论。

学术争论不能由权威来裁定。"文化大革命"结束后，中国古代史分期的争论又一次再起，有人赞成郭老的观点，有人赞成范老的观点。此外还有"春秋论"、"秦统一论"、"东汉论"、"魏晋论"等观点。匡亚明在《孔子评传》中专门写了一章，论述"孔子时代的社会背景"，赞成范老的观点。③看来争论还得继续下去。

（三）西周封建论的三个难解之题

毛泽东并没有更多地讲赞成郭老观点的理由。他日理万机，不可能对中

---

① 见邓广铭为翦伯赞主编的《中国史纲要》所作的"关于本书的几点说明"，《中国史纲要》第一册，人民出版社1979年版。在翦伯赞主编《中国史纲要》的同时，人民出版社也出版了由郭沫若主编的《中国史稿》，同样也作为大学文科试用教材。这种情况体现了"百家争鸣"。

② 郭沫若：《中国古代史的分期》（1972年7月），《郭沫若全集》（历史编）第3卷，人民出版社1984年版，第12、13页。

③ 关于这方面的争论可见白寿彝总主编的《中国通史》第3卷（徐喜辰、斯维至、杨钊主编）甲编第四章。该书持西周奴隶论，春秋战国是奴隶社会向封建社会的过渡。

国古代社会分期作学术性的研究。他熟悉中国历史,对中国历史有一个宏观的把握。我认为从宏观上讲,西周封建论有三个难解之题,而把春秋战国时期看成是由奴隶制向封建制的转变时期更有说服力。

第一个难解之题,是殷周交替过程时未留下发生社会大变革的史料。封建制代替奴隶制,虽然是一种剥削制度代替另一种剥削制度,一种等级制代替另一种等级制,但它毕竟是一场深刻的社会制度革命,必然会留下很多记录。但从现在所得的史料看,中国古代社会深刻社会大变革不是发生在殷周之际,而是在春秋战国时期。

范文澜和匡亚明在论证西周封建制时都引证了史学大家王国维关于殷周之间的变革是新旧制度的兴废的观点。我以为王国维的观点尚可商榷。王国维在《殷周制度论》中说:"中国政治与文化之变革,莫剧于殷周之际。""夏殷间政治文物之变革,不似殷周间之剧烈矣。殷周间之大变革,自其表言之,不过一姓一家之兴亡与都邑之转移,自其里言之,则旧制度废而新制度兴,旧文化废而新文化兴。"郭沫若最初赞成王国维的观点,认为殷周之间是原始公社与奴隶社会之间的大变革,后来作了改变。王国维所说的大变革是指什么呢?他说:"周人之制度,大异于商者:一曰立子立嫡之制,由是而生宗法及丧服之制,并由是而有封建子弟之制,君天子臣诸侯之制。二曰庙数之制。三曰同姓不通婚之制。"①很显然,这里的变革所涉及的只是上层建筑的某些方面,而没有涉及生产力的变革、经济基础的变革。王国维只是论证殷周之间的变革比夏殷之间的变革要剧烈,而未涉及殷周之变革与春秋战国时期之变革的比较。从宏观历史视角看,殷周之间的变革与春秋战国之间社会制度的急剧变革是不能相比的,只能算量变,不能算质变。我们来看看孔子对这变革怎么看。孔子说:"殷因于夏礼,所损益,可知也;周因于殷礼,所损益,可知也……"(《为政》)在孔子看来,夏、商(殷)、周三代的社会制度虽有所损益,但就根本方面讲是因袭的、继承的,无本质的不同。孔子对春秋时期的变革的看法就不大一样了。他认为是根本的质变,是"有道"变"无道"。因此,从宏观上看,春秋战国时期的社会变革要比殷周之际的变革要深刻得多,激烈得多,而时间上也长

---

① 王国维:《殷周制度论》,《王国维文集》第4卷,中国文史出版社1997年版,第42、43页。

得多,经历了五百五十年之久。由此看来,王国维的"中国政治与文化之变革,莫剧于殷周之际"的观点难以成立。事实上,王国维所论证的只是殷周间政治与文物之变革剧于夏殷间之变革。因此,把春秋战国之交看成是封建制代替奴隶制的社会制度大变革时期较为有理。

第二个难解之题,是殷周之际生产力没有发生质的大变化。社会制度的变革最终是由生产力的变革而引起的。商代虽然有很高的青铜冶炼技术和青铜文化,1989年江西吉安新干县大洋州商代大墓考古发掘出青铜制的犁、锸、耒、耜、镰等农业生产工具,但就总体而言,商代的生产工具依然是以木、石制的为主。周人比商人更落后,周文王时金属的武器都不多。纣王在释放西伯(周文王)时,"赐之弓矢斧钺,使西伯得征伐"(《史记·周本纪》)。郭沫若认为西周还未有铁器,铁器作为工具而使用,出现在周宣王东迁前后。现在尚缺乏材料证明殷周之际生产力有质的飞跃。相反,春秋战国之际,铁工具得到了广泛的使用。铁工具的广泛使用是人类发展史上一次伟大的生产力革命,引发了生产力质的飞跃,由此引起社会制度的大革命。

第三个难解之题,是周灭殷之前,殷是奴隶制社会,周比殷落后得多,周人如何能建立封建制。周在灭殷前,虽已是奴隶制社会,但国家形态还只是初具规模,社会生活中还保留着相当多的原始社会纯朴的遗风,如统治者比较节俭,参加劳动("文王卑服,即康功田功"),待人仁慈宽厚(文王"笃仁,敬老,慈少,礼下贤者"),社会上有礼让之风("耕者皆让畔,民俗皆让长")等。与殷的统治者暴虐奢侈相比,周的统治者大得人心,因而灭了殷。周灭殷后,实行封侯建国,将殷的大批逸民,分封给王室,并基本因袭夏、殷的老办法,即以奴隶制进行统治,"封于殷墟,皆启以商政,疆以周索","封于夏虚,启以夏政,疆以戎索"(《左传·定公四年》)。有的人也许会提出,在西欧,不正是落后的处于原始公社制后期的日耳曼人在征服了罗马帝国后建立了封建社会吗?为什么落后的周人在灭殷后不能建立封建社会呢?我以为这里的关键是在罗马帝国内部已孕育着封建制的生产关系,日耳曼人的入侵,打破了桎梏,催生了封建社会,而殷朝内部,虽然社会矛盾尖锐化,但还未有新的封建生产关系的出现。因此,周灭殷后不可能建立起比殷更高的封建制社会。

　　笔者对中国古代史无研究,但从历史的宏观视野看,把中国奴隶制向封建制的转变时期定在春秋战国之际比定在殷周之际似乎更有说服力,更符合历史实际,否则许多事很难说得通。也许正因为如此,毛泽东赞成郭沫若的观点,西周为奴隶制社会,奴隶社会与封建社会的交替在春秋战国之交。

三

政 治 篇

孔子生活在"礼崩乐坏"的社会大变革时代,认为"天下无道久矣"。他立志要救世济民,热衷于政治,提出安邦治国的主张。他是一位政治家。他由于违背历史潮流,不是向前看,而是向后看,因而处处碰壁,身前不得志,但身后在两千多年的封建社会里,却为统治者尊为圣人,封号愈加愈多,愈加愈高,从汉的"褒成宣尼公"到唐的"文宣王"、宋的"至圣文宣王",再到明的"至圣先师"、清的"万世师表"。孔子愈来愈被统治者政治化,成为统治者愚弄民众的工具。到了20世纪,如鲁迅在《现代中国的孔夫子》一文中所言,孔子成了某些人的"敲门砖"。袁世凯、张勋为了复辟帝制,搞尊孔。蒋介石为了维护大地主大资产阶级的统治,搞尊孔。孔子已成为政治斗争的工具,对孔子的态度已不再是一个学术问题,而是一个敏感的政治问题。

毛泽东是位政治家、革命家。他对孔子的评价首先是从政治上着眼的。因此,我们在论毛泽东与孔子的关系时亦首先应从毛泽东对孔子的政治思想评论入手。

(一)"孔子讲的都是尊君卑臣"

孔子生活在天下大乱的时代。据《春秋》一书记载,从鲁隐公元年(公元前722年)至鲁哀公十四年(公元前481年)年间,共弑君三十六,亡国五十二。旧制度、旧秩序被打翻,天下大乱。孔子站在维护旧制度的立场上,对这种"无道"的"乱世",痛心疾首。他以恢复"周礼"为自己的职志。他说:"周监于二代,郁郁乎文哉! 吾从周!"(《八佾》)恢复周礼是孔子思想、行动的出发点,离开了礼,就不能把握孔子思想的实质。两千多年的封建统治者看重的也是孔子讲的礼。孔子之成为封建社会的圣人,主要也是因为他讲礼治。

孔子讲的礼是什么样的制度? 礼是周朝的根本制度,统治者把礼视为立国之根本。"夫礼,国之纪也。"(《国语·晋语四》)"礼,经国家,定社稷,序民人,利后嗣者也。"(《左传·隐公十一年》)"礼,王之大经也。"(《左传·昭公十五年》)"夫礼,天之经也,地之义也,民之行也。""礼,上下之纪,天地之经纬也,民之所生也,是以先王尚之。"(《左传·昭公二十五年》)"周礼,所以本也。"(《左传·闵公元年》)受传统的影响,孔子本人反反复复地说:无论国家、个人都要"立于礼",人的一言一行,一举一动,都要合乎礼。"非礼勿视,非礼勿听,非礼勿言,非礼勿动","克己复礼为仁"(《颜渊》)。

周礼的具体内容是什么?尽管学者们对周礼的性质是封建制的还是奴隶制的有不同的看法,但都认为是一种等级制度。《左传》记载,人分十等:"天有十日,人有十等,下所以事上,上所以共神也。故王臣公,公臣大夫,大夫臣士,士臣皂,皂臣舆,舆臣隶,隶臣僚,僚臣仆,仆臣台,马有圉,牛有牧,以待百事。"(《左传·昭公七年》)士为自由民,士以上为统治者,士以下为被统治者、奴隶。周天子为最高的统治者,即所谓"普天之下,莫非王土。率土之滨,莫非王臣"。从东周开始,尤其到了孔子时代,王室衰微,周天子徒有其名,大权旁落到诸侯手中,甚至下移到大夫。孔子站在维护周天子的立场上,认为天下变得无道。他说:"天下有道,则礼乐征伐自天子出;天下无道,则礼乐征伐自诸侯出。""天下有道,则政不在大夫。天下有道,则庶人不议。"(《季氏》)孔子坚决反对犯上作乱,反对僭越。当齐景公问他如何治理国家时,他回答说:"君君,臣臣,父父,子子。"(《颜渊》)他还认为:"贵贱不愆,所谓度也";"贵贱无序,何以为国?"(《左传·昭公二十九年》)鲁国的季孙氏,属卿,在乐舞上只能用四佾,可他却用了只有天子才能用的八佾。孔子愤慨地说:"是可忍也,孰不可忍也!"(《八佾》)孔子还极力维护男尊女卑的制度。他说:"唯女子与小人为难养也。"(《阳货》)总的看,在新旧制度剧烈变革的时代,孔子不是向前看,顺应历史潮流,促进变革,而是"信而好古",向后看,畏惧变革,反对变革。孟子说:孔子时,"世衰道微,邪说暴行有作,臣弑其君者有之,子弑其父者有之。孔子惧作《春秋》。"(《孟子·滕文公下》)孟子的话真实地道出了孔子对待社会变革的态度。

孔子尊君卑臣、尊男卑女的思想是奴隶主宗法制度的反映。奴隶制与封建制都是等级宗法制度,因此,孔子"君君、臣臣、父父、子子"的思想为后来的封建统治者所继承、发展。孔子虽然讲过"君使臣以礼"、父对子要慈,但他强调的重点是臣对君要忠,子对父要孝,要"无违"。西汉董仲舒等将孔子的主张片面发展为"君为臣纲、父为子纲、夫为妻纲"的"三纲说",并从哲学上加以论证、神秘化。董仲舒还提出五常——仁、义、礼、智、信,用以调整君臣、父子、兄弟、夫妇、朋友等人与人之间的关系。到了宋朝,三纲五常联用,更成为维护封建统治的精神武器。

历来的统治者之所以尊孔,最根本的是看中了"三纲说"。20世纪初,袁世凯尊孔为的是复辟帝制。陈独秀在批判文章中说:"儒者三纲之说,为一切道德政治之大原。君为臣纲,则民于君为附属品,而无独立自主之人格矣;父为子纲,则子于父为附属品,而无独立自主之人格矣;夫为妻纲,则妻于夫为附属品,而无独立自主之人格矣。"[1]他又尖锐地指出:"主张尊孔,势必立君;主张立君,势必复辟",尊孔派"皆为复辟党也"[2]。陈独秀反复述说:孔子的教义,乃是教人忠君、孝父、从夫,是重阶级尊卑的三纲主义。李大钊也指出:"孔子为历代帝王专制之护符",因此,"历代君主,莫不尊之祀之,奉为先师,崇为至圣",孔子成了"保护君主政治之偶象"[3]。被胡适誉为"只手打孔家店老英雄"的吴虞则说:"孔氏主张尊卑贵贱之阶级制度,由于天尊地卑演为君尊臣卑、父尊子卑、夫尊妻卑、官尊民卑。尊卑既严,贵贱遂别……守孔教之义,故专制之威,愈演愈烈。"[4]鲁迅更严厉地指出,封建礼教,满口仁义道德,实质是"吃人的礼教"。总之,新文化运动批孔,主要是批判封建的纲常名教,批判尊孔者的复辟倒退。

毛泽东出身于农家,受母亲影响,信过佛,朝过山。后来进私塾,读孔夫子的书,读四书五经,受的是封建教育,相信孔夫子。他天性不受束缚,"读过经

---

① 陈独秀:《一九一六年》(1916年1月15日),《陈独秀文章选编》(上),三联书店1984年版,第103页。

② 陈独秀:《复辟与尊孔》(1917年8月1日),《陈独秀文章选编》(上),三联书店1984年版,第232页。

③ 李大钊:《自然的伦理观与孔子》(1917年2月4日),《李大钊文集》(上),人民出版社1984年版,第264页。

④ 吴虞:《儒家主张阶级制度之害》(1917年6月1日),《吴虞文录》(上),上海亚东图书馆1921年版,第72、73页。

书,可是并不喜欢经书"。1936年,他对来访的美国记者斯诺说:"我爱看的是中国古代的传奇小说,特别是其中关于造反的故事。我读过《岳传》、《水浒传》、《隋唐演义》、《三国演义》和《西游记》等。……我认为这些书对我的影响大概很大,因为这些书是在易受感染的年龄里读的。"①受五四新文化运动的熏陶,毛泽东主张个性解放,视"三纲"为恶魔。他在读《伦理学原理》时批写道:"个人有无上之价值","故凡有压抑个人、违背个性者,罪莫大焉。故吾国之三纲在所必去,而教会、资本家、君主、国家四者,同为天下之恶魔也。"②"三纲"最大的"弊病"、"罪恶"是压抑个性,这是五四时代先进青年的一种共识。

新文化运动是我国20世纪的第一次思想解放运动。毛泽东在其主编的《湘江评论》上大倡思想解放运动,大倡平民主义。当时广州因修马路要拆毁明伦堂(古代文庙、书院讲学大堂的名称),尊圣、卫道者康有为向在广州的护法军政府主席、总裁提出抗议,指斥这是"侮圣灭伦","遍游各国,未之前闻";"强要折毁,非民国所宜"。毛泽东在《湘江评论》的杂评栏中指出:"遍游各国,那里寻得出什么孔子。更寻不出什么明伦堂。"③"难道定要留着那'君为臣纲''君君臣臣'的事,才算是'民国所宜'吗?"④这二则短评对尊孔卫道者进行了尖锐而深刻的批评。

新文化运动主要是思想文化的革命运动,是思想文化的批判,还不是武器的批判。中国共产党与国民党共同领导的第一次大革命,是对帝国主义、封建主义的武器的批判。农民是革命的主力军。为了动员、组织农民,培养从事农民运动的干部,中国共产党人在广州主办农民运动讲习所。1926年3月,毛泽东任第六届农民运动讲习所所长。这年6月,他给学员讲授农民教育问题。

---

① 《毛泽东一九三六年同斯诺的谈话》(1936年10月),人民出版社1979年版,第8—9页。

② 毛泽东:《〈伦理学原理〉批注》(1917年至1918年),《毛泽东早期文稿》,湖南出版社1990年版,第151—152页。

③ 毛泽东:《各国没有明伦堂》(1919年7月14日),《毛泽东早期文稿》,湖南出版社1990年版,第326页。

④ 毛泽东:《什么是民国所宜?》(1919年7月14日),《毛泽东早期文稿》,湖南出版社1990年版,第327页。

他指出:封建教育,就是忠孝主义。现在的乡村中,这种教育是很盛行的。什么是封建,就是古来三代以上以下的时代,为君的封某一臣至某处,这地方的人民,土地,粮税,都归他管着的。所谓牧民政策,古有采邑之制,他若死了,他的儿子就承袭着,于是孙而子、子而孙的相传下去。时间久了,恐人民起而造反,遂以教育,但是人民有了知识,更容易造反了。于是设法施以忠孝的教育,使人民知所尊重,如事父如君是也。君赐臣死,臣不敢不死,一臣不事二君,烈女不嫁二夫等等家族制度,钳制人民自由数千年之久,使个性发展丝毫无有,殊可惜。又有尊卑思想,如天尊地卑,父尊子卑,君尊臣卑等也。他又说:孔子生在封建社会中,所以他的思想,因环境的压迫,也成了封建思想了。他的道,所以能久行而不衰,并见重于各代帝王者,因为他所讲的都是尊君卑臣,有利君王的道理,于是各代帝王尊视不歇。毛泽东的这些话,通俗而深刻地讲出了孔子政治思想的实质和历代统治者尊孔之缘由。

第一次大革命时期,农民运动其势如暴风骤雨,给农村封建势力以沉重的打击。毛泽东积极领导农民运动,热情地讴歌农民运动,严厉地驳斥反动势力对农民运动的攻击和诬蔑。他指出:"政权、族权、神权、夫权,代表了全部封建宗法的思想和制度,是束缚中国人民特别是农民的四条极大的绳索。"①农民运动既推翻地主政权,族权、神权、夫权便一概跟着动摇起来。中国共产党领导的新民主主义革命,从根本上摧毁了尊君卑臣的封建宗法制度,使儒家的三纲主义失去了基础。

(二)"他们(国民党)靠孔夫子,
我们靠马克思"

"他们(国民党)靠孔夫子,我们靠马克思",这是毛泽东在 1942 年对匡亚明说的。匡亚明在《孔子评传》的后记中回忆了他研究孔子经历了一个肯定、

---

① 毛泽东:《湖南农民运动考察报告》(1927 年 3 月),《毛泽东选集》第一卷,人民出版社 1991 年版,第 31 页。

否定、否定之否定的过程。其中谈到1942年在延安向毛泽东请教如何评价孔子问题的情况。他写道："1942年在延安,一度住在杨家岭,有机会和毛泽东同志接触请教。我带着对孔子已形成的'否定之否定'态度和他谈起孔子问题,并举出了孔子说的'其身正,不令而行;其身不正,虽令不从'和'不曰如之何,如之何者,吾未如之何也已矣'这两段话。前者是说领导人要起模范带头作用,后者是说遇事要问个为什么即调查研究弄清问题底细,因为那时延安正在整风,上述内容都和整风问题有关。毛泽东同志首先认为上面两段话很有道理,而且强调了孔子生在二千多年以前,确是中国历史上一个非常伟大的人物。但认为孔子毕竟是二千多年前的人物,他思想中有消极的东西,也有积极的东西,只能当作历史遗产,批判地加以继承和发扬。对当前革命运动来说,它是属于第二位的东西。第一位的用以指导革命运动的是马克思主义理论。特别是当时重庆(国民党政府所在地)方面正在大搞什么'尊孔读经',他们靠孔夫子,我们靠马克思,要划清界限,旗帜鲜明。所以他认为当时对孔夫子最好是暂时沉默,既不大搞批判,也不大搞赞扬。"[①]匡亚明回忆的毛泽东谈话的基本精神同毛泽东以往一贯的基本思想是一致的。匡亚明的回忆虽然事隔四十多年,但仍是可信的。

"他们(国民党)靠孔夫子,我们靠马克思",这是历史的真实写照,也是至今仍有重要意义的政治结论。

"我们靠马克思",这很清楚,因为中国共产党是马克思主义与中国工人运动相结合的产物。中国共产党十分自觉地以马克思主义为指导。离开了马克思主义的科学指导,就没有中国共产党,没有中国革命的胜利。对此,无需多作说明。

对"他们(国民党)靠孔夫子",这要作点说明。孙中山建立的国民党是资产阶级的革命政党。孙中山的三民主义理论反映了中国资产阶级的革命要求。孙中山思想的主要来源是西方的资产阶级理论和自然科学,但也吸取了中国传统思想。为了反对帝国主义的侵略,争取民族的独立和解放,孙中山提倡民族主义。在对中国传统文化的态度上,他与激烈批判中国传统旧道德的

---

①　匡亚明:《孔子评传》,齐鲁书社1985年版,第473—474页。

新青年派不同。他认为,三民主义就是救国主义,要救国就要提倡民族主义,恢复中国固有的传统道德。孙中山的中国传统固有道德主要是指忠孝、仁爱、信义、和平(即"八德")和智、仁、勇(即"三达德")。他甚至认为,要恢复民族的地位,就要把中国固有的道德恢复起来,"有了固有的道德,然后固有的民族地位才可以图恢复"①。当然,孙中山讲的固有道德,实际上都加进了资产阶级民主主义的内容。如他说:古时所说的忠,是忠于皇帝,现在讲尽忠,不是忠于君,而是要忠于国,要忠于民,要为四万万人去效忠。孙中山不赞成全盘否定中国固有道德,主张对它采取改造、继承,这是正确的。但他的恢复民族地位首先要恢复固有道德的说法不免偏颇。

孙中山逝世后,国民党右派抛弃了孙中山思想中的革命精神,发展了其中的消极因素。戴季陶鼓吹,救中国,救世界,第一步就是要恢复中国民族固有之道德文化。他说:孙中山的思想,"完全是中国正统的思想,就是继承尧舜以至孔孟而中绝的仁义道德的思想"。孙中山是"孔子后第一个继往开来的大圣"②。戴季陶用他的"仁爱"哲学反对马克思主义的唯物史观,反对阶级斗争学说,反对反帝反封建的国民革命。

1927年,蒋介石发动反革命政变,叛变革命,建立了大地主大资产阶级的法西斯专制统治。为了维护自己的反动统治,蒋介石效法以往的统治者,跑到曲阜祭孔,加封孔子为"千秋仁义之师"、"万世人伦之表",称孔教可以"正人心","辟邪说"。蒋介石尊孔的目的是"为共产主义根本之铲除"。他在用反革命暴力维护自己统治的同时也十分注重思想文化的奴化教育。他甚至大讲"革命哲学",鼓吹要救国,复兴民族,"非把中国固有的民族哲学整理起来不可"。他所说的中国固有哲学就是大学之道,孔子之道。1934年7月,国民党政府规定8月27日孔子诞生日为国家纪念日,全国举行祀孔典礼。同年11月,国民党中央常委通过"尊孔礼圣"的决议,把四书五经编为教科书,强迫学生尊孔读经。一时间,尊孔读经议论充斥报章杂志。国民党尊孔复古是赤裸裸地为反共反革命服务的。蒋介石公开说:"古人说:'仁者人也'……我们现

---

① 孙中山:《三民主义·民族主义》(1924年3月2日),《孙中山选集》,人民出版社1981年版,第680页。

② 戴季陶:《孙文主义之哲学的基础》(1925年6月)。

在剿匪(即对革命根据地进行反革命军事'围剿'),就是行仁","用'仁'字为中心的三民主义打倒共匪不仁的邪说异端"①。总之,经国民党政府的提倡,思想文化领域出现了一股尊孔复古的逆流。

对这股尊孔复古的逆流,毛泽东进行了严厉批判。他在《新民主主义论》中说:在中国有帝国主义文化,又有半封建文化。"半封建文化,这是反映半封建政治和半封建经济的东西,凡属主张尊孔读经、提倡旧礼教旧思想、反对新文化新思想的人们,都是这类文化的代表。帝国主义文化和半封建文化是非常亲热的两兄弟,它们结成文化上的反动同盟,反对中国的新文化。这类反动文化是替帝国主义和封建阶级服务的,是应该被打倒的东西。"②1940年,史学大家范文澜在延安新哲学年会上作了关于中国经学简史的讲演。毛泽东读了讲演提纲后致信范文澜说:"提纲读了,十分高兴,倘能写出来,必有大益,因为用马克思主义清算经学这是头一次,因为目前大地主大资产阶级的复古反动十分猖獗,目前思想斗争的第一任务就是反对这种反动。"③在延安,在国民党统治区和在敌后的沦陷区,进步的文化工作者响应中国共产党的号召,对尊孔读经的复古主义逆流进行了批判。

以毛泽东为代表的中国共产党人,依靠的是马克思主义科学真理,把马克思主义与中国具体实际相结合,指导中国革命,取得了反帝反封建和反官僚资本主义革命的胜利,将中国的思想文化推进到一个崭新的阶段。以蒋介石为代表的国民党反动派,靠孔夫子,尊孔读经,逆历史潮流而动,招致失败。这是历史的结论。我们靠马克思,因为马克思主义是人类智慧的结晶,反映了人类社会发展的客观规律,是具有普遍指导意义的科学世界观、方法论和价值观。尽管今天的世界和中国发生了巨大的变化,马克思主义要与实际相结合,要与时俱进,但马克思主义不能丢,丢了要亡党亡国。孔子是中国古代的圣人,中国古代文化的象征。但就总体而言,孔子之道已不适合现代中国社会,不能作

---

① 蒋介石:《军人精神教育之精义(一)》(1933年9月12日)。

② 毛泽东:《新民主主义论》(1940年1月),《毛泽东选集》第二卷,人民出版社1991年版,第695页。

③ 毛泽东:《致范文澜》(1940年9月5日),《毛泽东书信选集》,人民出版社1983年版,第163页。

为今天中国的指导思想。现代新儒家以现代的观点阐释儒家学说,力图发掘其中仍有价值的精华,使之在新的条件下得以发扬光大。从学术上看,现代新儒家的工作有一定的价值,不应简单否定。但他们之中的某些人想复兴儒家学说,并用它来取代马克思主义、毛泽东思想。这不过是一种不切实际的主观愿望而已。当然,我们不靠孔子,绝不是说可以全盘抛弃孔子,孔子思想中有许多合理的、宝贵的珍品,需要我们继承、发扬。我们要善于把孔子思想中的优秀东西吸收到马克思主义里,使马克思主义中国化。这点我们将会在后面讲到。

（三）"孔夫子不民主","三月而诛少正卯"

毛泽东对孔子最严厉的批判要数 1953 年 9 月在中央人民政府委员会第二十七次会议上的讲话,其中说道:"孔夫子不民主","很有些恶霸作风,法西斯气味"。毛泽东的这些话是在批评梁漱溟时顺便说的。因此,为了弄清事情的原委,先得把讲话的背景略说一下。

1953 年,中共中央提出党在过渡时期的总路线。这年 9 月 8 日,周恩来总理在政协常委会扩大会议上作关于过渡时期总路线的报告。11 日下午,政协委员梁漱溟在会上发言,其中说道,这几年来,城里的工人工资提高得很快,而乡村农民的生活依然艰苦。有人说,如今工人的生活在九天之上,农民的生活却在九地之下。这话值得我们注意。他要求政府重视农民问题。9 月 12 日,中央人民政府委员会召开第二十七次会议,作为政协委员的梁漱溟列席参加。会议结束前,毛泽东发表了讲话,其中说,有人不同意我们的总路线,认为农民生活太苦,要求照顾农民。这大概是孔孟之徒施行仁政的意见吧!然须知有大仁政,有小仁政。照顾农民是小仁政,发展工业,打美帝是大仁政。施小仁政而不施大仁政,便是帮了美国人。有人班门弄斧,似乎我们共产党搞了几十年农民运动还不了解农民,笑话!我们今天的政党基础,工人农民在根本利益基础上是一致的,是不容分裂、不容破坏的!毛泽东的这些话是不点名地批评了梁漱溟。因为梁漱溟以尊孔而闻名,又在二三十年代搞过乡村建设运动。梁漱溟对毛泽东的话感到意外,不服气。他认为自己是拥护总路线的。在 16 日下午的大会上,梁漱溟发言申明拥护总路线,同时再次讲"工人农民生活九天九地之差"。17 日、18 日,会议继续进行,批判梁漱溟。毛泽东参加了大会,并在他人发言中有插话和讲话。

毛泽东对梁漱溟应该是比较了解的。梁漱溟 1917 年到北京大学任教时,向当时的校长蔡元培申言:"我此来除去替释迦、孔子去发挥外,更不作旁的事。"他的《东西文化及其哲学》一书旨在论证世界文化未来的走向是中国文化、孔家文化。他因尊孔而博得大名,成了五四运动之后中国文化保守主义的代表人物。毛泽东称他为孔孟之徒的原因就在于此。后梁漱溟从事乡村建设。抗日战争时期,为国是奔走,曾于 1938 年访问延安,与毛泽东交谈国事和学术问题。作为民主爱国人士,梁漱溟敬仰毛泽东,拥护共产党,刚正不阿,是共产党的诤友,毛泽东的诤臣。即使在受到毛泽东严厉批判之后也是如此。"文化大革命"结束后,《最后一个儒家——梁漱溟与现代中国的困境》的作者美国学者艾恺,1980 年 8 月采访梁漱溟。艾问梁:"你觉得最伟大的中国人是谁?"梁回答:"恐怕还是毛泽东。""毛泽东实在了不起,恐怕历史上都少有,世界上恐怕少有……是世界性的伟大人物。""他创造了共产党,没有毛泽东就不能有共产党,没有共产党,就没有新中国,这个是百分之百的事实。"①在"文化大革命"结束后的"非毛"声甚嚣尘上之时,梁的上述见解实属难能可贵。

毛泽东在 9 月 12 日、17—18 日中央人民政府委员会会议上的讲话,显得火气较旺,情绪有些激动,对梁的批评十分严厉,而且是算旧账,今天看来,有许多话失之过激,有些批评出于误解。在这种情绪下,毛泽东对孔子的批判自然也很激烈。在讲话中,毛泽东主要批判了孔子的缺点:

> 我认为就是不民主,没有自我批评的精神,有点像梁先生。"吾自得子路而恶声不入于耳","三盈三虚","三月而诛少正卯",很有些恶霸作风,法西斯气味。我愿朋友们,尤其是梁先生,不要学孔夫子这一套,则幸甚。②

---

① 《美国学者艾恺先生访谈记录摘要》(1980 年 8 月),《梁漱溟全集》第 8 卷,山东人民出版社 1993 年版,第 1161 页。

② 毛泽东:《批判梁漱溟的反动思想》(1953 年 9 月 16—18 日)。

　　毛泽东的这些话表明,他确实对孔子十分熟悉,有些话,信手拈来,毫不费力。"吾自得子路而恶声不入于耳",出自《史记·仲尼弟子列传》。子路是孔子的得意弟子之一,出身贫贱,好勇力,为人耿直、豪爽,跟随孔子,忠心耿耿,不许他人批评孔子。所以孔子讲,自子路跟随左右,就听不到批评的意见了。《史记》这一记载,给毛泽东的印象很深。毛泽东之所以对此印象很深,这很可能是同他个人被警卫制度同群众隔开的状况有关。1964年,他在春节谈话中说:孔夫子自小从群众中来,了解一些群众的疾苦,后来他在鲁国当了官,也不太大。他长期被人家瞧不起,周游列国时,人家骂他。这个人爱说老实话。后来子路做了孔子的侍从保镖,他不准人家说孔夫子坏话,谁说了他就揍人家,从此不好的声音就不再入耳了,群众不敢接近了。毛泽东这里讲的是孔子,但其中也隐含着他个人的体验。毛泽东本人很想直接与群众接触,倾听群众的呼声。但我们的警卫制度,种种戒律,使他不能做到这一点。为此,他多次发火,多次批评警卫制将他和群众隔开。一个人只听好话,顺耳的话,听不到不同声音,尤其是批评的意见,久而久之,势必骄傲自大,自以为是,主观片面,个人专断,脱离群众。

　　"三盈三虚",出自王充《论衡·讲瑞》。王充对孔子持批评态度,他说:"少正卯在鲁,与孔子并,孔子之门,三盈三虚,唯颜渊不去,颜渊独知孔子圣也。"少正卯与孔子在鲁齐名,同时讲学。"三盈三虚",指孔子的学生只剩下颜渊一人,其他的人都跑到少正卯那里去了。这一条,一般人很少引用。这说明毛泽东对中国文化典籍的了解非同寻常。

　　"三月而诛少正卯",出自《史记·孔子世家》。《孔子世家》记载:"定公十四年,孔子年五十六,由大司寇行摄相事,行喜色。门人曰:'闻君子祸至不惧,福至不喜。'孔子曰:'有是言也,不曰乐其以贵下人乎?'于是诛鲁大夫乱政者少正卯。与闻国政三月……"孔子为什么诛少正卯?《史记》只说少正卯"乱政",具体内容无有。《荀子·坐宥》记载比较详细:"孔子为鲁摄相,朝七日而诛少正卯。门人进问曰:'夫少正卯鲁之闻人也,夫子为政而始诛之,得无失乎?'孔子曰:'居!吾语女其故。人有恶者五,而盗窃不与焉:一曰心达而险,二曰行辟而坚,三曰言伪而辩,四曰记丑而博,五曰顺非而泽。此五者,有一于人,则不得免于君子之诛,而少正卯兼而有之。故居处足以聚徒成群,言谈足以饰邪营众,强足以反是独立,此小人之桀雄也,不可不诛也.'"《孔子家语·始诛》大体上采《荀子·坐宥》的说法,并增加了"戮之于两观之下,尸于朝三日"的情节。

关于孔子诛少正卯一事,是孔子研究中一个极有争议的问题。在宋朝朱熹之前,无人对此事提出质疑。朱熹首先对此事表示疑义。他说:"若少正卯之事,则予尝窃疑之。盖《论语》所不载,子思、孟子所不言,虽以《左氏春秋、内、外传》之诬且驳,而犹不道,乃独荀况言之。思必齐、鲁陋儒,愤圣人之失职,故为此说,以夸其权耳。吾又安敢轻信其言,而遽稽以为决乎? 聊并记之,以俟来者。"(《晦庵先生朱文公文集》卷六十七)。自朱熹以来,一些学者沿着朱熹的思路,想方设法否定此事,断言孔子诛少正卯是伪造。但五四时期,批孔者都信"孔子七日而诛少正卯"。"只手打孔家店的老英雄"吴虞在《儒家主张阶级制度之害》一文中指斥孔子的专制、虚伪时说:"盖孔氏之七日而诛少正卯,实以门人三盈三虚之私憾。所以一朝权在手,便把令来行。梁任公亦谓此实孔氏之极大污点。自孔氏演此丑剧,于是后世虽无孔氏,而所诛之'少正卯'遍天下。"①吴虞的批判旨在揭露孔子及尊孔者的专制和野蛮。毛泽东的批评与吴虞本质上没有区别。"文化大革命"批孔时,少正卯被说成是法家代表人物,孔子与少正卯的斗争是儒法斗争,无人敢公开否定孔子诛少正卯一事。1973 年 9 月,人民出版社出版了赵纪彬的《关于孔子诛少正卯问题》的小册子(作者说,此书 1969 年 1 月已成初稿)。抛开当时的政治因素而言,该小册子提供了历史上孔子诛少正卯问题的系统资料,具有一定的学术价值。

"文化大革命"结束后,对孔子的评价恢复到正常的学术研究范围之内,言孔子诛少正卯的学者是少数,多数人又回到朱熹的质疑。或断然否认孔子诛少正卯之事,如匡亚明的《孔子评传》、杨景凡和俞荣根合著《论孔子》和张秉楠的《孔子》;或避而不谈,如金景芳、吕绍纲、吕文郁著的《孔子新传》。否认者的理由无非是:(一)孔子诛少正卯一事,秦以前仅见于《荀子》,不见于《论语》、《孟子》、《左传》等所谓"经传";(二)孔子基本思想是"仁",诛少正

① 吴虞:《儒家主张阶级制度之害》(1917 年 6 月 1 日),《吴虞文录》(上),上海亚东图书馆 1921 年版,第 77 页。

卯一事与孔子的基本思想不合。我以为这两条理由都是一种推论,很难成立。首先,否定者没有举出证据证明《荀子》、《史记》所载是子虚乌有之事。现时的否定者都引面前朱熹的话作为立论的根据。其实,朱熹的话只是一种怀疑。朱熹自己说得很明白:"尝窃疑之。"《朱子语类》又记"某尝疑诛少正卯无此事"云云,也只是说,史传"不足信"(《朱子语类》卷第九十三)。怀疑是可以的,怀疑并不等于断然否认。事实上朱熹晚年最后还是承认《史记》所载孔子诛少正卯一事的。《四书章句集注》应是朱熹晚年定论。其中《〈论语〉序说》是对《史记·孔子世家》的十分简要的节录。如果朱熹真是否认孔子诛少正卯一事,完全可以略去不录,但朱熹没有这样做,而是保留此事的记述:"孔子年五十六,摄行相事,诛少正卯,与闻国政,三月,鲁国大治。"现今否认孔子诛少正卯的人只引朱熹怀疑的话,不讲朱熹晚年认可的话。事实上,朱熹之后出现的以连环画形式描绘孔子生平的"孔子圣迹图",版本虽多,但均有"诛少正卯"图。其次,说诛少正卯与孔子基本思想不合,因而孔子不可能诛少正卯。这理由更不能成立。确实孔子讲仁,讲爱人,但孔子并没有讲废除死刑。孔子当司寇或大司寇,摄相事,与其说孔子不可能杀人,不如说孔子杀人是必然的。能设想奴隶制国家(或封建制国家)的司法部长或警察总监,能不杀人吗?能宣布废除死刑吗?至于杀谁,杀对了,还是杀错了,是七日而杀,还是三月而杀,则无关紧要。孔子杀人与孔子的基本思想并不矛盾。因为孔子只是反对"不教而诛",而没有宣布废除死刑。我的看法是,孔子诛少正卯,有书可查;否认孔子诛少正卯,仅是难以成立的推论,并无推翻史书记载的证据。

毛泽东是相信孔子诛少正卯一事的。1958年1月,他在最高国务会议上的讲话还说:"君子群而不党,没有此事。孔夫子杀少正卯,就是有党。""三月而诛"这可能是毛泽东的误记或误读。当然,也可将"三月而诛"读解为"孔子在为鲁司寇三个月任期内杀了少正卯"。《史记·孔子世家》说"与闻国政三月",应如朱熹《〈论语〉序说》理解的那样,"与闻国政,三月,鲁大治",是赞扬孔子参政三月,治国有方,鲁国大治。在毛泽东看来,孔子上台不久,就诛杀当时的名人、反对派,并"尸于朝三日",这是"不民主","很有些恶霸作风,法西斯气味"。

毛泽东的批评是严厉的。如果真的如《荀子》、《史记》、《孔子家语》所记载的那样,毛泽东的批评并不为过。也许正因为如此,有些人极力否认有孔子诛少正卯一事,以为承认此事,就等于给孔子抹黑。我的看法是,孔子民主不民主,不在于是否真的杀了少正卯,而在于他所代表的阶级是不是实行民主制。无论从国体上讲,还是从政体上讲,孔子所在的鲁国不可能实行民主制,而只能是专制制。说孔夫子不民主符合历史实际。

毛泽东批评孔子不民主,不赞成"恶声不入于耳",主观意图是提倡民主,提倡自我批评,提倡听取批评意见。可事实上,毛泽东对梁漱溟的严厉批评所表现出的,正好是与他所提倡的民主作风相反的。梁漱溟固然有缺乏自我批评的不足,而作为人民领袖的毛泽东也缺乏听取不同意见的"雅量"。民主、自我批评,说起来容易,真正自己实行起来却难矣哉!

（四）"孔夫子是革命党"

就在批评"孔夫子不民主"、"很有些恶霸作风,法西斯气味"一年多后,即1954年9月14日,毛泽东在中央人民政府委员会临时会议通过中华人民共和国宪法草案后的讲话中讲了截然相反的观点,认为孔夫子是革命党。在讨论中华人民共和国宪法草案时,委员们对辛亥革命、"临时宪法"等问题的评价存有不同的看法(第二天,即15日,刘少奇在第一届全国人民代表大会第一次会议上作的《关于中华人民共和国宪法草案的报告》的第一部分"中华人民共和国宪法草案是历史经验的总结"里就讲到这些问题)。因此,毛泽东在通过宪法草案后发表了讲话。他一开始就说:"利用这个机会,讲一点对于辛亥革命的评价问题。有相当一部分朋友对我们讲'辛亥革命是资产阶级民主革命'觉得不妥,在感情上有些过不去。但从社会发展历史上说,辛亥革命确实是一次资产阶级性质的民主革命。"往下毛泽东讲了人类历史上有几次性质不同的大的革命,第一次是奴隶主推翻原始共产主义社会;第二次是封建地主革奴隶主的命;第三次是资产阶级革封建地主阶级的命,也就是民主主义革封建主义的命,在中国,就是辛亥革命。在讲第二次革命时,他认为,这次革命大概发生在春秋战国时代。关于这个问题,历史学家们还在争论不决。他表示比较相信郭沫若的在春秋战国时代产生封建制的主张。接着他讲了对孔子的看法。他说:"郭沫若曾经用很多材料证明,孔夫子所以成为圣人,是因为他是革命党,到处参加造反。说孔夫子著春秋'而乱臣贼子惧',那是孟子讲的。其实当时孔夫子周游列国,就是哪里造反他就到哪里去,哪里想革命他就到哪里去。所以此人不可一笔抹煞,不能简单地就是'打倒孔家店'。"①很明显,毛泽东这些话是受到了郭沫若《十批判书》的影响。

郭沫若的《十批判书》初版于1945年重庆,1954年人民出版社改排再版。我猜想,《十批判书》出版后,郭老曾给毛泽东送过书。郭老在书中将孔子、墨子对比着讲,认为孔子是袒护乱党,而墨子则是反对乱党的人。乱党"在当时都要算是比较能够代表民意的新兴势力"②。郭老的研究方法是从墨子反对孔子的著作中找证据,"从反对派的镜子里寻找被反对者的真影"③。他引用《墨子·非儒》里有关孔子的故事来为自己的观点作论证。第一个故事是晏婴与齐景公论孔子,认为孔子帮白公胜在楚国作乱。齐景公问晏婴:"孔子为人如何?"晏婴评论说:"孔丘深虑周谋以奉贼,劳思尽知以行邪,劝下乱上,教臣杀君,非贤人之行也,入人之国而与人之贼,非义之类也,知人不忠,趣之为乱,非仁之类也。"晏婴向齐景公说明,孔子是楚国作乱者白公胜的同党。第二个故事讲孔子帮齐国的陈成子作乱灭齐。第三个故事讲孔子为鲁司寇,舍公家而奉季孙。《墨子》还说:"其徒属弟子皆效孔丘",即孔子的弟子效法老师也是帮助乱党的。郭老的结论是:"一句话归总:孔子是袒护乱党,而墨子是反对乱党的人!"④又说:"孔子的立场是顺乎时代的潮流,同情人民解放的,而墨子则和他相反。"⑤郭老认为,"孟子是惯会宣传的人,他的话要打些折扣

---

① 毛泽东:《关于辛亥革命的评价》(1954年9月14日),《毛泽东文集》第六卷,人民出版社1999年版,第344、345页。

② 郭沫若:《十批判书》(1945年),《郭沫若全集》(历史编)第2卷,人民出版社1982年版,第78页。

③ 郭沫若:《十批判书》(1945年),《郭沫若全集》(历史编)第2卷,人民出版社1982年版,第74页。

④ 郭沫若:《十批判书》(1945年),《郭沫若全集》(历史编)第2卷,人民出版社1982年版,第78页。

⑤ 郭沫若:《十批判书》(1945年),《郭沫若全集》(历史编)第2卷,人民出版社1982年版,第85页。

才行。"孟子说过，"孔子成《春秋》而乱臣贼子惧"。郭老解释说："与其说足以使'乱臣贼子惧'，无宁是足以使暴君污吏惧的。"①郭老在书中只说"孔子袒护乱党"，"同情人民解放"，未说"孔子是革命党"。毛泽东读后认同郭老的观点，并提升了一步，称"孔子是革命党"。

　　如本书"时代篇"所言，在中国古代史的历史分期上，郭沫若、毛泽东的观点比较有道理，对孔夫子不能一笔抹煞，不能简单地"打倒孔家店"，这也正确，但他们关于孔子是革命党的观点也对吗？这是大可讨论的，笔者实难苟同。首先郭老提出的"从反对派的镜子里去寻找被反对者的真影"的研究方法值得商榷。两家对垒，互相论战、揭短、攻击，为了取胜，论战一方很可能真的揭到对方的短处、伤疤，因此，对反对者提供的材料不可一概排斥、否定；另一方面，论战一方也很可能采取无中生有，造谣诬蔑等手段，把一切不实之词加害于对手，因此对反对者提供的材料要分析，不可全信。国民党把共产党诬蔑为共匪、共产共妻，显然，不可能从国民党的造谣、诬蔑的材料中找到共产党的"真影"。其次，《墨子·非儒》中所载的许多材料，如郭老自己也承认，都与历史记载相悖。《论语》明确记录，孔子反对陈成子杀齐简公。郭老在书里也说：《论语》的记载，"纯全是忠于主上，而反对乱贼的立场"。但他不相信《论语》，宁肯相信《墨子》和《庄子》，认为孔子帮陈成子杀了齐简公。再又如，大量史料（包括《论语》）记载：阳虎是反对孔子的，绝非是孔子的弟子，而郭老则相信《墨子》，认为阳虎是孔门弟子，是一位了不起的人物。

　　毛泽东认为，孔子周游列国，哪里造反，他就到哪里，孔夫子是革命党。这观点既同他此前及此后的观点相左，也不符合历史实际。孔子周游列国，是为了实现自己的政治理想，游说诸侯，恢复周礼，而不是去煽风点火，鼓动人民造反。孔子的主张脱离了现实，违反历史潮流，无人采纳，四处碰壁，"累累若丧家之狗"（《史记·孔子世家》）。笔者认为，毛泽东的"孔夫子是革命党"的说法，只能看成是对郭老《十批判书》观点的一时认同而已。

　　如前所说，毛泽东批评"孔夫子不民主"，但他也讲过相反的话："孔夫子

①　郭沫若：《十批判书》（1945年），《郭沫若全集》（历史编）第2卷，人民出版社1982年版，第87页。

相当民主。"1964年8月18日,毛泽东在关于哲学问题的谈话中说:"《黄鸟》讲秦穆公杀死三个大夫殉葬的事。司马迁对诗经评价很高,说《诗》三百篇,皆古贤圣发愤之所为作也。大部分是讽诗,是老百姓的民歌,老百姓也是贤圣。'发愤之所为作',心里没有气,他写诗!'不稼不穑,胡取禾三百廛兮?不狩不猎,胡瞻尔庭有县貆兮,彼君子兮,不素餐兮!''尸位素餐',就是从这里来的。这是怨天,反对统治者的诗。孔夫子也相当民主,男女恋爱的诗他也收。朱熹注为淫奔之诗,其实有的是,有的不是,是借男女写君臣。"

《诗经》是我国第一部诗歌总集,共收入西周元年至春秋中叶大约五百多年间的诗歌305篇。《诗经》在孔子之前就有。孔子十分注重学习《诗》,以《诗》作为教学生的基本教材,《论语》中提到《诗》达14次。他曾说过:"不学《诗》,无以言。"(《季氏》)司马迁说:"古者《诗》三千余篇,及至孔子,去其重,取得施于礼义,上采契后稷,中述殷盛,至幽厉之缺,……三百五篇,孔子皆弦歌之。"孔子删诗编定《诗经》,这是司马迁以来的传统说法。《诗经》分风、雅、颂三部分。雅诗和颂诗都是统治阶级在特定场合的乐歌、颂歌,有些诗反映了周的历史和统治阶级的生活及社会的变革。风是当时的民歌,反映了劳动人民的生活和劳动,其中有不少是表达对剥削者的控诉和怨恨。毛泽东从青少年时代就熟读《诗经》,他对《诗经》的评价很高。1949年,他在和苏联汉学家费德林谈话时说:"《诗经》是中国诗歌的精粹。它来源于民间创作,都是无名作者。……《诗经》代表了中国早年的美学,这种诗感情真切,深入浅出,语言很精炼。……可以说《诗经》中的诗歌对后来每个有思想的诗人都产生过影响。"①毛泽东对《诗经》十分熟悉。他在自己的著作、讲话、谈话中多处引用其中的诗句。

毛泽东关于孔子在整理选编《诗经》上"相当民主"的话,十分正确、深刻。孔子这方面的民主至少表现为两点:第一,"反对统治者的诗"他也收。除毛泽东在讲话中提到《伐檀》和《黄鸟》之外,《诗经》中还有《硕鼠》、《葛屦》、《采薇》、《大东》等许多名篇也都是揭露、反对统治者的诗。胡适在《中国古代

① 张贻玖:《毛泽东评点唐诗三百首》,中共中央党校出版社、中国档案出版社1999年版,第266—267页。

哲学史》中把《大东》和《葛屦》两篇比作"竟像英国虎德的《缝衣歌》的节本"，"写的是那时代的资本家雇用女工，把拿'掺掺女子'的血汗工夫，来做他们发财的门径。葛屦本是夏天穿的，如今这些穷工人到了下霜下雪的时候，也还穿着葛屦。怪不得那些慈悲的诗人忍不过要痛骂了。"胡适又说：《伐檀》"这竟是近时社会党攻击资本家不该安享别人辛苦得来的利益的话了！"胡适认为《诗经》的不少诗揭露了当时"很黑暗、很腐败的王朝政治"①。胡适的比喻是否恰当，可以斟酌，但确实表明《诗经》中有不少反对统治者的诗。郭沫若在研究古代社会时也大量引用《诗经》中的诗篇来说明当时的阶级斗争状况和社会面貌。孔子虽然是维护奴隶主贵族的统治的，但反对统治者的诗也收，而没有删，这确实表现了他是比较民主、开明的。

第二，表达男女恋爱的诗他也收。这也与后来的卫道者不同。《诗经》开篇为《关雎》："关关雎鸠，在河之洲，窈窕淑女，君子好逑……"该诗形象、生动、真挚地表达了男女间的爱恋之情，是古代的情歌。孔子认为"《关雎》乐而不淫，哀而不伤"（《八佾》），给予肯定的评价。《诗经》中反映恋爱和婚姻的诗篇数量不少，如《溱洧》、《狡童》、《静女》、《木瓜》等。后人站在封建卫道的立场上，把《关雎》中的淑女说成是"后妃"，该诗是"形容后妃之德如此"，是为了"教化"天下人。朱熹认为国风中的《郑风》、《卫风》"皆淫奔之诗"（《朱子语类卷八十一》）。看来，孔子比后来的朱熹之辈要开明得多，民主得多。毛泽东不赞成朱熹对《诗经》的批评，肯定《诗经》中对男女爱情的描写。可以认为，正是由于孔子比较民主、开明，使得《诗经》包含有题材广泛、内容丰富、风格各异的堆璨诗篇。近人提出，《史记》所说的《诗经》二百篇是由孔子删定而成的，不可信，理由是孔子不止一次说过"《诗》三百"的话。② 我认为，即使《诗经》不是由孔子选编而成的，但他用它作基本教材，强调"不学诗，无以言"，这同样反映出他的民主和大度。就从这一点看，说孔子有"革命党之嫌"倒并不牵强。郭老从反对派墨子找"孔子是袒护乱党"的材料不可取，不如直接从孔子所使用的"教材"《诗经》中找更有说服力。然而郭老没有这样做。

_____

① 胡适：《中国古代哲学史》，《胡适文集》第6卷，北京大学出版社1998年版，第188—189页。
② 游国恩等主编：《中国文学史》（一），人民文学出版社2001年版，第30页。

总之,说"孔夫子是革命党"这难以成立。但从《诗经》看,确实如毛泽东所说,"孔夫子也相当民主"。关于孔子的民主作风,我认为最重要的是表现在对学生的态度上,他与学生是一种平等的、民主的关系。关于此点,将在后面的"教育篇"详说。

(五)孔夫子代表奴隶主贵族

如前所述,毛泽东对孔子的阶级和政治评价前后有变化,有时在同一时期内就有不同的说法,但最后他认定:孔子代表奴隶主贵族。

在 20 世纪 60 年代前期,中国哲学史界学术讨论比较活跃,孔子是研究者们争论的一大热点。毛泽东对学术界的争论(尤其是反对孔子的文章)比较关注和留意。1965 年 6 月 13 日,他在同越南人民的领袖胡志明谈话中说:孔孟是唯心主义,荀子是唯物主义,是儒家的左派。孔子代表奴隶主贵族,荀子代表地主阶级。他又说:在中国历史上,真正做点事的是秦始皇,孔子只说空话。几千年来,形式上是孔夫子,实际上是按秦始皇办事。秦始皇用李斯,李斯是法家,荀子的学生。同月 24 日,他与外宾谈话时又说,孔夫子有些好处,但也不是很好的。我们应该讲句公道话,秦始皇比孔子伟大得多。孔夫子是讲空话的。

1968 年 10 月 31 日,毛泽东在中共八届十二中全会的闭幕会上讲要落实政策,对像冯友兰、翦伯赞这样一些有名的教授要给出路,一批二保,不赞成打倒。同时,他顺便说道:郭老(沫若)、范老(文澜)和冯友兰是拥护孔夫子的,我这个人有点偏向,就不那么高兴孔夫子。看了说孔夫子是代表奴隶主、旧贵族,我偏向这一面,而不赞成孔夫子是代表那个时候的新兴阶级。

1973 年 8 月 3 日,杨荣国写了《孔子——顽固维护奴隶制的思想家》一文,毛泽东批示:杨文颇好。全国报刊都刊登了杨文。在批孔运动中,孔子是奴隶主阶级思想家成了定论。在当时,对孔子如何定阶级属性,成了反孔与尊孔、革命与保守、进步与倒退、马克思主义与修正主义的政治问题。对孔子的评价极端政治化了。

　　"文化大革命"结束后,批孔运动被否定,以毛泽东之是非为是非的迷信被打破,对孔子的评价作为一个学术问题出现了百家争鸣的局面。主要观点有:①孔子是代表奴隶主阶级的思想家,是保守派,顽固派;②孔子是奴隶主阶级中的改革派;③孔子是代表新兴地主阶级的,是进步的、革新的;④孔子是由奴隶主阶级转化为地主阶级的思想家;⑤回避给孔子定成分,回避说进步的还是保守的;等等。这种争论是有益的,并将继续下去。

　　笔者的看法是,孔子生活在由奴隶制向封建制过渡的社会大变革时期,从总体看,孔子对这场变革持反对的态度,竭力维护处于崩溃之中的周礼。他"祖述尧舜,宪彰文武"(《中庸》),"述而不作,信而好古"(《述而》),违背历史潮流,不是向前看,而是向后看,知其不可为而为之,结果四处碰壁,晚年发出"吾道穷矣"的悲叹。但孔子对先王之道也不是照抄照搬、食古不化,而是主张有所"损益"。孟子说,孔子是"圣之时者"(《孟子·万章下》),这是说,孔子有因时而变的一面。孔子为了维护周礼,一面劝说统治者要减轻对老百姓的剥削、压迫,要"节用而爱人,使民以时",要约束自己,君要像君的样子;另一方面,教化老百姓,要遵守周礼,克己复礼,不要犯上作乱。他的"仁"、"中庸"的思想反映了他改良、变革的一面。孔子思想包含着守旧与改良的两个方面,而以守旧为主。毛泽东生活在大变革时代,他一生致力于革命,永不满足,不断革命,反对保守,反对倒退。从这方面看,他在政治上不喜欢孔子是十分自然的。他认为孔子代表奴隶主贵族的观点仍不失为一家之言。也许有人会问:如果孔子是奴隶主贵族思想家,维护的是没落的奴隶制,那么如何解释他后来成为两千多年封建社会的圣人呢? 这确实是一个需要说明的问题。孔子在世时虽然已为他的学生和尊崇者誉为圣人,犹如日月,不可逾越,但他违反历史潮流,故处处碰壁,"累累若丧家之狗",终生很不得志。在先秦,孔子只是诸子之一,他创立的儒家只是诸多学派中的一家,并不占主导地位。秦王朝采用法家思想,汉初崇尚黄老之学。直到汉武帝采纳董仲舒的"罢黜百家,独尊儒术"的建议,儒家才由此定于一尊,成为占统治地位的思想,孔子的圣人地位得以确立。奴隶主思想家孔子被封建地主阶级尊为圣人的原因是多方面的。首先,奴隶社会和封建社会虽然是两个不同的社会形态,但两者都是建立在农业的自然经济基础上的,是专制的、等级制的剥削阶级社会,因此,孔子的"君君、臣臣、父父、子子"的思想能为汉朝的董仲舒等儒者发展为"君为臣纲,父为子纲,夫为妻纲"的"三纲说",成为维护封建专制统治的精神工具。其次,孔子反对变革,主张维护现存制度。这为封建统治者所赞赏。汉儒叔孙通对汉高祖刘邦说:"夫儒者难与进取,可与守成。"此话道出了儒家为封建统治者尊崇的秘密。再次,孔子思想内涵丰富,他的哲学思想、伦理思想,尤其是教育思想在封建社会依然适用。他编纂、修订的《诗》、《书》、《礼》、《乐》、《易》、《春秋》保存了中国古代丰富的宝贵文化资料,成为后人学习、研究中国历史文化的必读文化典籍,成为历代传授文化知识的基本教科书。司马迁在《史记·孔子世家》结束语的评论中说得好:"天下君王至于贤人众矣,当时则荣,没则已焉。孔子布衣,传十余世,学者宗之。自天子王侯,中国言六艺者折中于夫子,可谓至圣矣!"司马迁的这一番中肯的评价从学术视角道出了孔子成为中国古代圣人的缘由。

(六) 大同思想的双重影响

从总体上看,毛泽东在政治上对孔子及儒家取批判态度,那么毛泽东在政治上有没有受孔子影响之处呢? 我认为是有的,主要有两方面:一是大同思想,二是德治思想。关于受德治思想的影响,将放在"道德篇"讲,这里仅讲大同思想对毛泽东的双重影响。

《礼记·礼运》记载:

孔子曰:大道之行世,与三代之英,丘未之逮也,而有志焉。

大道之行也,天下为公,选贤与能,讲信修睦。故人不独亲其亲,不独子其子;使老有所终,壮有所用,幼有所长;矜、寡、孤、独、废疾者皆有所养;男有分,女有归。货,恶其弃于地也,不必藏于己;力,恶其不出于身也,不必为己。是故谋闭而不兴,盗窃乱贼而不作,故外户而不闭。是谓大同。

今大道既隐,天下为家,各亲其亲,各子其子,货力为己。大人世及以为礼,城郭沟池以为国,礼义以为纪,以正君臣,以笃父子,以睦兄弟,以和夫妇,以设制度,以立田里,以贤勇智,以功为己……是谓小康。

《礼运》所记的大同、小康是两种性质不同的社会,大同是天下为公、没有私有制的社会,实质上是指古代的原始共产主义社会。《礼运》对大同社会的记述是对自古流传下来的有关原始社会传说的一种系统化和理想化的描写,小康则是以私有制为基础的现实社会。由于私有制的产生,圣人就制定各种礼义以调节人与人的关系,维护社会的秩序和稳定。《礼运》并不是专门论证大同、小康的著作,它不过是为了论证礼的产生而先讲一段在私有社会之前,曾有过无私的大同社会。

《礼记》,又称《小戴礼记》,是汉宣帝时代戴圣编纂的。现在多数学者认为,《礼记》所反映思想的时代跨度很大,既有先秦礼仪制度和思想,又有当时汉初的制度和思想。《礼运》所记"孔子曰",并非真是孔子所言,而是儒者的一种借托。不过,《礼运》的大同思想大体反映了以孔子为代表的儒家所追求的社会理想。

孔子虽然赞美周礼,把恢复周礼作为自己的职志,但他所追求的理想社会并非是夏、商、周的三代,而是三代之前的尧舜时代。在他看来,尧舜时代才是"尽善尽美"的理想社会,可惜的是留下的资料太少,不足征也。《论语》记载:"子曰:'大哉! 尧之为君也。巍巍乎! 唯天为大,唯尧则之。荡荡乎! 民无能名焉。巍巍乎! 其有成功也。焕乎! 有其文章。"(《泰伯》)又记载:"子谓《韶》:'尽美矣,又尽善也。'谓《武》:'尽美矣,未尽善也。'"(《八佾》)《礼运》的作者借孔子之口讲三代以前的大同社会不无根据。正因为如此,史家也就认为大同社会是以孔子为代表的儒家所追求的理想社会。

《礼运》的大同思想反映了进步思想家和劳动人民对美好理想社会的追求。大同思想对中国近现代社会有很大的影响。太平天国领袖洪秀全在《原道醒世训》中引了《礼运》对大同社会的论述,谴责当时"相侵相夺相斗相杀"的旧世界,希望建立"天下一家,共享太平"的新世界。戊戌维新的领袖康有为则把孔子的大同理想与公羊三世说和西方传入的空想社会主义结合起来,为未来构造了一个大同社会。他借用《春秋公羊传》中的三世说,提出人类进化分为据乱世、升平世和太平世三个阶段,升平世即小康社会,太平世即大同社会。他所构想的大同社会是一个公有社会,无私有财产,无贵贱之分,无贫富之等，无人种之殊，无男女之异，人人如一，人人皆公，人人皆平。他作《礼运注》，撰《大同书》。他主张破除国界、级界、种界、形界、家界、业界、乱界、类界、苦界，即破除在国家、阶级、种族、性别、家庭等方面的不平等，实现"无差别"的"大同"极乐世界。中国古代大同思想对革命民主主义者孙中山的影响也很大。他把中国古代大同思想、西方的空想社会主义和马克思的社会主义糅合起来，提出了"天下为公"的理想社会。他书写了《礼运》中关于大同社会的语录和"天下为公"的条幅。他在讲话、文章中多次谈到大同理想。他说："人类进化之目的为何？孔子所谓'大道之行，天下为公'。"他又说："我们三民主义的意思，就是民有、民治、民享，……就是国家是人民所共有，政治是人民所共管，利益是人民所共享。照这样的说法，人民对于国家不只是共产，一切事权都是要共的。这才是真正的民生主义，就是孔子所希望之大同世界。"①总之，孔子的大同思想对近现代中国革命产生过重大影响。

青年毛泽东曾一度崇拜变法维新领袖康有为、梁启超。1936年他在同斯诺谈话时说，1910年在湘乡县东山高等小学堂读书时，他的表兄送给他《新民丛报》等书刊，"那时我崇拜康有为和梁启超"。至于有哪些影响，毛泽东没有讲。从他后来的思想中可看出，大同思想无疑是其中之一。

1917年8月23日，毛泽东在致黎锦熙的信中讲了他对改造社会的看法。其中说："小人累君子，君子当存慈悲之心以救小人。……开其智而蓄其德，与之共跻于圣域。彼时天下皆为圣贤，而无凡愚，可尽毁一切世法，呼太和之气而吸清海之波。孔子知此义，故立太平世为鹄，而不废据乱、升平二世。大同者，吾人之鹄也。立德、立功、立言以尽力于斯世者，吾人存慈悲之心以救小人也。"②毛泽东的这番话，突出地反映了他受孔子及康有为大同思想的影响。在毛泽东看来，大同社会，人人皆为圣贤，无凡愚之分，无差别，无矛盾，可以毁尽一切法律制度，是一个清明祥和的仙境。毛泽东追求、向往大同世界，以实现大同理想为己任。过了不久，当他读了德国伦理学家泡尔生著的《伦理学

---

① 孙中山：《三民主义》（1924年8月10日），《孙中山选集》，人民出版社1981年版，第843—844页。

② 毛泽东：《致黎锦熙信》（1917年8月23日），《毛泽东早期文稿》，湖南出版社1990年版，第88—89页。

原理》后,他的看法有了变化。他认识到,社会中的差别、矛盾是普遍的,"人世一切事,皆由差别比较而现,佛言泯差别,不知其于道德界善恶问题如何处之?""然则不平等、不自由、大战争亦当与天地终古,永不能绝,世岂有纯粹之平等自由博爱者乎? 有之,其惟仙境。然则唱大同之说者,岂非谬误之理想乎?""人现处于不大同时代,而想望大同,亦犹人处于困难之时,而相望平安。然长久之平安,毫无抵抗纯粹之平安,非人生之所堪,而不得不于平安之境又生出波澜来。"此时,毛泽东不仅对儒家的大同社会,而且对老庄的绝圣弃智、老死不相往来的理想社会和诗人陶渊明的桃花源式的理想社会也都持否定的态度。他说:"吾尝梦想人智平等,人类皆为圣人,则一切法治均可弃去,今亦知其决无此境矣。"①应当说,毛泽东的认识前进了一步,无差别、无矛盾的理想社会是空想,不可能实现的。但能否认为,毛泽东从此就彻底抛弃了大同理想吗? 我认为不能。

大同理想是人类对美好理想社会的一种向往。以公有制为基础的大同理想与马克思主义的共产主义理想有一致之处,两者都反对剥削、压迫,向往人人平等、自由。马克思恩格斯在 1850 年合写的《国际述评(一)》中曾谈到有名的德国传教士居茨拉从中国回来后宣传的一件新奇事情。马克思恩格斯写道,当时中国人口过剩,成为沉重枷锁;英国、美国商品充斥;中华帝国遭受了严重的社会危机,面临暴力革命的威胁;在造反的平民当中要求重新分配财产,要求完全消灭私有制。这位传教士离开欧洲 20 年之后又回到欧洲时,他听到人们在谈社会主义,于是问道:这是什么意思? 别人向他解释后,他便惊叫起来:"这么说来,我岂不到哪儿也躲不开这个害人的学说了吗? 这正是中国许多庶民近来所宣传的那一套啊!"马克思恩格斯认为:"中国的社会主义跟欧洲的社会主义像中国哲学跟黑格尔哲学一样具有共同之点",中国"处于社会变革的前夕,而这次变革必将给这个国家的文明带来极其重要的结果"②。传教士所说的庶民中宣传的那一套,是指洪秀全在《原道救世歌》、

① 毛泽东:《〈伦理学原理〉批注》(1917 年至 1918 年),《毛泽东早期文稿》,湖南出版社1990 年版,第 184—187 页。
② 马克思、恩格斯:《国际述评(一)》(1850 年 1 月),《马克思恩格斯全集》第 7 卷,人民出版社 1959 年版,第 264—265 页。

《原道醒世训》《原道觉世训》等书中宣传的太平天国的"大同"思想。这一例子从西方人的视角说明中国的大同思想与马克思主义有相似之处。

19 世纪末 20 世纪初,中国人在刚刚接触到马克思主义时就把马克思主义、社会主义、共产主义译为"大同学",认为马克思主义的社会理想与中国古代的大同世界相一致。当然,马克思主义、共产主义与中国古代的大同思想和康有为的大同学有着本质上的不同。前者是建立在对社会发展规律及资本主义社会的科学认识基础上的,后者则是为反对剥削、不平等和种种苦难而发出的理想要求。毛泽东在接受马克思主义后始终把实现共产主义和全人类的解放当做自己为之奋斗的人生理想和目标。在民主革命时期,他认为中国只有经过新民主主义革命后才能搞社会主义革命,进而向共产主义过渡,反对"左"的超越论。他对共产主义理想追求是执著的。1935 年长征到达陕北,毛泽东写了《念奴娇·昆仑》,抒发长征胜利和改造世界、改造中国的豪迈情怀,词的后半阕说:"而今我谓昆仑:不要这高,不要这多雪。安得倚天抽宝剑,把汝裁为三截? 一截遗欧,一截赠美,一截还东国。太平世界,环球同此凉热。"[1]"太平世界,环球同此凉热"的结句,把追求世界大同理想的愿望跃然纸上。

在中华人民共和国成立前夕,毛泽东在《论人民民主专政》一文中又一次讲到大同社会。在文章的开始,毛泽东就讲到共产主义者比资产阶级高明,他们懂得事物的生存和发展的规律,懂得辩证法,懂得社会的发展,要消灭阶级、消灭国家、消灭党。他在讲到近代以来中国先进分子寻找革命真理的过程时说:在中国共产党的领导下,建立了人民共和国,"这样就造成了一种可能性:经过人民共和国到达社会主义和共产主义,到达阶级的消灭和世界的大同。康有为写了《大同书》,他没有也不可能找到一条到达大同的路。"[2]确实,在共产党之前,中国的先进分子,不仅康有为,而且洪秀全、孙中山也都向往大同社会,但都没有能找到一条实现的道路,是中国共产党依靠马克思主义的科学

---

[1] 毛泽东:《念奴娇·昆仑》(1935 年 10 月),《毛泽东诗词集》,中央文献出版社 1996 年版,第60—61 页。

[2] 毛泽东:《论人民民主专政》(1949 年 6 月 30 日),《毛泽东选集》第四卷,人民出版社 1991 年版,第 1471 页。

世界观,经过艰难曲折的奋斗,才找到了实现的道路。

中华人民共和国成立后的实践证明:要走好这一条道路,实现共产主义大同理想,并不那么容易,而是一个比民主革命更为艰难而漫长的历史过程。在这中间,要十分注意克服来自中国古代传统大同理想中的空想因素的影响,克服急性病。

以毛泽东为代表的中国共产党人认识到只有经过阶级斗争、新民主主义革命和社会主义革命,才能实现社会主义、共产主义,并认为这是科学社会主义与空想社会主义之最根本的区别。然而,他们却忽视了社会主义、共产主义是建立在高度发达的现代化社会化生产力基础之上的,忽视了社会主义、共产主义的物质技术基础。这种理论认识上的偏颇导致了1958年的人民公社化运动。

1958年人民公社化运动的兴起有着极为复杂的原因,其中既有现实的和历史的社会根源,也有理论的和认识的根源。笔者曾在《毛泽东晚年的理论与实践》一书中有较为详细的论述。笔者认为,人民公社运动的兴起与中国传统的大同思想之间有着一定的联系。1958年6月14日,刘少奇同全国妇联党组的谈话为我们的研究提供了重要线索。刘少奇说:中宣部印了一本有关空想社会主义的资料,其中一段是康有为《大同书》中写的。康有为写《大同书》,要破除九界,即国家界限、男女界限……毛主席讲话时也提到康有为的《大同书》。空想社会主义者的想法在那时没有实现的条件;现在马克思主义者抓住了阶级斗争,已经消灭了阶级或正处在消灭阶级过程中,这样把空想社会主义者不能实现的空想实现了。毛主席讲过三无:无政府、无国家、无家庭。这将来会统统实行。毛主席讲过两次,家庭要消灭。刘少奇把办托儿所、公共食堂这样一些生活服务组织视为"大家趋向共产主义"。他认为,我们到共产主义不要多远,十五年可以赶上美国,再有十五年等于三、四个美国,再有四十年、五十年中国可以进入共产主义。刘少奇的这些话反映了当时以毛泽东为代表的中共中央对社会主义、共产主义的认识。

1958年8月16日,中共中央农村工作部副部长陈正人带着中共中央的意图到毛泽东在8月4日视察过的河北省徐水县搞共产主义试点。陈正人把康有为的《大同书》与《共产党宣言》、《哥达纲领批判》等马列著作一并送给当地干部学习。笔者以为,提出在此时看《大同书》的绝不是这位副部长,很可能与毛泽东和刘少奇在讲话中谈到《大同书》有直接关联。1958 年 8 月 21 日,毛泽东在北戴河会议上讲,空想社会主义的一些理想,我们要实行。这又从一个侧面反映出中国古代的大同思想和空想社会主义对毛泽东和中共中央的影响。

1958 年 12 月,毛泽东在文物出版社出版的《毛主席诗词十九首》一书上写的批语中仿宋朝爱国诗人陆游的《示儿》("死去元知万事空,但悲不见九州同。王师北定中原日,家祭无忘告乃翁!")作诗一首,曰:"人类今娴上太空,但悲不见五洲同。愚公尽扫饕蚊日,公祭无忘告马翁。"现代科技迅速发展,人造卫星上天,遨游太空,但帝国主义和反动派依然猖獗。"但悲不见五洲同"之句反映出毛泽东想尽早扫尽害人的"饕蚊",消灭剥削阶级,解放全人类,实现世界大同的焦急心情。有足够的根据可以认为,在新中国成立后,尤其是 1958 年,中国古代的大同思想和国外的空想社会主义,对毛泽东的影响甚大,给中国的社会主义事业带来了负面的影响。

最后要说一点如何看待以孔子为代表的儒家的大同思想。一个民族,如同一个人一样,总要有自己为之奋斗的美好理想。没有理想的民族,是没有希望的民族。大同理想是中华民族的理想,是中华民族优秀传统思想之一。大同理想与共产主义有相一致之处。以毛泽东为代表的中国共产党人,继承和发扬了中国古代的大同思想,使之成为科学的共产主义思想,并为之奋斗不已。这是我们首先要肯定的。其次,还要认识到,理想不是现实。理想总带有某种空想、幻想的成分。因此,我们在实现共产主义的大同理想时一定要脚踏实地,在现实的政策和措施中防止空想因素的侵袭,防止超越历史阶段。

四

哲 学 篇

孔子自认为"哲人"。① 孔子思想不仅广博而且深邃。虽然孔子给学生传授的礼、乐、射、御、书、数六艺中没有专门的哲学类的内容,但是他的哲学思想渗透在他的政治、经济、道德、教育、文艺、体育等思想中,体现在他的言行中。自从19世纪末20世纪初,西方的哲学观念传入中国以来,中国思想界在论及孔子思想时,无不论述孔子的哲学思想。若论孔子而不论及孔子的哲学思想,那就是还没有论到根本处。毛泽东是哲学家,因此对孔子的哲学思想尤为关注,并有书信专论,提出了许多独到的见解。

(一) 毛泽东论孔子哲学书信的背景

毛泽东论孔子哲学言论甚多,时间跨度很大,从青年时代的通信到晚年的谈话,但最重要的是1939年2月分别致张闻天、陈伯达的三封信和同年5月以后对艾思奇撰写的哲学《研究提纲》的批语。为了正确理解毛泽东的书信,有必要先介绍一下书信的背景。

为了从根本上提高全党的思想理论水平,1938年10月,毛泽东在中共六届六中全会上号召党的干部要研究理论、研究历史和研究现状,提出了"马克思主义中国化"的论断。他指出:"我们这个民族有数千年的历史,有它的特点,有它的许多珍贵品。""从孔夫子到孙中山,我们应当给以总结,承继这一份珍贵的遗产。""使马克思主义在中国具体化,使之在其每一表现中带着必

---

① 《礼记·檀弓上》记载:"孔子蚤(早)作,负手曳杖,逍遥于门,歌曰:'泰山其颓乎!梁木其坏乎!哲人其萎乎!'既歌而入,当户而坐。……曰:'予殆将死也',盖寝疾七日而没。"《史记·孔子世家》亦有类似记载。孔子认为,智就是"知人"(《里仁》)。"知人则哲,能官人,安民则惠,黎民怀之。"(《尚书·皋陶谟》)《孔氏传》解释说:"哲,智也。无所不知,故能官人,惠,爱也。爱则民归之。""哲人"则是具有非常智慧之人。

须有的中国的特性,即是说,按照中国的特点去应用它,成为全党亟待了解并亟须解决的问题。"①

为了让延安的干部了解中国古代的思想,毛泽东提议当时在中共中央宣传部工作的陈伯达开设中国古代哲学讲座。陈伯达,1904 年 7 月 29 日出生在福建省惠安县的"一个破落的穷秀才之家",17 岁毕业于陈嘉庚创办的集美师范学校,之后当过小学教师、杂志编辑、报纸记者、国民革命军将领张贞的秘书。1927 年大革命失败后在上海入党,不久进入莫斯科中山大学学习。1930 年回国,之后在天津、北京从事党的宣传工作和文化工作,曾在中国大学任教授,研究中国古代哲学,开设周秦诸子课,1938 年 9 月到延安。陈伯达的中国古代哲学学问主要是自学得来的。他一口福建话,旁人很难听懂,但有学问,文笔好。毛泽东得知陈伯达在北平中国大学开过周秦诸子课,于是就提议他为延安干部开中国古代哲学讲座。据说,每次讲座,毛泽东差不多都去听。陈伯达还撰写了讲稿,并先后在《解放》杂志上发表,其中有《中国古代哲学的开端》(《解放》第 62 期,1939 年 1 月 28 日),《老子的哲学思想》(《解放》第 63、64 期,1939 年 2 月 16 日),《孔子的哲学思想》(《解放》第 69 期,1939 年 4 月 15 日),《墨子的哲学思想》(上、中、下,《解放》第 82、102、104 期,1939 年 8 月 30 日,1940 年 3 月 31 日,1940 年 4 月 20 日)。毛泽东对陈伯达的《中国古代哲学的开端》和《老子的哲学思想》没有发表评论,可能是陈伯达未将此二稿送给毛泽东。陈伯达在北平时就发表过《墨子哲学》(1936 年),这次又重新写作,也许觉得是自己的得意之作,于是在 1939 年 1 月将《墨子的哲学思想》送毛泽东审阅。

毛泽东认真读了陈伯达的论文,给陈写了简短的信,并附上自己对文章的意见。毛泽东对陈的文章十分赞赏,称:"《墨子的哲学思想》看了,这是你的一大功劳,在中国找出赫拉克利特来了。"毛泽东从文章的题目到内容和写法,共提了六条意见。其中"中庸"文字最长。陈伯达在文中只说到"儒家的中庸观念,在《墨经》中表现发展为唯物论的'质'的观念"。毛泽东却在信中

---

① 毛泽东:《中国共产党在民族战争中的地位》(1938 年 10 月 14 日),《毛泽东选集》第二卷,人民出版社 1991 年版,第 533—534 页。

对"中庸"作了很大的发挥。陈伯达送《墨子的哲学思想》带有投石问路的性质。因为如前所说，在近代以来，对孔子的评说不仅是一个学术问题，而且是一个敏感的政治问题，尤其是国民党在搞尊孔复古的时候。陈伯达得到墨子文章的肯定评价后，又送了《孔子的哲学思想》给毛泽东。时任中共中央宣传部长张闻天，作为陈伯达的上级领导，很希望毛泽东对陈伯达的《孔子的哲学思想》一文发表意见。应张闻天的要求，毛泽东认真读了陈文，并于2月20日给张闻天写了一封长信。毛泽东在信中首先肯定陈文"大体上是好的"，同时提出七个问题，进行商榷。张闻天自然把毛泽东的意见转给陈伯达。陈伯达依据毛泽东的意见对文章进行了修改，并把修改后的文稿再次送毛泽东审阅。毛泽东阅后又给张闻天写了第二封信，肯定陈伯达的"改处都好"，同时又提出了三点意见。其中第三点指出应如何对待章太炎、梁启超、胡适、冯友兰等非马克思主义者的文章和观点。毛泽东说："伯达此文及老墨哲学诸文引了章（炳麟），梁（启超），胡（适之），冯（友兰）诸人许多话，我不反对引他们的话，但应在适当地方有一批判的申明，说明他们在中国学术上有其功绩，但他们的思想和我们是有基本上区别的，……若无这一简单的申明，则有使读者根本相信他们的危险。"[①]根据毛泽东的意见，陈伯达对文章再作修改，之后才在《解放》杂志上发表。可以认为，陈伯达的最后稿子，得到毛泽东的认可。有趣的是，这篇文章在"以人废言"的"文化大革命"时期，被视为"大毒草"。在批判陈伯达时，北京大学的领导者（毛泽东派的工人解放军宣传队）曾印发此文，供内部批判之用。

基于上述情况，我认为，在读解毛泽东的书信以及评论毛泽东对孔子哲学思想的论析时应注意联系陈伯达的整个文章。毛泽东审阅的陈伯达的初稿未能保留下来，现在我们只能读到经陈修改后在《解放》杂志上发表的稿子。即使是这样，这篇文章仍是重要的，这是第一点。第二点，我们在读解书信时还须联系当时党的思想状况和国内思想斗争的形势，切忌孤立地抓住其中的一两句话去作随意的发挥。第三点，从内容看，毛泽东的信是经过一番思考，并

---

① 毛泽东：《致张闻天》（1939年2月22日），《毛泽东书信选集》，人民出版社1983年版，第150页。

查阅过原典(如朱熹的《四书章句集注》)才写的,绝不是他在信中自谦为"是从伯达文章中望文生义地说出来的"。信的思想反映了当时他对孔子哲学思想的基本看法,非一般谈话、讲话时的即兴之言。

(二)"孔子是观念论","有片面真理"

孔子一生忧国忧民,志在救世。他的哲学是政治哲学。为了恢复周礼,变"无道"为"有道",孔子提出了"正名"。齐景公问孔子如何为政,他回答:"君君,臣臣,父父,子子。"(《颜渊》)孔子的学生子路问孔子:卫国的国君若要您去治理国家,您打算先干什么事情?孔子回答:"必也正名乎?"又说:"名不正则言不顺,言不顺则事不成,事不成则礼乐不兴,礼乐不兴则刑罚不中,刑罚不中则民无所措手足。"(《子路》)孔子把"正名"看成为政的第一件事。"正名"在孔子思想中占有重要位置。胡适在《中国古代哲学史》中专门写了一章"正名主义",认为,"正名主义,乃是孔子学说的中心问题"。冯友兰在1932年出版的《中国哲学史》中也把"正名主义"作为孔子章中的一节来写。但胡、冯讲"正名"都主要是从政治上讲的,并未从哲学的名实关系上讲。

陈伯达是信奉马克思主义的辩证唯物论者,自觉地坚持哲学的党性原则。他认为:"中国古代哲学史上的名实问题,在实质上,就是思维与存在之关系问题。"①陈伯达从名与实的关系的视角去分析孔子的"正名"。他说:"在孔子看来,名是第一,'事'(事物)是被名所决定的,而不是名被'事'所决定。名实的关系在这里是被倒置的。孔子把真实的世界变成概念的世界,而且把概念的世界看成不变的世界。"陈伯达认为,孔子哲学是唯心论。

毛泽东肯定了陈伯达的这一观点,指出:孔子的正名,"作为哲学的整个纲领来说是观念论"。但毛泽东不满足于这一点,不满足于仅仅指出孔子哲学的观念论错误。在毛泽东看来,孔子的"正名"中有着合理的、积极的因素。他对"正名"的评论主要是讲其中的合理因素。他说:"正名","如果作为哲学

---

① 陈伯达:《老子的哲学思想》,《解放》第63、64期,1939年2月16日。

的部分,即作为实践论来说则是对的,这和'没有正确理论就没有正确实践'的意思差不多。如果孔子在'名不正'上面加了一句:'实不明则名不正',而孔子又是真正承认实为根本的话,那孔子就不是观念论了,然而事实上不是如此,所以孔子的体系是观念论;但作为片面真理则是对的,一切观念论都有其片面真理,孔子也是一样。"毛泽东又指出,"正名"有其合理性:"'正名'的工作,不但孔子,我们也在做,孔子是正封建秩序之名,我们是正革命秩序之名,孔子是名为主,我们则是实为主。"实践,做,行,是主观见之于客观的过程,即是把观念、理论、方案、图样等"名"经过实践对象化(转化)为"事"的过程。所以孔子的"正名"作为实践论来讲是对的。毛泽东从孔子的"正名"进一步论析了观念论的优点和机械唯物论的缺点。他说:"观念论哲学有一个长处,就是强调主观能动性,孔子正是这样,所以能引起人的注意与拥护。机械唯物论不能克服观念论,重要原因之一就在于它忽视主观能动性。"①毛泽东的这些论述十分深刻,是唯物而又辩证的,同马克思的《关于费尔巴哈论的提纲》第一条的思想完全一致。

迄今为止,我还未见过有谁对孔子的"正名"思想作如此透彻的、全面的、辩证的哲学分析。陈伯达只论说到"正名"的唯心论的短处,而未说到其长处。毛泽东则认为:"我们对孔子的这方面的长处应该说到。"从毛泽东的这些论述中,我们可体会到,对待历史上的哲学遗产,批判并不是目的,重要的是要从中吸取对我们有用的、合理的因素,丰富自己的理论。重视实践,重视主观能动性,是毛泽东的一贯思想。他在《中国革命战争的战略问题》和《论持久战》中对自觉能动性均有精辟的论述。在晚年,毛泽东尤其重视名(理论)的指导意义。他提出要搞马克思主义,不要搞修正主义,提出反修防修,其实这也都是正名工作。他在肯定的意义上,引用《论语》中"一言兴邦"、"一言丧邦"的话。1963年5月11日,他在杭州会议上讲,物质可以变精神,精神可以变物质。……一言兴邦,一言丧邦,就说的是精神变物质。马克思讲无产阶级专政,是一言兴邦;赫鲁晓夫讲三无世界、全民党、全民国家,是一言丧邦。苏

---

① 毛泽东:《致张闻天》(1939年2月20日),《毛泽东书信选集》,人民出版社1983年版,第144—145页。

共解散,苏联解体,原因复杂,苏共领导离开了马克思主义的指导则是其中的基本的一条。"正名"确实很重要。但重要的前提条件是"名要副实",亦是"实要明","实不明",则"名不正"。在"名不正"的情况下硬去正名,要正出乱子来。

"正名"思想反映出孔子强调人的主观能动性。但孔子在天人关系上则显出严重的命定论的倾向。他讲过:"天生德于予,桓魋其如予何!"(《述而》)"获罪于天,无所祷也。"(《八佾》)"道之将行也与,命也;道之将废也与,命也。"(《宪问》)"君子有三畏:畏天命,畏大人,畏圣人之言。"(《季氏》)他的学生则讲"死生有命,富贵在天。"(《颜渊》)不过从孔子本人一生的活动看,他不是命定论者,他"敬鬼神而远之"(《雍也》),"不语怪、力、乱、神"(《述而》),主张刚毅,"发愤忘食,乐以忘忧"(《述而》)。他"不怨天,不尤人"(《宪问》)。他不甘屈服于命运,为了救世,实现自己的抱负,四处奔走,生命不息,奋斗不已。世人称他为"知其不可为而为之者"(《宪问》)。孔子栖栖惶惶、奋斗不息的精神对后世影响甚大。《周易·乾卦·象传》提出"天行健,君子以自强不息",发展了孔子积极有为的生活态度。

(三)"学个孔夫子每事问"

孔子哲学从总体上讲是唯心论、形而上学,但其中也包含有许多唯物论、辩证法的因素。毛泽东指出,陈伯达的文章,"没有明白指出孔子在认识论上与社会论上的基本的形而上学之外,有它的辩证法的许多因素,例如孔子对名与事、文与质、言与行等等关系的说明"[①]。

在认识论上,孔子主张唯心论的先验论,承认有生而知之者。他说:"生而知之者,上也;学而知之者次也;困而学之,又其次也;困而不学,民斯为下矣。"(《季氏》)又说:"唯上知与下愚不移。"(《阳货》)可是孔子认为自己并

---

① 毛泽东:《致张闻天》(1939年2月20日),《毛泽东书信选集》,人民出版社1983年版,第148页。

不是生而知之者。他说："我非生而知之者,好古敏以求之者也。"(《述而》)当时有人问孔子的学生子贡:"夫子圣者与?何其多能也?"子贡回答:"固天纵之将圣,又能多也。"孔子听到后则说道:"吾少也贱,故能多鄙事。"(《子罕》)《孟子·万章下》记载:"孔子尝为委吏矣,曰'会计当而已矣。'尝为乘田,曰:'牛羊茁壮长而矣。'"作为儒者,孔子给人相礼,当过替人办丧事之类的吹鼓手。"委吏"、"乘田"、"相礼",即是孔子所说的鄙事。孔子博学多才来之于后天的勤奋好学。对此,毛泽东曾在许多讲话、谈话中说到此事,认为孔子的学问是通过自学、实践而得到的。1939年他在延安在职干部教育动员大会上说:"从古以来真正有学问的人,不是从学堂里学来的。孔夫子的孔夫子主义,不是一下子从学堂里学到的。"[①]

在知(言)与行的关系上,孔子重视行,主张知行结合。在教育中,他强调行:"子以四教:文、行、忠、信"(《述而》),"行有余力,则以学文"(《学而》),"先行其言而后从之"(《为政》),"君子欲讷于言,而敏于行"(《里仁》),"敏于事而慎于言"(《学而》),"听其言而观其行"(《公冶长》),"君子耻其言而过其行"(《宪问》),"言忠信,行笃敬"(《卫灵公》)等。孔子讲的言、行,有些是属于认识论的问题,有些则着重于道德论。但不管如何,他把知(言)行问题提出来了。与西方哲学相比,知行问题是中国哲学的重大问题。中国哲学家对此问题有丰富的、精辟的阐述,这是中国哲学的优点和特点之一,而孔子则是中国知行问题开先河者。知行问题,经墨子、孟子、荀子、王充、程颐、朱熹、王守仁、王夫之、颜习斋、孙中山等发展,形成了先知后行、先行后知、知行合一、知行相须、知难行易、知易行难等不同理论、学派。毛泽东的《实践论》则对中国知行学说作了科学总结,唯物而又辩证地解决了知行关系。

为了获得知识、才能,孔子主张多行、多问、作调查研究。他说:"多闻,择其善者而从之,多见而识之。"(《里仁》)"敏而好学,不耻下问。"(《公冶长》)"三人行,必有我师。择其善者而从之,其不善者而改之。"(《述而》)《论语》记载:"子入太庙,每事问。"(《八佾》)毛泽东对于孔子思想中这方面的优点

---

① 毛泽东:《在延安在职干部教育动员大会上的讲话》(1939年5月20日),《毛泽东文集》第二卷,人民出版社1993年版,第183页。

充分加以肯定。他提倡党的领导干部在遇到困难问题时，要走群众路线，调查研究，"学个孔夫子的'每事问'"，这样，"任凭什么才力小也能解决问题"①。他又说："我们切不可强不知以为知，要'不耻下问'，要善于倾听下面干部的意见。先做学生，然后再做先生；先向下面干部请教，然后再下命令。"②毛泽东提出的群众路线源于马克思列宁主义，但也融进了孔夫子以来的优良传统，成了中国共产党的根本认识路线、工作路线和政治路线。

孔子在提倡勤学好问的同时还注重"思"。他说："学而不思则罔，思而不学则殆。"(《为政》)他提倡"再思"(《公冶长》)。"思"就是对所获得的丰富感性材料加以科学的加工制作，进行科学的抽象，形成反映事物本质和规律的理性认识。毛泽东对孔子提倡"再思"予以充分肯定。他说："孔夫子提倡'再思'，韩愈也说'行成于思'，那是古代的事情。现在的事情，问题很复杂，有些事情甚至想三四回还不够。"③毛泽东提倡"凡事应该用脑筋好好想一想"，"多想出智慧"④。"多思"、"多想"，可以避免盲目性，避免经验主义。

孔子提倡实事求是的态度，反对主观、固执、武断。《论语》记载："子绝四：毋意，毋必，毋固，毋我。"(《子罕》)这就是说，孔子做到杜绝四种弊病：主观臆测，绝对化，固执己见，自私自利。这四种弊端都妨碍人客观地正确认识事物和处理矛盾。毛泽东肯定孔子"绝四"。他在致谢觉哉的信中说："客观地看问题，即是孔老先生说的'毋意，毋必，毋固，毋我。'"⑤孔子主张做学问要重证据。他说："夏礼，吾能言之，杞不足徵也。殷礼，吾能言之，宋不足徵也。文献不足故也。足，则吾能徵之矣。"(《八佾》)孔子开无徵不信之先河。

孔子主张做老实人，说老实话，不弄虚作假。他说："知之为知之，不知为

① 毛泽东：《反对本本主义》(1930年5月)，《毛泽东选集》第一卷，人民出版社1991年版，第110页。
② 毛泽东：《党委会的工作方法》(1949年3月13日)，《毛泽东选集》第四卷，人民出版社1991年版，第1441页。
③ 毛泽东：《反对党八股》(1942年2月8日)，《毛泽东选集》第三卷，人民出版社1991年版，第844页。
④ 毛泽东：《学习和时局》(1944年4月12日)，《毛泽东选集》第三卷，人民出版社1991年版，第948页。
⑤ 毛泽东：《致谢觉哉》(1941年8月5日)，《毛泽东年谱》(1893—1949年)中卷，人民出版社、中央文献出版社1993年版，第317页。

不知,是知也。"(《为政》)毛泽东对此加以肯定并提倡。他在中共七大讲,共产党人要讲真话,不偷,不装。"什么是不装?就是'知之为知之,不知为不知'。孔夫子的学生子路,那个人很爽直,孔夫子曾对他说:'知之为知之,不知为不知,是知也。'懂得就是懂得,不懂得就是不懂得,懂得一寸就讲懂得一寸,不讲多了。"①孔子开创的实事求是的优良学风在以毛泽东为代表的中国共产党人身上得到了继承和发扬。

(四)"'过犹不及'是两条战线斗争方法"

中庸是以孔子为代表的儒家哲学的重要范畴。孔子讲:"中庸之为德也,其至矣乎!民鲜久矣。"(《雍也》)孔子此话表明,中庸思想由来已久。他哀叹,中庸这样一种极至的美德,老百姓很久以来就缺少了。从文献看,孔子以前已有"中"的思想的记载,但尚未发现"中庸"一词。所以学界一般认为,明确提出"中庸"的是孔子。不过,《论语》中记载"中庸"的话仅上面提到的一处。孔子没有对中庸做出具体的阐释。传统的看法认为,孔子之孙子思作《中庸》(现学界普遍认为《中庸》为秦汉之际的产物),系统发挥了孔子中庸思想。《中庸》不仅增加了许多孔子有关中庸的语录,把"中"和"庸"联系起来,而且增加了"诚"的内容。《中庸》把中庸和诚的思想神秘化、绝对化。到了宋朝,朱熹作《中庸章句注》,并把它与《大学》、《论语》、《孟子》一起列为"四书",作为封建教育的基本教材。

中庸之道对中国人民的精神世界和社会发展产生了广泛而久远的影响,成为维护封建社会的精神支柱。所以,近代以来,进步的思想家、革命家大都对中庸之道持批判的态度,而反动的、保守的人士,一般则全盘肯定中庸。

毛泽东对中庸却另有所见。他的"见"是与陈伯达的《墨子的哲学思想》和《孔子的哲学思想》两文有关。陈伯达在《墨子的哲学思想》中讲到墨子的

① 毛泽东:《在中国共产党第七次全国代表大会上的口头政治报告》(1945年4月24日),《毛泽东文集》第三卷,人民出版社1996年版,第350页。

辩证法时说:儒家的"中庸"观念,在《墨经》中表现发展为唯物论的"质"的观念。《经上》:"欲正权利,恶正权害。"《经说上》:"权者,两而无偏","欲"与"恶"是主观上的东西,而"利"与"害"是客观上的东西;欲之"正"是利,恶之"正"是害。"正"就是"质"的观念。"一种事物包含有其一定的质,这也就是正。"墨家是功利主义者,它讲"欲正权利,恶正权害"、"两而无偏",是作为处理和权衡利害关系的一种准则。《墨子·大取》解释说:权是权衡轻重,一个人遇到了强盗,断指以免身,是利之中取大,害之中取小。陈伯达把《墨经》中的"正"视为辩证法中的"质",把"权正,两而无偏"视为保持"质"的相对稳定性,并进而把它与儒家的"中庸"联系起来,认为这是对儒家中庸的发展。陈伯达的这些观点不能不说是一种新见。

　　毛泽东在致陈伯达的信中总体上肯定陈的观点,并作了很大的发挥。他指出:"墨家的'欲正权利,恶正权害'、'两而无偏'、'正而不可摇',与儒家的'执两用中'、'择乎中庸服膺勿失'、'中立不倚'、'至死不变'是一个意思,都是肯定质的安定性,为此质的安定性而作两条战线斗争,反对过与不及。"毛泽东进而作了具体的说明,并指出了陈伯达一些不正确的说法。他说:"(1)是在作两条战线斗争,用两条战线斗争的方法来规定相对的质。(2)儒墨两家话说得不同,意思是一样,墨家没有特别发展的地方。(3)'正'是质的观念,与儒家之'中'(不偏之谓中)同。'权'不是质的观念,是规定此质区别异质的方法,与儒家'执两用中'之'执'同。……'权者两而无偏',应解作规定事物一定的质不使向左右偏(不使向异质偏),但这句话并不及'过犹不及'之明白恰当,不必说它'是过犹不及之发展'。(4)至于说'两而无偏,恰是墨子看到一个质之含有不同的两方面,不向任何一方面偏向,这才是正,才真正合乎那个质',则甚不妥,这把墨家说成折中论了。一个质有两方面,但在一个过程中的质有一方面是主要的,是相对安定的,必须要有所偏,必须偏于这方面,所谓一定的质,或一个质,就是指的这方面,这就是质,否则否定了质。"① 从毛泽东的信中我们可以看出,毛泽东所感兴趣的是儒墨两家关于"质"的安

---

① 毛泽东:《致陈伯达》(1939 年 2 月 1 日),《毛泽东书信选集》,人民出版社 1983 年版,第141—142 页。

定性的思想。他认为，墨子的"权者两而无偏"不如儒家的"过犹不及"说得明白，所以他不赞成陈所说的墨家在这一问题上比儒家有所发展。他更看重儒家的"中庸"，所以他在信中用"中庸问题"作标题讲上述问题。更值得我们注意的是，他把"中庸"的"过犹不及"看作"用两条战线斗争的方法来规定相对的质"，不过没有展开。

陈伯达在《孔子的哲学思想》中说："孔子在认识论上曾有'质'的发现"，并认为"关于'过犹不及'之质的发现"，"这是孔子在中国哲学史上一个很大的功绩"。毛泽东对陈伯达关于中庸问题的解释，从总体上加以肯定："伯达的解释是对的。"同时他又指出了陈文的不足，进一步阐发了中庸思想中的辩证法因素。毛泽东说："'过犹不及'是两条战线斗争的方法，是重要思想方法之一。一切哲学，一切思想，一切日常生活，都要作两条战线斗争，去肯定事物与概念的相对安定的质。"他建议陈伯达引用《中庸》中孔子如下的话进行论证："舜其大知也与，舜好问而好察迩言……执其两端用其中于民"及"回之为人也，择乎中庸得一善则拳拳服膺而弗失之"。他还肯定朱熹在"舜其大知"一节的注解"大体是对的"。同时指出："'两端'不应单训为'众论不同之极端'，而应说明即是指的'过'与'不及'。'过'的即是'左'的东西，'不及'的即是右的东西。依照现在我们的观点说来，过与不及乃指一定事物在时间与空间中运动，当其发展到一定状态时，应从量的关系上找出与确定其一定的质，这就是'中'或'中庸'，或'时中'。"毛泽东又说："孔子的中庸观念没有这种发展的思想，……然而是从量上去找出与确定质而反对'左'右倾则是无疑的。这个思想的确如伯达所说是孔子的一大发现，一大功绩，是哲学的重要范畴，值得很好地解释一番。"[①]毛泽东更明确地用现代辩证论的"度"的思想去解释孔子的"中庸"，强调"适度"的意义，反对"过"与"不及"。

在1983年《毛泽东书信选集》出版之前，毛泽东致陈伯达、张闻天的信只有在延安的少数人知道。所以，在1949年以后我国学术界对中庸之道基本上持全盘否定的态度。在批孔运动中"四人帮"一伙更是把"中庸之道"作为反

---

① 毛泽东：《致张闻天》(1939年2月20日)，《毛泽东书信选集》，人民出版社1983年版，第145—147页。

70

革命复辟之道加以批判。1983 年,毛泽东的信公布后,在学术界引起强烈的反响。学者们对它的理解不尽一致。大多数人赞成,也有少数持保留态度。有的学者认为,中庸哲学虽有合理内核,但从整体上讲则是"封建主义的、唯心主义的、形而上学的糟粕",把中庸思想本身说成既反"左"倾,又反右倾,和马克思主义两条战线斗争差不多,"是不符合孔子中庸思想的实质,这是把孔子的中庸之道现代化、马列主义化的做法","违反历史主义原则"①。这是不指名地批评毛泽东的某些提法。

毛泽东对孔子中庸思想的评价和发挥正确吗? 笔者认为,毛泽东虽然用了现代的"左"右、两条战线斗争等术语,但其评价和发挥大体是正确的,不存在"把中庸之道现代化、马列主义化"的问题。孔子时代,当然没有现代的质、量、度与"左"右这样一些概念,但从西周以来,尚"中"的思想已颇为流行。周公提倡"中德"(《尚书·酒诰》),主张在折狱用刑时要做到"中罚"、"中刑"、"中正"(《尚书·吕刑》)。《论语》记载尧在传位给舜时对舜讲:"天之历数在尔躬,允执其中。四海困穷,天禄永终。"舜在传位给禹时对禹说了同样的话(《尧曰》)。这些话实际上也反映了孔子的思想:办事情要"允执其中"。孔子自己也认为,刑罚要中,"刑罚不中则民无所措手足"(《子路》)。他又说过:"舜其大知也与! 舜好问而好察迩言,隐恶而扬善,抵其两端,用其中于人,其斯以为舜乎!"(《中庸》)在孔子看来,舜的大智慧在于"执其两端,用中于民",即"执两用中"。孟子也说过:"汤执中,立贤无方。"(《孟子·离娄下》)这些文献记载表明,"用中"、"执中"是统治者管理社会、维护统治的最重要的方法论原则。

"庸",许慎的《说文解字》释为:"用也,从用从庚。"郑玄也认为:"庸,用也。""中庸"即"用中也"。"庸,常也,用中为常道也。"孔子的中庸思想是前人"用中"的进一步发展。孔子初步认识到客观事物中存在着矛盾,即存在着两端,认识事物就是"叩其两端"。孔子自己讲:"吾有知乎哉? 无知也。有鄙夫问于我,空空如也。我叩其两端而竭焉。"(《子罕》)在孔子看来,没有知识不要紧,重要的是掌握认识事物的方法。他总结出的方法就是"叩其两端",

---

① 石峻、杨宪邦主编:《中国哲学通史》第 1 卷,中国人民大学出版社 1987 年版,第 167 页。

用今天的话讲就是尽力认识事物内部的矛盾,认识事物矛盾对立双方的特点及其相互联系。在如何处理矛盾时,孔子也主张"用中",使对立面达到统一,不偏执一端。《左传·昭公二十年》记载:"仲尼曰:'善哉,政宽则民慢,慢则纠之以猛,猛则民残,残则施之以宽。宽以济猛,猛以济宽,政是以和。"这就是说,统治者仅执著宽不行,执著猛也不行,而应是宽猛结合,"宽猛相济"才行。孔子又讲,君子处理政事,"惠而不费,劳而不怨,欲而不贪,泰而不骄,威而不猛"(《尧曰》)。在音乐上,他主张"乐而不淫,哀而不伤"(《八佾》)。在人的行为举止上,孔子提出:"质胜文则野,文胜质则史,文质彬彬,然后君子。"(《雍也》)孔子提倡"中行",但在现实生活中找不到奉行"中行"的人。他说:"不得中行而与之,必也狂狷乎! 狂者进取,狷者有所不为也。"(《子路》)孟子讲:"孔子'不得中道而与之,必也狂狷乎! 狂者进取,狷者有所不为也。'孔子岂不欲中道哉! 不可必得,故思其次也。"(《孟子·尽心下》)"中行"、"中道"是理想中的做人、做事的标准。

孔子看到矛盾着的对立面超过一定限度会发生转化,事物会发生质变。因此,他主张适中、适度,反对"过"与"不及"。孔子的学生子贡问:"师与商也孰贤?"孔子回答:"师也过,商也不及。"子贡又问:"然则师愈与?"孔子说:"过犹不及。"(《先进》)这里虽然是孔子在评论自己的两个弟子颛孙师(子张)和卜商(子夏)两人的特点,子张办事容易"过",子夏容易"不及",各有千秋,但孔子却从中得出了一个重要的方法论原则"过犹不及"。这就是说"过",用今天的话讲就是"过分"、"左",并不比不及、右好,两者都一样,都要防止,避免。这里猜测到事物的质的相对稳定性有一个"度","过"了这个度和"不及"这个度,质的相对稳定性就破坏,就会变成为另一种事物。孔子还认识到,不同的事物,有不同的度,不同的"中",要注意灵活运用,做到"时中"。他说:"君子之中庸也,君子而时中。"(《中庸》)

总之,我认为,陈伯达关于孔子在认识论上曾有关于质的发现的评价是符合历史实际的。毛泽东肯定、赞赏陈伯达的这种评价也是正确的。

把中庸、反对过与不及看成是进行两条战线斗争的方法,是认识问题和处理问题的重要思想方法之一,这是毛泽东的发挥。毛泽东的这种发挥是同中国革命的经验教训和他的经历分不开的。中国革命的经验和中国共产党党内斗争的经验,使毛泽东深切地感到,无论是在统一战线内部,还是在共产党内部,过火的斗争或放弃斗争和斗争不及,都会给革命事业和党的发展带来危害。毛泽东在扩大的中共六届六中全会上讲,党是从反对"左"右的两条路线斗争中巩固和壮大起来的。与毛泽东不同,陈伯达基本上是一介书生,没有毛泽东那样反"左"反右的经历,因而也不可能有这种发挥。也许是考虑到自己的身份、经验的缘故,陈伯达在修改自己文章时没有吸收毛泽东这一重要的观点。笔者认为,毛泽东把反对"过"与"不及"看成是一个具有普遍意义的"重要思想方法之一",这是"古为今用",指出了孔子中庸思想的理论价值和现实意义,并没有违背历史主义原则。

毛泽东对孔子中庸思想中辩证法因素的肯定和发挥,是发前人之未发。历来的尊孔者,肯定中庸者,无有上述思想。因为这些人不懂辩证法,更不懂两条战线斗争、反"左"反右。革命的、进步的思想家,对中庸持批判者居多,而且主要是从道德角度上讲,很少有人从思想方法上去论析。也许正因为如此,毛泽东对中庸积极因素的发挥,冲破了传统的看法,令人耳目一新,使许多人改变了对中庸的传统的看法。

(五)"中庸思想是反辩证法的"

"文化大革命"时期,在揭批林彪一伙过程中发现林彪讲过"中庸之道合理"一类话。"城门失火,殃及池鱼。"中庸之道成了批林批孔的一个重要内容。北京大学、清华大学大批判组编的《林彪与孔孟之道(材料之一)》将"贩卖'中庸之道',反对马克思主义的斗争哲学"列为一个批判专题。北京大学哲学系 1970 级工农兵学员搞的《〈论语〉批注》一书对"中庸之道"全盘否定,称:"孔子的中庸之道,既虚伪,又毒辣,是地地道道的反革命复辟之道","是地地道道的形而上学观点"。毛泽东在批转该材料印发全国供批判用时也忘记了他在 1939 年对孔子及中庸思想说了些什么,当时的批判者更不知道毛泽东在 1939 年曾对孔子的哲学思想有过精辟的全面的评价。

"文化大革命"结束后,毛泽东上述三封信公开发表,学术界对孔子尤其是对中庸之道的看法发生了变化。有相当一部分人认为,中庸之道是辩证法,有的甚至认为是中国辩证法的精华。有的同志说:"简单地把'中庸之道'等同于折中主义,大概是望文生义,并没有对'中庸之道'真正有什么研究,也不懂得它的真实含义,这同毛泽东对这个问题的看法大相径庭。"①这部分同志片面理解了毛泽东的信,对中庸之道作了全面肯定。

我以为,要全面把握毛泽东对中庸思想的看法还须注意毛泽东对艾思奇哲学《研究提纲》的批语。毛泽东上述三封信,重点是发挥中庸思想的积极因素、辩证法因素,这只是一个方面。他对艾思奇哲学《研究提纲》的批语,重点是指出中庸思想的消极方面,反辩证法的实质,又是一个方面。在讲毛泽东对艾著哲学《研究提纲》批语前,有必要先介绍一下艾思奇对中庸的看法。

艾思奇(1910—1966 年),云南省腾冲县人,蒙古族。在昆明上中学时开始接触马克思主义。1927—1931 年间,两次东渡日本求学,第一次主要补习日文,第二次进入福冈高等工业学校采矿系学习。在日本期间,他钻研马克思主义哲学。1931 年"九一八"事变后,出于对日本帝国主义的愤慨,毅然回国。1932 年在上海任中学理化教员,开始发表哲学论文。1933 年加入中国社会科学家联盟。1934 年到《申报》流通图书馆指导部工作,后任《读书生活》半月刊编辑。从他的上述经历可见,艾思奇的哲学是靠刻苦自学得来的。1934年,刚进入哲学领域不久的艾思奇在《申报月刊》第 3 卷第 10 期发表《中庸观念的分析》的长篇论文。他在论文的一开头就指出:"就用今日的哲学标准来衡量",中庸学说"仍可以保持其一面的真理性。中庸学说所根据的前提是:事物的存在各有其自身适宜的限量,事物只能在此限量之内才有肯定的存在意义,越过自身的限量,则自身的存在也就要被否定了。某种行为在一定的限度之内可以为善,过此限度,则善的也会转化为恶。"②但艾思奇文章的重点是在批判中庸思想的消极方面,揭露中庸主义把中庸绝对化,把事物凝固化,指出中庸主义者是形而上学者,中庸主义是保守的意识形态。青年艾思奇以唯物辩证法的质量观念分析中庸思想,是颇有见地的。他肯定中庸思想在哲学

① 金冲及:《求真,反对极端主义》,《真理的追求》1990 年第 3 期。
② 艾思奇:《中庸观念的分析》(1934 年),《艾思奇文集》第 1 卷,人民出版社 1981 年版,第69 页。

上有真理性的一面,即质量统一的思想,这在当时是十分难能可贵的。笔者尚未发现在他之前有人作过此类分析。

1937年10月,艾思奇由上海到达延安。1939年,为了给干部提供哲学教材,他从苏联人著的《辩证法唯物论教程》(西洛可夫、爱森堡等合著,李达、雷仲坚合译)、《辩证唯物论与历史唯物论》(上册,米丁等著,沈志远译)、《新哲学大纲》(米丁等著,艾思奇、郑易里译)和我国李达著的《社会学大纲》等著作中选编了《哲学选辑》。同时,艾思奇把斯大林的《辩证唯物主义论和历史唯物主义论》和他自己编撰的哲学《研究提纲》作为两个附录收入该书。毛泽东在读《哲学选辑》时对艾思奇的《研究提纲》作了较多的批注,其中尤以对"中庸问题"的批注最为重要、醒目。

在《研究提纲》中,艾思奇不仅吸取苏联哲学界的新成果,而且也吸取了毛泽东在抗大讲课的《辩证法唯物论提纲》,吸取了毛泽东致陈伯达和张闻天两封信中的思想。在提纲"量变质"部分,他写道:"量变质是中国的中庸观念的基础,也是两条战线斗争的理论基础,要维持一定的质,人的行为必须在适当的量的限度内,不能过或不及。""中庸观念是有一定的真理内容的,它的错误不在于了解量变质的道理,而在于从形而上学的观点把这个道理绝对化,使它变成死的不变的道德标准。"艾思奇的这一扼要的论述,指出了中庸思想的合理因素及根本的缺陷。这些论述,与他在1934年的看法是一致的。"两条战线斗争的理论基础"的提法显然取之于毛泽东的信。毛泽东在上述文字下画了杠,并在书边写了批语:"在于肯定质的安定性。""旧统治阶级的两条战线斗争方法是反动的方法,用以维持旧质不使变化,使旧质绝对化。马克思主义的两条战线方法是革命的,只承认质的相对安定性,没有绝对主义。"[①]中庸思想是什么性质,是辩证法,还是折中主义? 毛泽东没有明确讲。但他在致陈伯达的信中不赞成陈对"两而无偏"的解释,认为陈的解释,会把墨家说成折中论。毛泽东认为,一个质有两个方面,其中一个方面是主要的,是相对安定的,"两而无偏",不是不向任何一面偏,而是必须向主要一面偏。墨家是辩证

---

① 毛泽东:《读艾思奇〈哲学选辑〉一书的批注》(1939年5月以后),《毛泽东哲学批注集》,中央文献出版社1988年版,第368页。

论,不是折中论。从毛泽东的这些话中,可以把"中庸"理解为辩证法。也许正是这种情况,使艾思奇在理解毛泽东两封信中关于中庸思想的评价上似乎有所偏颇,以致改变了他原先在《中庸观念的分析》中的观点,也与前面的观点不尽一致。

艾思奇在提纲讲二元论部分写道:"二元论在中国也有传统,中国的中庸思想常常被人曲解为折中主义,或妥协调和主义。"毛泽东在"常常被人曲解为折中主义,或妥协调和主义"下画了两道线,并在旁边批写道:"中庸思想本来有折中主义的成分,它是反对废止剥削又反对过分剥削的折中主义,是孔子主义即儒家思想的基础。不是'被人曲解',他本来是这样的。"①在《研究提纲》反对折中主义部分,艾思奇写道:"折中主义是把肯定和否定同等看待,是一种'模棱两可'的思想……中国的中庸思想,被一部分人曲解为折中主义,中庸思想中的精华,是辩证法的,它肯定质的安定性,而不是把肯定和否定平列看待。"针对艾的观点,毛泽东写了一段长的批语,指出:"中庸思想是反辩证[法]的。他知道量变质,但畏惧其变,用两条战线斗争方法来维持旧质不使变化,这是维持封建制度的方法论。他只是辩证法的一要素,……而不是辩证法。"②粗粗地看,毛泽东的批语和前面两封信的思想大相径庭。批语着眼于批判其反辩证法的实质,而两封信则着眼于肯定、发扬其积极的辩证法因素。正因为如此,以至有的同志认为这反映了毛泽东在中庸问题上的"某些变动的、不确定的认识"。但我以为,只要仔细阅读,就会发现,批语和信虽然着眼点不同,重点不同,但思想本质上是一致的。因为毛泽东在信中虽然是讲中庸的辩证法因素,肯定孔子"质的发现",但也明确指出,中庸"没有发展观念","乃是排斥异端树立己说的意思为多"。所以,若从毛泽东的两封信得出中庸是辩证法,那是一种误解。

孔子生活在社会制度大变革的时代,礼崩乐坏。他对大变革持反对的态度。他的一切活动,都是为了恢复周礼,变"无道"为"有道",维护过时的旧制

① 毛泽东:《读艾思奇〈哲学选辑〉一书的批注》(1939 年 5 月以后),《毛泽东哲学批注集》,中央文献出版社 1988 年版,第 364 页。
② 毛泽东:《读艾思奇〈哲学选辑〉一书的批注》(1939 年 5 月以后),《毛泽东哲学批注集》,中央文献出版社 1988 年版,第 380 页。

度。对社会中存在着的尖锐的矛盾对立,他取调和态度。他反对"过"与"不及",企图用"执两用中"的办法,调和矛盾,维护旧的矛盾统一体,维持旧质,反对革命,反对质变,反对转化。"中庸"的保守性十分明显。孔子自己也讲,中庸这种美德,只有君子才会有,"君子中庸,小人反中庸。君子之中庸也,君子而时中;小人而(反)中庸也,小人而无忌惮也。"(《中庸》)小人反中庸,就肆无忌惮起来造反、革命。毛泽东讲,孔子知道"量变质",但"畏惧其变",把质的相对安定性绝对化。因此孔子没有发展的思想,中庸思想实质上是反辩证法的。毛泽东的这些分析是符合孔子思想的历史实际的。毛泽东指出:"中庸主义包括了死硬派和折中派两种思想。"当其肯定质的绝对安定性时,表现为死硬派。"当新势力与旧势力斗争激烈而胜负未分时",中庸主义往往表现为折中主义。① 毛泽东的这一分析是依据历史的和现实的斗争经验作出的总结,其中包含有无数血的教训。

中庸思想对中华民族的民族性格造成了负面的影响,在一定程度上阻碍了中华民族生气勃勃的发展。正因为如此,许多革命者对中庸之道持严厉的批判态度。郭沫若在《中国古代社会研究》中指出:儒家的中庸之道是折中主义,"折中主义根本是披着一件羊皮的虐杀主义"②。北京大学哲学教授徐炳昶在致鲁迅的信中说:中国人的惰性表现为听天任命和中庸。"听天任命和中庸的空气打不破,我国人的思想永远没有进步的希望。"鲁迅在复信中说:"听天任命"和"中庸"两种态度的根柢是"卑怯"。"遇见强者,不敢反抗,便以'中庸'这些话来粉饰,聊以自慰。所以中国人倘有权力,看见别人奈何他不得,或者有'多数'作他护符的时候,多是凶残横恣,宛然一个暴君,做事并不中庸,待到满口'中庸'时,乃是势力已失,早非'中庸'不可的时候了。一到全败,则又有'命运'来做话柄,纵为奴隶,也处之泰然,但又无往而不合于圣道。这些现象实在可以使中国人败亡,无论有没有外敌。"③范文澜指出:"儒

---

① 毛泽东:《读艾思奇〈哲学选辑〉一书的批判》(1939 年 5 月以后),《毛泽东哲学批注集》,中央文献出版社 1988 年版,第 380 页。

② 郭沫若:《中国古代社会研究》(1928 年),《郭沫若全集》(历史编)第 1 卷,人民出版社1982 年版,第 89 页。

③ 鲁迅:《通讯》(1925 年 5 月 29 日),《鲁迅全集》第 3 卷,人民文学出版社 1981 年版,第26 页。

家处世哲学一定是中庸主义。就是'庸言庸行','无咎无誉',避免一切祸难、危险,确保自己身家安全。中庸主义的本质是调和主义、折中主义、迎合主义、反斗争主义。"①由此看来,说中庸之道具有折中主义的性质,这绝非是望文生义。有部分学者认为,孔子是一个讲原则的人,他反对乡愿,提倡强矫精神。因此,孔子的"执两用中"并不是折中主义。笔者认为,就孔子本人而言,他确实是一个有原则的人,反对乡愿。他对旧制度虽有所"损益"(改良),但基本上是毛泽东所说的死硬派,而不是折中派。但在两千多年封建社会里,中庸之道主要是起调和主义、折中主义的作用,尤其是"当新势力与旧势力斗争激烈而胜负未分时"。也许正因为如此,章太炎在《论诸子学》中说:"所谓中庸,实无异于乡愿。"②应当清醒地认识到,即使在今天,中庸之道、折中主义的负面影响仍未消除。怕得罪人,不坚持原则,见人说人话,见鬼说鬼话,模棱两可,见风使舵的情况随处可见。1959年4月,毛泽东在一次会议上说:列宁提出反潮流,有许多时候是这样的,要反潮流,要把自己的心里话讲出来,马克思讲的,共产党员不要隐瞒自己的政治态度。而我们中国人是讲中庸之道,学孔夫子太多,生怕穿小鞋、撤职、开除党籍、老婆离婚,甚至于砍头等等。从毛泽东本人的个性来讲,他与中庸之道是格格不入的,是反中庸之道的。

　　笔者认为,要全面、准确理解毛泽东对中庸思想的评价,必须把他的信与陈伯达的《孔子的哲学思想》文章联系起来读。陈伯达的文章除了讲孔子中庸的"质的发现"功绩外,还讲了以下内容:孔子关于"质"的观念是建立在唯心论的基础之上的;孔子把质的相对安定性夸大了,把一定的"质"看成不变的、神圣的,看不见某一安定的"质"可以变为另一安定的"质";孔子的"和而不流"、"中立而不倚"的强矫精神表现为中庸之道的积极方面,表现了人间的刚毅、节操和正气;但中庸之道是主观的,否认历史发展及其变化,中庸之道也就变成神秘主义、僵死的独断、折中主义,变成人们智慧发展的阻碍,变成旧制度的蒙蔽,等等。对陈伯达的这些观点,毛泽东是认同的,没有提出异议。陈伯达的文章从总体上讲是批判重于肯定。也许正是因为这一点,毛泽东才说陈伯达对中

① 范文澜:《中国经学史的演变》(1940年),《范文澜历史论文选集》,中国社会科学出版社1979年版,第275—276页。
② 章太炎:《论诸子学》(1900年),《章太炎选集》,上海人民出版社1981年版,第365页。

庸的解释是对的,"但是不足的"。这个不足,不是陈伯达批判得不够,而是发挥得不够。毛泽东自己的发挥正是针对陈的这种"不足"而发的,因此只是充分肯定中庸思想中的辩证法因素,而没有再去更多地讲其错误的一面。若离开了陈伯达的文章,孤立读解毛泽东的信很容易得出中庸是辩证法的结论。

总之,毛泽东对中庸思想的评价是全面的、辩证的。他一方面充分肯定孔子中庸思想是对质的一大发现,一大功绩,"过犹不及"是两条战线斗争的重要思想方法之一,是辩证法的一个要素。这与一部分马克思主义者、进步的文化工作者简单地全盘否定不同。另一方面,他又明确地指出,中庸思想无发展观念,反对质变,维护旧质,是反辩证法的、折中主义的,是维护封建制度的方法论。这又与全盘肯定论者不同。毛泽东对中庸的论析仅是一家之言,不必把它看成定论,可以有不同的意见。但毛泽东对中庸思想采取辩证的、历史的分析态度是值得肯定的,为我们如何科学地对待中国历史文化遗产、古为今用提供了范例。

最后还应指出的是,艾思奇虽然在哲学《研究提纲》中对中庸的辩证法思想肯定有点过,但他从中国古代哲学中吸取有价值的思想来丰富马克思主义哲学,为现实服务的精神是值得称道的。他的"量变质是中国的中庸观念的基础,也是两条战线斗争的理论基础"的论述也是正确的。可以讲,除艾思奇之外,我国马克思主义哲学工作者很少有人在讲马克思主义哲学时肯定和吸取中庸的辩证法思想。新中国成立后,艾思奇在讲量变质变规律时仍然注意吸取中国古代哲学思想,把"过犹不及"作为两条战线斗争的重要方法。在讲到质和量相统一、凡事要做到"适度"时,他指出:"中国古代的哲学家,已能够把这样的原理作出哲学上的概括,如孔子说的'过犹不及'、荀子说的'物忌过盈',就是很好的例子。"他又说:在担负某种有关质的变革的任务时,必须要注意到量的适当的掌握,注意"适度"的原则。"在掌握上过了一定的'度'时,就要犯'左'的冒险主义错误,反过来说,如果'不及'一定的'度',就有右倾的危险。"①艾思奇的这些论述同毛泽东对"过犹不及"的发挥不无联系。

---

① 艾思奇:《辩证唯物主义讲课提纲》(1957 年),《艾思奇文集》第 2 卷,人民出版社 1983 年版,第 614—615 页。

孔子的辩证法因素除了前面所讲到的"质的发现",反对"过"与"不及"的两条战线斗争方法外,还有变化、发展的思想。孔子好《易》,"韦编三绝"(《述而》)。《易》有丰富的辩证法思想,是中国哲学辩证法的重要源头之一。孔子把《易》作为基本教材,传授学生。就此而言,表明他是认同《易》的变化、发展思想的。他直观到自然是一个无止境的发展过程。他说:"天何言哉?四时行焉,百物生焉。天何言哉?"(《阳货》)《论语》又记载:"子在川上曰:'逝者如斯夫!不舍昼夜。'"(《子罕》)孔子的这一发展变化的思想对后人很有影响。宋朝程颐对此的注释为:"如道体也。天运而不已,日往则月来,寒往则暑来,水流而不息,物生而不穷,皆与道为体,运乎昼夜,未尚已也。是以君子法之,自强不息。"朱熹进一步解释说:"天地之化,往者过,来者续,无一息之停,乃道体之本然也。然其可指而易见者,莫如川流。故于此发以示人,欲学者时时省察,而无毫发之间断也。"(《四书章句集注·〈论语〉集注卷五》)孔子承认世界(无论是自然还是社会)是一个川流不息的无止境的过程,犹如长江后浪推前浪,滚滚向前。毛泽东肯定孔子的这一辩证法的思想。他在《水调歌头·游泳》(1956年6月)一词的上半阕结尾时,巧妙而自然地引用了《论语》的话。全词如下:"才饮长沙水,又食武昌鱼。万里长江横渡,极目楚天舒。不管风吹浪打,胜似闲庭信步,今日得宽余。子在川上曰:逝者如斯夫! 风樯动,龟蛇静,起宏图。一桥飞架南北,天堑变通途。更立西江石壁,截断巫山云雨,高峡出平湖。神女应无恙,当惊世界殊。"毛泽东借用孔子的话,提升了词的意境并赋予了深邃的哲理,更显示出作者宏富的学养和独特的气质。

总之,孔子在政治上是保守的,主张恢复周礼;在世界观上把矛盾着的对立面的统一凝固化,反对转化,反对质变,无发展观念。但孔子思想中也有辩证法的一面,虽不占主导地位。

(六)"和为贵"与"斗争哲学"

与中庸相联系的是关于和的思想。《论语》中"和为贵"一语成了中国人的日常用语,可见和的思想影响之大。如何评价和的思想,学术界、理论界存在着严重的分歧。

在孔子之前"和"已是中国哲学的一个重要范畴,"和"与"同"之辨已成为政治家、思想家讨论的一个重要问题。《国语·郑语》记载,周太史史伯在与郑桓公谈话时说:"夫和实生物,同则不继。以他平他谓之和,故能丰长而物归(生)之;若以同裨同,尽乃弃矣。故先王以土与金木水火杂,以成百物。是以和五味以调口,刚四肢以卫体,和六律以聪耳……""和"是指不同事物或要素的结合、统一,"同"是相同的事物或要素的简单相加。"和"才能产生新的东西,才能发展,"同"则不能,只能导致消亡。史伯认为,统治者若去和取同,那就会失去智慧,导致统治的衰败。《左传·昭公二十年》记载,齐国大夫晏婴向齐景公讲"和"与"同"的不同。晏婴说:"和如羹焉。"厨师烹调美羹时将鱼肉等原料加酱、醋、盐等各种佐料,用火烹调,"济其不及,以泄其过",才能形成美味的羹。好的音乐也是由清浊、大小、短长、疾徐、哀乐、刚柔等各种音调相济而成的。晏婴认为,君臣关系也是这样。"君所谓可,而有否焉,臣献其否,以成其可。君所谓否,而有可焉,臣献其可,以去其否。""若以水济水,谁能食之? 若琴瑟专一,谁能听之? 同之不可也如是。"晏婴讲"和""同"之异,目的也是要当权者能听取不同的意见,不要只听一种声音。中国古人关于"和"的思想具有鲜明的朴素的唯物辩证法的性质,天才地猜测到无论是自然界,还是社会,事物都是由不同的对立因素统一而成的。

孔子继承了前人的思想,提出君子与小人对和与同态度的不同。他说:"君子和而不同,小人同而不和。"(《子路》)君子与小人在"和""同"上的不同,既包含有思想方法上的不同,也包含有如何做人上的不同。孔子的学生有子把孔子"和"的思想的重要性概括为"和为贵"(《学而》)。不过,孔子的"和",不是无原则的一团和气。有子讲:"礼之用,和为贵。先王之道,斯为美。小大由之,有所不行,知和而和,不以礼节之,亦不可也。"(《学而》)和要符合礼,由礼来调节。孔子反对随风倒的乡愿,称:"乡愿,德之贼也。"(《阳货》)他还讲过:"君子和而不流,强哉矫!"(《中庸》)孔子并不是对一切人讲和,而只是对自己人。公元前481年,齐国大夫田成子杀掉了齐简公,掌握了齐国的政权。在孔子看来,这是犯上作乱,大逆不道。此时孔子已71岁高龄,但他知道此事后沐浴而朝,告诉鲁哀公,请求出兵讨伐,此事虽未成,但反映了孔子并非对什么人都讲和。即使是人民内部,对自己人,孔子讲和,也并不排斥批评、斗争。他对学生的批评很多,有的也很严厉。他的学生冉求任季氏宰,帮助季氏推行田赋,聚敛财富。孔子坚决反对,甚至不承认冉求是自己的门徒,并号召弟子对冉求"鸣鼓而攻之"(《先进》)。不过,总的来看,孔子重和,不重斗。他提倡"君子矜而不争"(《卫灵公》),"君子无所争"(《八佾》),君子血气方刚时,"戒之在斗"(《季氏》),君子要"温、良、恭、俭、让"(《学而》)。

孟子对"和"的重要性有所论述。他说:"天时不如地利,地利不如人和。"(《孟子·公孙丑下》)孟子的此语与"和为贵"一起广泛流传至今。《易传》提出"太和":"乾道变化,各正性名,保合太和,乃利贞。"(《乾卦·彖传》)《中庸》则对孔子和的思想作了系统的发挥。《中庸》说:"喜怒哀乐之未发,谓之中;发而皆中节,谓之和。"喜怒哀乐,讲的是人之感情,在其未发的潜在状态,无所偏倚,是中,发显而适度,皆中节,无过无不及,是和。紧接着,《中庸》说:"中也者,天下之大本也;和也者,天下之达道也。致中和,天地位焉,万物育焉。"这里把"中""和"不仅看成是人的情感未发和已发的两种状态,而且提升为自然的大本和大道。《中庸》把"中"与"和"联系起来。郑玄在注《礼记》时把《中庸》篇注释为"名曰中庸者,以其记中和之为用也"。《中庸》把和看成是天地万物生成、繁荣的根本规律,是解决一切矛盾应遵循的方针。《中庸》中的"和"、"中和"已无矛盾斗争的思想。

宋朝的张载承认客观世界存在矛盾和对立,但认为和是矛盾的最后解决。他说:"有象斯有对,对必反其为;有反斯有仇,仇必和而解。"(《正蒙·太和》)朱熹在注释时进一步发展了《中庸》的无矛盾的思想。朱熹说:"喜怒哀乐","发皆中节,情之正也,无所乖戾,故谓之和"(《中庸章句》)。"无所乖戾"即无矛盾、无冲突。历史上当权的统治者企图用"和为贵"的思想来调和现实的社会矛盾,借以维持自己的统治。1645 年,清顺治二年,当权者将故宫三大殿更名为"太和殿"、"中和殿"和"保和殿",但现实的社会矛盾绝不是靠一个"和"所能消解得了的。

新中国成立后,我国哲学界多数人对中国古代"和"的思想持批判的态度。冯友兰在《中国哲学史新编》(1962年试写稿)中说:史伯的"和","实际上就是调和"①。晏婴虽然对于对立面的辩证关系有相当的认识,但还是没有看到对立面的矛盾,而是只看到对立面的统一,他的"和","也还是调和论"②。《中庸》的"和",是"阶级调和论的理论根据"③。"文化大革命"结束后,冯友兰"不依傍别人",重新写中国哲学史。在1980年出版的第1册中,对史伯、晏婴关于"和"的思想的评价基本上维持1962年的看法,说晏婴宣扬的是"折中调和论",是"明显地为他的政治上的改良主义提供理论根据"。冯友兰认为,孔子的中庸是"折中主义",是"要永远保持统一体的平衡,不使发生质变"。孔子的观点是"形而上学反辩证法的观点","孔丘宣扬矛盾调和"。"他(孔子)对于矛盾的态度,是调和、折中,使矛盾停止在量变的阶段,不至于达到质变。"④但后来冯友兰的观点有所变化。

从20世纪80年代中期起,中国共产党对国际形势的判断有了新的认识。邓小平反复讲:和平与发展是当代世界的两大问题,我们的对外政策也应有所变化,要抓住时机,发展自己。冯友兰的思想也应时而起变化。在《中国哲学史新编》的总结中,他认为,马克思、毛泽东的辩证法是强调斗争的绝对性,是"仇必仇到底",中国古典的辩证法是张载所说的"仇必和而解"。"'仇必和而解'是客观的辩证法。不管人们的意愿如何,现代的社会,特别是国际社会,是照着这个辩证法发展的。"⑤冯友兰"仇必和而解是客观辩证法"的思想在学术界颇有影响。有的学者认为,中国文化一个重要特点是和,中国文化是"以仁为体,以和为用"。有的学者提出,人与自然要和,人与社会要和,人与人要和,国家与国家要和,人心与人身要和,现实社会的矛盾、冲突要通过和来解决。有的学者呼吁:20世纪是斗争的世纪,人与天斗,人与人斗。冤仇宜解不宜结,在未来的21世纪,愿有识之士,都来证明一下"仇必和而解"的真理吧!

----

① 冯友兰:《三松堂全集》第7卷,河南人民出版社1989年版,第61页。
② 冯友兰:《三松堂全集》第7卷,河南人民出版社1989年版,第90页。
③ 冯友兰:《三松堂全集》第7卷,河南人民出版社1989年版,第716页。
④ 冯友兰:《三松堂全集》第8卷,河南人民出版社1991年版,第125、153、183页。
⑤ 冯友兰:《中国现代哲学史》,广东人民出版社1999年版,第251—253页。

　　"和的哲学"的兴起是对"文化大革命"中盛行的"斗争哲学"的矫枉过正。"文化大革命"中"共产党的哲学是斗争的哲学"作为毛泽东的语录广泛流行。林彪、江青一伙极力鼓吹"斗争哲学"。"批林批孔"运动中曾用"斗争哲学"来批判"中庸之道",批判"和为贵"。

　　其实,"共产党的哲学是斗争的哲学",并非是由毛泽东提出的。它不过是毛泽东借用爱国将领邓宝珊的话。邓宝珊(1896—1968)是同盟会会员。抗日战争时期任晋陕绥边区总司令,驻守榆林。20世纪30年代,唯物辩证法思潮席卷全国,成了哲学界主潮流。受此影响,邓宝珊读了一些马克思主义的书。1939年,他路过延安。毛泽东同他进行了长谈。谈话中,他对毛泽东说:共产党的哲学就是斗争哲学。此话给毛泽东留下深刻的印象。1945年4月24日,毛泽东在中共七大作报告,在讲到党的独立自主路线和对国民党实行又团结又斗争的政策时说:"权利是争来的,不是送来的,这世界上有一个'争'字,我们的同志不要忘记了。有人说我们党的哲学叫'斗争哲学',榆林有一个总司令叫邓宝珊的就是这样说的。我说'你讲对了'。自从有了奴隶主、封建主、资本家,他们就向被压迫的人民进行斗争,'斗争哲学'是他们先发明的。被压迫人民的'斗争哲学'出来得比较晚,那是斗争了几千年,才有了马克思主义。放弃斗争,只要团结,或者不注重斗争,马马虎虎地斗一下,但是斗得不恰当、不起劲,这是小资产阶级软弱性的表现。"①这一席话,当时没有公开发表,所以在此后,"斗争哲学"无人提起。

　　毛泽东第二次讲"斗争哲学"是在1959年召开的庐山会议上。在这次会议上,毛泽东把彭德怀等人的正确意见视为反党反社会主义,对彭德怀等同志进行了错误的批判。8月16日,他在一个材料上批写道:"庐山出现的这一场斗争,是一场阶级斗争,是过去十年社会主义革命过程中资产阶级与无产阶级两大对抗阶级的生死斗争的继续。在中国,在我党,这一类斗争,看来还得斗下去,至少还要斗二十年,可能要斗半个世纪,总之要到阶级完全灭亡,斗争才会止息。旧的社会斗争止息了,新的社会斗争又起来。总之,按照唯物辩证

---

　　① 毛泽东:《在中国共产党第七次全国代表大会上的口头政治报告》(1945年4月24日),《毛泽东文集》第三卷,人民出版社1996年版,第316页。

法,矛盾和斗争是永远的,否则不成其为世界。资产阶级的政治家说,共产党的哲学就是斗争哲学。一点也不错。不过,斗争形式,依时代不同而有所不同罢了。"①"文化大革命"中毛泽东的这一批语广为流传。林彪、江青一伙借机大肆鼓吹"斗争哲学",为其篡党夺权制造舆论。

如何看待"共产党的哲学就是斗争哲学"? 历史表明,毛泽东在中共七大上的讲话是正确的,而在庐山会议上的讲话则是错误的。从哲学理论上讲,矛盾着的对立面之间斗争性是绝对的,同一性则是相对的,斗争性寓于同一性之中,同一性中存在着斗争性。"共产党的哲学就是斗争的哲学",这突出了斗争性,但共产党的哲学并不否认同一性,并不主张乱斗一气,而是主张斗争性离不开同一性,矛盾不同,斗争的性质和形式也就不同,要讲究斗争的艺术和策略,斗争要适度,有理,有利,有节。冯友兰把马克思、毛泽东的辩证法说成是"仇必仇到底"并不符合马克思、毛泽东的本义。

毛泽东讲"共产党的哲学就是斗争哲学",但他也多次讲过"和为贵",讲到"和"。他讲"和为贵"有两种情形。第一种是为了国家、民族的利益,国内各阶级、各党派要捐弃前嫌,停止内战,一致对外。1937 年 12 月,他在中央政治局会议上讲,统一战线中,必须坚持独立自主原则,"和"和"争"是对立的统一。1939 年 2 月 5 日,毛泽东在中央党校的讲话中指出:"统一战线,一方面讲亲爱、讲团结,另一方面又要斗争,那这不是自相矛盾吗? 你们在学校里,一个人自身也有统一与斗争,自己犯了错误,要克服错误,不是要斗争吗? 孔子说'君子和而不同,小人同而不和',这也是说统一里有斗争。父子之间、君臣之间的关系也有统一与斗争。……统一里有斗争,天下万物皆然。如果有人认为只有团结而没有斗争,那他就还没有学通马克思主义。统一与斗争是统一战线的两个基本原则,那末这两者是不是半斤与八两呢? 或者说斗争更重于统一战线呢? 回答是否定的! 抗日民族统一战线的第一个原则便是统一,这就是说要跟朋友讲爱、讲团结、互相帮助等;但还有一个原则是斗争,那就是劝解、说服、教育等等,这是不可缺少的一个原则。"②在统一战线里,斗争是为

---

① 毛泽东:《机关枪和迫击炮的来历及其他》(1959 年 8 月 16 日),《建国以来毛泽东文稿》第八册,中央文献出版社 1993 年版,第 451 页。
② 毛泽东:《在中央党校的讲话》(1939 年 2 月 5 日),《党的文献》1995 年第 5 期。

了团结,为了共同对敌,斗争本身不是目的。

抗日战争胜利后,全国人民希望和平建国。毛泽东从民族利益出发,亲赴重庆,进行国共和谈。毛泽东在重庆期间,多次讲到"和为贵"。1945 年 10 月 8 日,国民党方面谈判代表张治中设宴欢送毛泽东回延安。在宴会上,毛泽东说,中国今天只有一条路,就是和,和为贵,其他的一切打算都是错误的。① 国民党违背人民的意愿,撕毁和平协定,发动内战,结果以失败而告终。1958 年,毛泽东在以国防部长彭德怀名义发表的《告台湾同胞书》中的第一句话就是:"我们都是中国人,三十六计,和为上计。""建议进行谈判,实行和平解决。"②问题是台湾当局不接受和平解决的建议。

毛泽东讲"和为贵"的第二种情形是指人民内部同志之间。1941 年 8 月 5 日,毛泽东在致谢觉哉的信中指出,同志之间要去掉"闲气","求达'和为贵'之目的"③。他在 1944 年 9 月 18 日的一次讲话中说:"我们的军队一向就有两条方针:第一对敌人要狠,要压倒它,要消灭它;第二对自己人、对人民、对同志、对官长、对部下要和,要团结。"④毛泽东把"和为贵"看成是正确处理人民内部矛盾的一个重要原则。当然,毛泽东讲"和为贵",并没有放弃必要的斗争。

所以,在毛泽东那里,"和为贵"和"共产党的哲学就是斗争的哲学"看似矛盾,不相容,实质是统一的,并行不悖的,关键是看对它们的理解和运用。中国古典哲学,儒家、道家和佛家都提倡不争、戒斗,提倡和,其中含有一定的合理性。客观辩证法应该是和中包含着斗,斗的目的是为了和,和与斗是对立统一的。片面讲和,片面讲斗,皆失之偏颇。企图用一个"斗"字或一个"和"字来概括辩证法的本质皆不可取。有的矛盾以斗争为主,有的矛盾以同一为主。

---

① 中共中央文献研究室编:《毛泽东年谱》(1893—1949)下卷,中央文献出版社 1993 年版,第 31—32 页。

② 毛泽东:《告台湾同胞书》(1958 年 10 月 6 日),《建国以来毛泽东文稿》第七册,中央文献出版社 1992 年版,第 439—440 页。

③ 中共中央文献研究室编:《毛泽东年谱》(1893—1949)中卷,中央文献出版社 1993 年版,第 317 页。

④ 中共中央文献研究室编:《毛泽东年谱》(1893—1949)中卷,中央文献出版社 1993 年版,第 546 页。

重要的是对具体矛盾进行具体分析,从而找到正确解决矛盾的方法。这是辩证法的精髓,活的灵魂。在纠正片面讲斗争的错误的时候,出现了片面讲和、和合的倾向,值得注意。企图只用和或和合来解决当代世界上存在的人与人、国家与国家、民族与民族、人与自然等种种矛盾,是一种幻想。现实世界,无论国际还是国内的矛盾和斗争说明,"和"的呼吁、说教是苍白无力的。就是讲"和"的人也一刻也没有停止过斗争。不要用"和"来自欺和欺人。矛盾着的对立面又统一,又斗争,由此推动事物的运动和发展。这是客观辩证法。

五

道 德 篇

前面说到,孔子一生志在救世济民,他的哲学是救世哲学、政治哲学。如何救世济民,恢复周礼? 孔子主张"克己复礼",靠道德,靠教化。在他看来,天下之所以无道,礼崩乐坏,邪说暴行乱作,君不君、臣不臣、父不父、子不子,主要是人的道德出了问题。"《春秋》之中,弑君三十六,亡国五十二,诸侯奔走不得保其社稷者不可胜数。察其所以,皆失其本已。"(司马迁:《史记·太史公自序》)司马迁的这一论述大体反映了孔子的看法。孔子鼓吹仁、中庸、正名,都是基于道德救世。在孔子那里政治与道德密不可分。政治道德化了,道德政治化了。孔子的道德哲学影响深远而广大,及至当代的世界。

孔子建立了我国第一个较为完整的道德哲学体系,是我国第一个伟大的伦理学家。同孔子的其他思想一样,他的道德思想精华与糟粕共存。如果说,毛泽东对孔子的哲学思想着重在发掘其积极因素,那么,他对孔子的道德思想更多的是批判,而不是吸取。他在致张闻天的信中说得很清楚:"关于孔子的道德论,应给予唯物论的观察,加以更多的批判,以便与国民党的道德观(国民党在这方面最吸引孔子)有原则的区别。"他又说:对孔子的"仁"之类的道德范畴,"应给以历史的唯物论的批判,将其放在恰当的位置"①。孔子的道德论对以毛泽东为代表的中国共产党人有着积极与消极的双重影响。

(一) 孔子思想以仁为基础

孔子的思想体系博大精深,涉及范畴概念甚多,但最基本、最重要的是两个:礼与仁。有的学者作过统计,"《论语》言'仁'者五十有八章,'仁'字凡百

---

① 毛泽东:《致张闻天》(1939年2月20日),《毛泽东书信选集》,人民出版社1981年版,第147、148页。

有五见,言'礼'者三十有九章,'礼'字凡七十有五见"①。关于"仁"与"礼"在孔子思想体系中的地位及它们之间的关系,研究者们众说纷纭,莫衷一是。有的强调"仁",如郭沫若在《十批判书》中称孔子的"仁""是他的思想体系的核心",是"人的发现"。②又如张岱年认为:"'仁'是孔子思想的核心,也是其伦理思想之根本。"③再又如匡亚明在《孔子评传》中写道:"仁的思想,就是孔子的哲学思想的精髓所在,也是孔子的政治思想、道德思想、教育思想、文献整理思想的理论基础和前提。"④石峻、杨宪邦等也认为:"把仁作为思想体系的中心,实以孔丘为第一人","'仁'是孔丘的社会政治伦理哲学思想的核心和最高范畴,是对'礼'的补充、发展和修正"⑤。另一些大家则强调孔子学说中的"礼",如范文澜认为:"孟子以前,儒学实际就是礼学,遭受墨家猛烈攻击的也就是这个礼学。"⑥又如赵纪彬在《礼仁解故》中说:"孔丘不以'仁'改造'礼',而以'礼'限定'仁',因而'仁'是第二位,'礼'是第一位。"⑦再如,蔡尚思认为:"孔子处处称道周礼","维护周礼是孔子政治活动和思想学说的出发点与归宿。因此,在孔子整个思想体系中,主要的起决定作用的是礼,而不是其他。""孔子思想体系的中心是礼。""孔学主要是礼学。"⑧金景芳等不同于前两者,提出第三种观点,他们认为,"孔子的思想有两个核心","一个是'时';另一个是'仁义'。第一个核心是基本的,第二个核心是从属的。第一个核心偏重在自然方面;第二个核心偏重在社会方面。""孔子还特别重视'礼',实际上礼是从仁义派生出来的。"⑨以上是我国研究孔子几位大家的主要看法。近十多年来,在礼与仁的关系上,较多的学者提出:仁是体,礼是用;

---

① 赵纪彬:《论语新探》,人民出版社 1976 年版,第 301 页。杨伯峻在《论语译注》中认为《论语》中"仁"字出现 109 次,"礼"字出现 75 次,中华书局 1980 年版,第 16 页。
② 郭沫若:《十批判书》(1945 年),《郭沫若全集》(历史编)第 2 卷,人民出版社 1982 年版,第 87、91 页。
③ 张岱年:《孔子》,《孔子大辞典》,上海辞书出版社 1993 年版,第 6 页。
④ 匡亚明:《孔子评传》,齐鲁书社 1985 年版,第 179 页。
⑤ 石峻、杨宪邦主编:《中国哲学通史》第 1 卷,中国人民大学出版社 1987 年版,第 155 页。
⑥ 范文澜:《中国通史简编》修订本第一编,人民出版社 1964 年版,第 203 页。
⑦ 赵纪彬:《论语新探》,人民出版社 1976 年版,第 5、326 页。
⑧ 蔡尚思:《孔子思想体系》,上海人民出版社 1982 年版,第 238、239 页。
⑨ 金景芳等:《孔子新传》,湖南出版社 1991 年版,第 104—105 页。

仁是里,礼是表;仁是孔子学说中进步的一面,礼则是保守的一面。学者们对孔子的思想体系,对仁与礼,从不同视角加以论析、评价,有助于深化孔子思想的研究。

笔者认为,虽然在孔子那里,政治、哲学、伦理是融为一体的,但我们在研究孔子思想体系时则要注意政治与学术两方面的区分。就孔子思想和行动的政治目的、社会作用而言,礼无疑是第一位的。孔子思想、行动的出发点和归宿都是为了恢复周礼。他的思想之所以为二千多年的统治阶级所推崇,主要也是因为他讲礼,讲"君君、臣臣、父父、子子"。五四新文化运动批孔,主要也是批判礼教,打倒吃人的礼教。陈独秀说:"孔教之精华曰礼教,为吾国伦理政治之根本。"又说:"儒教之精华曰礼。"①就此而言,说"孔子的思想核心是礼","孔学就是礼学",不无道理。就"礼学"而言,孔子讲的礼是周礼。他只是强调礼的重要,并无多少新的东西。但在如何复礼上,孔子则提出了一套新的东西,即"仁学",他想通过行仁来复礼。

孔子以前,已有仁的记载。有人统计,《尚书》28 篇仅一个仁字(《金滕》:"予仁若考")。《诗经》305 篇仅 2 个仁字(《郑风·叔于田》:"洵美且仁";《齐风·卢令》:"其人美且仁")。《国语》中仁字凡 24 见,其中有"仁所以保民也","不仁则民不至"(《周语中》);"言仁必及人","爱人能仁"(《周语下》);"为仁者,亲爱之谓仁,为国者,利国之谓仁"(《晋语一》);"杀身以成志,仁也"(《晋语二》)等等。《左传》仁字凡 33 见,其中有"出门如宾,承事如祭,仁之则也"(《僖公三年》);"仲尼(孔子)曰:'古也有志,克己复礼,仁也'"(《昭公十二年》)等等。总起来看,孔子之前,虽然已有人讲仁,但讲得不多,没有展开,那时的人主要还是讲礼。《左传》中"礼"字凡 462 见,比"仁"字多 429 次。孔子则在前人的基础上对仁作了较为系统的、多方面的阐述。与礼相比,他更多的是讲仁,《论语》讲仁比讲礼多 34 次。《吕氏春秋·不二篇》讲:"孔子贵仁。"朱熹说:"《论语》只说仁。"(《朱子语类》卷十九)又反复说:"言仁具义礼智","仁包(礼义智)三者","举仁,则义礼智在其中"(《朱子

---

① 陈独秀:《宪法与孔教》(1916 年 11 月 1 日),《陈独秀文章选编》(上),三联书店 1984 年版,第 144、147 页。

语类》卷六）。孔子讲仁,实际上是讲人。他说:仁者"爱人",智者"知人","仁者,人也"。这表明孔子所关注的中心是人,孔子研究的重心是人道,而非天道、自然之道。所以认为孔子思想有两个核心,且以研究自然的"时"为主的观点显然不符合孔子思想的本义。

孔子讲仁是西周以来"敬德保民"思想的进一步发展。在商朝,宗教迷信占绝对统治地位,一切听命于天,听命于鬼神。"殷人尊神,率民以事神,先鬼而后礼。"(《礼记·表记》)鉴于商朝因暴虐无道而亡,周朝的统治者看到了人民的力量,认识到"天视自我民视,天听自我民听","民之所欲,天必从之"(《尚书·泰誓》),提出"敬德保民"。到了西周末年春秋初期,重民思想有了进一步发展。随国季梁讲:"夫民,神之主也。是以圣王先成民而后致力于神。"(《左传·桓公六年》)虢国史嚚则说:"国将兴,听于民,将亡,听于神。神,聪明正直而壹者也,依人而行。"(《左传·庄公三十二年》)。宋国司马子鱼说:"祭祀以为人也。民,神之主也。"(《左传·僖公十九年》)郑国子产则讲:"天道远,人道迩。"(《左传·昭公十八年》)在周朝,礼、乐是维护奴隶主统治的重要工具。在礼崩乐坏的情势下,孔子认为,仁比礼、乐更为根本,是礼、乐的基础。他说:"人而不仁,如礼何? 人而不仁,如乐何?"(《八佾》)孔子讲仁,把人作为关注的中心,这是西周以来重民思想发展的必然。郭沫若说孔子的仁是人的发现,这不无道理。孔子重人道,孔学本质上是仁学。所以从学术思想上讲,孔子思想的中心和理论基础是仁,而不是礼。孔子思想中新的东西,比前人进步之所在,有价值的思想,是仁学,而不是礼学。

孔子思想中礼学与仁学之间存在着矛盾。孔子讲的礼,基本上是周礼,反映了他思想保守的一面,落后的一面。孔子讲仁,虽然是为了复礼,但就其基本精神而言是重视人,反映了历史的进步,体现了时代精神,是孔子思想中进步的、革命的一面。孔子自以为他讲仁与讲礼是一致的,然而,就其实质而言,孔子的仁与礼是矛盾的。在两千多年的封建社会,当权统治者、保守者看重礼学,看重三纲五常。只是到了近现代,孔子的仁的思想才被哲学家、思想家们凸显出来。今天我们审视孔子思想,重点亦在他的仁学。

孔子仁的内容涉及诸多方面,但主要的,且对后世影响较大的有以下五点:

第一,仁的基本精神是重视人,爱人。《论语》记载:"樊迟问仁,子曰:'爱人。'问知,子曰:'知人。'"(《颜渊》)"子张问仁于孔子。孔子曰:'能行五者于天下为仁矣。''请问之。'曰:'恭,宽,信,敏,惠。恭则不侮,宽则得众,信则人任焉,敏则有功,惠则足以使人。'"(《阳货》)孔子讲:"泛爱众,而亲仁"(《学而》),"道千乘之国,敬事而信,节用而爱人,使民以时"(《学而》)。他认为,一个人若能做到"博施于民而能济众",那这个人不仅是仁人了,而且简直是圣人了,尧舜这样的人也难于做到(《雍也》)。《论语》记载:马棚失火烧掉了。孔子退朝回来问道:"'伤人乎?'不问马。"表明孔子首先关心的是人而不是马,反映了孔子重视人,爱人。总之,他试图通过"爱人"的说教,劝统治者应养民、利民、惠民、教民,博施于众,减轻对老百姓的剥削和压迫,以缓和阶级矛盾,维护奴隶主阶级的统治。

当然孔子讲的"爱人",并不是真的爱一切人。他自己就讲:"唯仁者能好人,能恶人。"(《里仁》)他也并不认为,人人都能成为仁者。在他看来,小人是不能成为仁者的,"未有小人而仁者也"(《宪问》)。孔子的"爱人"是有等差的,是等差之爱。他自己就说:"仁者人也,亲亲为大;义者宜也,尊贤为大;亲亲之杀,尊贤之等,礼所生也。"(《中庸》)。这种等差之爱,是现实的宗法等级制度在观念形态上的反映。针对儒家的"等差之爱",墨子提出"兼爱",以"爱无等差"思想与之对立。

第二,忠恕为仁之方。仁不仅是一种精神,而且是一种行动。如何行仁?孔子说:"夫仁者,己欲立而立人,己欲达而达人。能近取譬,可谓仁之方也已。"(《雍也》)仲弓问如何做才是仁?孔子回答道:"己所不欲,勿施于人。"(《颜渊》)子贡问,有没有一句话可以作为终身的行动准则?孔子答曰:"其恕乎!己所不欲,勿施于人。"孔子的学生曾子说,老师的一以贯之的道,"忠恕而已矣"(《里仁》)。樊迟问仁,孔子曰:"居处恭,执事敬,与人忠。"(《子路》)总上所言,孔子认为,对他人,一方面要尽己,真心诚意帮助人,"己欲立而立人,己欲达而达人",这就是"忠";另一方面,要宽容,谅解,不强加于人,"己所不欲,勿施于人",这就是"恕"。忠恕概括了仁的两个方面,推己及人,体现了仁的爱人精神。当然,这种为仁之方,在剥削阶级与被剥削阶级之间、在统治阶级与被统治阶级之间是行不通的,但在同一阶级或同一集团内,在人民内部,在同志朋友之间,却不失为调整人与人之间关系的一个基本准则。

第三,仁是一种人生理想和道德境界。孔子讲:"仁者,人也。"(《中庸》)这不仅是说,仁者是人,而更重要的是说,仁是理想人的标准,犹如柏拉图的人的理念。人要按照仁去做人,做事。因此,孔子讲:"苟志于仁矣,无恶也。""君子去仁,恶乎成名?君子无终日之间违仁,造次必于是,颠沛必于是。"(《里仁》)仁是人的人生理想。"志士仁人,无求生以害仁,有杀身以成仁。"(《卫灵公》)他称赞殷有三仁:一个是纣王的哥哥微子,另两个是纣王的叔父箕子和比干(《微子》)。孔子认为,要达到仁的境界很难。他自谦地说:"若圣与仁,则吾岂敢!"(《述而》)"仁"成了我国历代仁人志士追求的理想境界,"杀身成仁"成了一个广泛流传的成语。

第四,为仁而由己,强调人的自觉能动性。孔子说:"仁远乎哉?我欲仁,斯仁至矣。"(《述而》)又说:"为仁由己,而由人乎哉?"(《颜渊》)孔子认为,能不能行仁,在于自己,不在他人。他强调个人意志的重要作用。他说:"三军可以夺帅,匹夫不可夺志。"(《子罕》)他认为,可以通过克己、内省等修养方法来达到仁。他说:"克己复礼为仁,一日克己复礼,天下归仁焉。"具体的做法是:"非礼勿视,非礼勿听,非礼勿言,非礼勿动。"(《颜渊》)孔子又说:"修己以敬","修己以安人","修己以安百姓"(《宪问》)。他提倡内省,自我检讨。他说:"见贤思齐,见不贤而内省也。"(《里仁》)他的弟子曾子说:"吾日三省吾身:为人谋而不忠乎?与朋友交而不信乎?传不习乎?"(《学而》)人非圣贤,孰能无过。孔子鼓励知错改错。他说:"过而不改,是为过。"(《卫灵公》)他的学生子贡讲:"君子之过也,如日月之食焉;过也,人皆见之;更也,人皆仰之。"(《子张》)注重人的能动性,注重人身修养,是中国古代人生哲学的一大优点和特点。

第五,"知、仁、勇"构成了三达德。这一点在后面"教育篇"将详说。

孔子仁的内容还有其他方面,但上述五点是基本的,而且在历史上影响重大,这大概是没有争议的。

（二）"仁在孔子后闹得一塌糊涂"

孔子仁的思想为后来儒家所推崇、发展。仁从何来？仁的依据是什么？孔子没有提出这样的问题。从孔子的整个思想看，他认为，仁是在人的后天的生活中形成的，靠人的自觉的修养和践行才能达到。

孟子则认为，仁来自于人的先天的恻隐之心。他说：恻隐之心、羞恶之心、恭敬之心、是非之心，人皆有之。"恻隐之心，仁也；羞恶之心，义也；恭敬之心，礼也；是非之心，智也。"他又说："仁，人心也。"（《孟子·告子上》）他的"恻隐之心"，又叫"不忍人之心"，即对人的同情、怜悯之心。孟子还从孔子的"仁"的道德思想发展出一套"仁政"的政治理论。他说："人皆有不忍人之心。先王有不忍人之心，斯有不忍人之政。以不忍人之心，行不忍人之政。治天下可运之掌上。"（《孟子·公孙丑上》）孔子在人伦关系上已涉及君臣、父子、夫妇、兄弟、朋友等关系，只是未作此种明确归纳。孟子则在孔子的基础上明确提出五伦："父子有亲，君臣有义，夫妇有别，长幼有序，朋友有信。"（《孟子·滕文公上》）孟子在重视仁的同时，重视义，仁义并举。在义利关系上，孟子也与孔子有差别。孔子提出："君子喻于义，小人喻于利"（《里仁》）、"见利思义"（《宪问》）、"因民之所利而利之"（《尧曰》）。孟子则进一步发展为重义轻利。他说："王何必曰利？亦有仁义而已矣。"（《孟子·梁惠王上》）

到了汉朝，董仲舒把孔子的"君君、臣臣、父父、子子"发展为"君为臣纲，父为子纲，夫为妻纲"的"三纲"，把孟子的"五伦"发展为"仁、义、礼、智、信"的"五常"。董仲舒提出了一套"天人感应"的唯心主义目的论哲学，他认为，"三纲五常"皆受之于天，归之于天，"王道之三纲可求于天"（《春秋繁露·基义》）。这样就把"三纲五常"这一套政治伦理神秘化、神圣化，成为封建社会的最基本的道德原则和规范。在义利关系上，董仲舒更是把义利对立起来。他说："仁人者，正其谊不谋其利，明其道不计其功。"（《汉书·董仲舒传》）

到了宋朝，朱熹是以理为世界本体的客观唯心论者，主张理在事先，"未有这事，先有这理。如未有君臣，已先有君臣之理；未有父子，已有父子之理"

（《朱子语类》卷九十五）。他把仁、义、礼、智等道德规范皆看作是来自于天理。他说："仁是天理。"（《朱子语类》卷六）他又说："亲亲之杀，尊贤之等，皆天理也。"（《中庸章句》）朱熹认为仁是体，包含义、礼、智。他又强调天理与人欲的对立。他说："人之一心，天理存，则人欲亡；人欲胜，则天理灭。""学者须是革尽人欲，复尽天理。"（《朱子语类》卷十三）在朱熹之前的程颐已提出："饿死事小，失节事大"，寡妇即使饿死，也不能改嫁。程朱理学鄙视人欲，鄙视物质利益，达到"以理杀人"的地步。

　　总之，孔子之后的封建统治者及其思想家，用"仁"、"爱人"、"忠孝"等漂亮的话语来维护其专制统治。鲁迅的小说《狂人日记》深刻地揭露了封建专制的残暴性和仁义道德的虚伪性。他写道："我翻开历史一查，这历史没有年代，歪歪斜斜的每页上都写着'仁义道德'几个字。我横竖睡不着，仔细看了半夜，才从字缝里看出字来，满本都写着两个字是'吃人'！"[1]李大钊用刚刚学得的唯物史观来解释批判孔子的伦理。他说："中国的大家族制度，就是中国的农业经济组织，就是中国二千年来社会的基础构造。一切政治、法度、伦理、道德、学术、思想、风俗、习惯，都建筑在大家族制度上作他的表层构造。看那二千余年来支配中国人精神的孔门伦理，所谓纲常，所谓名教，所谓道德，所谓礼义，那一样不是损卑下以奉尊长？那一样不是牺牲被治者的个性以事治者？那一样不是本着大家族制下子弟对于亲长的精神？所以孔子的政治哲学，修身齐家治国平天下，'一以贯之'，全是'以修身为本'；又是孔子所谓修身，不是使人完成他的个性，乃是使人牺牲他的个性。"他又说："孔门的伦理，是使子弟完全牺牲他自己以奉其尊上的伦理；孔门的道德，是与治者以绝对的权力责被治者以片面的义务的道德。"[2]

　　在20世纪的旧中国，国民党为维护自己大地主大资产阶级的反动统治，一方面用反革命暴力镇压革命力量，对革命根据地进行军事"围剿"；另一方面又用"仁爱"一类传统思想进行奴化教育，企图麻醉人民的革命觉悟，同时

　　① 鲁迅：《狂人日记》（1918年），《鲁迅全集》第1卷，人民文学出版社1981年版，第425页。
　　② 李大钊：《由经济上解释中国近代思想变动的原因》（1920年1月1日），《李大钊文集》（下），人民出版社1984年版，第178、179页。

又掩盖自己法西斯专政的凶残本性。孙中山刚逝世后,国民党内右派理论家戴季陶就极力鼓吹中国固有的"仁爱"思想。他说:"仁爱是人类的本性","仁爱是革命道德的基础。革命家知的努力,完全是为知仁而努力。""要求全人类的真正解放,必须以中国固有的仁爱思想为道德基础。"①他用"仁爱"的民生哲学,反对马克思主义的唯物史观,反对阶级斗争学说,为蒋介石叛变革命、屠杀共产党人作舆论准备。

1927 年,蒋介石发动反革命政变,建立了大地主大资产阶级的法西斯专政的统治。为了维护自己的统治,他效仿历史上的统治者,提倡尊孔读经,鼓吹"仁爱"一套旧道德,他甚至把屠杀革命人民说成是"行仁"。他说:"古人说,'仁者人也。'……有'礼义廉耻'能行仁才算是人,否则就是禽兽!""我们现在剿匪(按:指对革命根据地进行反革命军事围剿),就是要行仁,要救国救民,亦即以做人的道理来消灭禽兽。""剿匪就是行仁。"②为了进行奴化教育,他发动新生活运动,鼓吹"礼、义、廉、耻"(即"四维"),"忠、孝、仁、义、信、爱、和、平"(即"八德")和"智、仁、勇"("三达德")。他还宣扬"诚"和"力行"。他说:"一切政治的原动力在乎诚",智、仁、勇达德由此而生。忠、孝、仁、爱、信、义、和、平八德以一个诚字贯之,诚之德性要靠笃行。他信誓旦旦地说:"剿匪失败,必将自杀以谢国人。"他要求部下,"不成功,便成仁",不许投降红军。他还拟定"剿匪不努力就自杀"的标语。在抗日战争时期,蒋介石继续鼓吹道德救国,提倡"四维"、"八德"和"三达德",把中国的旧道德纳入到他的法西斯气味很浓的"力行哲学"之中。如周恩来后来所说:蒋介石鼓吹的唯心主义道德观,"都是虚伪的","同时,也是以此惑人,要人民对蒋介石国民党实行忠孝仁爱信义和平,好便利他的压迫和进攻"③。

正是依据历史的和现实的状况,毛泽东指出:"'仁'这个东西在孔子以后几千年来,为观念论的昏乱思想家所利用,闹得一塌糊涂,真是害人不浅。我觉孔子的这类道德范畴,应给以历史的唯物论的批判,将其放在

---

① 戴季陶:《孙文主义之哲学基础》(1925 年 6 月)
② 蒋介石:《军人精神教育之精义(一)》(1933 年 9 月 12 日)。
③ 周恩来:《论中国的法西斯主义——新专制主义》(1943 年 8 月 16 日),《周恩来选集》上卷,人民出版社 1980 年版,第 147 页。

恰当的位置。"①

（三）　对"仁"的历史唯物论的批判

　　道德是以善恶的评价方式规范和约束人的行为、调节人与人之间关系的原则和规则的总和。在阶级社会,统治阶级把道德看成是维护巩固自己统治的重要手段。因此,道德历来为统治阶级所重视。中国古代的传统道德以儒家的思想为主,儒家的道德思想以"仁"为核心。由于受历史的、阶级的限制,中国古代的思想家、哲学家还不可能对道德的起源、本质、作用和发展做出科学的唯物主义的解释。在马克思主义产生以前,中外的道德论都是唯心的道德论。所以,毛泽东特别强调要对孔子的道德论作历史唯物论的观察与批判。

　　为了便于用历史唯物论观察道德论,有必要先对历史唯物论的道德论作一简要的介绍。

　　历史唯物论认为,道德归根到底是当时社会经济状况的产物,人们自觉不自觉地从他们所进行的生产关系和交换关系中汲取自己的道德观念,道德由一定历史时代的生产力和生产关系决定,受文化、教育、科学发展水平制约。道德是具体的、历史的,没有永恒不变的终极道德,不同社会、不同时代、不同民族有不同的道德。在阶级社会,道德有阶级性,始终是阶级的道德,不同阶级有不同阶级的道德。它或者为统治阶级的统治和利益辩护,或者当被压迫阶级变得足够强大时,代表被压迫者对统治者的反抗和他们的未来利益。②恩格斯曾对历史上剥削阶级道德的伪善性作了十分深刻的揭露。他说:"在历史上各个时期中,绝大多数的人民都不过是以各种不同的形式充当了一小撮特权者发财致富的工具。但是所有过去的时代,实行这种吸血的制度,都是以各种各样的道德、宗教和政治的谬论来加以粉饰的:牧师、哲学家、律师和国

---

　　①　毛泽东:《致张闻天》(1939年2月20日),《毛泽东书信选集》,人民出版社1983年版,第148页。

　　②　参见恩格斯:《反杜林论》,《马克思恩格斯选集》第3卷,人民出版社1995年版,第434—435、495页。

家活动家总是向人民说,为了个人幸福他们必定要忍饥挨饿,因为这是上帝的意旨。"①他又说过:"凡对统治阶级是好的,对整个社会也应该是好的,因为统治阶级把自己与整个社会等同起来了。所以文明时代越是向前进展,它就越是不得不给它所必然产生的坏事披上爱的外衣,不得不粉饰它们,或者否认它们,——一句话,是实行习惯性的伪善,这种伪善……最后在下述说法中达到了极点:剥削阶级对被压迫阶级进行剥削,完全是为了被剥削阶级本身的利益;如果被剥削阶级不懂得这一点,甚至想要造反,那就是对行善的人即对剥削者的一种最卑劣的忘恩负义行为。"②针对道德、宗教、政治等为历史上的统治阶级弄得混乱不堪的情况,列宁也指出:"只要人们还没有学会透过任何有关道德、宗教、政治和社会的言论、声明、诺言,揭示出这些或那些阶级的利益,那他们始终是而且会永远是政治上受人欺骗和自己欺骗自己的愚蠢的牺牲品。"③同恩格斯和列宁一样,毛泽东也强调道德的阶级性。1962年,他在阅读北京大学伦理学教授周辅成的一篇论文时批写道:"所谓伦理学,或道德学,是社会科学的一个部门,是讨论社会各阶级各不相同的道德标准的,是阶级斗争的一种工具。其基本对象是论善恶(忠奸、好坏)。统治阶级以为善者,被统治阶级必以为恶,反之亦然。就在我们的社会也是如此。"④毛泽东也揭露了儒家仁义道德的虚伪性:儒家满口仁义道德,一肚子男盗女娼。导师们的这些论述对我们观察孔子以及古今中外思想家的道德论将是大有裨益的。马克思主义在强调道德的时代性、阶级性的同时,也承认道德的相对独立性、继承性和普遍性。

孔子的思想体系以仁为基础,孔子的道德论以仁为核心,孔子思想对现代的影响主要是仁,因此,毛泽东对孔子道德论的批评主要集中在"仁"上。

---

① 恩格斯:《10小时工作制问题》(1850年2月),《马克思恩格斯全集》第7卷,人民出版社1959年版,第269—270页。
② 恩格斯:《家庭、私有制和国家起源》(1884年3—5月),《马克思恩格斯选集》第4卷,人民出版社1995年版,第178页。
③ 列宁:《马克思主义的三个来源和三个组成部分》(1913年3月),《列宁选集》第2卷,人民出版社1995年版,第314页。
④ 毛泽东:《对〈希腊伦理思想的来源与发展线索〉一文的批语》(1962年9月15日),《建国以来毛泽东文稿》第十册,中央文献出版社1996年版,第186页。

从前面所引《国语》《左传》关于"仁"的论述中可以看出：仁同人有关，仁有爱亲之义。许慎的《说文解字》将仁释为："亲也，从人，从二。"郑玄在《礼记》中注释为："仁是相人之偶。"从字义上讲，仁是指两人之间的亲爱、亲密关系。孔子的"仁者爱人"，与"仁"字的本意是一致的。仁本身没有什么神秘性，是一种最常见、最普遍的社会现象。毛泽东说："仁像现在说的'亲爱团结'。"孔子讲的"爱人"的人是泛指一切人，正如他讲的"知人"的人是泛指所有的人一样，他给"爱人"以一种普遍的形式。但孔子本人并不认为仁者要爱一切人，"唯仁者能好人，能恶人"（《里仁》）。孔子之后的儒家把"爱人"视为爱一切人，鼓吹人类之爱，这与孔子的"能好人，能恶人"有区别。孔子讲仁，讲爱人，虽然也有"使民以时"一方面的内容，但最根本的还是为了"克己复礼"，为了维护正在崩溃的奴隶制度，是为了奴隶主阶级。毛泽东指出：孔子的仁，"必是仁于统治者一阶级而不仁于大众的"①。他在批判抽象的"人类之爱"时说过："爱是观念的东西，是客观实践的产物。""世上决没有无缘无故的爱，也没有无缘无故的恨。至于所谓'人类之爱'，自从人类分化成为阶级以后，就没有过这种统一的爱。过去的一切统治阶级喜欢提倡这个东西，许多所谓圣人贤人也喜欢提倡这个东西，但是无论谁都没有真正实行过，因为它在阶级社会里是不可能实行的。真正的人类之爱是会有的，那是在全世界消灭了阶级之后。……那时就有了整个的人类之爱，但是现在还没有。"②1964年8月18日，毛泽东在北戴河同陈伯达等人进行哲学谈话时说，孔子讲，仁者人也，仁者爱人。爱什么人？所有的人？没那回事。爱剥削者？也不完全，只是剥削者的一部分。不然为什么孔夫子不能做大官？人家不要他。他爱他们，要团结他们，可是闹到绝粮，"君子固穷"，几乎送了一条命，匡人要杀他。毛泽东用孔子自身的经历来说明在阶级社会普遍的超阶级的爱是不可能的。

"己欲立而立人，己欲达而达人"，"己所不欲，勿施于人"，是孔子所提倡的为仁之方。孔子的这两句道德箴言影响很大，迷惑了很多人。孔子的这一

---

① 毛泽东：《致张闻天》（1939年2月20日），《毛泽东书信选集》，人民出版社1983年版，第147页。

② 毛泽东：《在延安文艺座谈会上的讲话》（1942年5月23日），《毛泽东选集》第三卷，人民出版1991年版，第870、871页。

箴言具有普遍性形式,但在阶级社会实际上做不到,不具有普遍性。在抗日战争时期,有同志提出,抗日统一战线内部,"在人与人之间要发扬互爱、互敬、互助,己所不欲,勿施于人,不要把人家的痛苦看成自己的快乐,对人要有高度的同情心,这些都是博爱精神,也就是民主精神"。对此,毛泽东指出:"在政治上提出'己所不欲勿施于人',的口号是不适当的,现在的任务是用战争及其他政治手段打倒敌人,现在的社会基础是商品经济,这二者都是所谓己所不欲,要施于人。只有在阶级消灭后,才能实现己所不欲,勿施于人的原则,消灭战争、政治压迫与经济剥削。目前国内各阶级间有一种为着打倒共同敌人的互助,但是不仅在经济上没有废止剥削,而且在政治上没有废止压迫(例如反共等)。我们应该提出限制剥削与限制压迫的要求,并强调团结抗日,但不应提出一般的绝对的阶级互助(己所不欲,勿施于人)的口号。"[1]1959 年 8 月,他在庐山会议上又说:"孔夫子说,'己所不欲,勿施于人',也是在同一阶级朋友之间适用,对立集团不适用。蒋介石与冯玉祥之间,己所不欲,要施于人,互相消灭,军阀混战一场,有什么'己所不欲,勿施于人'?"[2]总之,在阶级社会,对"爱人"、"己所不欲,勿施于人"要做具体的、历史的阶级分析。在人民内部,在同志之间,要讲亲爱团结,讲"己欲立而立人,己欲达而达人","己所不欲,勿施于人",要将心比心,设身处地,有同情心。至于在剥削阶级与被剥削阶级之间,在统治阶级与被统治阶级之间,在剥削阶级内部的不同对立集团之间,则不可能做到这一点。革命政党和革命人民不要为"爱人"、"己所不欲,勿施于人"等抽象的德道格言所蒙蔽,受骗上当。在历史上,因相信敌人的好话而遭敌人陷害的人不在少数。

历史上和现实的剥削阶级、反动的统治阶级都用爱人、爱民、仁政等一些动听的话来粉饰自己对广大人民的剥削和专政。对此,毛泽东亦作过深刻的揭露。他说:抗战时期的国民党,又搞法西斯。因为它是买办的封建的法西斯主义,所以它是反人民的。当然,国民党也"爱"老百姓。不管中国的、外国

---

① 毛泽东:《致彭德怀的信》(1943 年 6 月 6 日),《毛泽东文集》第三卷,人民出版社 1996 年版,第 26—27 页。

② 毛泽东:《在中共中央常委会上的讲话》(1959 年 8 月 1 日),见许全兴:《为毛泽东辩护》,当代中国出版社 1996 年版,第 334 页。

的、古代的和现代的,地主阶级、资产阶级,他们的生存都离不开老百姓。中国孔夫子讲"仁爱"……地主、资产阶级统治者"爱"民,是为了从老百姓身上取东西,为了剥削,他们的爱民和爱牛差不多,喂牛干什么? 耕田之外,还可挤乳。在人民取得政权之后,有人又用"仁政"来反对、攻击革命政权,要求对被打倒的反动阶级"施仁政"。对此,毛泽东说:"军队、警察、法庭等项国家机器,是阶级压迫阶级的工具。对于敌对的阶级,它是压迫的工具,它是暴力,并不是什么'仁慈'的东西。'你们不仁。'正是这样。我们对于反动派和反动阶级的反动行为,决不施仁政。我们仅仅施仁政于人民内部,而不施于人民外部的反动派和反动阶级的反动行为。"毛泽东还指出:"对于反动阶级和反动派的人们,在他们的政权被推翻以后,只要他们不造反,不破坏,不捣乱,也给土地,给工作,让他们活下去,让他们在劳动中改造自己,成为新人。""这也可以说是'施仁政'吧。"①总之,对仁政要作阶级的历史的分析。反动阶级对革命人民决不会施仁政。同样,革命人民对反动阶级也不会施仁政。

针对一部人比较容易注意当前利益,忽视长远利益的情况,毛泽东提出:对人民内部的仁政要区分大仁政和小仁政。他说:"所谓仁政有两种:一种是为人民的当前利益,另一种是为人民的长远利益,……前一种是小仁政,后一种是大仁政。两者必须兼顾,不兼顾是错误的。那末重点放在什么地方呢? 重点应当放在大仁政上。"②他批评有的同志片面强调小仁政,片面强调改善人民的生活,而忽视了人民的长远利益的错误。

爱,爱人,仁,这些都是伟大而崇高的字眼。无论中国还是外国,无论古代还是现代,都有一些人(包括哲学家、宗教家、文学家、艺术家和政治家)在鼓吹人类之爱,希望通过爱来缓和、消解社会矛盾,摆脱现实的苦难,达到人人相爱、人人幸福的乐园。"只要人人都献出一点爱,世界将变成美好的人间"的歌声十分打动人们的心弦。但世界上的矛盾、冲突、战争、杀戮、贫穷、饥饿、苦难,真的可以用一个"爱"字来解决吗? 世界上的种种问题、苦难真的可以用"I love You"("我爱你")一句话解决吗? 当然不是,也当然不能解决。要是

---

① 毛泽东:《论人民民主专政》(1949 年 6 月 30 日),《毛泽东选集》第四卷,人民出版社 1991 年版,第 1476、1477 页。

② 毛泽东:《抗美援朝的伟大胜利和今后的任务》(1953 年 9 月 12 日)。

真能解决，世界早就没有苦难而成为天堂乐园了。恩格斯曾批评费尔巴哈爱的哲学的贫乏和软弱无力，批评德国的真正社会主义"主张靠'爱'来实现人类解放，而不主张用经济上改革生产的办法来实现无产阶级的解放"的错误。[①] 爱是观念形态的东西。人与人之间关系最基本的是经济关系，在此基础上产生出政治关系、伦理关系、工作关系等人与人之间种种复杂的人际关系。人世间的矛盾、苦难、冲突、战争是社会矛盾的产物。这些问题的解决只有通过变革社会、发展生产力和发展科学技术、教育、文化等来解决。而人类追求的普遍之爱的出现也将有待于生产力的高度发达，阶级和私有制的消灭，人的自由而全面的发展。

（四）"我们还要提倡父慈子孝"

在孔子思想体系中，孝是与仁密切相联的一个重要道德范畴。"孝弟也者，其为仁之本与!"（《学而》）孔子弟子有若的话足以表明孝的重要性。

孝是规范子女对父母的道德范畴，是人类血缘亲情关系在个体家庭中父母与子女关系的反映。孝要求子女善养、善待养育自己的父母。在原始公社，有尊老的观念，但尚无孝的观念。孝的产生同个体家庭的出现有关。《尚书》《诗经》中已言及孝。如："克谐以孝"（《尚书·尧典》），"用孝养厥父母"（《尚书·酒诰》）。《诗·小雅》中的《谷风》与《蓼莪》都赞颂父母养育之恩："哀哀父母，生我劬劳!" "父兮生我，母兮鞠我。拊我畜我，长我育我。顾我复我，出入腹我，欲报之德，昊天罔极。"据《吕氏春秋·孝行览》记载："《商书》曰：刑三百，罪莫重于不孝。"这说明商朝已十分重视孝，把不孝看成最大的罪，要受刑罚处分。《左传·文公二年》记载："孝，礼之始也。"有孝，当然也就有不孝。针对社会上出现的弑君弑父的情况，孔子从多方面论述了孝。

孝，首先是赡养父母，即"能养"。但孔子认为，仅仅能养还不够。《论语》

---

① 恩格斯：《路德维希·费尔巴哈和德国古典哲学的终结》（1886年），《马克思恩格斯选集》第4卷，人民出版社1995年版，第222、240页。

记载:"子游问孝。子曰:'今之孝者,是谓能养。至于犬马,皆能有养,不敬,何以别乎?'""子夏问孝,子曰:'色难。有事,弟子服其劳;有酒食,先生馔,曾是以为孝?'"(《为政》)在孔子看来,孝,不仅是"能养",更重要的是"敬养","善养",要尊敬老人。孔子提出:"事父母,能竭其力"(《学而》),要经常关心、问候父母,要知道父母的年纪,和颜悦色地善待老人,使老人精神愉快。在孔子看来,尊敬老人仅有好吃好喝是不够的,这同养犬马没有区别,这不能算孝。孟子讲得更清楚:"孝子之至,莫大乎尊亲。"(《孟子·万章上》)所以儒家的孝,最基本的精神是尊亲。

礼是奴隶社会的根本制度。在孔子看来,子女与父母的关系要符合礼,无违于礼。"无违"是孝的基本要求之一。具体内容是:"生,事之以礼;死,葬之以礼,祭之以礼。"(《为政》)在小生产的家庭,父亲是一家之长,儿子要听从父亲,对父亲的话,不得有违。这就是宗法社会的家长制。不仅如此,孔子认为,父亲死后,"三年无改于父之道,可谓孝矣"(《学而》)。父亲做错了事,要隐讳,父亲即使偷了别人的羊,做儿子的也不能告发。"父为子隐,子为父隐,直在其中矣。"(《子路》)当然他也认为,儿女对父母可婉言规劝,即"事父母几谏",但父母不听从的话,儿女只能"又敬不违,劳而不怨"(《里仁》)。在孔子那里,父子的关系中作为子要孝,作为父要慈,"孝慈则忠"(《为政》)。孔子之后,孝的思想得到片面发展,"父为子纲",当儿子的失去了独立的人格,这是孝的最主要的消极面。

孔子的孝,不仅有着维系、稳定家庭的功能,而且还有着更大的社会作用,可以维护和巩固宗法的等级制度。"其为人也孝,而好犯上者,鲜矣!不好犯上,而好作乱者,未之有也。君子务本,本立而道生,孝弟也者,其为仁之本与!"(《学而》)这话虽然是孔子的弟子有若说的,它无疑反映了孔子的思想。作为仁之本的孝悌,作为做人之本的孝悌,其基本精神是顺从听话。宋儒程颐将孝悌注释为:"顺德也,故不好犯上,岂有逆理乱常之事。"(《四书章句集注·论语集注》)这样孝悌就不再仅仅是一个道德问题,而是一个维护阶级统治的政治问题。有人问孔子:你为什么不当官从政?孔子回答说:"《书》云:'孝乎维孝,友于兄弟,施于有政。'是亦为政,奚其为政?"(《为政》)在孔子看来,提倡孝悌,把孝的道理应用于政治,就等于参与政治了。因为一个人做到了孝悌，也就不会犯上作乱了。孟子把孝悌说得更高："尧舜之道，孝悌而已矣。"（《孟子·告子下》）到了西汉时，《孝经》提出，"以孝治天下"，鼓吹在家尽孝，在朝尽忠，把忠孝看成一事。"君子之事亲孝，故忠可以移于君。"所以历来的统治者都提倡"忠孝"教育。从思想上禁锢人民，防止"犯上作乱"，防止老百姓造反。

陈伯达在《孔子的哲学思想》的论文中把"忠""孝"看成是孔子所建立的概念世界中的两个基本概念。在忠孝关系上，陈伯达认为："家庭中父与子的关系，反映了社会中君与臣的关系。"毛泽东指出："不如倒过来说：'社会中（说国家中似较妥当）君与臣的关系，反映了家庭中父与子的关系'。事实上奴隶社会与封建社会的国家发生以前，家庭是先发生的，原始共产社会末期氏族社会中的家长制，是后来国家形成的先驱，所以是'移孝作忠'而不是移忠作孝。一切国家（政治）都是经济之集中的表现，而在封建国家里家庭则正是当时小生产经济之基本单元，如伯达所说的'基本细胞'，封建国家为了适应它们的集中（封建主义的集中）而出现。"[1]毛泽东对忠孝的关系作了历史唯物论的说明。毛泽东的说明与五四时期李大钊的观点完全一致。李大钊曾说过："君臣关系的'忠'，完全是父子关系的'孝'的放大体，因为君主专制制度，完全是父权中心的大家族制度的发达体。"[2]孔子把孝悌作为为仁之本，作为仁的基础，反映了宗法社会的政治关系、伦常关系是建立在血缘亲情的基础上的。"父之孝子，君之忠臣也"（《战国策·赵策二》），"以孝事君则忠"（《孝经·上章》）。文献上的这类话从另一个侧面反映君臣关系是父子关系的放大，是"移孝作忠"，而非"移忠作孝"。陈伯达接受了毛泽东的意见，他在文章中修改为："家庭是封建社会的基本细胞，家庭中父与子的关系，成了社会中君与臣的关系之基础。因此，'忠'与'孝'在封建社会中便成了有机的一体，孝是忠的缩影，忠是孝的放大。把'忠''孝'当成对于个人的服务，而且这种服务是无条件的，盲从的——这是封建社会中'忠''孝'的狭隘性，这种狭隘

---

① 毛泽东：《致张闻天》（1939 年 2 月 20 日），《毛泽东书信选集》，人民出版社 1983 年版，第 145 页。

② 李大钊：《由经济上解释中国近代思想变动的原因》（1920 年 1 月 1 日），《李大钊文集》（下），人民出版社 1984 年版，第 178 页。

性且成为人类精神的奴役。"①

五四新文化运动在批判孔子、批判封建旧道德时,自然也把矛头指向孝。吴虞深受封建大家庭之苦。他在批判吃人礼教时发表《说孝》等文章,揭露孝道的本质和危害。他指出:"盖孝之范围,无所不包,家族制度与专制政治遂胶固而不可分析。"②封建统治者之所以不遗余力地教孝、教忠,"就是教一般人恭恭顺顺的听他们一干在上的人愚弄,不要犯上作乱,把中国弄成一个'制造顺民的大工厂',孝字的大作用,便是如此。"他又指出:统治者以礼教孝,时而有穷,又拿刑来补助礼的不足,"孝与礼相表里,礼又与刑相表里"③。他主张"以'和'代'孝悌'"④。父母与子女之间应建立平等的关系,"不必有尊卑的观念,却当有互相扶助的责任。同为人类,同做人事,没有什么恩,也没有什么德。要承认子女有人格,大家都向'人'的路上走。"⑤新文化运动坚决批判旧道德,非孝,其革命意义不可低估,但对孝采取简单全盘否定态度则不可取。

马克思主义者、中国共产党人虽然彻底地反封建,坚决批判旧道德,但并不简单地全盘否定中国传统道德,包括不全盘否定孝。陈伯达在揭露"忠""孝"的狭隘性、奴隶性时力图对它们进行改造。他指出:人们要把"忠""孝"变成自觉的和合理的新美德,正如须把"忠""孝"从这种封建的服役和盲从于个人的狭隘性方面解放出来;而这样,就必须把那被孔子所颠倒的名实关系再颠倒过来,也就是说,把"忠""孝"的一定德性看成是一定社会关系的产物,为一定的社会存在所决定,而忠孝首先就是应当从属和服务于人民及民族的,才最具积极的意义。毛泽东对陈伯达的这些论述,没有表示异议。同年4月29日,毛泽东在延安党的活动分子会议上作关于国民精神总动员问题的报告。在报告中,针对国民党一再鼓吹的"为国家尽忠,为民族尽孝"的说法,他指出:对国家尽忠,对民族尽孝,我们赞成,这是古代封建道德,我们要改变它,发

---

① 陈伯达:《孔子的哲学思想》,《解放》杂志第69期,1939年4月15日。

② 吴虞:《家族制度为专制主义之根据论》(1917年2月1日),《吴虞文录》(上),上海亚东图书馆1921年印行,第4页。

③ 吴虞:《说孝》,《吴虞文录》(上),上海亚东图书馆1921年印行,第15、17页。

④ 吴虞:《家族制度为专制主义之根据论》(1917年2月1日),《吴虞文录》(上),上海亚东图书馆1921年印行,第11页。

⑤ 吴虞:《说孝》,《吴虞文录》(上),上海亚东图书馆1921年印行,第23页。

扬它。就是要特别忠于大多数人民,孝于大多数人民,而不是忠于少数人。对大多数有益的叫作仁,对大多数人利益有关的事情,处理得当叫义。对农民的土地问题,工人的吃饭问题,处理得当,就是真正行义者。毛泽东是从整个国家和民族的利益出发的,立足于人民大众讲忠,讲孝,讲仁,讲义,是言行一致的。这与国民党从极少数人的利益出发,言行相脱离完全不同。

共产党人反对"父为子纲",反对家长制,但不否认家庭中"父慈子孝"的父子关系,1944年3月22日,毛泽东在中共中央宣传委员会召开的宣传工作会议上说:"我们还要提倡父慈子孝。过去为了这件事,我还和我的父亲吵了一架,他说我不孝,我说他不慈,我说应该父慈第一,子孝第二,这是双方面的。如果父亲把儿子打得一塌糊涂,儿子怎么样能够孝呢? 这是孔夫子的辩证法。今年庆祝三八妇女节,提出建立模范家庭,这是共产党的一大进步。我们主张家庭和睦,父慈子孝,兄爱弟敬,双方互相靠拢,和和气气过光景。"①在社会主义社会,我们仍然要大力提倡父慈子孝、兄友弟恭的家庭美德,特别要提倡子女要赡养、孝敬父母。

(五)"知、仁、勇"的哲学评析

一个人,要成就大业,仅有好的道德这一点还不行,还需要有智(同"知")、勇等品德。这一点,春秋时代的人已有所认识,并依此来评价人。《国语·晋语二》记载晋献公的骊姬"潜杀太子申生"一事,其中说,有人劝太子申生,你无罪快跑,申生却说:"吾闻之:'仁不怨君,智不重困,勇不逃死。'若罪不释,去而必重。去而罪重,不知。逃死而怨君,不仁。有罪不死,无勇。"申生不跑,不担不智、不仁、不勇的恶名,"伏以俟命",结果申生自杀身亡。《国语·晋语七》中又记载晋悼公"赏韩穆子"一事,其中有韩穆子自谦在智、仁、勇方面做得不够,以表辞赏。《国语·吴语》记有楚国贵族申包胥对越王勾践

---

① 毛泽东:《关于陕甘宁边区的文化教育问题》)(1944年3月21日),《毛泽东文集》第三卷,人民出版社1996年版,第115—116页。

讲的话:"夫战,智为始,仁次之,勇次之。"简要指出智、仁、勇对战争的意义。孔子吸取了前人的思想,将智、仁、勇看成是一个理想完美的人应具有的三种品质。《论语》中两处把智、仁、勇并列,其中"知者不惑,仁者不忧,勇者不惧"(《子罕》)比较准确地概括了智、仁、勇三者对一个人的思想行动的意义和作用。在现实生活中,一个人要全面具备这三种品质是很难的。有的偏重仁,成为仁者;有的偏重智,成为智者;有的偏重勇,成为勇者。

知、仁、勇的思想在《中庸》中得到进一步发挥,并概括为"三达德"。《中庸》借孔子之口说:"天下之达道五,所以行之者三:曰君臣也,父子也,夫妇也,兄弟也,朋友之交也:五者天下之达道也。知、仁、勇三者,天下之达德也,所以行之者一也。"这段话的意思是说,君臣、父子、夫妇、兄弟、朋友五种基本的伦常规则是古今天下所应共同遵守的,而这"五常"的实行则要靠智、仁、勇这三种共同的道德。朱熹注释:"达道虽人所共由,然无是三德,则无以行之。"(《四书章句集注·中庸章句》)"知、仁、勇三达德"的思想影响很大。不同的人,从不同的立场、目的去引用它。

陈伯达在文章中对孔子的三达德甚为肯定。他说:"孔子曾很完满地提到人类三种伟大的德性:'仁者不忧,知者不惑,勇者不惧。'孔子认为具有知、仁、勇三种德性,才是完全的人格,而事实上这三种德性的养成,就是在于人能对于一定的历史事业,一定的历史真理,见其大,见其远,不偏不倚,至死不变。"看来,陈伯达的文章对"三达德"肯定多,批判少。为此,毛泽东指出,孔子的知(理论)既不是根据于客观事实的,是独断的,观念论的,则其见之仁勇(实践),也必仁于统治者一阶级而不仁于大众的;勇于压迫人民,勇于守卫封建制度,而不勇于为人民服务。毛泽东揭露了知、仁、勇的唯心论性质和为统治阶级服务的阶级实质。紧接着,毛泽东提出了对知、仁、勇内涵的理解。他说:"知仁勇被称为'三达德',是历来的糊涂观念,知是理论,是思想,是计划,方案,政策,仁勇是拿理论、政策等见之实践时候应取的一二种态度,仁象现在说的'亲爱团结',勇象现在说的'克服困难'(现在我们说亲爱团结,克服困难,都是唯物论的,而孔子的知仁勇则一概是主观的),但还有别的更重要的态度如象'忠实',如果做事不忠实,那'知'只是言而不信,仁只是假仁,勇只是白勇。还有仁义对举,'义者事之宜',可说是'知'的范畴内事,而'仁'不过是实践时的态度之一,却放在'义'之上,成为观念论的昏乱思想。"①很显然,毛泽东是从主观与客观、理论与实践的视角来理解"三达德"的、批判三达德的。他对知、仁、勇三者唯心论性质和为统治者服务的阶级实质的揭露无疑是正确的,但他对知、仁、勇本身的理解是否符合孔子的本义则是可以商榷的。

首先是对知的理解。毛泽东把知理解为理论、思想、计划、方案、政策等,理解为认识的结果。笔者以为,这种理解不符合孔子的原意。"知"字在古汉语中有多种含义,新版《辞源》把知释为:知道,了解;见解,知识;交好,相契;知遇,优遇;见,表现;主持,执掌;病愈;同今天的"智"等八种。据杨伯峻的统计,《论语》中"知"出现116次,其中作名词知识讲2次;作动词知道、晓得讲89次;同"智",作聪明、有智慧讲25次。笔者认为,《论语》中"知者知人"、"知者不惑"、"知者利仁"等"知者"的"知",皆同"智",作智慧、聪明讲。历来学者都把"知、仁、勇"中的知当作智讲,而不把它当作知识讲,即不把它当做认识的结果(理论、方针、政策等)讲。其实,毛泽东在青年时就把"三达德"中的"知"当做"智"。他在致黎锦熙的信中说:"古称三达德,智、仁与勇并举。今之教育学者以为可配德智体之三言。"②

这里需要讨论一下孔子对智的理解。历来研究者只关注孔子对问"仁"的回答,而忽视了对问"知"的回答。樊迟问"仁",孔子回答是"爱人"。问"知",回答是"知人"。樊迟对孔子知的回答不甚明了,孔子接着又说:"举直措诸枉,能使枉者直。"樊迟还是不明白,退后问子夏,子夏对樊迟说:"富哉言乎!舜有天下,选于众,举皋陶,不仁者远矣。汤有天下,选于众,举伊尹,不仁者远矣。"(《颜渊》)从《论语》中的这一记载中,我们可以看出,孔子思想关注的中心是人,是爱人,知人。孔子虽然承认有意志的天,承认有鬼神,承认天命,但他本人"不语怪、力、乱、神"(《述而》)。樊迟问什么是知,他回答:"务民之义,敬鬼神而远之,可谓知。"(《雍也》)他又说:"未能事人,焉能事鬼。"(《先进》)他教学生的内容是:"文、行、忠、信。"(《述而》)通观《论语》我们可

---

① 毛泽东:《致张闻天》(1939年2月20日),《毛泽东书信选集》,人民出版社1983年版,第147—148页。

② 毛泽东:《致黎锦熙信》(1916年12月9日),《毛泽东早期文稿》,湖南出版社1990年版,第59页。

清楚地看到:孔子主要研究人道,教人道,很少讲天道、自然之道。他临终前自认为是"哲人"。在他看来,哲人的智慧,最重要的是表现在知人上。孔子的这一认识与《尚书》的"知人则哲"(《皋陶谟》)和《老子》的"知人者智"(第三十三章)是一致的。不仅如此,孔子把人、仁作为自己研究的中心与比他稍后一点的古希腊的哲人苏格拉底(前468—前399)有着惊人的相似。古希腊德尔斐神庙铭刻着一条据说是神谕的箴言:"认识你自己!"这一箴言启迪着很多哲人。但真正把人作为自己研究中心的是苏格拉底。苏格拉底所关注的中心不是自然,不是"争论事物的本性是什么",而是人事,社会问题。他认为哲学家的使命在于改善人的灵魂。① 他的哲学主要是道德哲学。

重视人道的研究是孔子及儒家哲学的特点和优点。这一优点同时也带来了缺点,即对天道的忽视。《老子》讲:"人法地,地法天,天法道,道法自然。"(《第二十五章》)老子哲学中的人学思想也很丰富,但与孔子相比,他更着重于对天道的研究,注意天道与人道的统一。就此而言,老子哲学中的辩证法思想要比孔子深刻得多,丰富得多。

其次是对仁的理解。毛泽东把"仁"理解为"亲爱团结",如前所述,这符合仁的最初本义。但孔子的仁,除了"亲爱团结"之外,还有更丰富、更重要的内容。孔子的仁的最基本精神是对人的重视,把"仁"视为崇高的人生理想和道德境界。毛泽东把"仁"仅仅理解为"实践时的态度之一"显然是过于褊狭,不完全符合孔子的本意。

再次是对义的理解。义是与仁相连的另一个重要范畴。毛泽东把"义"仅理解为"知的范畴",这似乎也可商榷。繁体的义,从羊从我。在上古时代,羊这种温顺善良的动物与人的生活密切相关,被作为美、善、吉祥的象征。许慎《说文解字》:"羊,祥也。""羊""我"二字会意而成的"義",包含着对美、善的追求和遵循之意。义,有善之意。在孔子之前,义已经是一个重要的道德范畴。据《国语》记载:周的内史兴从晋国回来后对周襄王讲:晋侯(文公)具有忠、信、仁、义之德,因而晋文公必霸(《周语上》)。《国语》又记载,富辰向周

---

① 见北京大学哲学系外国哲学史教研室编译:《西方哲学原著选读》(上卷),商务印书馆1981年版,第60、68—69页。

襄王进谏时说到义、祥、仁之三德，"古之明王不失此三德，故光有天下，而和宁百姓，令闻不忘"（《周语下》）。《论语》中讲义24次，多数是从道德行为上讲的，如："君子喻于义，小人喻于利"（《里仁》）、"见利思义"（《宪问》）、"言不及义"（《卫灵公》）、"君子以义为质"（同上）、"君子以义为上"（《阳货》）、"君子之仕也，行其义也"（《微子》）等。孔子讲仁，讲义，但没有两者并讲。把仁义并举的是孟子。孟子说："恻隐之心，仁也；善恶之心，义也；恭敬之心，礼也；是非之心，智也。仁、义、礼、智，非由外铄我也，我固有之也。"（《孟子·告子上》）今天，对义的具体含义的理解和评价会有不同，但义在孔子及孟子那里是一个道德范畴，这似乎是人们的共识。毛泽东却另有所见。他认为"义"是"知的范畴内事"。毛的根据是朱熹对义的注释。朱熹对孟子见梁惠王时说"王何必曰利，亦有仁义而已矣"一句的注释为："仁者，心之德、爱之理。义者，心之制、事之宜也。"朱熹是以理为世界本源的客观唯心论者。他认为，仁是爱之理，存在人心之中。义是心有"裁制割断"之意，使之适宜于事，"行其所当行"。把"义"释为"宜"，朱熹并非是第一人，古文中"宜"与"义"相通。《中庸》首次说："义者宜也。"以后很多人把"义"释为"宜"。适宜不适宜，适当不适当，这里确实有一个认知问题。就此而言，毛泽东把"义"说成是"知"的范畴内的事，不无道理。但他由此就否认义基本上是一个道德范畴则不可取。他批评把仁放在义之上是"观念论的昏乱思想"更是不妥。仁比义更根本，"仁义"并提，这都是道德范畴之内的事，这里不存在唯心论的昏乱问题。

第四是对勇的理解。孔子讲："勇者不惧"（《子罕》、《宪问》）；"见义不为，无勇也"（《为政》）。这些话，说明勇的重要性。孔子同时强调，勇必须在仁、智的指导下进行，必须符合礼、义。他说："勇而无礼则乱"（《泰伯》）；"好勇疾贫，乱也"（《泰伯》）；"君子有勇而无义为乱，小人有勇而无义为盗"（《阳货》）；"好勇不好学，其蔽也乱"（《阳货》）等。

毛泽东把"勇"理解为知（理论）在见之实践过程中"克服困难"的态度。这种理解，大体上符合孔子的原意，但若停留于此则似乎不够深刻。确实，人们在将理论见之于实践（包括道德上的"行仁"）的过程中，必然会遇到许多困难和障碍，因而需要有克服困难和障碍的决心、意志和勇气。从军事上讲，一个出色的指挥员,要智勇双全,要有大智大勇。两军相争,勇者胜。一个人仅有智、仁,而无勇,是办不成大事的。因此,作为一个具有完整人格的人,需要有智、仁、勇三者的统一。勇属于非理性范畴,勇的后面是人的信念、意志和决心。孔子强调勇要在智、仁的支配下进行是对的。盲目的勇,脱离了理性指导的勇确会带来"乱"。

毛泽东在讲到"知、仁、勇"时还讲到在理论见之于实践过程中,不仅要仁、勇,"还有别的更重要的态度如像'忠实',如果做事不忠实,那'知'只是言而不信,仁只是假仁,勇只是白勇。"①毛泽东提出了"忠实"问题,而且认为是比智、仁、勇更重要的态度。这也是现代讲哲学者未曾讲过的问题。毛泽东讲的"忠实"问题,实是古人讲的"诚"的问题。诚的本义是真实无妄。"忠实"就是"诚实"。《中庸》讲的"五达道"要靠"三达德"来实行,同时接着又讲到,"三达德","所以行之者一也",朱熹注:"一则诚则已矣。""一有不诚","德非其德",贯彻治理国家的原则就是空话(《四书章句集注·中庸章句》)。《中庸》讲诚是"择善而固执之者也"。《大学》也说:"欲诚其意,先致其知,致知在格物。"这说明"诚"是建立在对客观事物认识的基础上的,是建立在善的基础上的,并不是盲目的"诚"。其实,不仅在由理论到实践的过程中需要"诚"、"忠实",就是在由实践到认识的过程中同样需要诚。只有诚,才能正确认识事物,即所谓"诚则明"。当然,认识了事物,才能真正做到"择善而固执之",做到"诚",亦即所谓"明则诚"。在唯物论的基础上,在实践过程中,如果不"诚"(或毛泽东讲的不"忠实"),则知只是停留在言上,仁是假仁,勇也是白勇,理论不可能转化为实践,观念不可能对象化为客观世界,亦即"不诚无物"。我们以往对"诚"往往只讲其唯心论之一面,并加以全面否定,忽视其中有可以用来丰富马克思主义实践论的合理因素。"诚"作为道德范畴,应是人类永远提倡的一种美德。"诚则明"、"不诚无物",从实践论讲也是对的。

"知、仁、勇"三达德本来是个道德论问题,毛泽东却主要从主客观关系、理论与实践的关系加以评论。他的批评并不完全恰当,但极富于启发,把认识

---

① 毛泽东:《致张闻天》(1939 年 2 月 20 日),《毛泽东书信选集》,人民出版社 1983 年版,第 147—148 页。

论与道德论联系起来,涉及认识与实践过程中的价值问题、理性与非理性问题。从这一点讲,毛泽东对"知、仁、勇"的论析不论其恰当与否,都是有益的,因为他提出了新的问题,推进了对哲学的认识。

（六）德治思想及其双重影响

以德治国是孔子政治伦理思想的重要内容之一,且对后世影响很大。孔子的德治思想对毛泽东有积极与消极双重作用。

在社会生活中,调节人与人之间的关系,一般说有两种手段:一是法律,这是对人的硬约束;一是道德,这是对人的软约束。在阶级社会,统治者维护、巩固自己政治统治的手段,大致也是两手:一是武的,靠暴力、刑罚;一是文的,用道德教化、思想控制。周朝的统治者鉴于夏桀、商纣因暴虐无道而亡国的教训,提出"以德配天"、"敬德保民"、"明德慎罚"等主张。孔子同时代的政治家、思想家子产则说:"德,国之基也。"(《左传·襄公二十四年》),"唯德者能以宽服民"(《左传·襄公二十年》)。当然,子产并不放弃刑罚这一手,他认为该"猛"的时候就得"猛",该"宽"的时候就得"宽"。孔子继承和发展了前人德主刑辅的思想,提出了较为系统的德治主张。

孔子说:"为政以德,辟如北辰,居其所而众星共之。"(《为政》)"道之以政,齐之以刑,民免而无耻;道之以德,齐之以礼,有耻且格。"(《为政》)"子为政,焉用杀。子欲善而民善矣。"(《颜渊》)礼是奴隶制国家的根本制度,孔子认为,对礼的遵守,主要靠人的自觉,"人而不仁如礼何"。他希望通过道德教化,使人自觉地遵守礼,自觉地行仁、中庸,统治者和被统治者都"有耻且格",那样,就不会有犯上作乱了。孔子也不放弃硬的一手,对于犯上作乱者,他不手软,主张暴力镇压。他很欣赏子产"宽猛相济"的做法,他强调刑罚要适中,"刑罚不中,则民无所措手足"(《子路》)。

依据德治的思想,孔子特别重视执政者的以身作则。他说:"政者,正也。子帅正,孰敢不正?"(《颜渊》)"其身正,不令而行;其身不正,虽令不从。"(《子路》)"苟正其身矣,于从政乎何有?不能正其身,如正人何?"(《子路》)

孟子进一步发挥了这一点,他说:"其身正而天下归之。""天下之本在国,国之本在家,家之本在身。"(《孟子·离娄上》)身正在于修身。《大学》系统发挥了孔孟的思想,提出了"修身、齐家、治国、平天下"一套政治伦理哲学,把"修身"看成是治国之本。孔子提出的"政者,正也",抽去具体内容而言,对于今天仍有其现代价值。1943 年毛泽东在同匡亚明谈话时就肯定了这一点。中国共产党人一向提倡党员领导干部的表率作用。中国共产党之所以能赢得人心,战胜国内强大的敌人,取得革命的胜利,其中很重要的一条是中国共产党的领导者及其广大党员,不仅在理论上,而且在行动上,为着中华民族的解放,为着最广大人民群众的根本利益,英勇奋斗,流血牺牲,身先士卒,率先垂范。

孔子讲德治,实际上是人治,希望仁人来当政。《中庸》记载:"哀公问政。子曰:'文武之政,布在方策,其人存则其政举,其人亡,则其政息。……故为政在人,取人以身,修身以道,修道以仁。"孔子希望仁者在位,通过修养、教化,来防止人亡政息的现象。这一点孟子说得更明白。他说:"惟仁者宜在高位。不仁而在高位,是播其恶于众也。"(《孟子·离娄上》)把国家的治理和社稷的安危,寄托在仁者个人而不是制度上,这是典型的人治思想。在君主专制制度下,君主是最高统治者,君主一人说了算,君主超越一切法律制度。到了资本主义社会,资产阶级搞法治,法律是最高的权威,一切依法行政,依法办事。法律面前,人人平等,任何个人不能超越法律,超越制度。资产阶级依靠法律、依靠制度来维护本阶级根本的利益。对人治的局限性,胡适在《中国古代哲学史》中说:"人治主义的缺点在于只能希望'惟仁者宜在高位',却免不了'不仁而在高位'的危险。法治的目的在于建立标准法使君主遵守不变。"①在法治下,法律是至高无上的,用法律、制度来管人,当权者的贤不贤,不是最重要的,即使有不贤的在位,可以依法弹劾、免职、撤换。

在社会发生激烈大变革的时代,孔子提出德治来维护正在崩溃中的奴隶制度,显得不合时宜,十分迂阔,无人理睬。但孔子重视道德教化的思想对后世影响很大。历代的统治者、政治家、思想家都十分重视德治,这也是中国道

---

① 胡适:《中国古代哲学史》(1918 年),《胡适文集》第 6 卷,北京大学出版社 1998 年版,第 406 页。

德哲学尤为发达的重要原因之一。五四新文化运动虽然激烈地批判旧思想、旧道德、旧文化，但从某一方面来讲，它仍受到中国传统的道德决定论的影响。新文化运动的发动者陈独秀说："伦理的觉悟，为吾人最后觉悟之最后觉悟。"①他又说："盖伦理问题不解决，则政治学术，皆枝叶问题。纵一时舍旧谋新，而根本思想，未尝变更，不旋踵而仍复旧观者，此自然必然之事也。"②受时代思潮和恩师杨昌济的影响，青年毛泽东亦尤为关注哲学伦理变革。他说："吾国人积弊甚深，思想太旧，道德太坏。夫思想主人心，道德范人行，二者不洁，遍地皆污。"为此，他提出："当今之世，宜有大气量人，从哲学、伦理学入手，改造哲学，改造伦理学，从根本上变换全国之思想。"③五四时期，他关注旧道德的批判，新道德的建设。

在转变为马克思主义者后，毛泽东用唯物史观来观察道德问题，把伦理道德看成是第二性的，是由经济制度决定的。1937年，他在抗大讲授哲学时在谈到唯心论发生与发展的根源时指出："蒋介石说要复兴民族，惟有恢复旧道德"，"是过分夸张主观能动性的结果"④。但毛泽东并不轻视道德的作用。他在唯物史观的基础上继承并发展了中国古代注重道德教化，注重人生修养的传统。由于中国社会和中国革命的特殊性，中国共产党的党员大多出身于非无产阶级，中国共产党活动的重心从1927年以后就由城市转入农村，在艰苦的环境中进行革命战争。为了在农村的环境中保持中国共产党的无产阶级先锋队性质，为了保持无产阶级对农民革命战争的领导，为了在艰苦恶劣的环境中战胜强大的国内外敌人，毛泽东十分注重共产党内的思想建设和党员个人的品德修养。他在1928年就把"确定无产阶级的革命人生观"作为党的建设的一项"基本训练工作"⑤。他在党内和军队内提倡开展无产阶级思想与非

---

① 陈独秀：《吾人最后之觉悟》（1916年2月15日），《陈独秀文章选编》（上），三联书店1984年版，第109页。
② 陈独秀：《宪法与孔教》（1916年11月1日），《陈独秀文章选编》（上），三联书店1984年版，第144页。
③ 毛泽东：《致黎锦熙信》（1917年8月23日），《毛泽东早期文稿》，湖南出版社1990年版，第86页。
④ 毛泽东：《辩证法唯物论提纲》（1937年），天津人民出版社1958年版，第5页。
⑤ 见《湘赣边界各县党第二次代表大会决议案》（1928年10月5日）。

无产阶级思想之间的积极思想斗争,提倡全心全意为人民服务、爱国主义、艰苦奋斗、自力更生等思想和精神。毛泽东和中国共产党的其他领袖如刘少奇、周恩来等为党的思想道德建设身体力行,著书立说,丰富和发展了道德哲学。与世界上其他国家的共产党相比,重视党的思想建设,重视党员个人的修养,重视世界观的改造,是中国共产党的一大特点和优点,这也是中国共产党立于不败之地、愈战愈强的原因之一。中国共产党的这一特点和优点,无疑是同中国具有德治的传统密切相关的。

中国传统的德治思想对毛泽东和中国共产党的影响除有积极的一面外,也还有消极的一面。消极的影响在民主革命时期不明显,而在社会主义时期则凸显出来了。德治思想的负面作用大体有三个方面:一是夸大了思想道德的作用,忽视了物质利益;二是忽视了法治,陷入了人治;三是忽视个人,牺牲了个性。

先说第一点,中国古代道德思想中存在着重义轻利的传统。如前所述,孔子的"君子喻于义,小人喻于利"(《里仁》),"君子忧道不忧贫"(《卫灵公》);孟子的"王者何必言利? 亦有仁义而已矣"(《孟子·梁惠王》);董仲舒的"正其谊不谋其利,明其道不计其功"(《汉书·董仲舒传》)等话在我国历史上影响甚深,导致鄙视对物质利益的追求,遏制了人的物质欲望的发展,从而妨碍了物质生产、商品经济、科学技术的发展。在民主革命时期,虽然党的工作中心是革命战争,但毛泽东仍注意必要的生产建设和经济工作,注意改善人民的物质生活。他批评有的同志"中了董仲舒们所谓'正其谊不谋其利,明其道不计其功'这些唯心的骗人的腐话之毒",因而轻视经济工作。他说:"我们不是处在'学也,禄在其中'的时代,我们不能饿着肚子去'正谊明道',我们必须弄饭吃,我们必须注意经济工作。离开经济工作而谈教育或学习,不过是多余的空话。离开经济工作而谈'革命',不过是革财政厅的命,革自己的命,敌人是丝毫也不会被你伤着的。"[①]在抗日战争最艰苦的时候,毛泽东领导根据地军民开展大生产运动,以支持抗日战争。但在社会主义时期,毛泽东片面强调精

①　毛泽东:《经济问题与财政问题》(1942 年 12 月),《毛泽东文集》第二卷,人民出版社1993 年版,第 465 页。

神的作用,思想政治工作的作用,忽视物质利益,尤其是个人的物质利益,最后发展到把马克思主义的生产力论和物质利益原则视为修正主义加以批判。他企图仅仅通过阶级斗争、上层建筑领域的革命来达到防修反修、巩固无产阶级专政和社会主义制度的目的。他的"要斗私批修"的语录集中反映了中国传统道德的负面影响。

第二,传统德治思想对毛泽东的负面影响突出表现在主张人治,忽视法治上。民主革命时期,中国共产党的主要任务是领导人民推翻帝国主义、封建主义和官僚资本主义的统治,摧毁包括法制在内的旧的上层建筑和旧的生产关系。那时,中国共产党的领导主要是通过党的路线、方针、政策和党的决议来实现的。在革命根据地虽然也先后制定过五十余件有关的法律、法规、法令、条例,但受环境和客观形势的制约,那时还谈不到正规法制的建设。新中国成立之初,毛泽东比较重视法制建设。1949 年 9 月 29 日,中华人民共和国成立前夜中国人民政治协商会议第一届全体会议通过的《中国人民政治协商会议共同纲领》起了临时宪法的作用。之后,毛泽东主持制定了中华人民共和国的第一部宪法。但受中国传统德治思想的影响,人治观念日益滋长。1958 年 8 月 21 日,毛泽东在北戴河会议上讲:法律这个东西,没有它不行。但我们有我们的一套。对付盗窃犯,不靠群众不行。(刘少奇插话:到底是法治,还是人治? 看法实际靠人治。法律只能作办事的参考,南宁会议、成都会议、八大二次会议、北戴河会议的决定,大家去办就是。)不能靠法律治多数人,多数人要靠养成习惯。民法、刑法那样多的条条,谁记得了。宪法是我参加制定的,我也记不得。韩非子是讲法治的,儒家是讲人治的。他认为,我们每个决议,都是法,开会也是法。治安条例也靠成了习惯才能遵守,成为社会舆论,都自觉了,就可以到共产主义。我们各种规章制度,大多数,百分之九十是司局搞的。我们基本不靠那些,主要是靠决议、开会,一年搞四次,不靠民法、刑法来维持秩序。毛泽东的这些话有极大的片面性。在现代社会,确实法律愈来愈多,甚至可以说,多如牛毛,谁也记不住,即使是法律的制定者。但决不是说,法律可有可无。道德和法都是维护社会秩序,调节人与人关系、处理社会矛盾的两种基本手段,两者缺一不可。毛泽东对法制的轻视是儒家德治思想的继续。正是在这种思想的指导下,1959 年撤销了司法部和监察部,中国的法制建设出现了严重的曲折。

当然,毛泽东也不是完全不要法律。1962年,他在七千人大会上讲,不仅刑法要搞,民法也要搞。同年3月,他在一次谈话中又说:不仅刑法需要,民法也需要,现在无法无天,没有法律不行。刑法、民法一定要搞,不仅要制定法律,还要编案例。不过,在毛泽东的思想中根本的还是人治、德治,而不是法治。1967年2月3日,他同外宾谈话中说,选举,我是不相信的,中国有两千多个县,一个县选二个就四千多,四个就一万多,哪有那么大的地方开会?那么多人怎么认识?我是北京选的,许多人都没有见我嘛!见都没有见,怎么选?不过是闻名而已,我和总理都是闻名的。在会见另一代表团时,他又说:有人说选举很好,很民主。我看选举还是个文明的字句。我就不承认有真正的选举。我是北京区选我做人民代表的。北京有几个人真正了解我。我认为周恩来当总理就是中央派的。毛泽东说的是实话,但这只能说明我国的政治民主建设不够,而不能作为轻视选举、否认法治主张搞人治的理由。

"文化大革命"时期,法制遭到严重的破坏,人治达到了极点。毛泽东自己也讲,他是"和尚打伞,无法无天"。在个人迷信盛行的时期,毛泽东的话是最高指示,就是法。"非圣即违法","全党共讨之","全国共诛之"。不仅如此,林彪、江青等人的话也是法,他们说抓谁就抓谁,他们说打倒谁就打倒谁,中华人民共和国主席刘少奇被迫害致死是"无法无天"、法制大破坏的结果。"文化大革命"十年内乱不止,是人治结出的苦果。

毛泽东晚年把如何防止党内出修正主义、如何防止党和国家变质问题当作头等大事。他主要是想通过"大民主"、通过群众运动来解决。在毛泽东的思想中,群众观念、民主观念是很强的,但法制观念则很弱。1945年,黄炎培在延安同毛泽东谈话时提出如何跳出"其兴也淳焉,其亡也忽焉"的周期率的问题。毛泽东说:"我们已经找到新路,我们能跳出这周期率。这条新路,就是民主。只有让人民来监督政府,政府才不敢松懈。只有人人起来负责,才不会人亡政息。"[1]毛泽东的这一回答十分精彩。经过"文化大革命"再来审视,

① 黄炎培:《延安归来》(1945年),《毛泽东访问记》,长江文艺出版社1990年版,第116页。

我们也会发现,他头脑中缺乏法治观念,不了解民主要制度化、法制化,离开了制度化、法制化,搞群众运动式的大民主,结果会走向反面,出现人民内部一部分人对另一部分人专政,甚至出现坏人对好人专政。为了防止人亡政息,毛泽东提出培养无产阶级革命事业接班人问题。从广义上讲,革命事业需要一代一代传下去,需要培养一代又一代千百万无产阶级革命事业的接班人。从这方面讲,提出培养接班人无疑是一项正确的战略措施。但若从选择领导人的接班人讲,毛泽东的思考则有片面性,还是人治在起作用。他没有能从制度上、法制上去思考保证党和国家的领导权掌握在真正代表最广大人民群众利益的马克思主义者手中,没有从制度上、法制上去思考党和国家的长治久安、领导人的更替。在总结毛泽东晚年犯错误的教训时,邓小平正确地指出,旧中国留给我们的封建专制传统比较多,民主法制传统很少。"一个领导人,自己选择自己的接班人,是沿用了一种封建主义的做法。"①邓小平的这一认识是在付出了沉痛的代价后得出的结论。历史还表明,认识到了,并不一定能实行。要真正实行法治,彻底摒弃人治,是一场革命,需要一个过程。

"文化大革命"结束后,邓小平在总结国际国内历史经验时指出,民主要制度化、法制化。制度问题,法制问题,更带有根本性、全局性、稳定性和长期性,要从法制上解决问题。改革开放以来,我们党和国家大大加强了民主、法制建设。中共十五大明确提出"依法治国"的基本治国方略和建设法治国家的政治目标。中国的民主、法制建设进入了一个新的阶段。

这里需要说明的是"依法治国"中的"法治"概念与中国法家的"法治"概念有着本质的不同。在中国古代,与儒家"以德治国"相对的是法家的"以法治国"。法家的"法治"是指统治者主要用法律手段而不是道德手段来治国,法治的对象是老百姓。在奴隶社会和封建社会,最高统治者天子、皇帝的言论就是法,圣旨就是法,所以"法治"实质上依然是"人治"。现代的法治,是指"法的统治"(rule of law)而非"用法统治"(rule by law)。现代社会的法律依然是人制定的,是一定阶级的意志、国家的意志体现,但当法律一经制定后,那

---

① 邓小平:《答意大利记者奥琳埃娜·法拉奇问》(1980年8月21日、23日),《邓小平文选》第二卷,人民出版社1994年版,第347页。

它就高于一切,任何政党、团体、个人都受制于它。法治社会,法高于一切。法律的制定、修改亦应依法进行,有严格的法律程序,决不能以言代法。当然强调"依法治国",建设"法治国家",并不可以忽视道德教化的作用,并不可以否认德治。法治和德治相辅相成,缺一不可。道德教化,有耻且格是基础,法律、惩治是手段。在今天,加强道德建设具有特殊的意义和特别的紧迫性。认真地批判继承孔子道德的精华,认真地批判继承中华民族传统道德的精华,是当代道德建设不可或缺的一项任务。

第三,孔子及儒家道德思想的最大缺点是忽视个人,牺牲个性。前面讲,孔子注重整体、修养、内省、克己,这是孔子思想的优点之一。但这个优点,也隐含着一个重大的缺点:忽视个人,牺牲个性。虽然孔子讲过"三军可夺帅也,匹夫不可夺志也"(《子罕》),并且他反对乡愿、提倡强矫精神,但他总的倾向是要人修养、克己为一个尊长、无违、听话、顺从的人。"克己复礼"是牺牲个人;"臣事君以忠"是牺牲个人;对长者、尊者"无违"是牺牲个人;至于后儒的"三纲"更是无个人独立人格可言。儒家道德的这一消极面,在五四新文化运动中受到严厉的批判。陈独秀说:"儒者三纲之说,为一切道德政治大原。""率天下之男女,为臣,为子,为妻,而不见有独立自主之人格矣,三纲之说为之也。缘此而生金科玉律之道德名词,曰忠,曰孝,曰节,皆非推己及人之主人道德,而为以己属人之奴隶道德也。"[1]李大钊也深刻指出:"孔子所谓修身,不是使人完成他的个性,乃是使人牺牲他的个性。"[2]青年毛泽东也认为:"吾国之三纲"是"压抑个人、违背个性者",是为恶魔,"在所必去"[3]。1926年6月,他在广州农民运动讲习所讲课时又说:封建的忠孝教育,父尊子卑、君尊臣卑等思想和家族制度,"箝制人民自由数千年之久,使个性发展丝毫无有"。毛泽东的这种认识是深刻的,击中了中国传统旧道德的要害。

农业社会以小生产的自然经济为基础,生产力的不发达和社会交往关系

---

① 陈独秀:《一九一六年》(1916年1月15日),《陈独秀文章选编》(上),三联书店1984年版,第103页。

② 李大钊:《由经济上解释中国近代思想变动的原因》(1920年1月1日),《李大钊文集》(下),人民出版社1984年版,第178页。

③ 毛泽东:《〈伦理学原理〉批注》(1917年—1918年),《毛泽东早期文稿》,湖南出版社1990年版,第151—152页。

的狭小,使得个人依赖于社会共同体。中国古代的修身,强调克己奉公,以国家、民族利益为本。"公而忘私、国而忘家",这有其合理性,也是中国传统道德中的优秀传统之一,但其致命的不足,是忽视个人,泯灭个性。在民主革命时期,在艰苦的革命战争年代和白色恐怖的条件下,共产党讲修养,讲纪律,讲为了阶级、民族的利益和解放,要"一不怕苦,二不怕死",这是中华民族优秀道德在当代的继承和发扬,也是中国革命取得胜利的重要精神动力。这一点必须充分肯定。没有个人的牺牲,就没有民族的、阶级的解放,从而也就没有个人的解放。至今仍要继承和发扬革命时期形成的无产阶级的新道德。但也应承认,在强调民族、阶级集体利益的时候,无形中形成了对个人利益和个性的忽视。由于中国社会和中国革命的特殊性,至今个性解放的任务还未完成,个人独立自主人格还未普遍得到确立。

毛泽东曾经说过:"被束缚的个性如不得解放,就没有民主主义,也没有社会主义。"①社会是由个人组成的,一个社会的活力,取决于个人的活力。政党是由党员组成的,一个政党的活力取决于党员的活力。毛泽东在中共七大上讲"党性与个性问题"时引了《共产党宣言》"每个人的自由发展是一切人的自由发展的条件"的名言,之后说:"不能设想每个人不能发展,而社会有发展,同样不能设想我们党有党性,而每个党员没有个性,都是木头,一百二十万党员就是一百二十万块木头。"②毛泽东的这些话说得何等好啊!在社会主义时期,虽然毛泽东也曾讲到个性解放,但总起来看,他不重视个性解放,不重视个人利益。教条主义、个人崇拜、专制主义,最大的危害是压制了个人的主动性、创造性、积极性。邓小平讲解放思想,讲改革,实质上是解放人。所以,我们今天在讲孔子的道德论时,在讲继承中国优秀传统道德时,在讲个人的道德修养时,不能不指出,在孔子的道德论中,在中国传统道德中缺乏个性自由、个性发展的思想。李大钊所说的"孔子的所谓修身,不是使人完成他的个性,仍是使人牺牲他的个性"的话值得我们注意、警惕。

① 毛泽东:《致秦邦宪》(1944年8月31日),《毛泽东书信选集》,人民出版社1983年版,第239页。
② 毛泽东:《在中国共产党第七次全国代表大会上的结论》(1945年5月31日),《毛泽东文集》第三卷,人民出版社1996年版,第416页。

六

教 育 篇

孔子一生不得志,仕途不畅,他主要的工作是办学、教书,培养了一批学生,开创了儒家学派。他不断总结办学经验,为后人留下了丰富的教育思想。在二千多年的封建社会里,孔子教育思想处于主导地位。今天人们对孔子的评价虽然褒贬不一,但多数人都承认他是中国古代伟大的教育家。

毛泽东青年时代曾有志于教育。1919 年他在《问题研究会章程》中提出应研究的 77 个问题中"教育问题"被列为第一个问题,其中又分了 18 个子课题。① 他在致友人的信中自称:"我是学教育的一个人。"②1921 年 1 月,他又说:"我所愿做的工作:一教育,一新闻记者。"③他当过很短时间的教员,社会推动他走向革命。在中国革命的大舞台上,他导演出一幕幕威武雄壮的活剧。他在日理万机的情况下,始终关注教育:民众教育、干部教育、军队教育和学校教育。1970 年 12 月 18 日,他对美国友好人士埃德加·斯诺说,他讨嫌"四个伟大(即伟大的导师、伟大的领袖、伟大的统帅、伟大的舵手)","总有一天要统统去掉,只剩下一个 Teacher,就是教员。因为我历来是当教员的,现在还是当教员,其他的一概辞去。"④他以终身当教员自慰。

孔夫子、毛泽东,古今伟大的"教员"。如果说,毛泽东对孔子的政治思想、道德思想是以批判为主的话,那么他对孔子的教育思想则以肯定为主。他认为孔子是中国古代几千年出的一个圣人,是中国第一个教育家,孔子教育思想中有许多好的传统,值得我们继承和发扬,孔夫子的传统不要丢。

---

① 毛泽东:《问题研究会章程》(1919 年 9 月 1 日),《毛泽东早期文稿》,湖南出版社 1990 年版,第 396 页。

② 毛泽东:《致黎锦熙信》(1919 年 9 月 5 日),《毛泽东早期文稿》,湖南出版社 1990 年版,第 404 页。

③ 《新民学会会务报告》第 2 号。

④ 《毛泽东会见斯诺的谈话纪要》(1970 年 12 月 18 日),《建国以来毛泽东文稿》第十三册,中央文献出版社 1998 年版,第 174 页。

（一）"孔子是中国第一个教育家"

中国古代教育源远流长,原始社会末期已有学校的萌芽,"米廪,有虞氏（舜）之庠也"（《礼记·明堂位》）。"庠"为校名,本义为"养",即把有经验有道德的老人养在那里专门从事教育。到了奴隶社会已有学校。"设为庠、序、学、校以教之:庠者,养也;校者,教也;序者,射也。夏曰校,商曰序,周曰庠,学则三代共之,皆所以明人伦也。"（《孟子·滕文公上》）朱熹注释:庠、校、序,"皆乡学也";"学,国学也"（《四书章句集注·孟子集注》）。无论是国学,还是乡学,都是官办的,区别在于是中央办的,还是地方办的。因此,夏、商、周三代的教育有一个共同特点是"学在官府",国家垄断着办学的权力,只有极少数奴隶主贵族子弟才享有受教育的权利。到了春秋时代,奴隶制已崩坏,阶级关系发生了大变化,产生了新兴的地主阶级、商人和士。随着周天子王权的削弱和一些公室的衰落,"国学"和"乡学"难以为继,办不下去。出现了文化下移的现象,即所谓"天子失官,学在四夷"（《左传·昭公十七年》）。《论语》记载:"太师挚适齐,亚饭干适楚,三饭缭适蔡,四饭缺适秦,鼓方叔入于河,播鼗武入于汉,少师阳、击磬襄入于海。"（《微子》）这八人原都是周王室的乐师,因周王室的衰败,这些人只能四散到齐、楚、蔡等国去谋生。这种情况不仅只发生在乐师身上,其他知识分子也有流散到各国的。当时"乡校"的地位也发生了动摇,有人提出毁"乡校"的问题。公元前542年,郑国的然明因有人利用乡校"以论执政",便向子产提出"毁乡校,何如?"的建议。孔子曾向郯子、老子、苌弘、师襄等人问学。孔子说过:"吾闻之,天子失官,学在四夷,犹信。"（《左传·昭公十七年》）种种迹象表明,到孔子时已出现私人办学。看来,孔子是私人办学的首创者的传统说法（毛泽东也认同此说）并不准确。

孔子一生志在救世,曾希望从政。但他的政治主张违反历史潮流,无人理睬。他只好通过教育、培养人才来实现自己的政治主张。孔子在20—22岁时曾在鲁国大夫季氏家做过很短时间的"委吏"（管理仓库）和"乘田"（管理牛羊畜牧）。30岁左右开始收徒讲学。曾适周问礼于老子,"自周返于鲁,弟子稍益进焉"。35 岁时,因鲁国内乱,逃到齐国。齐国不用孔子,且有大夫欲加害孔子。37 岁时孔子返回鲁国。"孔子不仕,退而修诗书礼乐,弟子弥众,至自远方,莫不受业焉。"(《史记·孔子世家》)这是孔子办学鼎盛时期。大约51—55 岁左右,在鲁国先后任中都宰、小司空、司寇、大司寇并摄行相事。55 岁时因政见不同,孔子离开鲁国,到卫、陈、曹、宋、蔡、楚等国游说当权教者,颠沛流离达 14 年之久。这期间,仍有学生伴随左右,人数时多时少,这是孔子一生中最艰难的时期,办学处于低潮,不少学生离他而去。68 岁时,孔子返回鲁国,"不求仕",专门从事教育,修订教材,整理《诗》、《书》、《礼》、《乐》、《易》、《春秋》,直至去世。晚年回鲁国后是孔子办学的又一高峰。可以认为,孔子一生主要从事教育,以教师为终身的职业。

孔子办学,很有特色。第一,有教无类,广收学生,规模大。先后受教孔子的弟子有三千,身通六艺者七十有二(一说七十有七)。学生不分尊卑、贵贱,不分地域。学生年龄参差不齐,有的比他小不了几岁,与他同辈。颜回父子同为孔子学生,颜回的父亲颜无繇只小孔子 6 岁。子路只小孔子 9 岁,而曾参小孔子 46 岁。有人对孔子的 31 个弟子进行统计,以 20 岁为一辈,与孔子年纪相仿者 5 人,晚一辈者 12 人,晚两辈者 14 人。[①] 第二,学校不分小学、中学、大学,没有考试,不发文凭,主要培养他们的德行和能力。第三,流动办学,以孔子为中心。孔子到哪里,学校就办到哪里。学生跟随着他,以社会为课堂,彻底地开门办学。第四,在教学过程中注重教材建设,整理修订《诗》、《书》、《礼》、《乐》、《易》、《春秋》等古代文献为教材。此举为保存中国文化典籍做出伟大贡献,影响中国二千多年。第五,注意办学经验的总结和积累。在办学方针、教学内容、教学方法等诸多方面均有论述。《论语》是孔子教育实践与理论的记录,是中国古代教育的百科全书。说孔子是私人办学的首创者,这不够确切。但就办学的规模、效果和影响而言,就教育思想而言,可以认为孔子是中国古代私人办学开风气者,在这方面无人可以和他相比。

毛泽东早年受封建传统教育,相信孔夫子,之后接受新学,相信资产阶级民主主义。在新文化运动中,他虽然在政治思想上转变为革命民主主义者,但

---

① 蔡尚思:《孔子思想体系》,上海人民出版社 1982 年版,第 172—173 页。

在教育上依然崇敬孔子。1917 年 11 月 9 日，他主持创办的湖南第一师范工人夜学开学。在开学仪式上，他带领师生"向孔圣行三鞠礼"①。

在转变成马克思主义者之后，毛泽东认为孔子在政治上、道德上是守旧的，批判反动派鼓吹尊孔读经。他对孔子的哲学思想一分为二，认为总体上讲是唯心论和形而上学，但包含有唯物论、辩证法的因素。他更多的是偏重肯定孔子在教育上的功绩。1938 年 5 月 21 日，针对部分教员不安心于教学工作这一情况，他在抗大第三期总结干部会上讲话时以黑格尔、孔夫子为例，勉励大家要有当一辈子教员的思想准备。他说：黑格尔是马克思的先生，此人似乎当了一世教员。我们中国的孔夫子起初做官，以后撤职，大概是当教员当到死吧！我们要学黑格尔、孔夫子。他又说：孔夫子是个圣人，几千年只此一个。在我们三四百人中，可否出几个孔夫子，几个黑格尔呢？同年 7 月 9 日，他在抗大纪念"七一"、"七七"及突击运动总结大会上讲："孔子说：'吾十有五而志于学'，马克思主义者也有他的志向。但是为什么当时的孔夫子不作共产党呢？那是当时的老百姓不要他作共产党而要他作教书先生，而今天的老百姓则需要我们作共产党了。"②毛泽东认为，孔子作教书先生，创办学校，是时代的需要，老百姓的需要。

陈伯达的《孔子的哲学思想》一文对孔子在教育方面的功绩给予充分肯定。论文说："孔子在中国文化史发展史上，曾有其划时代的功绩，其在我民族精神事业上的贡献，是不能掩盖的。"陈伯达在文章中引了郭沫若、章太炎、冯友兰的话。郭沫若在《驳〈说儒〉》中说，知识的普及化，是历史的趋势使之不得不然的结果，孔子的功绩"仅在把从前由贵族所占有的知识普及到民间来的这一点"。章太炎在《论诸子学》中说："孔氏之功则有矣。……变畴人世官之学，而及平民，此其功亦复绝千古。"冯友兰在《中国哲学史》（上册）中亦说："孔子则抱定'有教无类'这宗旨，'自行束脩以上，吾未尝无诲焉'，如此大招学生，不问身家，凡缴学费者即收，一律教以各种功课，教读各种名贵典籍，

---

① 毛泽东：《夜学日志首卷》(1917 年 11 月)，《毛泽东早期文稿》，湖南出版社 1990 年版，第 103 页。

② 毛泽东：《在抗大纪念"七一"、"七七"及突击运动总结大会上的讲话》(1938 年 7 月 9 日)，《党史研究资料》1989 年第 10 期。

此实一大解放也。"

陈伯达在引完了上面三人的话后作了如下的解释:"孔子在教学上首先初步地解放了过去贵族和官吏之严格的限制,这在中国文化史是应该大书特书的;固然,孔子的教学还是限于'自行束脩以上',这样,关于教育的真正民众化,还是不会有的,还是有阶级限制的。固然,当时'大招学生'的,不止孔子一人,如少正卯也就是其中的一个,并且他还是和孔子争学徒的(或许他教学生比孔子更宽,限制更少,这从他的成为统治阶级反对派这一点,也可以看出来),可是我们总不能不指出孔子有其独特的成绩。"陈伯达的说明,充分肯定孔子在教育方面的划时代功绩,应"大书特书",基本上认同郭、章、冯关于孔子普及知识、教育的平民化的评价。但他同时也指出:孔子的教育还是有阶级限制的,真正的民众化是不会有的;孔子并不是开创办私学的第一人。

对陈伯达关于孔子教育思想的论述,毛泽东只提出,郭沫若的话"可以不引",因为"说孔子的功绩仅在教育普及一点,他则毫无,这不合事实,也与本文冲突"①。对于引章、冯的话和陈的解释,毛泽东没有提出异议。这说明毛泽东认同陈伯达文中对孔子教育思想的评价。

新中国成立以后,毛泽东虽然在政治上、哲学上继续批评孔子,但仍充分肯定他教育上的功绩。1956年8月,他在同音乐工作者谈话时说:"孔子是教育家,也是音乐家,他把音乐列为六门课程中的第二门。"②1964年2月,他在春节教育座谈中肯定孔子教育思想中有好的一面,批评现在的教育丢掉了孔夫子的主流,他提出:孔夫子的传统不要丢了。同年9月4日,他在会见外宾时说:孔子是中国第一个教育家。

毛泽东把孔子定位为中国第一个教育家,孔子的主要贡献是在教育方面,这对吗?笔者认为是对的,准确的,是符合历史实际的。司马迁在《孔子世家》最后说得好:"天下君王至于贤人众矣,当时则荣,没则已焉。孔子布衣,传十余世,学者宗之。自天子王侯,中国言六艺者折中于夫子,可谓至圣矣!"

① 毛泽东:《致张闻天》(1939年2月22日),《毛泽东书信选集》,人民出版社1981年版,第150页。

② 毛泽东:《同音乐工作者的谈话》(1956年8月24日),《毛泽东文集》第七卷,人民出版社1999年版,第81页。

孔子在世时收徒讲学、创立儒家学派而被世人称为圣人。孔子在政治上是失败的,而在教育上是成功的。孔子对当时和后世的影响主要也在教育方面。孔子在中国历史上的地位和影响与他办教育分不开。据近人研究,《论语》全书所搜集资料共 509 条,其中有关教育的言行 371 条,内有孔子的教育言行 332 条。《论语》基本上是孔子及其门人的教育和教学的实录。① 孔子的政治思想、哲学思想和伦理思想等,均是通过教育得到传播与发挥的。孔子若不办教育,就没有《论语》,也就没有儒家学派,他本人也谈不上成为中国古代的第一圣人。总之,孔子办学规模宏大,成绩卓著,其教育思想涉及诸多方面,影响久远,从理论到实践,实为中国古代第一伟大教育家。

（二）“有教无类”——“教育的人民性”

“有教无类”是孔子教育思想的重要内容之一,是教育史上的一大进步。对此,毛泽东加以肯定,认为这是中国古代教育思想人民性的表现。

在殷周奴隶制时代,“学在官府”,只有极少数奴隶主贵族子弟才能受教育。随着文化下移,受教育面的扩大,孔子明确提出:“有教无类。”(《卫灵公》)他又说:“自行束脩以上,吾未尝无诲焉。”(《述而》)脩是干肉,又叫脯。束脩就是十条干肉,古代人用来作为初次见面的礼物。孔子招收学生,不问出身尊贵贫贱,也不问地域、国家,不问年龄大小,只要交得起十条干肉的学费,就可以上学。孔子是这样说的,也是这样做的。据诸多近人的考证,孔子的弟子虽有出身于贵族的,但不多,大多来自于平民,还有少部分是贫贱人家的子弟。孔子最喜爱的高足颜渊,家境贫寒,“一箪食,一瓢饮,在陋巷”(《雍也》)。他的另一个得意门生子路是“卞之野人”(《史记·仲尼弟子列传》)。他的又一大弟子仲弓,其父为“贱人”,家“无置锥之地”(《荀子·非十二子》)。他的主要传人曾参居卫,“缊袍无表,颜色肿哙,手足胼胝”(《庄子·让王》)。孔子本人“贫且贱”,所以他很同情“贫且贱”的人。由于孔子实行

---

① 毛礼锐、沈灌群主编:《中国教育史》第 1 卷,山东教育出版社 1985 年版,第 201 页。

"有教无类",不分贵贱、贫富、种族、地域、年龄,广招学生。因此学生显得有点"杂"。南郭惠子曾向子贡发问:"夫子之门何其杂也?"子贡回答:"君子正身以俟,欲来者不距(拒),欲去者不止。且夫良医之门多病人,檃括之侧多枉木,是以杂也。"(《荀子·法行》)孔子"有教无类"的思想是同他的"性相近,习相远"(《阳货》)、人是可以教化的哲学思想相关的。因此,孔子对只要交得起学费、愿意学习的人都给予教育。"有教无类",扩大了受教育的面。这无疑是教育史上的一大进步,为后世所称道。

如前所述,毛泽东在 1939 年就认同孔子的"有教无类"是"一大解放"的评价。1944 年,他在《关于陕甘宁边区的文化教育问题》的讲话中称赞孔子的"自行束脩以上,吾未尝无诲焉"的私人办学方针。1958 年,毛泽东则明确肯定"有教无类"有人民性。1958 年是大跃进的年代,在大跃进的高潮中,教育战线也掀起了革命。时任中共中央文教小组组长的陆定一写了一篇题为《教育必须与生产劳动相结合》的文章,阐述党的教育方针。陆文强调教育从剥削阶级手中的工具转到工人阶级手中的工具是教育本身的大革命,其中批评了"教育的主要规律是从教育史的研究中得出来的"观点。8 月 16 日,毛泽东在审阅陆文初稿时增写了如下一大段文字:

> 中国教育史有人民性的一面。孔子的有教无类,孟子的民贵君轻,荀子的人定胜天,屈原的批判君恶,司马迁的颂扬反抗,王充、范缜、柳宗元、张载、王夫之的古代唯物论,关汉卿、施耐庵、吴承恩、曹雪芹的民主文学,孙中山的民主革命,诸人情况不同,许多人并无教育专著,然而上举那些,不能不影响对人民的教育,谈中国教育史,应当提到他们。但是就教育史的主要侧面说来,几千年来的教育,确是剥削阶级手中的工具,而社会主义教育乃是工人阶级手中的工具。①

8 月 22 日,毛泽东在给陆定一的信中又特别指出:中国教育史有好的一面,应当说到,否则不全。毛泽东讲的教育是大教育,不限于学校教育,所以把文学家、史学家、哲学家、革命家也列入教育范畴。毛泽东的话,明确肯定"有

---

① 毛泽东:《对陆定一〈教育必须与生产劳动相结合〉一文的批语、按语和修改》(1958 年 8 月),《建国以来毛泽东文稿》第七册,中央文献出版社 1992 年 8 月,第 340 页。

教无类"的人民性。毛泽东的话,不仅对我们研究中国教育史,而且对研究中国哲学史、思想史、文学史等都有重要意义,对我们如何正确对待包括孔子在内的中国文化遗产都富有启迪。1958 年 8 月,正是"左"倾思想泛滥的时候,毛泽东写出如此大段的纠偏文字,是很不容易的,说明他对孔子及整个中国文化遗产有透辟的了解和深厚的感情。

在"文化大革命"的批孔运动中,"有教无类"受到批判。凡是肯定"有教无类"的言论均被指责为鼓吹资产阶级的"全民教育"或修正主义的"全民教育"。批判者自然不知,肯定"有教无类"有人民性的人中就有毛泽东。这类批判者把教育的阶级性与教育的人民性对立起来。在阶级社会,教育无疑有阶级性,为一定的阶级服务,没有超阶级的教育。孔子办学教育,是为实现他的恢复周礼的政治主张服务的。但孔子的"有教无类",不分尊卑、贵贱、贫富、地区,广招学生,打破了只有奴隶主贵族子弟才能受教育的限制,扩大了受教育的面,这不能不说是历史的进步,具有人民性。受教育面的扩大,教育的普及,这是教育本身的性质和功能所规定的,也是社会进步的要求。在发达的资本主义国家,已实行了中等教育的普及,这是现代生产力和现代化社会所要求的。当然,现代资本主义教育仍然是服务于资本主义制度的,具有阶级性。把教育的人民性与教育的阶级性对立起来显然是一种简单化的做法。毛泽东对陆定一文所作的修改纠正了这种错误。

赵纪彬在《有教无类解》中对"有教无类"中的"有"、"教"、"类"进行字义的疏证。赵纪彬认为"有教无类"之"有",非"有无"之有,而乃"域民"之"域","地域"之"域";"有教无类"之"教"字,非教育之"教","乃是奴隶主贵族对于所域之民施行的教化,发布的教令,以及军事技能的强制性教练";"有教无类"之"类"字,只是氏族范畴的族类之义,而无"尊卑"、"善恶"、"身份"的差别;"有教无类"本为奴隶主贵族弱私家、强公室的政令、军令思想,而与孔子的"教育宗旨风马牛不相及"[①]。赵纪彬的疏证可能有一点道理,但他认为"有教无类"非孔子的教育思想的观点离开了基本的历史事实,我们实在

---

① 　赵纪彬:《有教无类解》,《论语新探》,人民出版社 1976 年版,第 77、83、84、97 页。据作者书中讲《有教无类解》是《论语新探》一书第三版新增的,此文可能成于"文化大革命"期间。

难以苟同。①

（三）"知、仁、勇"配"德、智、体"

前面道德篇主要是从道德视角讲"知、仁、勇"，这里主要是从教育视角讲"知、仁、勇"。从德道视角讲，毛泽东对"知、仁、勇"基本上持批判态度，而从教育讲，他对"知、仁、勇"则基本上持肯定态度。将"知、仁、勇"改造为"德、智、体"。

孔子办学是为他恢复周礼的政治主张服务的，其目标是培养实现德治、仁政的人。因此，孔子办学把德育放在首位，并贯彻于教学的各个方面和始终。《论语》说："子以四教：文、行、忠、信。"（《述而》）孔子四教中的行、忠、信均属于德育范畴，讲道德的理论和践行，这是没有问题的。就是文教，礼、乐、诗、书等文化知识的教学，也属于政治思想教育、道德教育。孔子自己讲："兴于《诗》，立于礼，成于乐。"（《泰伯》）"不学《诗》，无以言"，"不学礼，无以立"（《季氏》）。"《诗》三百，一言以蔽之曰：'思无邪'。"（《为政》）《书》、《春秋》等历史教学也贯彻着孔子的"正名"、"复礼"的政治思想。孔子在教育中最重视贯穿于整个思想的"道"。他说过："朝闻道，夕死可矣。"（《里仁》）他又说："志于道，据于德，依于仁，游于艺。"（《述而》）孔子办学是为了救世。孔子办学是政治家办学，突出了办学的政治方向，突出了德育教育。这一点对后世影响很大，为历来统治者所提倡。教育成为历代统治者巩固自己统治的工具。

孔子重视德育，但并不轻视智育，并不轻视知识的学习。他认为知与仁是密切相关的，"知者利仁"（《里仁》），"知者不惑"（《子罕》）。这是说人的正确的言行是建立在知的基础上的。他又说："不知命，无以为君子也；不知礼，无以立也；不知言，无以知人也。"（《尧曰》）他强调学习的重要。他说："性相近也，习相远也。"（《阳货》）"好仁不好学，其蔽也愚；好知不好学，其蔽也荡；好信不好学，其蔽也贼；好直不好学，其蔽也绞；好勇不好学，其蔽也乱；好刚不

---

① 针对赵纪彬的观点，蔡尚思在《孔子思想体系》一书中有正面论述，故本书不再赘述。

好学,其蔽也狂。"(同上)只有好学,才能去蔽,把思想行动建立在理性的基础上。他认为一个人要有渊博的学识。他提出:"君子博学于文。"(《雍也》)他的学生子夏也说:"博学而笃志,切问而近思,仁在其中矣。"(《子张》)孔子"博学"的思想为后人所发挥。孟子讲:"博学而详说之。"(《孟子·离娄下》)《中庸》说:"博学之,审问之,慎思之,明辨之,笃行之。""博学"思想为程朱理学所提倡。"博学"思想给青年毛泽东的印象很深。他说:"孔子之言,谓博学于文,孟子曰博学而详说,窃以为是天经地义,学者之所宜遵循。"①正是在"博学"思想的影响下,毛泽东本人勤奋苦读,成为博古通今的大学问家。他一辈子好读书,嗜书如命,以书为伴。不是别的,正是书伴随着他撒手人寰。

孔子认为,一个理想的人,不仅要有德与智,还要有勇,他说:"知者不惑,仁者不忧,勇者不惧。"(《子罕》)如前面所说,勇实际上涉及人的意志、信仰等问题。如何培养、锻炼勇,孔子没有论述。

孔子还重视体育。射、御是孔子六门课中的两门必修课。毛泽东认为,射、御是中国古代的体育课,射是射箭,御是驾车子。在战争频繁的古代,奴隶主贵族的子弟必须学会射、御这两门技艺。射箭后来演变为一种选拔人才的方式和礼俗。《礼记·射礼》记载:"古者天子,以射选诸侯、卿大夫、士。射者,男之事也,因而饰以礼乐也。"射箭作为一种礼俗,分大射礼、燕射礼、宾射礼与乡射礼。孔子很重视射箭课,他本人的技艺也很高。《礼记·射义》记载:"孔子射于矍相之圃,盖观者如堵墙。"这是说,孔子在矍相之地的菜园子射箭,围着观看的人如堵墙。孔子去世后,他的弟子及后来儒者把乡射作为纪念老师的一种活动。《史记·孔子世家》记载:"鲁世世相传以岁时奉祠孔子冢,而诸儒亦讲礼乡饮大射于孔子冢。"司马迁年轻时到孔子家乡作调查,"观孔子遗风,乡射邹、峄"(《史记·太史公自序》)。《孔子家语》专门有《观乡射》一篇,记述孔子乡射的活动和对乡射的看法。

驾车也是奴隶主贵族必须掌握的一门重要技艺。打仗要驾战车,日常生活中也要驾车。孔子驾车也很在行。一次达巷党人讽刺孔子"博学而无所成

---

① 毛泽东:《致萧子升信》(1915年9月6日),《毛泽东早期文稿》,湖南出版社1990年版,第21页。

名"时,孔子对弟子说:"吾何执?执御乎?执射乎?吾执御矣。"(《子罕》)孔子虽然射箭技艺很高,但他更偏重驾车。这一点似乎与他长期在外周游列国有关。

为了有强健的身体,孔子不仅注重体育,而且注意营养卫生。《论语》记载:"食不厌精,脍不厌细。食饐而餲,鱼馁而肉败,不食。色恶,不食。臭恶,不食。失饪,不食。不时,不食。割不正,不食。不得其酱,不食。肉虽多,不使胜食气。唯酒无量,不及乱。沽酒市脯不食。不撤姜食,不多食。"(《乡党》)孔子也很关心学生的身体健康,学生生了病去看望学生。孔子的学生伯牛得了重病,《论语》记载了孔子看望伯牛的情景:"伯牛有疾,子问之,自牖执其手,曰:'亡之,命矣夫!斯人也而有斯疾也!斯人也而有斯疾也!'"(《雍也》)。

毛泽东在青年时代就对孔子重视体育、重视学生身体健康这一点十分赞赏、肯定。他把孔子的"知、仁、勇"三达德改造为德、智、体。针对当时人轻视体育的情形,毛泽东尤其突出讲了体育的意义。1916年12月他从长沙致信在北京的黎锦熙说:"古称三达德,智、仁与勇并举。今之教育学者以为可配德智体之三言。诚以德智所寄,不外于身;智仁体也,非勇无以为用。"他认为,德、智甚高者,"一旦身不存,德智则随之而隳矣!"他希望黎锦熙注重身体。他说:"兄之德智美矣,惟身体健康一层,不免少缺。弟意宜勤加运动之功。弟身亦不强,近以运动之故,受益颇多。"他在信中还提到:"昔者圣人之自卫其生也,鱼馁肉败不食,《乡党》一篇载之详矣。"①

毛泽东主张德、智、体"三育并重"。针对古今学者"详德智而略于体"及许多人身体不佳的情况,他在《新青年》杂志上发表《体育之研究》的长篇文章,阐述体育之内涵、意义和体育、德育、智育的关系,论析不好运动的原因和阐述如何进行体育锻炼。毛泽东在文中多次提到孔子。他说:古代生民,开始知"自卫其生",然而发乎天能,不知其所以然。"有圣人者出,于是乎有礼,饮食起居皆有节度。故'子之燕居,申申如也,夭夭如也';'食饐而餲,鱼馁而肉

①　毛泽东:《致黎锦熙信》(1916年12月9日),《毛泽东早期文稿》,湖南出版社1990年版,第59—60页。

败,不食';'射于矍相之圃,盖观者如墙堵焉'。""体育者,养生之道也。东西之所明者不一:庄子效法于庖丁,仲尼取资于射御……"他在批评"精神与身体不能并完"的谬见时列举了中外古今之长寿的"圣人"、"大思想家"数人,其首位即是孔子。他说:"孔子七十二而死,未闻其身体不健。"

毛泽东在论文中详细论述体育之功效和意义。他指出:"体育一道,配德育与智育,而德智皆寄于体,无体是无德智也。"知识、道德诚可贵,然两者都离不开身体。"体者,为知识之载而为道德之寓者也。"他认为,在儿童及小学阶段,"宜专注重于身体之发育","中学及中学以上宜三育并重"。他提出:"体育于吾人实占第一之位置,体强壮而后学问道德之进修勇而收效远。"毛泽东全面论述了体育之功效:强筋骨;增知识;调感情;强意志。他总结说:"故夫体育非他,养乎吾生、乐乎吾心而已。"①今天,我们对体育意义的认识主要着重于强体健身方面,而对调感情、强意志、乐吾心有所忽视。直至晚年,毛泽东仍然注重体育在锻炼人的意志方面的作用。1966 年 7 月 16 日,已是 73 岁高龄的毛泽东在畅游长江时说:长江水深流急,可以锻炼身体,可以锻炼意志。

应当指出,青年时代,毛泽东注重体育,注重德、智、体全面发展的思想,除了源于孔子的知、仁、勇三达德之外,更直接地源于西方现代教育思想,源于他的恩师杨昌济。杨昌济早年留学日本、英国,考察过德国,学贯中西,是教育家、伦理学家。他反对学生负担过重,强调"教育不可不置重于体育","自来论教育者,往往分为智育、德育、体育之三部"②。

德、智、体全面发展的思想贯穿于毛泽东的整个一生。1957 年,他明确提出:"我们的教育方针,应该使受教育者在德育、智育、体育几方面都得到发展,成为有社会主义觉悟的有文化的劳动者。"③他多次提出要减轻学生负担,

---

① 毛泽东:《体育之研究》(1917 年 4 月 1 日),《毛泽东早期文稿》,湖南出版社 1990 年版,第 66—72 页。

② 杨昌济:《教育学讲义》(1914 年),《杨昌济文集》,湖南出版社 1983 年版,第 115、189 页。

③ 毛泽东:《关于正确处理人民内部矛盾的问题》(1957 年 2 月 27 日),《毛泽东文集》第七卷,人民出版社 1999 年版,第 226 页。

注意学生的身体,各类学校应"健康第一,学习第二"①,要使青年学生"在德、智、体诸方面生动活泼地主动地得到发展"②。

在这部分还需要说明的是孔子注意到了美育。《论语》中已有"美"的概念,如:"君子成人之美"(《颜渊》)、"里仁为美"(《里仁》)、"子谓《韶》尽美矣,又尽善也。谓《武》尽美矣,未尽善也。"(《八佾》)孔子的诗教、乐教,虽然是着眼于从政治思想上教化人,培养人的高尚的道德品质和从政的本领,但无疑也有对学生进行美育教育之意,目的是为了陶冶人的情操,提高人的审美修养和情趣。司马迁说:对《诗》的三百零五篇,"孔子皆弦歌之,以求合《韶》、《武》、《雅》、《颂》之音"(《史记·孔子世家》)。毛泽东称孔子是音乐家。孔子的美育寓于德育、智育、体育之中。由于"知、仁、勇""三达德"的提出,孔子的美育思想被后人忽略了。到了20世纪初,西方美学传入中国。五四时期,蔡元培提出"以美育代宗教"。美育在教育中的作用逐渐为人注意。但在很长时间里,美育被归入德育范畴内。

随着社会和个体发展的需要,美育的意义日益显现出来。1999年6月12日,《中共中央关于深化教育改革全面推进素质教育的决定》把美育与德育、智育、体育并列,作为党的教育方针的重要组成部分。决定指出:"实施素质教育,就是全面贯彻党的教育方针,以提高国民素质为根本宗旨,以培养学生创新精神和实践能力为重点,造就'有理想、有道德、有文化、有纪律'的、德智体美等方面全面发展的社会主义事业建设者和接班人。""实施素质教育,必须把德育、智育、体育、美育等有机地统一在教育活动的各个环节中。"决定说明了美育的意义:"美育不仅能陶冶情操,提高素养,而且有助于开发智力,对于促进学生全面发展具有不可替代的作用。""知、仁、勇""三达德"的提出,遮蔽了孔子教育思想的美育一项。今天,站在当代教育的高度,重新审视孔子的美育思想是一件有意义的事。

---

① 毛泽东:《致马叙伦》(1950年6月19日),《毛泽东书信选集》,人民出版社1983年版,第381页。
② 毛泽东:《关于学校课程的设置、讲授和考试问题的批语》(1964年3月10日),《建国以来毛泽东文稿》第十一册,中央文献出版社1996年版,第34页。

（四）“孔夫子的传统不要丢”

1964 年 2 月 13 日,毛泽东召开有党内外同志参加的春节教育问题座谈会。在座谈中,毛泽东一方面肯定:我们的教育路线、方针是正确的,但方法有问题。针对当时教育界的现状,他尖锐地提出:“我们丢掉了孔夫子的主流。”他提请教育部门的负责同志注意:“孔夫子的传统不要丢了。”社会主义教育怎么搞? 新中国成立后受教条主义的影响,搞教育的同志不顾中国的实际,照搬苏联的一套,而对中国自孔子以来的教育思想和实践全盘否定。毛泽东曾尖锐地责问过教育部的主要领导同志:你们究竟是中国的教育部,还是苏联的教育部? 毛泽东的批评是尖锐的,反映了他对教育部门教条主义的不满。

那么,孔夫子传统中有哪些值得我们继承和发扬呢? 除了前面讲过的“有教无类”和“知、仁、勇”两点之外,主要有以下方面:

第一,教学内容,少而精,突出重点,注重运用。孔子给学生开设哪些课? 孔子自己没有讲。后人把它归纳为礼、乐、射、御、书、数六门。在孔子那里,没有考试,学生不必死记硬背。孔子注重运用。孔子讲:“诵《诗》三百,授之以政,不达;使于四方,不能专对;虽多,亦奚以为?”(《子路》)这就是说,《诗》三百篇背得很熟,但不会处理国内的政务,不会办外交,这又有什么用呢? 现代教育,课程密如牛毛,学生不堪重负。毛泽东在青年时代就指出,这是蹂躏戕贼学生的身心。在 1964 年的春节座谈会上,他尖锐地指出,现在的课程太多,害死人,使中小学生、大学生天天处于紧张状态,旧教育制度,摧残人材,摧残青年,我很不赞成。他提出:学制要缩短,课程可以砍掉一半,学生成天看书并不好,要有娱乐、游泳、打球、课外自由阅读的时间。孔子教学生的课只有六门:礼、乐、射、御、书、数。就这样还教出了颜回、曾子等贤人。他又说:我们丢掉了孔夫子的主流。

毛泽东认为,学问主要是靠从实践中学来的。他说,明朝李时珍,就是跑来跑去,上山采药。祖冲之也没有上过中学、大学。孔夫子出身贫穷,放过羊,也没有进过中学、大学,是一个吹鼓手。他什么都干过,人家死了,他给人家吹吹打打,也可能做过会计,会弹琴赶车,骑马射箭。教出了颜回、曾子等七十二贤人,有弟子三千。孔夫子的传统不要丢了。他认为,古今中外许多科学家都是在实践中自修成的。他还反对死读书,反对烦琐哲学。他说:课程讲的太多是烦琐哲学。烦琐哲学总是要灭亡的。如经学,搞那么多注解,都没有用了。书不能读得太多,马克思主义的书要读,也不能读得太多,读十几本就行。读多了就会走向反面,成为书呆子,成为教条主义、修正主义。毛泽东对教育界的批评是严厉的,其基本精神是要改革现行的教育制度。

要减轻学生负担,要精简课程,让学生主动地生动活泼地发展,这是毛泽东一个十分重要的教育思想。在知识爆炸时代,如何做到这一点是一大难题,值得研究。这里最重要的是转变观念:学校教育的任务不是简单地传授知识,更不是追求升学率,而是全面提高人的素质,尤其是提高人的道德素质和创新能力。

第二,因材施教,生动活泼地教学。孔子在长期的教学实践中,在教学态度、教学方法等方面积累了丰富的宝贵经验。

孔子在自己的学习上"学而不厌",随时随地向他人学习。他说过:"三人行,必有我师焉,择其善者而从之,其不善者而改之。"(《述而》)他在教人时,则"循循善诱","诲人不倦"。他说:"默而识之,学而不厌,诲人不倦,何有于我哉?"(《述而》)他又说:"若圣与仁,则吾岂敢!抑为之不厌,诲人不倦,则可谓云尔已矣。"(《述而》)"学而不厌,诲人不倦",成了中国教育的格言。1938年10月,毛泽东在中共六届六中全会上谈到学习问题时说:"学习的敌人是自己的满足,要认真学习一点东西,必须从不自满开始。对自己,'学而不厌',对人家,'诲人不倦',我们应取这种态度。"[①]中国共产党人是孔子提倡的"学而不厌,诲人不倦"优良传统的继承者和发扬者。

孔子虽然在当时就很出名,但他仍很虚心,"不耻下问"(《公治长》),"每事问"(《八佾》)。毛泽东对孔子这种既当先生又当学生这一点很感兴趣。1938年8月5日,他在抗大讲话中说:无论哪种职业的人,他都要当学生,又

---

① 毛泽东:《中国共产党在民族战争中的地位》(1938年10月),《毛泽东选集》第二卷,人民出版社1991年版,第535页。

当教员。一个新闻记者他也要当学生,又当教员,而且他还是一个很好的教员。像孔子那样周游列国,碰到一个人就可以从他那里学得一些东西,也可以教他一些东西。

在教学方法上,孔子提倡启发式教学,充分调动学生学习的主动性。他说:"不愤不启,不悱不发。举一隅不以三隅反,则不复也。"(《述而》)这种启发式的教学要求学生独立思考,多闻阙疑,触类旁通。孔子通过与学生谈话、讨论来教育、引导学习。颜渊赞叹自己的老师说:"夫子循循然善诱人,博我以文,约我以礼,欲罢不能,既竭吾才。"(《子罕》)毛泽东在学生时代就深感当时学校教学方法上的弊病,主张进行改革。1919 年他把"废止考试问题"和"各级教授法改良问题"列为"教育问题"研究中的两个子问题。他在自己的教学实践中注意改进教学方法。1929 年,他在谈到红军教育训练时提出了十大教授法,其中第一条为"启发式(废止注入式)",最后一条为"干部班要用讨论式"。他本人讲课、作报告,生动活泼,深入浅出,引人入胜,令人回味,富于启迪。1938 年 8 月 5 日,他在抗大讲话中批评注入式。他说:不要用注入式的教学方法灌学生,而要用下毛毛雨的方法去教育学生。建国以后,他更是多次批评注入式,要求实行启发式。1964 年 7 月,他在一次谈话中说,反对注入式教学法,连资产阶级教育家在五四时期就早已提出了,我们为什么不反? 只要不把学生当成打击对象就好了。你们的教学就是灌,天天上课,有那么多可讲的? 我过去在抗大讲课,就是把讲稿印发给学生,我只讲三十分钟,让学生自己去研究,然后提出问题,再答疑。毛泽东主张给学生更多的自学时间,反对把学生束缚在课堂上、书本里。

在教学中,孔子能根据教学对象的不同特点有针对性地进行不同的教学。学生的智力有差异,孔子依据智力的不同进行不同的教学。孔子说:"中人以上,可以语上;中人以下,不可以语上也。"(《雍也》)孔子还能针对学生的个性差别进行教学。子路遇事鲁莽("兼人"),所以当他提出"闻斯行诸"(听到了就立即行动起来)的问题时,孔子就用抑制的办法"退之",说有父兄在,怎么能就立即行动呢? 而冉有提出同一问题时,因冉有遇事退缩,孔子就用鼓励的方法"进之",说"听到了就可以立即行动"(《先进》)。孔子在答复别人"问仁"、"问孝"、"问政"时,常常因不同的对象、不同的情形,做出不同的回答。

毛泽东与孔夫子

《论语·为政》篇记载四人"问孝"，孔子的回答因人各不相同。宋朝程子注释说："各因其材之高下，与其所失而告之，故不同也。"（引自朱熹《论语集注》）《论语·先进》提到孔子教学分德行、言语、政事、文学四科，并分别列出有关弟子。对此朱熹注释说："孔子教人，各因其材。"（《论语集注》）孔子的这一教学方法为后人称道，并概括为"因材施教"。"因材施教"这一方法，影响深远。

毛泽东对孔子"因材施教"的方法十分赞赏。他说："在教学方法上，教员要根据学生的情况来讲课。教员不根据学生要求学什么东西，全凭自己教，这个方法是不行的。教员也要跟学生学，不能光教学生。现在我看要有一个制度，叫做三七开。就是教员先向学生学七分，了解学生的历史、个性和需要，然后再拿三分去教学生。这个方法听起来好像很新，其实早就有了，孔夫子就是这样教学的。同一个问题，他答复子路的跟答复冉有的就不一样。子路是急性子，对他的答复就要使他慢一些；冉有是慢性子，对他的答复就要使他快一些。"①毛泽东本人在教育上同样十分注意因材施教，根据不同的教育对象，规定不同的教育目的、要求、内容和方法，反对"八股式"的千篇一律的教条主义方法。现代教学要求尊重学生个性。惟有尊重个性才有创造性，才能培养出具有创新精神和创新能力的人才。现在许多的家庭教育和学校教育，不尊重学生个性，使学生成为无个性的机械人。因此，毛泽东对"因材施教"的看法对于今天的教育来说，还具有很强的针对性。

第三，孔子与学生朝夕相处，建立了民主、平等、和谐、亲密的师生关系。在这方面体现了孔子的民主精神。《论语》中保存有孔子与弟子之间尊师爱生的生动记载。孔子在教学上诲人不倦，对自己的儿子与弟子一视同仁，不分亲疏。他严格要求弟子，对弟子的优点、长处加以肯定、表扬，对弟子的缺点直言不讳地加以批评。在生活上，他体贴关怀弟子，弟子有病，亲自看望。他对弟子坦诚相见，师生之间互相谈志向、理想、爱好，同娱乐。弟子敬爱老师，也可以直言批评老师。师生之间互相切磋、互相关心、互相爱护、互教互学、感情

① 毛泽东：《关于陕甘宁边区的文化教育问题》（1944年3月22日），《毛泽东文集》第三卷，人民出版社1996年版，第116页。

甚笃。这种师生关系,为后世楷模,尤在古代书院中得到继承和发展。

　　毛泽东对孔子与弟子之间的这种感情和谐的师生关系不仅是肯定的,而且也是很向往的。在学生时,他对学校制度一直很不满。他认为:"一班官僚式教育家,死死盘据,把学校当监狱,待学生如囚徒。"①1920 年 6 月,他在一封信中写了这样的激愤之语:"我一生恨极了学校,所以我决定不再进学校。"②他认为新式的学校与中国古代书院各有利弊。学校的坏处是:第一,师生间没有感情,施教授课是一种商业行为;第二,以一种划一的机械的教授法和管理戕贼人性;第三,钟点过多,课程过繁。学校坏的总根,在使学生立于被动,消磨个性,灭掉性灵。中国古代书院则没有这些坏处。一来师生感情甚笃;二来没有教授管理,但为精神往来,自由研究;三来课程简而研讨周,可以优游暇豫,玩索有得。他也指出:书院研究的内容就是八股、干禄之具。就内容来说,学校优于书院。1921 年初,毛泽东与何叔衡创办湖南自修大学。自修大学是"取古代书院的形式纳入现代学校的内容,而为适合人性便利研究的一种特别组织"。"自修大学"强调"自己看书,自己思索","共同讨论,共同研究"。③从毛泽东对学校与书院的对比中,从他所创办的"湖南自修大学"的实践中,我们可以窥见毛泽东对孔子及中国古代教育的吸取与改造。

　　在 20 世纪 60 年代中期,毛泽东对学校的考试办法提出过尖锐的批评。在 1964 年 2 月的春节座谈会上,他说,现在的考试,用对付敌人的办法,搞突然袭击,出一些怪题、偏题整学生。这是一种考八股文的方法,我不赞成,要完全改变。同年 3 月,他在一个材料上批示:"现在学校课程太多,对学生压力太大。讲授又不甚得法。考试方法以学生为敌,举行突然袭击。这三项都是不利于培养青年们在德、智、体诸方面生动活泼地主动地得到发展的。"④倘若我们把毛泽东在 20 世纪 60 年代对学校教育的批评与他青年时代的批评联系

---

　　①　毛泽东:《〈湘江评论〉创刊宣言》(1919 年 7 月 14 日),《毛泽东早期文稿》,湖南出版社 1990 年版,第 294 页。

　　②　毛泽东:《致黎锦熙信》(1920 年 6 月 7 日),《毛泽东早期文稿》,湖南出版社 1990 年版,第 478 页。

　　③　详见《湖南自修大学创刊宣言》(1921 年 8 月),《新时代》第 1 卷第 1 号(1923 年 4 月)。

　　④　毛泽东:《关于学校课程的设置、讲授和考试问题的批语》(1996 年 3 月 10 日),《建国以来毛泽东文稿》第十一册,中央文献出版社 1996 年版,第 34 页。

起来,就不难发现其间有许多相似之处。

在发展社会主义教育方面如何批判地吸取孔子教育思想,仍然是我们今天应注意的。"孔夫子的传统不要丢了",这是毛泽东对当代人的忠告。

(五) 孔子教育思想的负面影响

毛泽东讲"孔夫子的传统不要丢",并不意味着他全面肯定孔子的教育思想。毛泽东对孔子教育思想有否定的一面,首先,他指出孔子所教的那一套早已不适合今天的需要,批判尊孔读经,批判反动派把孔子的那一套当做宗教教条强迫人民接受,强调新的时代要有新的内容。这一方面的内容,前面多有涉及,在此不再重复。

其次,批评孔子轻视生产劳动,强调我们的教育要与生产劳动相结合。《论语》记载:"樊迟请学稼。子曰:'吾不如老农。'请为学圃。曰:'吾不如老圃。'樊迟出。子曰:'小人哉,樊须也!'"孔子认为,学好了礼、乐、诗、书这一套,学会了从政的本领,老百姓听话了,哪里用得着自己去种庄稼呢("焉用稼!")? 在奴隶社会,奴隶主不参与劳动,鄙视劳动,这是制度决定了的。孔子的思想毫不奇怪。但在新的时代,这种思想理所当然应受到批判。1939 年毛泽东对延安的青年说:"孔子虽然也是圣人,但有一个缺点,就是不耕地。"[①]他又指出:"孔子办学校的时候,他的学生也不少,'贤人七十,弟子三千',可谓盛矣。但是他的学生比起延安来就少得多,而且不喜欢什么生产运动。他的学生向他请教如何耕田,他就说:'不知道,我不如农民。'又问如何种菜,他又说:'不知道,我不如种菜的。'中国古代在圣人那里读书的青年们,不但没有学过革命的理论,而且不实行劳动。"[②]在 1964 年春节教育谈话中他也说:孔夫子的教学方法也有问题,没有工业、农业,他的学生四体不勤,五谷不分,

---

① 毛泽东:《在抗大生产运动初步总结大会上的讲话》(1939 年 4 月 24 日),《党史研究资料》1989 年第 11 期。

② 毛泽东:《青年运动的方向》(1939 年 5 月 4 日),《毛泽东选集》第二卷,人民出版社 1991 年版,第 568 页。

这不行。这方面我们要想办法。现代教育要求教育与现代化大生产相结合。不仅如此,现代教育尤其要与科学实验、科学研究相结合,培养学生的动手能力、创造精神和创造能力。

毛泽东除了继承和改造孔子教育思想中积极的一面外,有没有受孔子及中国古代教育思想中消极影响的一面呢? 这是一个尚待讨论的问题。笔者以为是有的,其最明显的一点是教学内容上"重人伦、轻物理"。孔子以前夏、商、周三代的教育均是以"明人伦"(《孟子·滕文公上》)为内容和宗旨的。自然科学和技术(如天文、历法、冶炼、医药、建筑等)不列入学校教育。这是中国古代教育同埃及、希腊等国教育的一个重要不同。孔子虽设六艺,要求智、仁、勇全面发展,但他的教学内容仍以"文、行、忠、信"为主,以"明人伦"为宗。"学而优则仕"的学主要是学"礼、乐、诗、书",是政治、伦理、历史、文艺,是人道而非天道。孔子忽视天道的研究,忽视对自然界的研究。可以说,他的教育中天道的内容微乎其微。孔子强调教育为政治服务和"重人伦、轻物理"的思想一直延续了两千多年。这种思想,尤其是到了近现代,阻碍了中国科学和技术的发展。作为革命家的毛泽东,在革命时期,强调教育为政治服务是时代的需要,是必要的。遗憾的是,在革命胜利以后,在社会主义建设时期,他未能摆脱"重人伦、轻物理"传统思想的束缚,依然过分偏重教育的政治功能,忽视教育在发展经济、实现现代化和促进整个社会发展方面的巨大作用。毛泽东发表了大量的教育言论,关注教育事业的发展,这是他重视教育的表现。但他的教育言论、教育革命思想,基本上是从政治角度讲的,从巩固无产阶级专政、反修防修角度讲的,而较少从发展生产力、发展经济、发展科学技术讲,从实现社会现代化角度讲。这种偏颇,导致他对教育战线形势估计的失误,导致他发动的"文化大革命"从教育领域开刀;这种偏颇也不利于科学技术的发展,不利于社会主义现代化事业。

邓小平纠正了毛泽东教育思想的上述偏颇,摆脱了中国古代教育思想"重人伦、轻物理"传统的束缚,从实现现代化、赶上世界先进水平角度讲教育。他指出:实现四个现代化,科技是关键,教育是基础;教育要面向现代化,面向世界,面向未来。改革开放以来,中国的教育思想和教育事业进入了新的发展阶段。当然,在现代化的进程中,在纠正"重人伦,轻物理"的教育思想时不能走到另一端,"重物理,轻人伦"。现代化的教育应是自然科学教育与人文科学教育相结合的教育,学理、工、农、医的学生也要学点人文科学,学人文科学的学生也要学点现代自然科学。总之,我们的教育方针要使受教育者在德、智、体、美诸方面得到全面的生动活泼的发展。

七

批孔篇

在研究毛泽东与孔子的关系时不能回避"文化大革命"中的批孔运动。在 1973—1974 年,中国大地上出现了前所未有的群众性批孔运动,从工厂到农村,从学校到军营,从机关到研究院,从白发苍苍的教授、学识渊博的学者到普通的工人、农民、解放军战士以至目不识丁的妇女,都齐声声讨孔子。在 20 世纪 70 年代的社会主义中国出现如此轰轰烈烈的批孔运动,究竟是怎么一回事? 这是一个谜。批孔运动如何评价、有何教训,值得研究。

(一)"文化大革命"题中应有之义

批孔运动的发动者是毛泽东。批孔运动的形成有一个过程。

"文化大革命"是从意识形态领域开始的。按照"文化大革命"发动者的最初设想和意图,"文化大革命"的重要任务之一是大破剥削阶级的旧思想、旧文化、旧风俗、旧习惯,大立无产阶级的新思想、新文化、新风俗、新习惯。孔子是中国传统文化的主要代表者。五四新文化运动以来,孔子成了中国传统旧思想、旧文化的代名词。所以批孔是"文化大革命"题中应有之义。"文化大革命"初起之时,受极"左"思潮的影响,北京高校的一些红卫兵,在"破四旧"的狂潮中曾南下到山东孔子的家乡曲阜,企图砸孔庙,毁孔府。

1966 年 12 月,毛泽东在同外宾谈话时说:无产阶级文化大革命的重要任务之一是消除孔夫子在各方面的影响。针对西方资产阶级反对文化大革命这一点,毛泽东说:让他们发愁吧! 要抓住整个阶级斗争和还未完成的反封建主义的斗争。孔夫子的影响在大学文科,如哲学、历史、美术、法律等方面存在着。他们灌输帝王将相的思想,资产阶级思想,这些都同孔夫子影响联系着,要在教育战线进行革命。但当时的中心任务是斗"走资派"、"夺权",无暇顾及两千多年前的孔老先生。此后,虽然也有文章提到批孔,但未成气候。

1968年10月31日，毛泽东在中共八届十二中全会闭幕会上的讲话中说:广东的杨荣国、党校的赵纪彬是反对孔夫子的。所以我对这两位的书都注意看。此外，还有北大的一位教授叫任继愈，他也是反对孔夫子的。拥护孔夫子的在座的有郭老(沫若)，我看范老(文澜)你基本上也是尊孔啰。你的那个书(《中国通史简编》)上还有孔夫子的像哪。冯友兰也是学孔夫子的。我这个人有偏向，就不那么高兴孔夫子，看了说孔夫子是代表奴隶主、贵族，我偏向这一方面，而不赞成说孔夫子是代表那个时候的新兴阶级。因此，我跟郭老在这点上不那么对劲。你那个《十批判书》，我不赞成。范老也把孔夫子作为新兴阶级的代表，但是范老的书上，对法家也是给了地位的，就是申不害、韩非这一派，还有商鞅、李斯、荀卿传下来的。之后，他又谈到老子。他说，人家讲老子是唯物论者，我不赞成。天津有个杨柳桥，说老子是唯心论。毛泽东这些话是在谈到当时清理阶级队伍打击面太大，要注意政策，对冯友兰、翦伯赞这样的老教授要给出路时顺便说的。他说这些话是即兴所致，并非要批孔和批郭老、范老，更无政治用意。为了避免引起误会，他还特地补了一句:这是古董，我不劝同志们研究这一套。

1969年"五一"节晚上，毛泽东在天安门城楼上谈到批孔。5月4日，《人民日报》、《红旗》杂志和《解放军报》联合社论《五四运动五十周年》中写了批孔的内容，其中说:"有些人企图重新打起孔家店的旗子，为孔家店复辟。多年以来，打倒孔家店还是保护孔家店的问题，一直在进行着激烈的斗争。"刘少奇的《论共产党员的修养》一书中引了孔子、孟子有关个人修养的话。社论由此诬蔑刘少奇的《论共产党员的修养》一书"大肆宣扬孔孟之道"，"为孔家店招魂"。但在此以后，当时的报刊也没有发表有分量的批孔文章。

批孔问题是在批判林彪反党集团过程中提出的。林彪一伙在反革命武装政变计划《"571"工程纪要》中攻击毛泽东是"当代秦始皇"，"不是一个真正的马列主义者，而是一个行孔孟之道，借马列之皮，执秦始皇之法的中国历史上最大的封建暴君"。林彪一伙的攻击自然引起毛泽东对历史人物秦始皇、孔夫子评价的注意。再者，在批林时，周恩来提出了批判极"左"思潮的意见，对"文化大革命"中"左"的倾向有所纠正。周恩来批极"左"与江青一伙发生尖锐矛盾，出现了林彪路线是右还是极"左"的分歧。毛泽东则裁定为:林彪路线是"极右,修正主义,分裂,阴谋诡计,叛党叛国"。并提出:"极左思想少批一点吧!"①林彪自我爆炸,表明毛泽东"文化大革命"的理论与实践是错误的。但毛泽东本人并未觉悟到。他对社会上出现怀疑、否定文化大革命的思潮表示担忧。1973年5月25日,他主持召开中共中央政治局会议,会议主题是筹备中共十大。在会上,针对社会上"文化大革命失败了"的说法,他提出,我们的同志不要光抓生产,要注意抓路线,抓上层建筑,抓意识形态,并要求学一点历史和批判孔子。他说,郭老的《十批判书》有尊孔思想,要批判;但郭老的功大过小。他在中国历史的分期上,为殷纣王、曹操翻案,为李白的籍贯作考证,是有贡献的。对中国的历史要进行研究,从孔夫子到孙中山,从乌龟壳(甲骨文)到现在,都要进行研究,总结,要有知识。5月26日,周恩来在中央工作会议第五次会议上传达了毛泽东25日的讲话。

(二)"我赞成秦始皇,不赞成孔夫子"

1973年下半年,毛泽东在谈话、讲话中多次批孔,表明赞成秦始皇,不赞成孔夫子。他把批判林彪同批判历史上的孔子和儒家、推崇秦始皇和法家联系起来。

1973年7月4日,毛泽东同王洪文、张春桥谈话时批评周恩来主管的外交部:"结论是四句话:大事不讨论,小事天天送。此调不改动,势必搞修正。将来搞修正主义,莫说我事先没讲。"②在谈话中,毛泽东谈到批孔问题。他说:郭老在《十批判书》里自称人本主义,即人民本位主义,孔夫子也是人本主义,跟他一样。郭老不仅是尊孔,而且是反法的。尊孔反法,国民党也是一样啊!林彪也是啊!我赞成郭老的历史分期,奴隶制以春秋战国之间为界。但是不能大骂秦始皇。早几十年中国的国文教科书,就说秦始皇不错了,车同

---

① 转引自中共中央文献研究室编:《周恩来年谱》(1949—1976)下卷,中央文献出版社1997年版,第567页。

② 中共中央文献研究室编:《周恩来年谱》(1949—1976)下卷,中央文献出版社1997年版,第604页。

轨,书同文,统一度量衡,就是李白讲秦始皇,开头一大段也是讲他了不起:"秦王扫六合,虎视何雄哉！挥剑决浮云,诸侯尽西来。"毛泽东引的是李白《古风》第三首。李白的诗以高亢的笔调赞颂秦始皇统一中国的不朽伟业。

7月17日,毛泽东会见来访的美籍华人科学家、诺贝尔物理学奖获得者杨振宁。在谈到秦始皇和历史上的法家时,毛泽东说:有人骂我,说我是秦始皇。秦始皇焚书坑儒,坑的是一派,只有四百六十多人,他崇尚法家。郭老对历史分期的看法是对的,但是他的《十批判书》有错误,是崇儒反法。法家的道理就是厚今薄古,主张社会要向前发展,反对倒退的路线,要前进。秦始皇是统一中国的第一个人。坑儒也不过坑了四百六十人。

8月5日,毛泽东叫江青去,同她谈了中国历史上的儒法斗争。毛泽东说,历代政治家,有成就的,在封建社会有建树的,都是法家。这些人主张法治,犯了法就杀头,主张厚今薄古的;儒家则满口仁义道德,一肚子男盗女娼,都是厚古薄今的,开历史倒车。毛泽东还说:郭老对秦始皇、孔子的态度和林彪一样。他还让江青记下他写的一首七律诗《读〈封建论〉呈郭老》。诗云:"劝君少骂秦始皇,焚坑事业要商量。祖龙魂死秦犹在,孔学名高实秕糠。百代都行秦政法,十批不是好文章。熟读唐人封建论,莫从子厚返文王。"[1]在批孔运动中,这一首诗盛传一时。

毛泽东诗中的"十批"是指郭沫若的《十批判书》。该书是郭沫若在抗日战争时期写的论文集。第一篇为《古代研究的自我批判》,主要论述了其本人在古代社会研究上的不断自我纠谬,不断深入,讲了古代社会研究的唯物史观方法论、历史分期等重大问题。余下九篇是对先秦诸子学术思想的批判:《孔墨的批判》、《儒家八派的批判》、《稷下黄老学派的批判》、《庄子的批判》、《荀子的批判》、《名辩思潮的批判》、《前期法家的批判》、《韩非子的批判》、《吕不韦与秦王政的批判》。郭沫若在书中有许多独特见解。他推崇孔子,认为孔子的基本立场"是顺应着当时的社会变革的潮流的","大体上是站在代表人民利益的方面的,他很想积极地利用文化的力量来增进人民的幸福"。孔子

---

① 毛泽东:《读〈封建论〉呈郭老》(1973年8月5日),《建国以来毛泽东文稿》第十三册,中央文献出版社1998年版,第361页。

思想体系的核心是"仁"。孔子的仁道是"顺应奴隶解放的潮流的","是相当高度的人道主义的","这也是人的发现"。"孔子是袒护乱党,而墨子是反对乱党的人!"孔子是"一位注重实际的主张人文主义的人"①。郭沫若承认,他"有点袒护孔子"。他在崇孔的同时抑墨。他认为墨子是在公家腐败、私家前进的时代,"同情公室而反对私门",是"复古",而不是"在革新"。当时有人著文"歌颂嬴政,有意阿世"。针对这一点,郭沫若在书中从世界观、政治主张和生活等诸多方面对秦始皇进行了批判。郭沫若说:秦始皇是"一位极端的秘密主义者、极权主义者","最足以代表秦始皇尚法精神的是焚书坑儒这两件大事"。书中对"焚书坑儒"两件事大为抨击。郭沫若在批秦始皇时,赞扬吕不韦。他认为在由奴隶制向封建制推移的大变革时代,"吕不韦是封建思想的代表,秦始皇则依然站在奴隶主的立场。秦始皇把六国兼并了之后,是把六国的奴隶主和已经解放了的人民,又整个化为了奴隶。""秦始皇时代,看来是奴隶制的大逆转。"②

毛泽东七律诗中的"唐人封建论",是指唐朝柳宗元的《封建论》。柳宗元(773—819),字子厚,政治家、文学家、哲学家。柳宗元政治上主张革新,哲学上是唯物主义,诗文清新,精细,富有哲理。毛泽东很爱柳文,曾圈读不少柳宗元的诗,赞扬柳宗元的哲学论文《天对》。他曾逐字逐句读了章士钊撰写的《柳文指要》的书稿,提出修改意见(该书在"文化大革命"之前完成初稿,1971年在毛泽东支持下出版)。柳宗元的《封建论》肯定秦始皇废除分封制,设置郡县,建立统一的中央集权国家的历史功绩,肯定唐承秦制的政治制度,反对藩镇割据,反对分裂,反对倒退。

毛泽东诗中的"文王"为周文王,是中国历史上实施分封制(即封建制)的国君。"莫从子厚返文王",即指不要由统一的中央集权的国家倒退回分封制。

1973年9月23日,毛泽东在会见埃及副总统沙菲时说:秦始皇是中国封

① 郭沫若:《十批判书》(1945年),《郭沫若全集》(历史编)第2卷,人民出版社1982年版,第78、87、89、91页。

② 郭沫若:《十批判书》(1945年),《郭沫若全集》(历史编)第2卷,人民出版社1982年版,第443、444、459、460页。

建社会第一个有名的皇帝,我也是秦始皇。林彪骂我是秦始皇。中国历来分两派,一派讲秦始皇好,一派讲秦始皇坏。我赞成秦始皇,不赞成孔夫子。因为秦始皇第一个统一了中国,统一了文字,修筑了宽广的道路,不搞国中国,采用集权制,由中央派人到各地,几年一换,不搞世袭。

1973 年 7 月至 9 月,毛泽东多次讲批孔,多次赞扬秦始皇,并把尊儒反法与批林联系起来,与现实的政治联系起来。

毛泽东和郭沫若是至交,两人互相敬仰,诗作多有唱和。1954 年,毛泽东读了郭沫若的《十批判书》后是肯定郭对孔子的评价的,称"孔夫子是革命党,此人不可一笔抹煞"(这一点本书《政治篇》有所论述)。现在却改变了对《十批判书》及孔子的评价。也许正因为两人交谊甚笃,所以毛泽东对《十批判书》的批评也就直率而严厉。这种批评,纯属学术问题,是对历史人物、历史事件的不同见解,并不是政治问题。事实上,毛泽东是反对公开点名批判郭沫若及《十批判书》的。谢静宜在 1974 年 1 月 25 日中央直属机关和国务院直属机关的批林批孔动员大会上说,他们向毛泽东汇报北京大学批孔情况时讲到北京大学教授冯友兰也写了批孔文章。毛泽东要她取来给他。取来后,毛泽东看得很仔细,还动笔改了几个字,甚至连标点都注意到了。当听到冯友兰的文章要在《北京大学学报》和报上发表时,毛泽东说,那里面可是点了郭老的名字,别批郭老啊!在这次大会上,江青也说:对郭老,是肯定的多。郭老对奴隶社会和封建社会的分期,有很大的功劳,郭老的功勋是很大的,这点同志们应该知道。1974 年 1 月 31 日,周恩来与张春桥一起看望郭沫若,将毛泽东所写的《读〈封建论〉呈郭老》七律诗、柳宗元《封建论》及注释等书送给郭老。周恩来告诉郭老:你那些书要清理清理,但到底有什么问题我还说不清楚;你们大家都读,我回去也读你的书,读完后再说,不要急于写批判文章。① 所以毛泽东批评郭老的《十批判书》尊儒反法,并不是要从政治上去批郭老,而是想通过批《十批判书》来批尊孔反法思想,批社会上否定"文化大革命"的"右倾思潮"。

毛泽东对孔夫子、秦始皇的评价确实与传统的主流看法不同。传统主流

---

① 中共中央文献研究室编:《周恩来年谱》(1949—1976)下卷,中央文献出版社 1997 年版,第 648 页。

的观点,实即儒家的观点,赞颂孔夫子,咒骂秦始皇。咒骂秦始皇主要是骂他实行暴政,不施仁义,尤其是焚书坑儒两件事。汉初政论家、文学家贾谊在《过秦论》中总结了秦二世而亡的教训。贾谊虽然肯定秦始皇在统一中国、防御北方匈奴入侵等方面的功绩,但主要是讲他的问题,"废先王之道,焚百家之言,以愚黔首"等。贾谊认为,秦灭亡的重要原因是"仁义不施"。贾谊的这一总结对后世影响很大。司马迁的《史记》辑录了《过秦论》。如何看待焚书坑儒? 毛泽东自有独到的见解。1958年5月8日,毛泽东在中共八大二次会议上讲到"厚今薄古"时说:秦始皇是厚今薄古专家。林彪插话说:秦始皇焚书坑儒。毛泽东当场驳斥说:秦始皇算什么? 他是坑了四百六十个儒生。我们坑得比他多。我们在镇反中镇压了几十万反革命。我看我们有四万六千个知识分子坑掉了。我跟民主人士辩论过,你骂我秦始皇,独裁者,我们一贯承认,可惜的你们说的不够,往往要我们加以补充。毛泽东对"焚书坑儒"作了具体的历史的分析,认为有其历史的合理性,无可厚非。

秦统一后,实行什么制度,法家与儒家有严重的分歧。以丞相王绾为代表的群臣,主张分封制,当时的廷尉李斯反对,主张集中统一,搞郡县制。秦始皇采纳李斯的主张。公元前213年,秦始皇在咸阳宫宴请群臣,博士七十人前往贺寿。博士生淳于越提出"事不师古而能长久者,非所闻也",建议学殷周分封子弟功臣。李斯(已升为丞相)当即严厉驳斥说:"五帝不相复,三代不相袭,各以治,非其相反,时变异也。……三代之事,何足法也? ……今诸生不师今而学古,以非当世,惑乱黔首。"李斯建议:"史官非秦记皆烧之。非博士官所职,天下敢有藏《诗》、《书》、百家语者,悉诣守、尉杂烧之。有敢偶语《诗》、《书》者弃市。以古非今者族。吏见知不举者与同罪。令下三十日不烧,黥为城旦。所不去者,医药卜筮种树之书。若欲有学法令,以吏为师。"秦始皇采纳李斯建议,颁布焚书令。焚书的第二年,即公元前212年,侯生、卢生私下议论,认为秦始皇"天性刚戾自用"、"专任狱吏"、"乐以刑杀为威"、"不闻过而日骄"、"天下之事无小大皆决于他一人"、"贪于权势"等。两人害怕而逃亡。秦始皇听说后大怒,认为儒生诽谤他,说他无道德,妖言以乱黔首,导致在咸阳活埋儒生四百六十人(司马迁《史记·秦始皇本纪》)。所以,毛泽东认为,法家、秦始皇是厚今薄古的,主张前进的、发展的,而儒家是主张厚古薄今的,是开历史倒车的。在毛泽东看来，秦始皇焚书坑儒并非烧所有书，坑所有知识分子，而只是烧以古非今之书，坑以古非今一派之儒。秦始皇这样做是为了巩固新生政权，镇压反革命，具有革命性，正如我们自己新中国成立之初，为了巩固新生的人民政权，有镇压反革命之必要。毛泽东是革命家，无书生气，以鲜明的阶级的历史观点来看待历史事件，来看待暴力、杀人。对秦始皇这样的历史人物的评价，首先要看他第一个建立了一个统一的中央集权的专制主义封建国家，统一文字，统一度量衡，统一道路，为中华民族的发展奠定了基础，而不能只看他作为剥削阶级统治者的残暴、刻薄、贪鄙、迷信、荒淫、奢侈等。秦始皇统一中国的功绩惠及了中华民族两千余年的发展。所以毛泽东讲："劝君少骂秦始皇，焚坑事业要商量。"

毛泽东为秦始皇辩护，只是为他的历史功绩辩护，而不是为他的残暴等错误辩护。毛泽东对秦始皇残酷剥削、压迫农民是否定的。在这方面，他肯定的是秦王朝的对立面，农民起义的领袖陈胜、吴广。批孔时，受江青一伙控制的舆论界，大捧秦始皇，不准讲秦始皇的缺点。1975 年在毛泽东身边、为毛泽东读书的北京大学中文系教员芦荻问毛泽东："对秦始皇到底怎么看？"毛泽东指出："秦始皇作为一个历史人物，要一分为二。秦始皇在历史发展过程中的进步作用要肯定，但他在统一六国后，丧失了进取性的方面，志得意满，耽于佚乐，求神仙，修宫室，残酷地压迫人民，到处游走，消磨岁月，无聊得很。陈胜、吴广揭竿而起，反抗秦的暴政，其中就包括秦始皇，完全是正义的。这次战争掀开了我国封建社会中波澜壮阔的农民战争的序幕，在历史上有很大的意义。"①毛泽东的这些说法同他以往一贯的评价是相一致的。

毛泽东在七律诗中说"熟读唐人封建论，莫从子厚返文王"。他这样说的用意何在？中国这样一个多民族的大国，统一是主流，但也有短暂的分裂。毛泽东强调秦始皇统一中国的功劳，肯定柳宗元的《封建论》，都蕴涵着对国家统一的关切。"文化大革命"中，毛泽东深感党内矛盾很深。他很担心党和国家发生分裂，所以他一再讲"要团结，不要分裂"，"要光明正大，不要搞阴谋诡

---

① 杨建业：《在毛泽东身边读书》，《毛泽东同志八十五诞辰纪念文选》，人民出版社 1979年版，第 255 页。

计"，并提出"熟读唐人封建论，莫从子厚返文王"。

总之，毛泽东在晚年肯定秦始皇，反对孔夫子;肯定法家，反对儒家。理由是:前者主张厚今薄古，以今胜古，前进、发展;后者主张厚古薄今，以古非今，守旧、倒退。抽象地看，毛泽东的观点不无道理。毛泽东对秦始皇、孔夫子的看法，既包含有对历史人物的评价，也有着强烈的现实意义。

（三）江青批孔另有图谋

1973年8月3日，毛泽东看到《人民日报》情况汇报2253号登有杨荣国的《孔子——顽固维护奴隶制的思想家》的长篇文章。毛泽东早就知道杨荣国是中国哲学史界反孔的重要人物。杨文从标题到内容，观点鲜明，正合毛泽东的口味和需要。他看后立即批示:"杨文颇好。"8月7日，《人民日报》及其他报纸发表杨荣国的文章。杨文是批孔运动的重头文章。毛泽东提出:南方已有文章，北方怎么办？在江青等指令下，北京大学、清华大学大批判组（即"梁效"）很快成立。同时期"唐晓文"（中共中央党校）、"罗思鼎"（中共上海市委）、"洪广思"（中共北京市委）等写作班子纷纷出世。批孔由内部批发展到公开批，批孔才逐渐有了声势。但直到中共十大（1973年8月24日至28日）时，毛泽东和中共中央并没有把批孔作为批林的一部分，当成批林的深入，更没有要兴师动众，搞全党全民的群众性批判。笔者这样讲的理由是:中共十大文件贯彻了毛泽东提出的要抓大事、抓路线、抓上层建筑、抓意识形态的意图，但十大文件中（包括领导人在大会上的讲话中）没有一字提到"批孔"。这当然不是一时疏忽，而是有意的，其中也有斗争。1973年8月6日，周恩来主持召开中共中央政治局会议，江青传达了8月5日毛泽东有关儒法斗争的谈话及所写的七律诗，并提出要求将此内容写进十大政治报告。周恩来表示:对此需要理解、消化一段时间，不必马上公布，①把江青的意见顶了回

---

① 中共中央文献研究室:《周恩来年谱》(1949—1976)下卷，中央文献出版社1997年版，第610页。

去。1975年5月，王洪文在自己写的检查提纲中说："在批林批孔运动中，初期我把批林批孔同贯彻十大的精神对立起来，因此我对批林批孔是不理解的。"作为中共中央副主席的王洪文在中共十大后对批林批孔（其实主要是批孔）还不理解，这足以说明，直到中共十大，毛泽东还没有显露出要把批孔当做政治运动搞的意图。

在清查林彪反革命集团过程中，发现林彪、叶群在1969年10月至1970年元旦的三个月里，连续书写四条"悠悠万事，唯此为大，克己复礼"的条幅并挂在自己的卧室里。林彪还从中国历史上寻找反革命阴谋活动的策略。迟群、谢静宜在向毛泽东汇报情况时谈到林彪也有孔孟之道的言论。毛泽东说：噢，凡是反动的阶级，主张历史倒退的，都是尊孔反法的，都是反秦始皇的。毛泽东要他们搞一个林彪有哪些孔孟言论或者类似孔孟语言的材料。开始，他们只搞了个两三页的材料，送毛泽东一份，同时也送江青一份。江青从毛泽东的读书、谈话中感到毛泽东对批孔有兴趣，便想从中做文章。于是北大、清华两校大批判组从林彪的笔记、手书题词、摘录的卡片、批语及公开的言论中选编成《林彪与孔孟之道》（材料之一）。该材料共分八个部分："效法孔子'克己复礼'，妄图复辟资本主义"；"鼓吹'生而知之'的天才论，阴谋篡党夺权"；"宣扬'上智下愚'的唯心史观，恶毒诬蔑劳动人民"；"宣扬'德'、'仁义'、'忠恕'，攻击无产阶级专政"；"贩卖'中庸之道'，反对马克思主义的斗争哲学"；"用孔孟反动的处世哲学，结党营私，大搞阴谋诡计"；"鼓吹'劳心者治人，劳力者治于人'的剥削阶级思想，攻击'五·七'道路"；"教子尊孔读经，梦想建立林家世袭王朝"。该材料把林彪、陈伯达一伙的言论列在左边，把孔孟的言论列在同一页的右边，两相对照，对孔孟的言论，附有译文。材料为小32开本，共36页。编者在材料之前的简短说明中说："资产阶级野心家、阴谋家、两面派、叛徒、卖国贼林彪是一个地地道道的现代中国的孔老二。他和历代行将灭亡的反动派一样，尊孔反法，攻击秦始皇，把孔孟之道作为阴谋篡党夺权、复辟资本主义的反动思想武器。"编这个材料的目的是"为了深入揭露和批判林彪反党集团的罪行及其反革命修正主义路线的极右实质"。这个材料是为开展全党全民的群众性批林批孔运动搞的。计划编类似材料不止一个，所以注明是"材料之一"。"材料之二"编了，但不知何故没有出笼。

　　1974 年 1 月 1 日的《人民日报》、《红旗》杂志和《解放军报》联合发表的《元旦献词》，强调在新的一年要"继续开展对尊孔反法思想的批判"，认为"中外反动派和历次机会主义路线的头子都是尊孔的，批孔是批林的一个组成部分"。《元旦献词》预示着一个群众性的批林批孔运动即将来临。

　　1974 年 1 月 18 日，毛泽东批示"同意转发"供批判用的《林彪与孔孟之道（材料之一）》。中共中央关于转发《林彪与孔孟之道（材料之一）》的通知说：这个材料，对于继续深入批林，批判林彪路线的极右实质，对于继续开展对尊孔反法思想的批判，对于加强思想和政治路线方面的教育，会很有帮助。这表明，毛泽东想通过批孔运动，进一步揭露林彪的思想根源、林彪的极右实质，进行思想政治路线的教育，批判社会上存在的所谓"右倾思潮"，巩固和发展"文化大革命"的"成果"。由此看来，毛泽东发动全民批孔的目的是为了坚持和维护"文化大革命"。

　　在供批判用的《林彪与孔孟之道（材料之一）》材料下发前，批孔只是少数文人之事。材料下发之后，则立即转变成群众性的政治运动。1974 年 2 月 2 日《人民日报》社论《把批林批孔的斗争进行彻底》称，"一场群众性的深入批林批孔的政治斗争正在各个方面展开"，"各级领导干部都要站在斗争的前列，把批林批孔当作头等大事来议，当作头等大事来抓"。可以说，1974 年是批孔之年。江青搞批林批孔，另有所图，妄想篡党夺权。

　　江青利用毛泽东同意批转供批判用的《林彪与孔孟之道（材料之一）》材料之机，背着毛泽东、党中央在 1974 年 1 月 24 日和 25 日（即大年初二、初三）连续召开了在京军队单位批林批孔动员大会和中直机关、国务院机关批林批孔动员大会。江青俨然以批林批孔的主要领导人出场。江青还利用批孔，到处写信、送材料，把自己打扮成批林批孔的领导者、组织者，以捞取政治资本。这一点，毛泽东有所察觉，批评江青：有意见要在政治局讨论，印成文件下发，要以中央的名义，不要用个人的名义，比如也不要以我的名义，我是从来不送什么材料的。

　　江青打着批孔的旗帜，批所谓的"现代大儒"、"批宰相"、"批周公"，把矛头指向周恩来和其他老一辈无产阶级革命家。在 1974 年 1 月 25 日的大会上，江青一伙突然提出批"走后门"，三箭齐发，目的在于打击老同志。毛泽东发现后在同年 2 月 15 日致叶剑英的信中说:现在形而上学猖獗,片面性。批林批孔,又夹着走后门,有可能冲淡批林批孔。领导干部"走后门",送子女参军、入学等问题,群众有意见,应当加以纠正。但此事甚大,从支部到北京牵涉几百万人。开后门来的也有好人,从前门来的也有坏人,需要具体分析,慎重对待。

江青在不少场合,鼓吹批"现代大儒",影射攻击周恩来。1974 年 6 月 16 日,江青在批林批孔座谈会上说:"现在的文章有个毛病,很少提现在的儒。现在批林批孔,除林(彪)、陈(伯达)外,不提现在的儒,现在有很大的儒,蒋介石就是,苏修也是,还有。不然搞这么长的批林批孔干什么?党内就有,刘、林就是最大的儒。中国长期伴随着儒法斗争,前期有儒,后期一定有儒,现在一定有儒,要不为什么批林批孔?""尽管有人反对,我还是坚持有现代大儒。""儒法斗争,从历史到现在都贯穿着这个斗争,贯穿着复辟与反复辟的斗争,当前,还有人搞复辟,搞复辟就把儒家抬出来。"受江青控制的梁效等写作班子所写的文章,含沙射影,借题发挥,诬蔑攻击周恩来是"现代大儒",攻击落实党的干部政策、纠正"左"的政策措施等是"复辟""倒退"。江青在影射、攻击周恩来的同时又大肆吹捧吕后、武则天,为自己当女皇制造舆论。

江青一伙利用批林批孔,组织所谓"理论队伍",培植自己的势力和党羽,为他们篡党夺权制造舆论。梁效、唐晓文、罗思鼎、洪广思等都是为他们制造反动舆论的得力班子。1974 年是批孔年,也是江青得意之年,野心急剧膨胀之年。正是出于对形势的错误估计,利令智昏,她才在四届人大前公开向党夺权,要组阁,当后台老板。但毛泽东不同意,明确指出:不要多露面,不要批文件,不要由你组阁。又说:江青有野心。她是想叫王洪文当委员长,她自己作党的主席。江青的野心破灭了。

这里有一个问题需要讨论:江青在批孔中把矛头指向周恩来是否是毛泽东的旨意?笔者的看法是否定的。毛泽东对周恩来批极"左"、抓大事不力等确有不满和批评。但林彪自我爆炸之后,毛泽东是倚重周恩来的,靠周恩来主持党中央和国务院的工作。中共十大由周恩来代表中共中央作政治报告,四届人大继续由周恩来任总理。在周恩来的支持和配合下,毛泽东重新起用邓小平。毛泽东心里很清楚,他不能没有周恩来。相反,这一时期,毛泽东对江青在批孔运动中另搞一套有所察觉和批评。针对江青打着毛泽东的旗帜,背着毛泽东、党中央私自处理重大问题,毛泽东在 1974 年 7 月 14 日的中央政治局会议上批评道:她(江青)并不代表我,她代表她自己。毛泽东还批评江青、张春桥、姚文元、王洪文搞帮派活动:你们要注意呢,不要搞成四人帮小宗派呢! 在 1974 年 11 月 21 日至 12 月初的中共中央政治局会议上,江青、姚文元利用批评周恩来、叶剑英之机,提出这是"第十一次路线斗争",诬蔑周恩来是"错误路线的头子",是"迫不及待"地要取代毛泽东。12 月 9 日,毛泽东先后同周恩来、王洪文等人谈话,指出:"十一次路线斗争"不该那样讲,实际上也不是,总理不是迫不及待,江青自己才是迫不及待。① 毛泽东还批评"江青有野心",也是"大事不讨论,小事天天送的人"。所以,从当时的党内政治形势和毛泽东总的倾向看,他不会利用批孔来批周恩来,把权交给江青一伙。借批孔之机批周恩来,企图搞倒周恩来是江青一伙背着毛泽东、党中央搞的政治阴谋。

(四) 批孔运动的评价与教训

批孔运动何时结束,没有明确的时间界限。直到 1975 年 10 月至 1976 年 1 月的毛泽东《重要指示》中还有:"要批孔。有些人不知孔的情况,可以读冯友兰的《论孔丘》、冯天瑜的《孔丘教育思想批判》,冯天瑜的比冯友兰的好。还可以看郭老的《十批判书》中的崇儒反法部分。"② 不过此时讲批孔也只是说说而已,因为这时毛泽东的关注点已放在批判邓小平和反击所谓的"右倾翻案风"上。作为批孔运动的高潮是在 1974 年。1975 年初,毛泽东的《理论问题指示》在全党传达后,舆论的重心转到学习无产阶级专政理论、批判资产阶级法权方面去了。到了这年 8 月,江青一伙又利用毛泽东对《水浒》的评论

---

① 中共中央文献研究室编:《周恩来年谱》(1949—1976)下卷,中央文献出版社 1997 年版,第 634—635 页。

② 《毛主席重要指示》(1975 年 10 月—1976 年 1 月),《建国以来毛泽东文稿》第十三册,中央文献出版社 1998 年版,第 490 页。

大做文章,大批宋江的修正主义,大批投降派,再次把矛头指向周恩来等老一辈无产阶级革命家。所以批孔运动持续的时间大致为 1973 年夏至 1974年底。

应如何评价批孔运动?

首先,应坚决否定批孔运动。

批孔运动是毛泽东发动的。但江青一伙利用批孔,背着毛泽东、党中央另搞一套,他们的注意力和着眼点既不在批林,也不在批孔,而在批所谓的"现代大儒"、批"周公",把矛头指向周恩来等老一辈无产阶级革命家,为篡党夺权作准备。他们的批孔是一场政治阴谋,性质是反动的。这一点在 1976 年揭批"四人帮"时就明确了。那么,毛泽东发动批孔对吗?受历史条件的限制,在粉碎"四人帮"后较长的一段时间里对批孔运动仍持肯定的态度。1977 年8 月 12 日,华国锋在中共十一大所作的政治报告里说:"1974 年 1 月,'四人帮'背着毛主席,也不经中央政治局讨论,批林批孔又夹着批走后门,三箭齐发,搞突然袭击,破坏毛主席关于批林批孔的战略部署。毛主席及时批评'四人帮''形而上学猖獗',并为纠正他们的错误向全党批发了文件。'四人帮'抗拒毛主席的批评,不批林,假批孔,猖狂地大搞批'周公',批所谓'现代大儒',批所谓'孔老二徒子徒孙',在我们军队里大搞什么'放火烧荒',矛头是针对周恩来总理和叶剑英副主席,针对中央和地方的一大批党政军领导同志。"十一大政治报告只否定"四人帮"另搞一套,继续肯定毛泽东批林批孔的战略部署。今天看来,毛泽东发动批孔运动同样不对,尽管它的性质与江青一伙的批孔完全不同。

毛泽东发动批孔,一是为了回击林彪一伙的攻击,深入批林,揭露林彪一伙的思想根源;二是为了进行思想政治路线教育,反对复辟、倒退,反对右倾,坚持继续革命,巩固和发展"文化大革命"的成果。这两点中,后一点更为重要。不能否认批孔对揭露林彪反党集团的反动本质有一定的作用,但从江青一伙批孔的实际情况看,批孔运动不仅不能促进社会的进步、发展,反而使"左"的思想得到进一步发展,阻碍了社会的进步、发展。"文化大革命"中的批孔不能与五四新文化运动相比。五四新文化运动的批孔是我国 20 世纪的第一次伟大的思想解放运动,极大地推动了中国社会的进步,为马克思主义在中国的传播和中国共产党的诞生作了准备。"文化大革命"中的批孔运动,名义是革命的,进步的,而实质上是"左"的错误理论指导下的产物,是一场人为的闹剧,无任何值得肯定之处。

第二,对孔子、秦始皇不同评价的学术争论将继续下去。

对历史人物的评价本身是一个学术问题。但由于孔子、秦始皇在中国历史上的特殊地位,对他们的评价,不仅是个学术问题,而且是个政治问题,这一点在近现代表现得尤为明显。在批孔运动中,对孔子、秦始皇的评价极端政治化了。尊孔与反孔、否定秦始皇与肯定秦始皇被看做反动与革命、保守与进步的政治态度问题。凡是尊孔反法的就是反动的,保守的;凡是尊法反儒的就是进步的、革命的。凡是肯定孔子有长处的、优点的,引用孔孟语录的,都是尊孔派。因此,在批孔运动中,只能有一种声音,只能说孔子的坏,不能说孔子的好,只能说孔子是顽固地维护奴隶制的思想家,是复辟狂,不能说孔子是代表新兴阶级的,是进步的。反之,对秦始皇,对法家,只能说好,不能说坏。

今天,否定批孔运动,能否反过来,只能说孔子的好,不能说孔子的坏,只能说秦始皇的坏,不能说秦始皇的好呢? 我想是不能的。我们今天否定批孔运动,但不宜简单否定毛泽东对孔子、秦始皇的评价。他的评价是否正确可以讨论,可以赞成,也可以反对,但仍不失为一家之言。这里既不涉及对毛泽东的态度问题,也不涉及政治上的进步与保守、革命与反革命、左与右的问题。学术问题上不同意见的争论,是永远存在的,是学术发展的动力。没有争论就没有发展。对孔子、秦始皇、毛泽东这样一些伟大历史人物的不同评价,肯定与否定,将永远继续下去。

第三,毛泽东晚年全盘否定孔子的错误,并不代表他一生对孔子的评价。

在"文化大革命"时期,毛泽东认为,孔子代表奴隶主阶级,不代表新兴阶级,在政治上是保守的。这种评价同他以往的看法是相一致的。在学问上,毛泽东提出"孔学名高实秕糠",这同他以往的看法则大相径庭。在此前他在政治上否定孔子,但在学问上则肯定孔子。他认为孔子是古代的圣人,第一个教育家,也是音乐家。直到1958年他还认为孔子是有学问的。1958年5月8日,他在八大二次会议讲破除迷信、鼓励年轻人创立新的学派时说,从古以来,很多学者、发明家,创立新学派,在开始时都是年轻的,学问比较少的,被人看不起的,被压迫的。他列举了中外许多名人,其中就有孔子。同年 11 月 21 日,他在武昌会议上讲到不要"图虚名,招实祸"时说:一个人学问很高,如孔夫子、耶稣、释迦牟尼,谁也没有给他安博士头衔,并不妨碍他行博士之实。他在"文化大革命"批孔时却认为,"孔学名高实秕糠",这就一笔抹杀了孔子的学问和在中国历史上的崇高地位。这种评价,既同他以往的一贯评价相对立,更不符合历史实际。毛泽东的这一评价把政治与学术简单地等同起来了。他似乎也感到对孔子否定一切是不妥的。他曾表示:现在"五经"、"四书"也批了,孔夫子"文圣"也打倒了。① 不过此话未发生影响,未能改变他全盘否定孔子的态度。对毛泽东晚年全盘否定孔子的观点应加以批判。但我们不能把这一点当做他一生对孔子的评价。国内外的某些学者抓住毛泽东晚年批孔的错误,就认为毛泽东是一个全盘反传统者,认为毛泽东及中国共产党的全盘反传统导致中国传统文化的中断,导致"文化大革命"的发生,造成中国意识的危机。笔者认为,这种见解是以偏概全,不够客观、全面、公正。从毛泽东一生的绝大部分时间看,他对孔子的评价是一分为二的,是正确的,科学的。

轰轰烈烈一年多的批孔运动很快就烟消云散了。它留给我们什么教训,这是需要认真反思的。这里从政治、学术、学者个人三方面谈一点看法。

从政治上讲,不宜将对孔子的评价政治化,更不宜搞批孔运动。

在历史上,如鲁迅所说,"孔夫子在中国,是权势者们捧起来的,是那些权势者或者想做权势者们的圣人",孔子成了权势者们的"敲门砖"。② 近现代以来,对孔子的评价,尊孔与反孔成为一个敏感的政治问题。但也不能把问题绝对化。革命民主主义者孙中山就十分推崇孔子的大同思想、政治哲学和道德哲学,但他是革命派,而不是保守派。在学者中,熊十力是尊孔的,但他政治上倾向民主主义,反对蒋介石的法西斯独裁,向往"群龙无首"的大同社会。范文澜、郭沫若,如毛泽东所言,都是肯定孔夫子的,但他们是马克思主义者。因此,在新中国成立后,更不应该把对孔子的评价同政治上的进步与倒退、革

---

① 周恩来起草的在中央政治局常委会议上传达的毛泽东谈话要点,(1974 年末至 1975 年初)。转引自安建设:《毛泽东与"批林批孔"若干问题考述》,《党的文献》2000 年第 4 期。

② 鲁迅:《在现代中国的孔夫子》(1935 年 4 月 29 日),《鲁迅全集》第 6 卷,人民文学出版社 1982 年版,第 316—317 页。

命与保守等联系起来。五四新文化运动的批孔是时势所需,起到了解放思想的革命作用。"文化大革命"的批孔,是出于对形势判断的失当而发生的人为政治运动,是以毛泽东之是非为是非去批判以孔子之是非为是非,结果不仅没有解放人的思想,反而更加禁锢了人的思想。

孔子的缺点是需要批判的,孔子的负面影响需要清除,但不宜从政治运动搞,更不宜与现实的政治斗争相联系。中国社会中确实存在着广泛而深厚的封建主义残余和小生产习惯势力。"文化大革命"虽然大破"旧思想、旧文化、旧道德、旧习惯",虽然"批孔",但这些负面的东西不仅没有真正触动,反而沉渣泛起,这一教训十分深刻。对此本书将在《经验篇》第五节中加以论述。

从历史看,尤其是从近现代史看,尊孔之后有批孔,批孔之后有尊孔。今后应跳出尊孔、批孔的循环,淡化对孔子评价的政治意义。至于有的学者尊孔,有的学者批孔,这是很正常的,什么时候都会有,过去有,今天有,今后仍会有,不值得大惊小怪,也不会形成潮流,更不会形成运动。重要的是不要用行政力量人为地去尊孔或批孔。

从学术上讲,应取实事求是的科学态度,鼓励不同意见争鸣,不可以人废言,不可定于一尊。

由于研究者的主体状态(包括政治立场和政治倾向、世界观和方法论、知识构成、个人经历、个人的兴趣和个性等)的不同,对孔子的研究,必然会见仁见智,一人一孔子,甚至出现完全对立的观点。这是符合认识规律的。把一种意见定为一尊的看法是形而上学的,也是行不通的。科学的实事求是的态度是鼓励不同见解之间的争鸣和自由讨论。

在对孔子、秦始皇的评价上要摒弃肯定此、否定彼的思维方式。孔子是儒家的创始人,秦始皇是法家思想的实践者。孔子、秦始皇两人的思想是对立的,这是历史事实。赞成孔子者,不赞成秦始皇,反之亦然,这也在情理之中。但作为对历史人物的评价则不能如此,肯定孔子是中国古代的圣人,第一个教育家,并不一定要否定秦始皇第一个统一中国的伟大功绩,是千古一帝。同样,肯定秦始皇伟大的历史功绩,并非一定要否认孔子是中国古代的圣人,伟大的教育家。孔夫子、秦始皇都是中国历史上的杰出伟人。事实上,直至"文化大革命"之前,毛泽东本人大体上也是这么看的。只是到了"文化大革命"

中才出现肯定秦始皇、否定孔夫子的形而上学对立做法。日本研究中国问题专家竹内实认为,在悠久历史中,中国历史上的伟人有四个:第一个是秦始皇,因为他统一了中国。第二个是孔子,由于他的存在,中华世界才具有"中华文明"的面貌。第三个是毛泽东,合秦始皇、孔子两个人为一体,既掌握权力,又拥有思想。抹煞毛泽东的名字,就没有中国革命的历史。第四个是邓小平,他给中国社会带来一股新风。①竹内实的评价是否恰当,可以讨论,但他没有把秦始皇与孔子、毛泽东与邓小平对立起来,而把他们统一起来的方法论是可取的。

在批孔运动中,以毛泽东是非为是非,对孔子一概骂倒,对说孔子好话的一概作为尊孔言论批判。最可笑的是江青一伙及黑秀才所罗列批判的言论、观点中有一些是毛泽东肯定过的孔子言论或毛泽东本人的观点,如"和为贵"、"过犹不及"、"中庸"、"有教无类"等。这方面的内容在前面有关部分已有论述,在此从略。

另外,不能以人废言,不仅不能把孔子的话一概骂倒,即使是像林彪、陈伯达等人的话也应具体分析,不能认为句句是错的,都要批判。如林彪讲"中庸之道……合理"、"防止对立超过了限度,它就会破坏统一"、"忍耐"等并没有错,毛泽东也有类似的思想。毛泽东对"中庸之道"的合理因素,前面已讲过,在此不再赘述。这里讲一下"忍耐"。毛泽东说过:"凡事忍耐,多想自己缺点,增益其所不能;照顾大局,只要不妨大的原则,多多原谅人家。忍耐最难,但作为一个政治家,必须练习忍耐。"②当然,"忍耐"作为一种品质,不同的人有不同的运用。革命家可以用,阴谋家、野心家也可以用。但"忍耐"确是政治家、成大业者不可或缺的品质之一。1967年5月,毛泽东曾让中共中央办公厅主任汪东兴转告被打倒后的邓小平:"要忍耐,不要着急。"1979年,加拿大前总理特鲁多访华时对邓小平说,我现在下野了,希望重返政治舞台。你曾

①　竹内实:《中国历史上的四个伟人》,原为竹内实主编《现代中国实相》,苍苍社1987年版序,转引自萧延中主编:《从奠基者到"红太阳"——外国人怎样评论毛泽东》,中国工人出版社2001年版,第19—20页。

②　毛泽东:《给陈毅的信》(1944年4月9日),《毛泽东文集》第三卷,人民出版社1996年版,第127页。

经有过这种经历,你的秘诀是什么? 邓小平回答,只有一个:"忍耐"。邓小平的女儿邓榕(毛毛)认为:她父亲的最高德行是"善于忍耐"①。总之,无论对古人,对今人,都不能以人立言,以人废言,要实事求是,具体分析。

从学者个人来讲,无论为学论道,立身行事,都要独立思考,实事求是,不盲从,不趋时,更不能趋势。

批林批孔是毛泽东、党中央的战略部署,江青打着毛泽东的旗号,因此,作为一般干部、知识分子、工人、农民、解放军战士很难识破江青一伙利用批孔搞的政治阴谋,更难以对批林批孔的部署提出质疑。这是历史条件决定的。批孔时,笔者正在北京大学大兴"五七"干校劳动。作为运动的一般参加者,笔者未对批孔运动有任何怀疑,当然,也没有像有的教员那样到工厂、农村、机关、学校、部队去宣讲儒法斗争史。当时有一部分学者对江青一伙把中国哲学史(以至中国历史)说成是儒法斗争史有不同看法,不赞成用儒法斗争来剪裁中国的历史和思想文化史,不赞成搞影射史学,对大捧吕后、武则天则更加反感。

原来是批孔的学者,自然很容易接受毛泽东的观点,成为批孔的积极分子。原来是尊孔的或肯定孔子的学者、教授,很多人响应毛泽东的号召,积极参加批林批孔,有的还进行自我批判。在这方面,冯友兰是树立的典型。冯友兰被北京大学、清华大学两校大批判组(梁效)聘为顾问。他的批孔文章得到毛泽东的肯定。江青也对他甚为看重。可以说,冯友兰在批孔中红极一时。冯友兰对孔子的批判似乎太过分了一点。他在《论孔丘》(人民出版社 1975年版)中对孔子从政治、哲学、道德、文艺、教育等方面进行了全面的彻底的否定,并对过去的尊孔进行了自我批判。冯友兰在书中说:"孔子在文化、教育方面有功绩","孔子是最大教育家"等说法,"这是拥护孔家店的人的最后阵地"。他自称,他对孔子教育思想的批判,使"认为孔丘在文化教育上总还是进步的这种谰言就破产了"。他对孔子的否定可谓全面彻底。冯友兰也许感到有些话说得太不像话,所以在编《三松堂全集》时没有把《论孔丘》一书编

---

① 毛毛:《我的父亲邓小平——"文革"岁月》,中央文献出版社 2000 年版,第 44 页。又见《北京青年报》2001 年 11 月 9 日。

入。"文化大革命"结束后,他对自己这一段时期的表现在《三松堂自序》中有所说明。他回忆道:"在 1973 年,批林运动转向批孔运动。批孔还要批尊孔。当时我心里紧张起来,觉得自己又要成为'众矢之的'了。后来又想,我何必一定要站在群众的对立面呢? 要相信党,相信群众嘛,我和群众一同批孔批尊孔,这不就没有问题了吗?"在这种思想指导下,他积极参加批孔,并进行自我批判。他认为:"1973 年我写的文章,主要是出于对毛主席的信任,总觉得毛主席党中央一定比我对。实际上自解放以来,我的绝大部分工作就是否定自己,批判自己。每次批判,总以为是前进一次。这是立其诚。现在看来也有并不可取之处,就是没有把所有观点放在平等的地位来考察。而在被改造的同时得到吹捧,也确有欣幸之心,于是更加努力'进步',这一部分思想就不是立其诚了,而是哗众取宠了。"①冯友兰一生很重要的一个特点是趋时,环境变,政治形势变,思想也随之变,这有好的一面,即与时俱进;但也有不足的一面,因为趋时与趋势之间的界线很难划清。也许正是因为这种情况,"文化大革命"结束后,冯友兰为海内外一部分学者所诟病。

学者中也有对批孔运动持异议的,最突出的是梁漱溟。梁漱溟讲:"我个性很强,遇到问题要独立思考,以自觉行之,所以初时没有随群众参加运动。""批孔运动起来,我不理解,我不同意,但我想这是一政治运动,必然有其必要,我尊重领导,绝不作障碍的事。我不说话好。"②但他的个性使他难以沉默不语。他在政协学习会上曾表示"只批林不批孔"。他明确讲:"目前批孔运动中一般流行意见,我多半不能同意。"当时的"批判孔、孟,只能是卤莽灭裂,脱离马克思主义"③。梁的观点自然受到政协同仁的批判。在 1974 年 9 月 19日、20 日、21 日三天批判会后,领导问他,有何感想。他的回答是:"三军可夺

---

① 冯友兰:《三松堂自序》,《三松堂全集》第 1 卷,河南人民出版社 1985 年版,第 174、176 页。

② 梁漱溟:《敬答一切爱护我的朋友,我将这样地参加批孔运动》(1974 年),《梁漱溟全集》第 7 卷,山东人民出版社 1993 年版,第 319、320 页。

③ 梁漱溟:《今天我们应当如何评价孔子》(1974 年 6 月 25 日),《梁漱溟全集》第 7 卷,山东人民出版社 1993 年版,第 304、308 页。

帅也，匹夫不可夺志。"①对梁漱溟有关孔子评价的具体学术观点，可以有不同的看法，但他在那种情势下，不媚俗，不趋势，敢于公开不赞同批孔，这种独立思考、自主人格，不能不令人钦佩、敬仰。这种独立自尊的人格，是当代中国许多知识分子所缺少的。有的文人是以写时文、颂圣文为生的，并由此作为晋升之阶梯。有的人趋时、趋势，应变能力很强，见什么人，说什么话。与梁漱溟相比，这些人的人格显得多么卑微、渺小。如果独立思考、自主人格的人多了，个人崇拜、教条主义就难以盛行，错误的东西也就容易纠正。

"批孔运动"作为历史早已过去，但它的教训永远值得我们记取。

---

① 梁漱溟：《批孔运动以来我在学习会上的发言及其经过的事情述略》（1974 年 11 月 18 日），《梁漱溟全集》第 7 卷，山东人民出版社 1993 年版，第 318 页。

八

结 合 篇

以上诸篇主要依据文献资料分别从政治、哲学、道德、教育及批孔运动等诸方面梳理和论析毛泽东与孔夫子之间的关系，目的是使我们对毛泽东与孔夫子之间的关系有一个较为全面的、具体的了解，从中也可认识到毛泽东对中国古代文化的态度和对孔子思想的批判与吸取。本篇和下篇将由个别到一般，从更宽广的视野论析马克思主义与中国传统文化的关系、马克思主义中国化的成果和马克思主义中国化的历史经验，希冀对马克思主义进一步中国化有所裨益。

（一）马克思主义与中国传统
文化关系之历史考察

马克思主义与中国传统文化的关系是 19 世纪末 20 世纪初马克思主义传入中国之时起就已产生的一个老问题。在一百多年的时间里，马克思主义与中国传统文化的关系大体经历了五个阶段：

第一阶段，从 19 世纪末 20 世纪初至 1919 年五四爱国运动，这是以中国传统文化去认同、比附、解释马克思主义阶段。

19 世纪 40 年代中期，马克思恩格斯在欧洲创立了无产阶级的科学思想体系——马克思主义。当时的中国在鸦片战争失败后正开始由封建社会向半殖民地半封建社会演变。在马克思主义诞生后不久，俄国的革命民主主义者很快就接触到了马克思主义，有的还同马克思恩格斯有交往。中国则由于地缘的因素和经济政治文化的落后，在很长时期里并不知道马克思主义。到了 19 世纪后半期，中国的先进分子在向西方寻找真理的过程中开始接触到工人运动和马克思主义。严复曾留学英国多年。1895 年，严复在《原强》中说道：在西方社会，科学技术的进步导致经济上的不平等，产生了种种社会弊病，由此促进了"均贫富党之兴"。很显然,严复是用中国传统的"均贫富"去指称西方的共产主义、社会主义。到 20 世纪初,资产阶级改良主义者、资产阶级民主主义者和小资产阶级无政府主义者都站在各自的立场上向中国人民介绍过马克思主义。其中有的人把共产主义、社会主义译成中国的"大同学"或"大同主义"或"安民新学",把"全世界无产者联合起来"译为"四海之内皆兄弟"。他们用中国古代的大同思想或井田制去比附解释共产主义、社会主义。1904年,梁启超在《新民丛报》上发表《中国之社会主义》短文,他一方面称,"社会主义者,近百年来世界之特产也",另一方面又认为,社会主义是"吾中国固夙有之","中国古代井田制正与近世之社会主义同一立脚点"。他甚至把王莽改制、复辟井田制视为社会主义。1912 年 10 月,孙中山在上海中国社会党会上讲演中说:"考诸历史,我国固素主张社会主义者。'井田'之制,即均产主义之滥觞;而累世同居,又共产主义之嚆矢。足见我国人民之脑际,久蕴蓄社会主义之精神,宜其进行之速,有一日千里之势。"①

用本国的思想文化去比附、解释外来文化,这是两种不同文化交往之初带有规律性的现象。我国研究佛学的大家汤用彤说:"大凡外国学术初来时理论尚晦,本土人士仅能作支节之比附。及其流行甚久,宗义稍明,则渐可观其会通。此两种文化接触之常例,佛学初行中国亦然。""佛学名相,本难了解,而欲中国人信受,尤不得不比附此土已有之理论。"②佛学传入中国是外来文化第一次大规模在中国传播。包括马克思主义在内的西方现代文化输入中国,是外来文化第二次大规模的传播。传播初期,出现比附、认同是自然的。

20 世纪初的中国,还不存在传播马克思主义的社会条件。那时的中国人还不可能理解和把握马克思主义的本义,而只能从中国固有的传统文化去理解它,解释它,并把它的某些方面比附于中国传统文化的某些方面。马克思主义在那时的中国还未产生影响,因此,它与那时中国的社会制度、思想、文化还没有正面的直接冲突。

第二阶段,自 1919 年五四运动起至 1937 年抗日战争爆发,这是马克思主

---

① 孙中山:《社会主义之派别及批评》(1912 年 10 月),《孙中山全集》第 2 卷,中华书局1986 年版,第 507 页。

② 汤用彤:《言意之辨》,《汤用彤学术论文集》,中华书局 1983 年版,第 228 页。

义与中国传统文化互相冲突、简单否定阶段。

1919 年以前,马克思主义在中国的零星介绍只可看成是马克思主义在中国正式传播的前史。马克思主义在中国的正式传播是在俄国十月社会主义革命的影响和鼓舞下,在 1919 年五四爱国运动的推动下开始的。马克思主义在中国的正式传播,引起了中国思想界空前的大革命。马克思主义与工人运动相结合,产生了中国共产党,将中国革命推进到一个新的时期。无论是北洋军阀政府,还是 1927 年背叛革命后的国民党政府,都把马克思主义及共产党视为洪水猛兽,妄图竭尽全力消灭之;都提倡尊孔读经,搞复古主义。由于马克思主义在中国的迅速传播,如梁启超在 1922 年所说:"马克思差不多要和孔子争席",这确为"从前四千之余年所未尝见的剧变"①。反动派、文化保守派反对马克思主义的重要理由之一是:中华民族的复兴要靠以孔孟为代表的中国固有的旧道德、旧思想、旧文化,马克思主义不适合于中国的国情。马克思主义与中国传统文化发生尖锐的冲突。

从马克思主义这方面讲,这一阶段的绝大多数马克思主义者对以孔子为主要代表的中国传统文化持简单否定的态度,只见马克思主义与中国传统文化的根本对立,不见两者有结合的必要和可能。造成这种状况的原因是多方面的。

首先,与当时激烈的阶级斗争和思想文化斗争的环境有关。在两军对垒、进行你死我活的激战时,革命文化工作者对尊孔读经采取毫不妥协的批判态度是很自然的,由此对中国传统文化采取简单否定的做法也是可以理解的。今天,海内外极少数人,对马克思主义者简单否定中国传统文化的缺点耿耿于怀,大加抨击,而对反动派鼓吹尊孔读经,"围剿"包括马克思主义在内的进步文化,迫害以致杀戮进步文化工作者的反动行径却不置一词,这样看待历史,有失公允。

其次,受五四新文化运动简单否定的思维方式的影响。由陈独秀发动和领导的新文化运动,是一次彻底的反封建的思想革命,功不可没,对它的历史功绩的任何低估都是错误的。当然,新文化运动也有缺点。陈独秀等人虽然

---

① 梁启超:《五十年中国进化概论》(1922 年),《饮冰室合集》文集之三十九。

承认,孔子是古代的名人,在历史上有其伟大的价值和意义,但他的思想已不适应现代社会,应坚决抛弃,建设新社会、新国家需要输入西方新文化、新思想、新道德。他们只看到新旧之间的对立,没有看到新旧之间的联系,不懂得旧文化中有合理的精华,可为新文化吸取。这种缺点,在新文化运动之后的一段时间里还继续存在。五四运动之后,胡适大力提倡"整理国故"。他认为,"整理国故"的目的,只是"还他一个本来面目"。他又说:在"烂纸堆"里有无数无数能吃人、能迷人、能害人的老鬼,整理国故,是为了"打鬼"、"捉妖","叫人知道儒是什么,墨是什么,道家与道教是什么,释迦达摩又是什么,理学是什么","化黑暗为光明,化神奇为臭腐,化玄妙为平常,化神圣为凡庸;这才是'重新估定一切价值'"。"他(整理国故)的功用可以解放人心,可以保护人们不受鬼怪迷惑。""我所以要整理国故,只是要人明白这些东西原来'也不过如此'!本来'不过如此',我所以还他一个'不过如此'。这叫做'化神奇为臭腐,化玄妙为平常'。"①胡适"整理国故"并无冯友兰后来所说的研究中国哲学史是为了"化腐朽为神奇"、从中吸取发展当代新哲学的营养之意。吴稚晖比胡适更为激进。他在批判东方文化派时说:"国故的臭东西,他本同小老婆、吸鸦片相依为命。小老婆、吸鸦片又同升官发财相依为命。国学大盛,政治无不腐败。"他甚至提出,要把"线装书抛入毛厕"②。东方文化派是五四新文化运动的反动,胡适、吴稚晖对东方文化派的激烈批判是五四新文化运动的继续。他们的批判虽然有片面性,但其进步的社会意义不能否定。

经过五四爱国运动的洗礼,陈独秀转向马克思主义。他用马克思主义观点解释文化,强调文化的时代性、阶级性,但忽视了文化的民族性、普遍性和继承性。他也没有摆脱五四时代简单否定的思想方式。他把中国传统文化比作一堆"粪秽",把胡适、章士钊之辈辛辛苦苦研究的墨经与名学视为在"粪秽中寻找香水",所得到的仍为"西洋逻辑所有",把"东方文化圣人之徒"研究"国

---

① 胡适:《整理国故与"打鬼"》(1927年3月19日),《胡适文集》第4卷,北京大学出版社1998年版,第116—118页。
② 吴稚晖:《箴洋八股化之理学》(1923年),《科学与人生观》,上海亚东图书馆1923年版。

学"比作是"在粪秽中寻找毒药"①。陈独秀是精通国学的。他的上述态度自然使他不能正确处理好马克思主义与中国传统文化的关系。

再次，受教条主义的影响，马克思主义创始者没有讲过马克思主义要与本国的历史文化相结合。所以一般的中国马克思主义者也不会提出要从中国传统文化中吸取营养的问题。

从文化交往规律看，不同文化之间由比附、认同到冲突是规律。汤用彤说："因为一个地方的文化思想往往有一种保守或顽固性质，虽然受外力压迫而不退让，所以文化移植时不免发生冲突。"但进一步，"外来文化也必须和固有的文化适合，故必须两方调和。所以文化思想的移植，必须经过冲突和调和两个过程。"从文化的时代性、阶级性和民族性看，马克思主义与中国传统文化发生冲突是必然的，但冲突中也有融合，冲突的结果则是走向融合。

第三阶段，从1937年抗日战争爆发时起至1957年春，这是马克思主义与中国传统文化既融合又冲突的阶段。

汤用彤认为，就社会一般人而言，外来文化输入要经过"看见表面的相同的调和"、"看见不同而冲突"、"再发现真实的相合而调和"三个阶段，但"聪明的智者确往往于外来文化思想之初，就能知道两方同异合不合之点，而作一综合"②。汤用彤说的这一点是不错的。马克思主义在中国传播时也存在这种情况，并非所有马克思主义者从一开始就对中国传统文化采取简单否定的态度，也有人采取科学的辩证态度。在这方面，毛泽东是代表。

在五四运动时期，青年毛泽东虽然推崇陈独秀，但在对待东西文化的态度上却与陈不同，而受其老师杨昌济的影响。杨昌济思想的主流无疑是资产阶级民主主义的，但他对中国传统文化并不简单否定，对西洋思想也不全盘肯定，而是主张分析对待。他说："且夫学问非必悉求之于他国也。吾国固有之文明，经、史、子、集，义蕴闳深，正如遍地宝藏，万年采掘曾无尽时，前此之所以未能大放光明者，尚未谙取之之法。研究吾国之旧学，其所发明，盖有非前代

① 陈独秀:《国学》(1924年2月1日),《陈独秀文章选编》(中),三联书店1984年版,第404页。

② 汤用彤:《文化思想之冲突调和》(1943年1月),《汤用彤学术论文集》,中华书局1983年版,第188、190页。

之人所能梦见者。吾人处此万国交通之时代,亲睹东西两大文明之接触,将来浑融化合,其产生之结果,盖非吾人今日所能预知。"他主张"将合东西两洋之文明一炉而冶之"①。受老师的影响,毛泽东也对东西文化采取兼收并蓄的态度。他不赞成盲目学习西方,认为"西方思想亦未必尽是,几多之部分,亦应与东方思想同时改造也"②。在治学上,毛泽东主张"先博而后约,先中而后西,先普通而后专门"③。1919 年在他的《问题研究会章程》中所列入 71 个问题中,"孔子问题"和"东西文明会合问题"分别列为第四、五两个问题。④ 在接受马克思主义之后,他继续认为:"世界文明分东西两流,东方文明在世界文明内,要占个半壁的地位。然东方文明可以说就是中国文明。吾人似应先研究过吾国古今学说制度的大要,再到西洋留学才有可资比较的东西。"⑤

毛泽东精通中国的历史、文化、哲学。他懂得,马克思主义不仅要与中国的现实革命运动相结合,而且还要与中国的历史文化相结合,从历史中汲取智慧。1926 年他在广州农民运动讲习所讲课时说道:洪秀全起兵时,反对孔教提倡天主教,不迎合中国人的心理,曾国藩即利用这种手段,扑灭了他。这是洪秀全的手段错了。毛泽东从历史中认识到,外来的学说要在中国生根、开花、结果,不仅需要适合当时中国社会的需要,而且还要中国化,具有中国的气派和作风,为中国老百姓所喜闻乐见。

以毛泽东为代表的中国共产党人对中国的传统文化采取批判继承的科学态度,取其精华,弃其糟粕,在马克思主义指导下,在中国革命的实践基础上,形成了毛泽东思想。毛泽东思想是马克思主义的,又是地地道道的中国的,是中国化的马克思主义,是马克思主义在中国的新发展。关于这一方面的详细

---

① 杨昌济:《劝学篇》(1914 年),《杨昌济文集》,湖南教育出版社 1983 年版,第 202、203 页。

② 毛泽东:《致黎锦熙信》(1917 年 8 月 23 日)《毛泽东早期文稿》,湖南出版社 1990 年版,第 86 页。

③ 毛泽东:《致湘生信》(1915 年 6 月 25 日),《毛泽东早期文稿》,湖南出版社 1990 年版,第 7 页。

④ 毛泽东:《问题研究会章程》(1919 年 9 月 1 日),《毛泽东早期文稿》,湖南出版社 1990 年版,第 397 页。

⑤ 毛泽东:《致周世钊信》(1920 年 3 月 14 日),《毛泽东早期文稿》,湖南出版社 1990 年版,第 474 页。

论述将在后面展开。

这一时期,以蒋介石为代表的大地主大资产阶级及其文人对马克思主义继续采取敌视、攻击的态度,蒋介石在《中国之命运》中把中国共产党人坚持以马克思主义指导诬蔑为"做了外国文化的奴隶",攻击中国化的马克思主义,"不仅不切于中国的国计民生,违反了中国固有的文化精神,而且根本上忘记了他是一个中国人"。国民党虽然可以利用政权力量宣传他们的大地主大资产阶级的思想文化,反对马克思主义,但在学术界的影响并不大。相反,这一时期,马克思主义为越来越多的人理解、认同。有的人,虽然不赞成马克思主义,但在他们的思想中,也有意识地吸取了马克思主义中的某些内容,把它纳入自己的思想体系。在这方面,冯友兰具有代表性。他的新理学吸取了唯物史观和辩证法的某些原理,[1]以至有的学者误认为,冯友兰的《新事论》是"融贯唯物史观之说以讨论文化问题"[2],《新事论》对中西文化不同的解说,"大致是本于唯物史观的"[3]。冯友兰在回忆一生学术经历时也说,在30年代,随着马克思主义在中国的传播,在历史工作中,唯物史观也流传开了。"唯物史观的一般原则,对于我也发生了一点影响。就是这一点影响,使我在当时的中国哲学史,同胡适的《中国古代哲学史大纲》有显著的不同。"[4]在三四十年代,张申府则明确提出"合孔子、列宁、罗素而一之"。张申府早年服膺罗素,之后相信马克思主义,相信辩证法、唯物论。他对孔子也一往情深。他在1941年时曾说:"我始终相信,孔子、列宁、罗素,是可合而一之的。我也始终希望,合孔子、列宁、罗素而一之。如此不但可得新中国哲学。如此而且可得新世界学统。"[5]他的胞弟张岱年则力图实践中国哲学、马克思主义哲学与西方哲学的三结合,试图建立"三结合"的哲学体系。[6] 这从另一个方面说明,

① 详见拙文《新理学与马克思主义哲学》,载《冯友兰先生纪念文集》,北京大学出版社1993年版,又见拙著《毛泽东与中国20世纪哲学革命》一书的第四编第二章第七节。
② 参见贺麟:《当代中国哲学》,南京胜利公司1947年版,第35页。
③ 梁漱溟:《中国文化要义》,学林出版社1987年版,第26页。
④ 冯友兰:《三松堂自序》,《三松堂全集》第1卷,河南人民出版社1985年版,第203页。
⑤ 张申府:《思与文》,河北教育出版社1996年版,第240页。
⑥ 详见拙著《毛泽东与中国20世纪哲学革命》一书第四编第四章"张申府哲学思想",当代中国出版社1998年版,第554—558页。

马克思主义与中国文化在冲突中有融合。

新中国成立后,马克思主义居于意识形态的指导地位,理论界、思想文化界对中国传统文化偏重于批判,忽视了吸取、继承和创新。1956年,毛泽东提出"百花齐放、百家争鸣"的方针。1956年召开的中共八大提出了正确的文化建设方针:对于我国过去和外国一切有益的文化知识,必须加以继承和吸取,并且必须利用现代的科学文化来整理我国的优秀文化遗产,努力创造社会主义的民族的新文化。理论工作者、思想文化工作者颇受鼓舞。1957年1月,北京大学哲学系召开"中国哲学史讨论会",参加会议的有国内著名的哲学家、哲学史家和哲学教学及研究工作者一百余人。在会上,有些学者提出,现有的马克思主义哲学中并不包含有中国哲学遗产,我们中国的马克思主义哲学工作者不仅应把马克思主义与中国人民的革命和建设的实践相结合,而且要把马克思主义与中国人民的优秀思想传统相结合,并且用中国传统的优秀思想丰富和发展马克思主义。学术界公开明确提出要用中国人民的优秀传统思想丰富和发展马克思主义,这是在马克思主义与中国传统文化关系上的一种新认识,冲破了"其他民族的思想只能为马克思主义作注解"的教条。这种新认识为教条主义、宗派主义所不容。苏联学者布罗夫著的《现代中国哲学》(1980年出版)一书在评论"中国哲学史讨论会"时还对上述见解持否定的态度,视为资产阶级的、民族主义的。

总之,在从1937年至1957年的20年间,中国的马克思主义者对待传统文化的态度和方针是正确的。毛泽东思想在诸多方面继承和发展了中华民族的优秀文化。中国的思想文化界对马克思主义与中国传统文化关系的认识基本上是正确的。

第四阶段,从1957年反右斗争起至1976年"文化大革命"结束,这是马克思主义与中国传统文化之间对立的再一次凸显,以至出现全盘否定以孔子为代表的儒家文化的阶段。

如"纵论篇"所言,在1957年以后,毛泽东在对待孔子、对待新中国传统文化上继续讲过不少正确的话,但从总的思想倾向看,1957年反右运动后思想文化领域里"左"的思想日益严重。冯友兰针对"左"的否定一切倾向而提出的"抽象继承法"一再受到批判就是最好的例证。"左"的思潮发展到极端,导致出现"文化大革命",破"四旧",全民批孔,全盘否定以孔子为代表的儒家文化,不恰当地过分肯定法家思想。马克思主义与中国传统文化之间的关系变得紧张起来,受害的不仅是中国传统文化,也包括马克思主义,甚至可以说首先是马克思主义自身。

第五阶段,从 1976 年"文化大革命"结束至今,这是马克思主义与中国传统文化之间既对立又统一的辩证关系在更高基础上重新恢复的阶段。

"文化大革命"结束后,痛定思痛,文化问题是反思的重要内容之一。随着建设有中国特色社会主义的全面展开,建设有中国特色社会主义新文化的问题摆到全国人民面前。客观现实的需要使得"文化热"历久不衰。文化问题讨论的面很广,从大方面讲,仍不出古今中外四个字,其中最核心问题还是马克思主义与中国传统文化(尤其是儒家文化)的关系。海内外学术界对这一关系的见解是形形色色的,[1]但总归起来不外以下三种:

第一种是绝对对立说,强调两者的对立、排斥,否认两者可以融合、结合。其中又分两种情况,一种是站在维护中国传统文化(尤其是儒学)立场上,对马克思主义持否定的态度,鼓吹儒家文化救中国,企图复活儒学,以现代新儒学来取代马克思主义。这种观点首先为我国港、台地区和海外华人学者所持有,"文化大革命"结束后,这种观点在国内学术界亦有人响应,但为数寥寥。另一种是站在马克思主义立场上,认为以孔子为代表的儒学毕竟是封建意识形态,同无产阶级的马克思主义是根本相对立的,因此决不能用孔子学说去"调和"、"补充"、"丰富"马克思主义。持这种观点的人,主张对中国传统文化(儒学)可以批判继承,但反对两者可以"结合"的提法。

第二种观点是互相融合说。这种观点强调两者有一致的、相通的地方,两者可以互相取长补短,可以结合、融合,可以并存,对于两者的对立、冲突言之甚少。这中间,也有两种情况,一种是主张在马克思主义基础上融合、吸取中国传

---

① 中共中央党校哲学教研部孙琰同志的《近几年来"儒学与马克思主义的关系"研究综述》(1995 年 6 月 21 日)分别为"排斥说"、"互济说"、"并存说"、"结合说"和"综合说"五大类,每一类中又分为不同的代表性观点(共 14 种)。张允熠的《中国文化与马克思主义》一书,把中国内地在这一问题上的观点列为十种:(1)相斥说;(2)相容互补说;(3)多元并存说;(4)相通相合说;(5)"三分说"和"二分说";(6)"西体中用说";(7)"马列主义儒家化";(8)取代说;(9)综合创新说;(10)辩证发展说。详见该书第 3—25 页,山西教育出版社 1999 年版。

统优秀文化;另一种则是以中国文化为主,在中国文化的基础上吸纳马克思主义。

第三种观点是对立统一说。持这种观点的学者认为,在马克思主义与中国传统文化的关系上首先要看到它们之间在时代性上、阶级性上的不同和对立,不可混淆它们之间有质的不同;其次要看到它们之间有相通一致之处,承认两者之间有结合的必要和可能,反对片面强调其对立或片面强调其融合。这种观点在当代中国学术界占主导地位。笔者亦持这种观点。

在这一阶段曾出现过"尊孔热"、"国学热",也出现过对中国传统文化的"批判热"。但鉴于历史教训和学术界的成熟,这种"热"都是"一时"的过眼烟云。以科学的理性的态度来对待和处理马克思主义与中国传统文化之间的关系是我国学术界的主流,片面的、情绪化的态度是支流。

（二）马克思主义与中国传统文化
关系之理论分析

从历史到现状看,在马克思主义与中国传统文化关系上之所以出现不同的观点,除了论者所处的社会条件和论者本人的阶级立场、政治态度、学术观点、知识构成和个人阅历等不同外,也还有一个理论问题,即马克思主义与中国传统文化之间的同异问题。因此,在对马克思主义与中国传统文化关系进行历史考察之后,有必要对两者关系作一理论的分析。

毛泽东曾指出:"一定的文化(当作观念形态的文化)是一定社会的政治和经济的反映,又给予伟大影响和作用于一定社会的政治和经济;而经济是基础,政治则是经济的集中的表现。这是我们对于文化和政治、经济的关系及政治和经济的关系的基本观点。那末,一定形态的政治和经济是首先决定那一定形态的文化的;然后,那一定形态的文化又才给予影响和作用于一定形态的政治和经济。……我们讨论中国文化问题,不能忘记这个基本观点。"①这虽

---

① 毛泽东:《新民主主义论》(1940年1月),《毛泽东选集》第二卷,人民出版社1991年版,第663—664页。

然是毛泽东在六十多年前说的话,但对我们今天讨论中国文化问题仍然是有效的,具有指导的意义。

孔子是奴隶社会向封建社会转变时期代表奴隶主阶级的政治家、思想家。到了封建社会,以孔子思想为代表的儒家思想演变为地主阶级思想。所以,一般认为,以孔子为代表的中国传统文化是封建地主阶级的文化,反映的是以家族为基础的农业经济。李大钊曾指出:"孔子的学说所以能支配中国人心有二千余年的原故,不是他的学说本身具有绝大的权威,永久不变的真理,配作中国人的'万世师表',因他是适应中国二千余年来未曾变动的农业经济组织反映出来的产物,因他是中国大家族制度上的表层构造,因为经济上有他的基础。""现在经济上生了变动,他的学说,就根本动摇,因为他不能适应中国现代的生活,现代的社会。"①孔子思想不适合现代社会,孔子思想崩坏是必然的,尊孔、复活孔子都是徒劳之举。马克思主义则是现代资本主义大工业的产物,是无产阶级的科学思想体系。所以,马克思主义与以孔子为代表的中国传统文化在时代性、阶级性上是根本对立的。马克思主义与中国传统文化之间的差别虽然同地域上、民族上的不同有关,但这不是主要的,主要的是时代上和阶级上的不同。这是我们在探讨两者关系时首先必须认识到的。

马克思主义与中国传统文化之间有质的不同,那么它们之间是否就没有一致的或相通之处呢? 那倒也不是。它们之间有着一致的或相通之点。这是因为:

第一,马克思主义并不是离开人类文明大道的产物,而是人类文明发展的必然结果,它总结和吸取了人类(至少是欧洲)智慧的结晶,作为马克思主义体系的基础——哲学思想具有普遍的价值。马克思主义的唯物论、辩证法、价值观(人类理想)是欧洲哲学优秀遗产的继承和发展。

第二,中国是一个历史悠久的文明古国,具有丰富而深邃的哲学思想。中国哲学与西方哲学虽然因地域、民族的不同而具有各自的特点。但中国和欧洲的古代哲学都经历了原始社会、奴隶社会和封建社会的发展,都是对以自然

① 李大钊:《由经济上解释中国近代思想变动的原因》(1920年1月1日),《李大钊文集》(下),人民出版社1984年版,第179、184页。

的农业经济为基础的社会的反映。因而中国哲学和欧洲哲学在本质上是一致的。"东圣西圣,同此心,同此理。"这话不无道理。准确的说法应是"东圣西圣,同此基础,同此心,同此理"。与西方哲学一样,中国哲学同样有着丰富的唯物论、辩证法,有追求"天下为公"的大同理想和价值观。

如前面所说,在马克思主义刚传入中国时,中国人就以中国古代的大同思想去比附、解释共产主义、社会主义。在 20 世纪二三十年代,中国的学者就指出,马克思主义的共产主义思想、唯物论、辩证法并不是纯粹的"舶来品",与中国哲学并不隔膜,中国古代也有之。郭沫若 1925 年发表的《马克思进文庙》以文学的形式说明马克思的共产主义与孔子的大同学说有相契合之处。他在 1928 年发表的《周易的时代背景与精神生产》(后收入《中国古代社会》)一文中专门讲了《周易》中的辩证法思想以及不彻底性。1930 年,郭湛波在《辩证法研究》的小册子中讲了"中国古代辩证思维",介绍了周易、老子、庄子的辩证法。1933 年,张岱年在报刊上发表了《先秦哲学中的辩证法》、《秦以后哲学中的辩证法》等文。李石岑在 1935 年出版的《中国哲学十讲》中,力图发掘中国哲学中的唯物论和辩证法思想。陈唯实在 1936 年出版的《通俗辩证法讲话》中专门有一讲论述中国古代哲学的辩证法。这些文章和著作都有意无意地说明,马克思主义的唯物论辩证法与中国哲学有相通之处,推动了马克思主义哲学在中国的传播。

就我所见的材料看,那时我国还没有人明确提出马克思主义哲学与中国古代哲学的关系问题。倒是一个外国学者提出了这一问题。德人塔尔海玛在《辩证唯物论入门》(1927 年出版,李达译为《现代世界观》,1929 年昆仑书店出版)用两章篇幅介绍中国古代哲学。作者在书中明确提出:"古代中国哲学对于现代世界观和唯物论究竟有什么关系? 我们能够从古代中国哲学采取辩证唯物论的建筑材料么? 我们能够变更古代中国哲学的形式,加以改革,拿来和辩证唯物论调和么? 或者我们有和它根本分离的必要么?"作者的问题提得很好。为此,作者论述了古代中国哲学和宗教的关系、古代中国哲学与古代中国经济和社会的关系、古代中国哲学的历史地位。书中介绍了孔子、老子、墨子、名家四大流派,尤其着重介绍了中国古代的辩证法思想。但他的结论却是片面的、错误的。他认为,辩证唯物论的现代世界观是不可能和中国古代哲学结合的,不论是孔子、老子,还是名家。在今天复活墨子的理论也是不可能的。辩证唯物论"是继承了二千年来自然科学和社会科学所发展的结果,并使它更加发展的。我们的眼睛只有向着前方,没有向着后方之理"①。说马克思主义的辩证唯物论继承和发展了二千年来自然科学和社会科学的成果,这是对的。说我们要向前看,这也没有错。但马克思、恩格斯、列宁主要是总结、继承和发展了欧洲哲学史的成果,而未能顾及数千年丰富的中国哲学;即使是欧洲哲学,也不能说马克思、恩格斯、列宁已总结完了,后人无须再总结了。哲学是一门反思的学问,哲学在立足现实、面向未来的同时,十分需要反思,向后看。塔尔海玛的观点反映了当时国外马克思主义者对马克思主义哲学与中国古代哲学关系上的错误看法,具有一定的代表性。李达在译者序中对作者用较多篇幅介绍中国古代哲学给予肯定,但对他的结论未作评论。在 20 世纪 30 年代,中国的马克思主义者对西方哲学倒知道一点,而对中国的哲学却知道得不多,这种状况使得他们不可能正确处理马克思主义与中国哲学的关系,更不可能将中国哲学的精华融入马克思主义,进而丰富马克思主义哲学。

否认马克思主义哲学与中国哲学之间有一致、相通之处,是错误的;但夸大这种一致也是不妥的。英国研究中国古代科技史的专家李约瑟曾说过:"辩证唯物主义渊源于中国,由耶稣会士介绍到西欧,经过马克思主义者们一番科学化后,又回到中国。"②美籍华人学者窦宗仪很赞赏李约瑟的话。我国的一些人知道此话后也很兴奋,肯定李约瑟的结论。确实,16—18 世纪,来中国传教的耶稣会士将中国的《论语》、《中庸》、《周易》等经典西译介绍于欧洲,并对欧洲的资产阶级启蒙运动产生了重大影响,伏尔泰等人崇拜孔子。③但是作为马克思主义哲学直接来源的黑格尔哲学和费尔巴哈哲学与中国古代哲学并无直接联系,他们两人对中国哲学知之甚少。马克思恩格斯虽然关注东方、关注中国,但他们对中国哲学同样知之不多。因此,马克思主义的辩证

---

① 塔尔海玛:《现代世界观》(1927 年),昆仑书店 1930 年版,第 212、238 页。

② 李约瑟:《今日中国的过去》,载《百年周刊》杂志 1960 年第 5 卷第 2 期,第 288 页。转引自[美]窦宗仪:《儒学与马克思主义》,兰州大学出版社 1993 年版,第 2 页。

③ 早在 20 世纪 40 年代初,我国学者朱谦之《中国思想对欧洲文化之影响》(1940 年第 1 版)中对中国思想在欧洲产生的巨大影响首次作了全面、系统的阐述。美国学者顾立雅著的《孔子与中国之道》(英文 1949 年版,中文 2000 年版),也有这方面的论述。

唯物主义源于中国哲学的说法是缺乏事实根据的,是另一种形式的西学中源说。但李约瑟看到马克思主义的辩证唯物主义与中国古代的唯物论辩证法是相通的,这一点是可取的。

也许是受李约瑟的启发,窦宗仪著有《儒学与马克思主义》一书,从认识论上将儒学与马克思主义进行分析比较。作者对马克思主义和中国哲学(主要是宋明理学)均有一定的了解,出发点也是好的,花费了很大的功夫,引用了大量的资料。他的著作也给人以启迪,但结论却不免偏颇。他比较后得出的结论是:"在马克思主义和儒家的哲学体系之间确有许多类似和平衡之处,可以说,就其基本方面而言,其间之共同之点远多于相异之处。""两者大同而小异。两者的基本前提非常接近,所不同的是:马克思主义以'斗争'为主,而儒家以'中和'为主。"①由此,他认为两者之间的融合是可能的。显然,作者夸大了儒学与马克思主义之间的相似或一致之处,没有看到中国古代朴素的直观的唯物论辩证法与建立在现代科学基础上的马克思主义的唯物论辩证法之间有着质的不同。包括儒家在内的中国古代哲学除了有唯物论辩证法的传统外,还有唯心论形而上学的传统,而这正是与马克思主义哲学相对立的。

(三) 马克思主义中国化的
提出及其科学内涵

理论与实际相结合,这是马克思主义的最重要的原则,也是马克思主义生命力之所在。中国共产党人从一开始就懂得作为外来的马克思主义必须与中国革命实践相结合,并努力去这样做。但马克思主义是否要与中国的传统文化相结合,这在当时尚无定论。至于马克思主义中国化更是马克思主义发展史上无人提出过的问题。俄国人没有提出马克思主义俄国化。所以,当中国人提出马克思主义中国化命题时,他们对此是持保留态度的。

---

① 窦宗仪:《儒学与马克思主义》,英文第1版为1977年,本文引自兰州大学出版社1993年版,第12页。

　　中国的马克思主义者并不是在接受马克思主义之时就能提出马克思主义中国化问题的,而是在经历了严重的挫折、付出了重大的代价之后才提出的。马克思主义中国化的提出经历了一个过程。

　　"行动在先",马克思主义从传入中国时起,就开始了与中国实践相结合的历程,从这个意义上讲,也就开始了马克思主义中国化的历史进程。李大钊在同胡适进行"问题与主义"争论时就指出:大凡一个主义,其理想,"不论在那一国,大致都很相同。把这个理想适用到实际的政治上去,那就因时、因所、因事的性质情形,有些不同。社会主义,亦复如是。""一个社会主义者,为使他的主义在世界上发生一些影响,必须要研究怎么可以把他的理想尽量应用于环绕着他的实境。"李大钊既强调了研究主义的重要意义,又指出注意研究中国的实际问题的必要,提出应"本着主义作实际的运动"①。他还认为,社会主义理想,"因各地、各时之情形不同,务求其适合者行之,遂发生共性与特性结合的一种新制度(共性是普遍者,特性是随时随地不同者),故中国将来发生之时,必与英、德、俄……有异"②。陈独秀也反对把马克思主义当作"包治百病"的"万应丸",当作万古不变的金科玉律的教条,认为它只是行动的指针。他强调马克思的最基本精神是"实际研究的精神"和"实际活动的精神"③。当然,中国马克思主义者无论是对马克思主义理论,还是对中国革命实际的认识要有一个过程,这中间不可避免地要犯这样或那样的错误。

　　马克思主义在中国早期的传播(1918—1927)的内容主要是唯物史观。唯物史观传播的速度很快,且结合实际,学了就用。到第一次大革命时期,唯物史观在国民革命中"取得了革命哲学的地位"。国民党右派理论家戴季陶看不下去,提出"孙文主义"(实为戴季陶主义)来反对唯物史观,反对马克思主义。当然,在理论上,这一时期中国马克思主义者的文章和著作还是译介性的。1927年大革命失败后,虽然革命暂时转入低潮,但马克思主义的传播却

　　① 李大钊:《再论问题与主义》(1919年8月17日),《李大钊文集》(下),人民出版社1984年版,第34—35页。

　　② 李大钊:《社会主义与社会主义运动》(1920年),《李大钊文集》(下),人民出版社1984年版,第376页。

　　③ 陈独秀:《马克思的两大精神》(1922年5月5日),《陈独秀文章选编》(中),三联书店1984年版,第177、178页。

出现了高潮。这一时期传播的重点是辩证唯物主义。在30年代,辩证唯物论成了时代主潮。如有的文章所言:"这派哲学(即指辩证唯物论),一入中国,马上就风靡全国,深入人心。它的威力实在不小,就连二十四分的老顽固受了它的熏染,马上都会变成老时髦。平心而论,西洋各派哲学在中国社会上的势力,要以此派为最大,别的是没有一派能够与它比擘。"①这一时期,唯物论辩证法进入了大学的课堂,教员如口里不讲几句辩证法或唯物论,一定不受学生欢迎。公开反对马克思主义的领军人物张东荪则惊呼:"赞成唯物辩证法的书籍,大有满坑满谷之势。"②出现这种情形最主要的原因是中国社会迫切需要马克思主义作指导。1932年,爱国将领冯玉祥在泰山读书,听李达等人讲哲学、社会学,思想大变。他得出了这样的结论:"若不信辩证唯物论则我民族不能复兴。"③另一个重要原因则是进步的理论工作者不畏国民党反动派的白色恐怖,共同努力,开展了一个哲学的大众化、通俗化的运动,其中以艾思奇的《大众哲学》影响最大。这一时期的传播也有不足:"理论的研究基本上始终限制在介绍性质的,书本式的,通俗化性质的活动范围内。"④李达的《社会学大纲》(1937年5月)是30年代水平最高的哲学论著,被毛泽东誉为我国第一本马克思主义哲学教科书,但就是这本著作在论述中也未能联系中国的哲学史与现实。

大革命失败后,革命的理论工作者在国民党统治区进行马克思主义的研究、宣传以及对反动哲学思潮的批判,取得了很大成绩,这是马克思主义在中国传播和发展的一个方面、一条战线。另一个方面,另一条战线,则是以毛泽东为代表的中国共产党人由城市转入农村,进行革命战争、土地革命和根据地建设,形成了指导中国革命的正确理论、路线和政策,找到了中国革命的正确道路,中国革命取得了很大进展。但毛泽东的正确理论、路线和主张不仅不为当时教条主义占统治地位的党中央所接受,反而被指责为"狭隘经验论"、"游

---

① 孙道升:《现代中国哲学界之解剖》,《国闻周报》第12卷,第45期,1935年11月。
② 张东荪:《唯物辩证法论战》,北平民友书局1934年版,第1页。
③ 见李新生、韩尚义:《记冯玉祥在泰山读书》,《人民日报》1982年10月5日。
④ 艾思奇:《抗战以来的几种重要哲学思想评述》(1941年8月20日),《艾思奇文集》第1卷,人民出版社1981年版,第552页。

击主义"、"右倾保守"、"富农路线"。毛泽东本人被排挤出中央革命根据地的党和军队的领导层,结果导致第五次反"围剿"的失败,红军被迫长征。1935年1月,在长征途中召开的遵义会议,确立了毛泽东在党和军队中的领导地位,结束了"左"倾教条主义在党中央的统治,在危难之中挽救了党,挽救了红军,挽救了中国革命。从此,中国革命走上正确的道路。

长征到达陕北后,毛泽东根据国际国内的新形势,总结中国革命胜利与失败的经验教训,发表了《论反对日本帝国主义的策略》、《中国革命战争的战略问题》、《实践论》和《矛盾论》等著作,对中国共产党的思想路线、政治路线和军事路线作了全面而深刻的理论阐述。这些论著是马克思主义中国化的重大成果,标志着中国化的马克思主义——毛泽东思想基本形成。

"马克思主义中国化"命题的正式提出是在中共中央召开的扩大的六届六中全会上,同反对王明教条主义直接相关。抗日战争时期,中国革命进入了一个新阶段。共产国际为加强中共的领导,1937年11月派王明等人回国。王明当时年轻,在莫斯科读了一些马克思主义的书,能讲一套书本上的马克思主义,又听话,取得了斯大林和共产国际的信任。但王明不懂得中国社会的实际情况,不懂得中国的历史,没有从事革命的实践经验。在第二次国内革命战争时期,照搬共产国际和斯大林的主张,犯"左"倾错误,给中国革命造成极大的损失。这次回国,以"钦差大臣"自居,照搬共产国际和斯大林的主张,否定毛泽东在抗日战争时期的正确路线,尤其是在政治上鼓吹一切经过统一战线,否定"独立自主原则",在军事上反对"独立自主的山地游击战",把抗日战争的领导权拱手让给国民党,把抗战胜利的希望寄托于国民党而不是寄托于人民。王明是从莫斯科回来的,王明的路线,实即斯大林的路线。因此,王明的右倾理论、路线和政策,迷惑了相当一部分同志,一些原来支持毛泽东的人也作"自我批评",转向王明。毛泽东再次感到"孤立"①,处境十分困难。毛泽东的正确理论、路线和政策又一次受到严重挑战。1938年9月—11月,中共

---

① 1943年11月13日,毛泽东在中央政治局会议上讲,在王明回国后召开的十二月政治局会议上,"我是孤立的"。在同月19日中央政治局会议上的插话中又说:"十二月会议上有老实人受欺骗,作了自我批评,认为自己错了。"转引自中共中央文献研究室编写的《毛泽东传》(1893—1949年),中央文献出版社1996年版,第509页。

中央召开六届六中全会,批判和纠正王明右倾错误,批准了以毛泽东为核心的中央政治局的路线。"六中全会是决定中国之命运的。"①可以讲经过这次会议,毛泽东在党和军队的领导地位才得以牢固确立。

无论王明的"左"倾错误,还是右倾错误,表现形式不一,甚至相反,但思想本质是一个:教条主义。为了从根本上纠正王明的错误,提高全党的思想理论水平,毛泽东在六届六中全会所作的《论新阶段》的报告中明确提出"马克思主义中国化"的命题。他指出:

> 马克思、恩格斯、列宁、斯大林的理论,是"放之四海而皆准"的理论。不应当把他们的理论当作教条看待,而应当看作行动的指南。……学习我们的历史遗产,用马克思主义的方法给以批判的总结,是我们学习的另一任务。我们这个民族有数千年的历史,有它的特点,有它的许多珍贵品。对于这些,我们还是小学生。今天的中国是历史的中国的一个发展;我们是马克思主义的历史主义者,我们不应当割断历史。从孔夫子到孙中山,我们应当给以总结,承继这一份珍贵的遗产。这对于指导当前的伟大的运动,是有重要的帮助的。共产党员是国际主义的马克思主义者,但是马克思主义必须和我国的具体特点相结合并通过一定的民族形式才能实现。马克思列宁主义的伟大力量,就在于它是和各个国家具体的革命实践相联系的。对于中国共产党说来,就是要学会把马克思列宁主义的理论应用于中国的具体的环境。成为伟大中华民族的一部分而和这个民族血肉相联的共产党员,离开中国特点来谈马克思主义,只是抽象的空洞的马克思主义。因此,使马克思主义在中国具体化,使之在其每一表现中带着必须有的中国的特性,即是说,按照中国的特点去应用它,成为全党亟待了解并亟须解决的问题。洋八股必须废止,空洞抽象的调头必须少唱,教条主义必须休息,而代之以新鲜活泼的、为中国老百姓所喜闻乐见的中国作风和中国气派。②

---

① 毛泽东:《关于第七届候补中央委员选举问题》(1945 年 6 月 10 日),《毛泽东文集》第三卷,人民出版社 1996 年版,第 425 页。
② 毛泽东:《中国共产党在民族战争中的地位》(1938 年 10 月 14 日),《毛泽东选集》第二卷,人民出版社 1991 年版,第 533—534 页。

毛泽东的这一大段论述,包含着中国革命宝贵的经验教训,深刻地论证了马克思主义中国化的必要性及其科学内涵。

马克思主义是总结了无产阶级革命运动的实践经验、自然科学和社会科学的最新成果和人类最优秀思想文化遗产的产物,是人类智慧的结晶。马克思主义最基本的原理和精神具有普遍的指导意义。闭关自守,拒绝接受外来的马克思主义,只能导致落后、挨打。马克思主义传入中国,中国人获得了科学的世界观、方法论和价值观,在精神上由被动转入主动。中国革命离不开马克思主义的科学指导。但马克思主义不是教条,不提供解决现实问题的现成答案。马克思主义的生命力,它伟大的力量,就在于它是和各国的具体情况相联系的。这就是说,马克思主义的具体化,中国化,是马克思主义自身的内在要求。离开本国的具体特点来谈马克思主义,那是抽象的空洞的马克思主义,是停留在书上的马克思主义,不可能对现实的革命运动起指导作用。

马克思主义的中国化决不能仅理解为用中国通俗的语言、生动的例子来解释马克思主义,宣传马克思主义,而是要求用马克思主义科学世界观、方法论,马克思主义立场、观点和方法研究中国的现状和历史,从中得出解决中国革命的理论、路线、方针和政策,简单地说,就是用马克思主义来解决中国革命问题,从而形成具有中国特点的马克思主义理论。毛泽东所说的"民族形式"并不只是"语言形式",而是指"有中国内容的形式"。中国革命理论,不是西方的无产阶级革命理论,而是新民主主义革命理论。新民主主义革命理论是中国化的马克思主义革命理论。因此,马克思主义的中国化绝不是少数理论家或学者在书斋里所能做到的,而是在中国革命的实践过程中实现的。几个秀才,关在舒适的房子里,东拼西凑,玩弄文字游戏,变换个说法,这不是发展马克思主义,更不是马克思主义中国化。

毛泽东的大段论述还告诉我们,马克思主义中国化,不仅包含马克思主义与现实的革命运动相结合,与现实的经济、政治、文化相结合,而且还要与中国的历史、文化相结合。毛泽东在六届六中全会上号召党的干部在研究理论和研究现状的同时要研究中国历史,继承中国优秀的思想文化遗产,用以丰富马克思主义。毛泽东的这一思想,在马克思主义发展史上是一个创造,发前人之未发。毛泽东之所以提出这一思想,这与他本人精通中国的历史、哲学、文学有关。他从太平天国失败的历史教训中也感到外来的学说必须中国化，为中国人民所喜闻乐见。他说过：洪秀全起兵时，反对孔教，提倡天主教，不迎合中国人的心理，曾国藩即利用了这种手段，扑灭了他。这是洪秀全手段错了。①

毛泽东的政治、军事、哲学等思想中都融进了中国古代思想的珍贵品，从内容到形式都具有为中国老百姓所喜闻乐见的中国作风和中国气派。

关于马克思主义要与中国历史、文化相结合的思想在《中共中央关于共产国际执委主席团提议解散共产国际的决定》（1943 年 5 月 26 日）中作出了更为明确的表述。决定指出："中国共产党近年来所进行的反主观主义、反宗派主义、反党八股的整风运动，就是要使马克思列宁主义这一革命科学更进一步地和中国革命实践、中国历史、中国文化深相结合起来。"②因此，马克思主义中国化的全部含义是马克思主义理论、中国的现实实际和中国的历史、文化实际三者在中国革命实践过程中的有机融合，形成新的具有中国特点的马克思主义。

上面是从中国革命的逻辑说明马克思主义中国化的提出是一个曲折过程，其中包含着血的代价。另一方面，从理论自身发展进程看，中国化的提出，也有其内在的逻辑必然性，是对五四以来新文化运动的反思与总结。③

艾思奇在 1938 年 4 月发表的《哲学的现状和任务》一文中说："过去的哲

---

①　洪秀全在发动农民起义时照搬西方基督教，创立拜上帝会，以上帝教来反对中国的孔教。"一般（中国）人保守拜鬼神尤其是拜祖先的习惯，不能轻易放弃，外国神耶稣更不合鸦片战争后全国反侵略的心理。太平军入湖南境，如果……强调反满革命理论，少提天父天兄一类耶教迷信，号召力会增大无数倍。"可是洪秀全不懂这点，致使号召力大打折扣（范文澜：《中国近代史》上册，人民出版社 1962 年版，第 121 页）。洪秀全用天主教反对孔教也吓退了一部分知识分子。曾国藩在《讨粤匪檄文》中抓住了太平天国的弱点。他说："自唐虞三代以来，历世圣人扶持名教，敦叙人伦；君臣父子上下尊卑，秩然如冠履之不可倒置。粤匪窃外夷之绪，崇天主之教，自其伪君伪相，下逮兵卒贱役，皆以兄弟称之，谓惟天可称父，此外，凡民之父皆兄弟也，凡民之母皆姊妹也，……士不能诵孔子之经，而别有所谓耶稣之说，新约之书。举中国数千年礼仪人伦，诗书典则，一旦扫地荡尽。此岂独我大清之变，乃开辟以来名教之奇变，我孔子、孟子之所痛哭于九原。凡读书识字者又乌可袖手安坐，不思一为之所也?!"可见，毛泽东对洪秀全的批评是有根据的。
②　见《毛泽东文集》第三卷，人民出版社 1996 年版，第 23 页注③。
③　详见许全兴：《马克思主义中国化提出的文化背景》，《毛泽东研究》2007 年第 1 辑，湘潭大学出版社 2007 年版，收入《百年中国哲学革命》，人民出版社 2015 年版。

学只做了一个通俗化的运动,把高深的哲学用通俗的词句加以解释,这在打破从来哲学的神秘观点上,在使哲学和人们的日常生活接近,在使日常生活中的人们也知道注意哲学思想的修养上,是有极大意义的,而且这也就是中国化现实化的初步,……然而在基本上,整个是通俗化并不等于中国化现实化。"因此,他明确提出:"现在需要来一个哲学研究的中国化、现实化的运动。"又说:"哲学的中国化和现实化! 现在我们要来这样的一个号召。"①从 20 世纪 30 年代前期哲学的大众化、通俗化运动到抗日战争时期哲学的中国化、现实化运动,这是马克思主义哲学在中国发展自身逻辑的必然。

从现在所见的文字材料看,艾思奇是"马克思主义哲学中国化"的首倡者。在 30 年代哲学大众化运动中,陈唯实曾提到"语言要中国化"。他在《通俗辩证法讲话》第一讲第二节"辩证法并不难懂"中说,讲辩证法的书,"最要紧的是熟能生巧,能把它具体化,实用化,多引例子或问题来证明它。同时语言要中国化,通俗化,使听者明白才有意义。"②很明显,陈唯实此处顺便提到的"中国化"是指语言的中国化,仍然属通俗化的范畴,非毛泽东、艾思奇所说的中国化。因此,第一个明确提出"马克思主义哲学中国化"命题的应是艾思奇。这与他本人在上海时期开展哲学大众化、通俗化运动和抗日战争爆发后到延安从事哲学的研究、教育、宣传的经历有关。

艾思奇不仅指出马克思主义哲学由通俗化到中国化现实化的必然,而且对"中国化"的内涵作了说明。他说,哲学研究的中国化运动,"这不是书斋课堂里的运动,不是滥用公式的运动,是要从各部门的抗战动员的经验中吸取哲学的养料,发展哲学的理论。然后才把这发展的哲学理论拿来应用,指示我们的思想行动,我们要根据每一时期的经验,不断地来丰富和发展我们的理论,而不是要把固定了的哲学理论,当做支配一切的死公式。"③艾思奇是

①　艾思奇:《哲学的现状和任务》(1938 年 4 月 1 日),《艾思奇文集》第 1 卷,人民出版社 1981 年版,第 387、388 页。艾思奇"马克思主义哲学中国化"的提出比毛泽东"马克思主义中国化"的提出早五个多月。在延安,艾思奇与毛泽东多有交往,艾思奇是单独提出的,还是在与毛泽东交往过程中提出的,可以进一步研究。

②　陈唯实:《通俗辩证法讲话》,上海新东方出版社 1936 年版,第 7 页。

③　艾思奇:《哲学的现状和任务》(1938 年 4 月 1 日),《艾思奇文集》第 1 卷,人民出版社 1981 年版,第 387 页。

从理论工作者的视角讲马克思主义哲学中国化的,着眼点是总结现实革命运动的新经验,用以丰富发展哲学理论。他特别指出中国化"不是书斋里的运动"是十分深刻的。他并没有提到马克思主义与中国传统哲学的关系。艾思奇提出哲学的"中国化、现实化"运动,在学术界引起了注意。胡绳在《辩证法唯物论入门》小册子的"前记"中对中国化谈了自己的理解。他认为辩证唯物论的中国化有两方面的意义:一是在理论的叙述中,"随时述及中国哲学史的遗产以及近三十年来中国的思想斗争",二是"用现实的中国的具体事实来阐明理论"①。显然,年仅20岁的胡绳对"中国化"的理解是粗浅的,还停留在原理加中国现实和历史的例子上。不过,他提到了联系中国哲学史。

毛泽东提出"马克思主义中国化"虽然吸取了文化界对五四新文化运动以来文化革命的反思与总结的成果,但就其对"中国化"科学内涵和意义的论述显然要比延安文化人深刻得多,其影响也是后者所不能比及的。"马克思主义中国化"的提出为马克思主义在中国的发展指明了方向。

在毛泽东的号召下,陈伯达在延安开设了中国古代哲学讲座,并发表了有关介绍孔子、老子、墨子等古代哲学家哲学思想的论文。艾思奇在哲学《研究提纲》(1939年)中有意识地论述了马克思主义哲学与中国哲学的关系。他指出:"马克思主义及其哲学在中国有它的基础",即"无产阶级的存在";"中国古来伟大思想中的辩证唯物论要素的存在"。他又说:"要联合、学习和发扬中国民族哲学传统中优秀的一切成分。"在重庆,潘梓年等组织了"学术中国化"的讨论。张申府在《学术中国化》一文中充分肯定了毛泽东关于马克思主义中国化的精辟论述,认为其意思"是完全对的,是中国最近思想见解上的一大进步"。外来的东西,"用在中国就应该中国化,使它切合中国的国情。而且如其发生效力,也必然会中国化。中国化是十分切实而重要的。"②当时中国化的讨论十分热烈,如有的文章所说:"学术中国化"成了1939年中国文化

① 胡绳:《〈辩证法唯物论入门〉前记》(1938年7月30日),《胡绳全书》第四卷,人民出版社1998年版,第162页。
② 张申府:《论学术中国化》(1939年11月),《什么是新启蒙运动》,重庆生活书店1946年版。

界的基本口号。

1940 年 1 月，毛泽东发表《新民主主义论》，系统论述了建设民族的、科学的、大众的新民主主义文化的方针，给"学术的中国化"运动以有力的推动。马克思主义的叛徒叶青在公开投靠国民党后疯狂反共、反马克思主义、反毛泽东思想。他歪曲和攻击毛泽东提出的马克思主义中国化论断。艾思奇在《论中国的特殊性》(1940 年 2 月 15 日)等文中批驳了叶青在"中国化"问题上散布的谬论。延安青年哲学家、毛泽东的秘书和培元发表《论新哲学的特性与新哲学的中国化》(1941 年 8 月 20 日)一文阐述了中国化的含义和如何中国化的问题。

"马克思主义中国化"的论断是在同教条主义斗争中形成的。因此，苏联对此论断一直持保留态度。也许正是考虑到这种情况，1952 年，《毛泽东选集》第二卷出版时，毛泽东将原有的"马克思主义中国化"改为"使马克思主义在中国具体化"。60 年代，中苏关系恶化，苏共中央在 1960 年 11 月致中共中央的信中把"马列主义中国化"说成是"搞民族主义"①。在中苏论战公开化后，苏联理论界更是批判"马克思主义中国化"，将其扣上"反列宁主义"的大帽子。

关于苏共中央反对马克思主义中国化一事，毛泽东在 1961 年 1 月召开的中共八届九中全会上说：对马列主义中国化，他们也反对，我们无非是把马克思主义、列宁主义的普遍真理和中国革命的实际相结合，这是一个树干和枝叶的关系，有什么好反对呢？……各国具体的历史、具体的传统、具体的文化都不同，应该区别对待，应该允许把马克思列宁主义具体化，也就是说把马克思列宁主义的普遍真理和本国革命的具体实践相结合。在苏共垮台后，苏联有的学者才认识到，毛泽东的"马克思主义中国化"是对的，苏联没有把"马克思主义俄国化"吃了大亏，落得如此下场。

马克思主义中国化的最大成果是形成了毛泽东思想。这一点我们在下面再谈。

---

① 见吴冷西：《十年论战》(上)，中央文献出版社 1999 年版，第 375、451 页。

（四）中国传统文化——毛泽东思想的重要来源

"毛泽东还是个精通中国旧学的有成就的学者,他博览群书,对哲学和历史有深入的研究。""毛泽东是一个认真研究哲学的人。"①这并非是毛泽东成为全党公认的领袖之后中国共产党人对他的溢美之词,而是一个追求进步的、有良知的、真诚的年轻美国记者斯诺在 1936 年第一次采访毛泽东之后得出的印象。斯诺眼光敏锐,他的判断是正确的,而后的历史更加证实了这一点。因为毛泽东"是个精通中国旧学的有成就的学者",因此,他在读解马克思主义时,他在解决现实的中国革命问题时,就必然会融进中国传统文化,考虑到中国历史上的经验与教训,何况(如前所述)他在青年时代就有融东西文明于一炉的志向。

毛泽东思想与中国传统文化的关系是国内毛泽东研究的一个重点问题之一,这方面的专著甚多,文章更是不计其数。毛泽东思想继承发展了中国传统文化,这是我国学界的共识。但在中国传统文化是否是毛泽东思想的理论来源上,研究者们则有不同见解。有的人主张:毛泽东思想只有一个理论来源,即马克思主义。有的人则认为:毛泽东思想的理论来源有两个,除了马克思主义之外,还有中国传统文化。笔者赞成后一种观点。不仅如此,笔者还认为,毛泽东思想中有些内容并非直接来自于马克思主义,而是来自于中国传统文化。这是未曾有人说过的。笔者的观点从毛泽东、周恩来的有关论述那里可以得到印证。

先看事实。

1945 年 4 月,毛泽东在中共七大的口头政治报告中说,我们对国民党的方针是:"第一条,就是老子的哲学,叫做'不为天下先'。就是说,我们不打第一枪。第二条,就是《左传》上讲的'退避三舍'。……第三条,是《礼记》上讲

---

① ［美］斯诺:《西行漫记》(1937 年),三联书店 1979 年版,第 65、67 页。

的'礼尚往来'。来而不往非礼也,往而不来亦非礼也。就是说'人不犯我,我不犯人;人若犯我,我必犯人'。"①这并非是毛泽东随口说说而已。一个多月后,他在中共七大上的结论中又重复了同样的话,并指出:"他们(指国民党)不喜欢马克思主义,我们说:这是老子主义,是晋文公主义,是孔夫子主义。"②

"不为天下先"是《老子》中的话,所以毛泽东说是"老子主义";"退避三舍"是"《左传》上讲晋文公在晋楚城濮之战中的事",所以毛泽东说是"晋文公主义";"礼尚往来"是儒家经典《礼记》上的话,所以毛泽东说是"孔夫子主义"。毛泽东的这些话说明,对付国民党的这三条原则不是来自于马克思主义,而来自于中国古代的传统文化。对一个精通中国历史文化的人来讲,古为今用,从中国古人那里汲取智慧是十分自然的。

新中国成立后,周恩来将这三条用于外事活动,并有所发挥。1963年4月,他在同来访的外宾谈话时阐述了我国办外事的哲学思想。他说:"我们中国人办外事有这样一些哲学思想":"(一)要等待,不要将己见强加于人";"(二)决不开第一枪";"(三)中国有句话,'来而不往,非礼也'";"(四)'退避三舍'"。他在逐条解释后说:"我们中国人办外事,就是根据这样一些哲学思想。这些哲学思想,来自我们民族的传统,不全是马列主义的教育。"③周恩来最后一句话非常重要,它说明毛泽东思想中的有些内容不全是来自马克思主义,而来自于我们的民族传统。

毛泽东思想中直接源于我国民族传统的远不止这四条,还有别的,而且还更重要。比如"独立自主,自力更生"的思想。

"独立自主,自力更生"的思想贯穿于毛泽东思想体系的各个部分,是构成毛泽东思想活的灵魂的三个基本方面之一。许多文章、著作(包括中共中央文献研究室编的《〈关于建国以来党的若干历史问题的决议〉注释本》),在阐释这一思想时都极力从马列经典著作中寻找其理论源头。笔者认为,毛泽

---

① 毛泽东:《在中国共产党第七次全国代表大会上的口头政治报告》(1945年4月24日),《毛泽东文集》第三卷,人民出版社1996年版,第326页。

② 毛泽东:《在中国共产党第七次全国代表大会上的结论》(1945年5月31日),《毛泽东文集》第三卷,人民出版社1996年版,第389页。

③ 《周恩来外交文选》,中央文献出版社1990年版,第327—328页。

东的这一思想同马克思列宁主义的基本原理(主要是"内因论"和"群众论")是相一致的,但就其理论来源而言并非来自马克思列宁主义,而是来自我们的民族传统。中华民族自古就有自强不息的精神。从盘古开天辟地、女娲补天、羿射九日、精卫填海等神话故事,到愚公移山的寓言故事,从孔子的"刚毅"、"强哉矫"到《周易》的"天行健,君子以自强不息"、"日新之谓盛德"等都体现了自强不息的精神。这种自强不息的精神对五千多年中华文明的绵延不绝起了很大作用。这种精神到了近现代则表现为中国人民不甘屈于帝国主义及其走狗的顽强的百折不挠的反抗精神。以毛泽东为代表的中国共产党人继承和发扬了这种精神,他说:"我们中华民族有同自己的敌人血战到底的气概,有在自力更生的基础上光复旧物的决心,有自立于世界民族之林的能力。"①毛泽东这里所说的中华民族的气概、决心、能力正是而后逐渐形成的"独立自主,自力更生"思想的根基。在抗日战争时期,他还说过:"中华民族决不是一群绵羊,而是富于民族自尊心与人类正义心的伟大民族,为了民族自尊与人类正义,为了中国人一定要生活在自己的土地上,决不让日本法西斯不付重大代价而达到其无法无天的目的。"②在社会主义时期,他又号召:"全军民,要自立。不怕压,不怕迫。不怕刀,不怕戟。不怕鬼,不怕魅。不怕帝,不怕贼。奇儿女,如松柏。上参天,傲霜雪。"③独立自主,自力更生,走自己的路,这是毛泽东思想的基本精神。正是在独立自主、自力更生思想的指导下,以毛泽东为代表的中国共产党人才能抵制斯大林和共产国际的错误主张,打败国内外反动派,取得中国革命的胜利;也正是在独立自主、自力更生思想的指导下,新中国不仅战胜了西方帝国主义的封锁、侵略和干涉,而且顶住了来自社会主义苏联的大党主义、大国沙文主义的压力,维护了国家的独立和尊严,并在社会主义现代化建设上取得了重大成就,在较短时间里建立了独立完整的工业体系和国民经济体系,研制和爆炸了原子弹、氢弹,发射了导弹、人造卫星。"独立

---

① 毛泽东:《论反对日本帝国主义的策略》(1935年12月27日),《毛泽东选集》第一卷,人民出版社1991年版,第161页。

② 毛泽东:《在纪念孙中山逝世十三周年及追悼抗敌阵亡将士大会上的讲话》(1938年3月12日),《毛泽东文集》第二卷,人民出版社1993年版,第113页。

③ 毛泽东:《八连颂》(1963年8月1日),《毛泽东诗词集》,中央文献出版社1996年版,第209页。

自主,自力更生"是我们立党、立国的基本原则。

马克思主义是国际性的理论,无产阶级革命是国际性的事业。马克思主义本本上没有"独立自主,自力更生"。马克思恩格斯在《共产党宣言》中提出的是"全世界无产者联合起来"的口号。在各国工人运动初起之时,在各国无产阶级政党幼稚、无经验之时,先后曾成立领导工人运动的三个国际。国际的成立对推动各国工人运动的发展和马克思主义的传播起了积极作用。中国共产党是在共产国际指导和帮助下建立起来的。共产国际对中国革命给予了很大的帮助,这些都应充分肯定。但共产国际的体制也有其负面作用。各国共产党作为共产国际的一个支部,都得执行共产国际的决议和指示,这使各国党不能独立自主地发挥自己的领导作用。在一段时间里,中国共产党的路线、方针和政策在很大程度上受共产国际制约。中国共产党内"左"的或右的错误,都与共产国际有关。毛泽东讲过,王明路线,就是斯大林路线。听了共产国际的话,依照斯大林的指示,就没有中国革命的胜利。中国革命的胜利是违背斯大林意志取得的。正因为如此,苏联共产党对中共的"独立自主,自力更生"方针是不赞成的。在 20 世纪五六十年代,中国共产党不跟着苏联共产党指挥棒转,不加入他们的"大家庭",他们就指责"独立自主,自力更生"是"单干"、"民族主义",是"反列宁主义的"。这种攻击从反面证明:"独立自主,自力更生"的思想确实并非源于当时盛行的马克思列宁主义,而是来自我们的民族传统。苏联东欧剧变后,中国不仅没像西方资产阶级所希望的那样随之变色,相反,中国特色社会主义更加生机勃勃地前进。为什么? 原因自然是多方面的,其中的一个重要之点是,中国共产党始终坚持"独立自主,自力更生"的方针。

总之,毛泽东的"独立自主,自力更生"思想是中华民族自强不息精神在当代的继承和发扬,也是对马克思主义理论的重大贡献。

笔者还认为,作为毛泽东思想重要组成部分的军事理论,尤其是战略战术理论的思想来源,主要不是马克思主义,而是中国古代的军事思想和中国古代的战争(包括农民战争)实践。毛泽东军事理论的博大精深是举世公认的,连被它战胜的敌人也不得不佩服。毛泽东军事理论把中国古代的军事理论推进到一个新阶段,也为马克思主义和整个人类思想宝库增加了新的内容。

毛泽东思想中直接来源于中国传统文化的肯定不止以上这些,这需要我们进一步去研究。

最后,还需要指出的是,虽然毛泽东思想中有些内容并非来自于马克思主义,而是来自于中国传统文化,但毛泽东思想主要的或基本理论来源则是马克思主义,即使是来自于中国传统文化的那一部分内容也是在融入了中国化的马克思主义思想体系中才发挥作用的。不适当地夸大毛泽东思想与中国传统文化之间的联系也是不符合历史实际的。

(五)毛泽东哲学思想——中国 传统哲学的真正继承者

中国传统文化历史悠久,博大精深,流派众多,珍宝无尽。毛泽东学识渊博,才能超群,从哲学、政治、军事、教育、文化、历史等诸多方面批判地继承了中国传统文化的优良传统,丰富和发展了马克思主义,同时也把中国思想文化推进到了一个新的历史阶段。这里不可能全面阐述毛泽东对中国传统文化的批判与吸取,而只从哲学一个方面扼要地说明毛泽东哲学思想是中国传统哲学的真正继承者和发展者。

第一,继承和发展了中国古代的经世致用、实事求是的思想。

中国古代哲学家、思想家虽然研究的是天道、人道一类十分高深、抽象、玄奥的问题,但他们绝不是为学问而学问,为求真而求真。与西方不同,中国没有为学术而学术的传统。中国宗教观念薄弱,中国古代的哲人和普通百姓,注重现实,注重现世,不像西方人那样,有浓厚的宗教观念,向往追求来世天国。

孔子志在救世济民,对"礼崩乐坏"的大变革痛心疾首,力图变"无道"为"有道"。儒家学说讲的是"修身、齐家、治国、平天下"。老子讲玄之又玄的道,讲无为,但落脚点却是为了实现小国寡民的社会理想。他讲的道,既是天道,又是人道,也是治国之道。他的"治大国若烹小鲜"的话,竟为 20 世纪 80 年代美国总统就职演说时引用。墨子以讲"圣王之道"为职志,宣扬"兼爱"、"尚贤"、"节用"等思想。中国古代思想家以匡正时弊、救世济民为己任的思想绵延不绝。

当然,中国历史上也有慕出世、尚清谈、讲心性的唯心主义传统,其中尤以宋明儒家为盛。明清之际的黄宗羲、顾炎武、王夫之等针对空谈误国之弊,大兴经世致用之实学。黄宗羲说:"古者儒墨诸家,其所著书,大者以治天下,小者以民为用。盖无有空言事实者也。"(《今水经序》)王夫之批判各种唯心主义,提倡实学。如他儿子所说,其父"明人道以为实学,欲尽废古今虚妙之说,而反之实。"(王敔:《姜斋公行述》)

我国古代先哲在治学上提倡实事求是的态度。孔子博学于文,虚心好学,"不耻下问",周游列国,调查研究。他说:"知之为知之,不知为不知,是知也。"(《为政》)司马迁游历大江南北,实地考察历史遗迹,"网罗天下放失旧闻",写成千古名著《史记》。汉景帝之子刘德,喜好学问,搜集先秦典籍,其数量可以与朝廷相匹敌。班固在《汉书》中作了记载,称赞刘德"修学好古,实事求是"。以后"实事求是"渐渐成了成语,流传下来,泛指治学、治国和做人的一种态度。清朝乾嘉学派,矫宋明空谈之弊,注重考据,强调实事求是。乾嘉考据学集大成者阮元自称:"余之经说,推明古训,实事求是而已,非敢立异也。"(《揅经室集·自序》)但乾嘉考据学派走向另一极端,埋头于文字上寻章摘句,搞烦琐哲学,结果陷于钻故纸堆,脱离现实。

近代以来,随着西学的传入,先进的中国人用实事求是来指称西方的科学精神、科学态度和科学方法。郭嵩焘说:"实事求是,西洋之本也。""西人格致之学,所以牢笼天地,驱役万物,皆实事求是之效。"[1]郑观应说:在西方,"无论何学,总期实事求是"[2]。梁启超起草的京师大学堂办学章程说:"本学堂以实事求是为主。"[3]章太炎也说:"近代学术,渐趋实事求是之涂。"[4]20世纪初,实事求是成为一个盛行的用语。有的用它作书院名,如杭州有"求是书院"。有的用它作匾额,如民国初年,在原岳麓书院旧址上办的湖南工业专科学校的

① 《郭嵩焘日记》(三),湖南人民出版社1981年版,第731、766页。

② 郑观应:《易言·论考试》,《郑观应集》(上),上海人民出版社1982年版,第104页。

③ 舒新城编:《近代中国教育史料》第一册,上海中华书局1928年版,第139页。

④ 章太炎:《答铁铮》,《民报》1907年第14号,《章太炎全集》第4卷,上海人民出版社1985年版,第370页。

讲堂上就挂有"实事求是"的横匾。青年毛泽东在长沙求学时在此活动过,知晓此匾额。

中国古代经世致用、注重调查、实事求是的优良传统,对青年毛泽东影响很大。他在湖南第一师范求学时的听课笔记《讲堂录》中记有"古者为学,重在行事","闭门求学,其学无用。欲从天下国家万事万物而学之,则汗漫九垓,遍游四宇尚已"等警言。他主张不但要读有字之书,而且还要读无字之书,向社会学习。他特别推崇司马迁的实地考察,赞赏游学。他说:"游之为益大矣哉! 登祝融之峰,一览众山小;泛黄勃之海,启瞬江湖失[矣];马迁览潇湘,泛西湖,历昆仑,周览名山大川,而其襟怀乃益广。"①正是在这种思想的支配下,1917 年暑假,他和另一位同学一起,游历了长沙等五县农村,进行历时一个多月的实地调查;1918 年在赴北京途中,他利用火车因洪水受阻的机会,到车站附近了解当地人民的生产和生活情况;在北京期间,又到长辛店机车车辆厂向工人进行社会调查。他反对"空虚的思想",主张"踏着人生社会的实际说话",主张到实际中去"研究实事和真理"②。在接受马克思主义之后,他立志改造世界,改造中国,他在注意研究"主义"的同时,注重中国社会调查。1919 年,他曾想组成"问题研究会",为此他还起草了《问题研究会章程》,其中说:"问题之研究,有须实地调查者,须实地调查之。"③他积极组织新民学会的成员到法国留学——勤工俭学,可他自己暂不"出洋"留学。理由是:"吾人如果要在现今的世界稍为尽一点力,当然脱不开'中国'这个地盘。关于这地盘内的情形,似不可不加以实地的调查,及研究。这层工夫,如果留在出洋回来的时候做,因人事及生活的关系,恐怕有些困难。不如在现在做了,一来无方才所说的困难;二来又可携带些经验到西洋去,考察时可以借资比较。"④

---

①　毛泽东:《讲堂录》(1913 年 10 月 12 日),《毛泽东早期文稿》,湖南出版社 1990 年版,第586、587 页。

②　毛泽东:《健学会之成立及进行》(1919 年 7 月 21 日),《毛泽东早期文稿》,湖南出版社1990 年版,第 363 页。

③　毛泽东:《问题研究会章程》(1919 年 9 月 1 日),《毛泽东早期文稿》,湖南出版社 1990年版,第 401 页。

④　毛泽东:《致周世钊的信》(1920 年 3 月 14 日),《毛泽东早期文稿》,湖南出版社 1990 年版,第 474 页。

毛泽东的这一认识超乎一般寻常之人。正因为他注重调查研究,所以他对中国社会的认识,尤其是对农村的认识比他同时代的人要正确得多,深刻得多,丰富得多,这使他能把马克思主义理论与中国具体实际结合起来。毛泽东逝世后,有的人在总结历史经验时,为毛泽东没有像周恩来、邓小平、刘少奇那样"出洋"留学感到惋惜,认为出洋留学,扩大视野,也许晚年不会犯出那样大的错误。这当然是一种假设。以笔者之愚见,倘若那时毛泽东真的"出洋"留学,那也许毛泽东就不成其为"毛泽东"了。

毛泽东在反对教条主义斗争中继承和发扬了中国传统的实事求是思想。他说:"科学的态度是'实事求是',……我们民族的灾难深重极了,惟有科学的态度和负责的精神,能够引导我们民族到解放之路。"[1]在延安整风运动中,他用实事求是来反对主观主义,并对实事求是作了唯物而辩证的科学解释。他说:"'实事'就是客观存在着的一切事物,'是'就是客观事物的内部联系,即规律性,'求'就是我们去研究。我们要从国内外、省内外、县内外、区内外的实际情况出发,从其中引出其固有的而不是臆造的规律性,即找出周围事变的内部联系,作为我们行动的向导。"[2]毛泽东的解释赋予"实事求是"新的内涵。同年12月,他又为中共中央党校题写"实事求是"作为校训。1945年,中共七大闭幕后,他为中共《七大纪念册》题写了"实事求是,力戒空谈"。经毛泽东的提倡和延安整风、中共七大之后,"实事求是"成了中国共产党人的座右铭,成为马克思主义思想路线的中国化的表述。在改革开放的新的历史时期,邓小平在总结正反两方面历史经验的基础上反复讲,实事求是,是马克思主义的辩证唯物主义和历史唯物主义的中国化表述,"实事求是,是无产阶级世界观的基础,是马克思主义的思想基础。过去我们搞革命所取得的一切胜利,是靠实事求是;现在我们要实现四个现代化,同样要靠实事求是。"[3]他又说:"实事求是"是毛泽东哲学思想的精髓,是马克思主义的精髓。

---

① 毛泽东:《新民主主义论》(1940年1月),《毛泽东选集》第二卷,人民出版社1991年版,第662—663页。

② 毛泽东:《改造我们的学习》(1941年5月19日),《毛泽东选集》第三卷,人民出版社1991年版,第801页。

③ 邓小平:《解放思想,实事求是,团结一致向前看》(1978年12月13日),《邓小平文选》第二卷,人民出版社1994年版,第143页。

　　总之,我们完全有理由说,以毛泽东为代表的中国共产党人真正继承和发展了中华民族最重要的优秀传统——实事求是精神。

　　第二,继承和发展了中国的知行学说。

　　20 世纪 30 年代,国内外许多马克思主义哲学著作都是按照感性认识(感觉、知觉、表象)、理性认识(概念、判断、推理)、理性思维方法(归纳与演绎、分析与综合、抽象与具体、历史与逻辑)的顺序来讲认识论的,都是在讲真理的标准问题时讲实践问题。这种讲法的优点是从实践到理论过程讲得比较细,但其不足是没有抓住认识过程的基本矛盾,没有揭示认识的根本规律,忽视了从理论到实践更为重要的认识过程。毛泽东的《实践论》则冲破了当时国内外流行的马克思主义认识论体系,紧紧抓住认识和实践这一认识过程的基本矛盾,具体地阐明了人类认识真理的辩证途径,揭示了认识发展的根本规律,丰富和发展了马克思主义认识论。毛泽东之所以能做到这一点,首先是由于中国革命实践的需要。因为第一、二次国内革命战争的经验教训表明,能否正确地解决认识和实践的关系问题,直接关系到中国革命的成败。党内"左"右倾错误思想的认识根源都是割裂了理论和实践、知和行的具体的历史的统一。其次,这也与知行问题是中国哲学史上认识论的基本问题有关。

　　知(认识)和行(实践)的关系问题,是人们在认识世界和改造世界过程中不可避免要碰到的一个基本问题。中国哲学史上有关知行问题的探讨、争论要比西方哲学史深入得多、激烈得多(相比之下,西方哲学史上经验与理性关系的争论要比中国哲学史激烈得多、深入得多)。孔子就多次讲到知行(或言行)问题,开中国哲学知行问题的先河。老子、墨子、荀子等各自对知行问题发表了许多见解,但知行问题还没有成为专门讨论的哲学问题,没有形成系统的知行学说。经过两汉、隋唐的发展,到了宋明时期,知行问题成为哲学家讨论、争辩的重要问题之一,形成了知行学说的不同流派。知行问题上的争论大致可分为三个方面:一是先后问题,是先行后知,还是知先行后,抑或知行合一;二是难易问题,是知易行难,还是知难行易;三是本末轻重问题,是以知为本,重知轻行,还是以行为本、重行轻知,抑或知行并重。到了近代,知行问题依然是认识论中的基本问题。孙中山在总结辛亥革命经验教训时提出了知难行易说。他试图以资产阶级革命实践为基础,吸取近代自然科学的知识,对中国哲学史上知行学说进行总结。中国古代知行问题主要囿于道德伦理范围，孙中山的知行学说则主要是从认识论上讲的，他的行主要不是道德的践行，而是包括学徒的实习、科学家的科学试验、探索家的探索和伟人杰士的社会变革。但孙中山最终不能科学地解决知行的辩证统一，提出了"知行分任"的观点，割裂了知行的内在联系与统一。

孙中山没有能解决的知行关系问题的任务历史地落到了中国无产阶级的肩上。在马克思主义哲学传入中国到《实践论》问世之前，中国的马克思主义理论工作者在宣传马克思主义认识论时，几乎无人联系到中国哲学史上的知行学说。再者，孙中山逝世后，蒋介石等人都从右的方面发展了孙中山的知行学说。他们利用孙中山知行学说中的消极东西，鼓吹愚民的力行哲学，为法西斯专制统治服务。因此，在20世纪30年代，对知行关系作出科学的回答是马克思主义哲学面临的一个课题。

毛泽东在抗大讲授哲学时，客观条件不允许他像许多专门家那样去系统地研究中国哲学史上的知行问题（事实上，当时的哲学家，不论是马克思主义的，还是非马克思主义的，都还没有进行这样的研究。这样的专门研究是在《实践论》问世之后开始的）。所以我们在今天研究《实践论》与中国古代知行学说的关系时，不应从它的字里行间去"索隐"其中的哪些话是从中国哲学史上哪位哲学家那里来的；也不应机械地将《实践论》中的某一原理说成对历史上某一观点的批判继承。另一方面，我们又必须承认，毛泽东对中国哲学史上的知行问题的争论有大致的了解，对孙中山的"知难行易"、"知行分任"等思想是熟悉的。

他在抗大讲课时指出：唯心论强调意识的能动性，否认意识受物质限制。马克思以前的唯物论则没有强调意识的能动性，不能克服唯心论。只有辩证唯物论，正确指出了思维的能动性，同时又指出了思维受物质的限制，指出思维从社会实践中发生，同时又能动地指导实践。只有这种辩证的"知行合一"论，才能彻底克服唯心论。毛泽东这里所说的"知行合一"论，当然不是王阳明的"一念发动处即便是行"的唯心论的"知行合一"论，而是辩证唯物论的"知行统一"论。毛泽东用"论认识和实践的关系——知和行的关系"作为《实践论》的副标题赫然标出，则清楚地表明，《实践论》旨在阐明"认识和实践、知和行的具体的历史的统一",阐明"辩证唯物论的知行统一观"。因此,我们完全可以说,《实践论》是中国哲学史上知行学说发展的逻辑必然和科学总结,并使它达到一个崭新的阶段。

第三,继承和发展了中国古代的矛盾学说。

中华民族是一个富有辩证思维传统的民族。《老子》、《孙子兵法》、《周易》是我国先秦时期最主要的辩证法著作。它们所包含的朴素的、直观的辩证法思想是异常丰富的。其中最核心的内容是天才地猜测到了事物内部矛盾着的双方(阴阳)的相互作用是事物运动、变化、发展的源泉,猜测到了对立面之间的互相依存、互相渗透、互相转化、相反相成。阴阳互补、对立统一、相反相成的辩证思想,已渗透到我国政治、军事、文学、艺术、医学、自然科学和社会生活的各个方面,成为中华民族的重要思维方式。

中华民族传统的辩证思维方式深深地影响了毛泽东。从他学生时代写的《〈伦理学原理〉批语》中可以看出,他对中国传统的辩证思想有相当的了解。他在批语中列举了阴阳、上下、大小、高卑、彼此、人己、好恶、正反、洁污、美丑、明暗、胜负等对立概念,并认为,"吾人各种之精神生活即以此差别相构成之,无此差别相即不能构成历史生活。进化者,差别陈迭之状况也。"[1]他又说:"人世一切事,皆由差别比较而现。"中国古代对立面互相转化的观念也深深印入了毛泽东的脑海。他说:"有生必有死","有成必有毁",是自然法则。又说:"生即死,死即生,现在即过去及未来,过去及未来即现在,小即大,阳即阴,上即下,秽即清,男即女,厚即薄。质而言之,万即一,变即常。"[2]这表明,此时的毛泽东认识到对立的双方是可以互相转化的,但他还不能划清辩证法与相对主义的界限。

毛泽东在转变成马克思主义者之后,则自觉地继承和发扬了中国古代辩证法的精华,使之为中国革命服务。在这方面最突出的是他把古代相反相成的辩证法创造性地运用于中国革命战争,为人民军队制定了机动灵活的战略

---

① 毛泽东:《〈伦理学原理〉批语》(1917年至1918年),《毛泽东早期文稿》,湖南出版社1990年版,第245、184页。

② 毛泽东:《〈伦理学原理〉批语》(1917年至1918年),《毛泽东早期文稿》,湖南出版社1990年版,第194、269—270页。

战术。他在《中国革命战争的战略问题》、《论持久战》等著作中,不仅直接引用了《孙子兵法》、《老子》等著作中富有辩证法思想的名言,而且对战争过程中消灭敌人与保存自己、战略与战术、进攻与防御、持久与速决、内线与外线、优势与劣势、主动与被动、前进与后退、得与失、胜与负等等相互关系的分析,贯穿着相反相成的辩证法。

毛泽东的《矛盾论》则从理论形态上批判地吸取了中国古代的矛盾学说,对"相反相成"的辩证法进行科学的说明。从《矛盾论》的最初稿可以看出,毛泽东在抗大讲课时曾列举大量例子说明对立面之间互相依存、互相转化的道理。在举例过程中常用"相反相成","许多相反的东西,却同时又是相成的东西","相反的东西中间在一定条件下产生了相成因素","极端相反的东西之间有同一性","相反的东西中间互相渗透、贯通、勾搭"等语句。《矛盾论》指出:"我们中国人常说:'相反相成。'就是说相反的东西有同一性。这句话是辩证法的,是违反形而上学的。'相反'就是说两个矛盾方面的互相排斥,或互相斗争。'相成'就是说在一定条件之下两个矛盾方面互相联结起来,获得了同一性。"①

在封建社会很长的历史时期内,"天不变,道亦不变"的形而上学一直占据统治地位。但我国先秦时期形成的辩证思维的传统,使得我国封建社会的形而上学也带有自己的特点,不是一般地否认对立面的存在,不是否认矛盾双方有主次之分,而是否认对立面之间的互相转化,把矛盾双方的主次地位凝固化,以便为封建等级制度的合理性、永恒性作辩护。毛泽东指出:"只有现在的和历史上的反动的统治阶级以及为他们服务的形而上学,不是把对立的事物当作生动的、有条件的、可变动的、互相转化的东西去看,而是当作死的、凝固的东西去看,并且把这种错误的看法到处宣传,迷惑人民群众,以达其继续统治的目的。共产党人的任务就在于揭露反动派和形而上学的错误思想,宣传事物的本来的辩证法,促成事物的转化,达到革命的目的。"②在毛泽东看

---

① 毛泽东:《矛盾论》(1937 年 8 月),《毛泽东选集》第一卷,人民出版社 1991 年版,第333 页。

② 毛泽东:《矛盾论》(1937 年 8 月),《毛泽东选集》第一卷,人民出版社 1991 年版,第330 页。

来,共产党就是做革命的转化工作的,转化理论是辩证法革命性的集中表现。1956 年以后,针对斯大林和苏联哲学界否认对立面之间有同一性的形而上学思想,他在许多文章和讲话中进一步阐发了矛盾转化理论,反复说明生与死、战争与和平、好事与坏事、革命与反革命、正确与错误、成功与失败、积极因素与消极因素这些相反的东西之间有同一性,可以互相转化。他认为,否认对立面的同一性,否认转化,会导致思想僵化,政治上犯错误。他提出,要举丰富的例子,搞几十个、百把个例子,来说明对立的统一和互相转化的概念,目的是为了解放思想,防止思想僵化。

中国古代思想家在讲对立面互相依存、互相转化时很少讲条件,因此很容易走向相对主义、诡辩论。毛泽东总结了认识史上的这一教训,强调指出,唯物辩证法讲的同一性是现实的同一性,不是幻想的同一性,对立面之间的互相依存、互相转化是有条件的,缺乏一定的条件,对立双方既不能共处于一个统一体中,也不能互相转化。这就把辩证法置于唯物主义基础之上,同相对主义、诡辩论划清了界限。

总之,纵观马克思主义辩证法史,我们可以毫不夸大地说,毛泽东对矛盾转化理论的阐发和运用是前所未有的。他的辩证法思想的这种特点,是同中国古代辩论法思想密切相关的,是对我国传统的相反相成辩证法思想的继承和发展。

第四,对自强不息精神的继承和弘扬。

中华民族屹立于世界东方已有五千余年。中华文明是世界六大古代文明中惟一没有中断过的文明。维系中华民族生存,推动中华民族发展的精神动力是什么? 笔者以为是自强不息的精神。在本篇上一节已说明,作为毛泽东思想活的灵魂的重要组成部分之一的"独立自主、自力更生"思想正是中华民族自强不息精神在当代的弘扬。

第五,对大同思想和人生理想的继承和发展。

哲学不仅是世界观、认识论和方法论,告诉人们如何认识世界和改造世界,而且还是价值观、人生观,解决人的理想信念、人生的追求归宿,告诉人如何做人。大同社会是中华民族所追求的美好的理想社会。如前所述,大同理想与社会主义、共产主义有相似、一致之处。这是中国人接受马克思主义的有利条件。中国共产党人在新的时代、新的辩证唯物主义和历史唯物主义世界观的基础上继承和发展了大同理想,并为之奋斗不已。

社会理想要由人来实现。与大同理想相联系的是中国哲学注重人身修养,提倡达到天下为公、公而忘私的至善境界。《诗经·召南·采蘩》有"夙夜在公"之语。《尚书·周官》记有"以公灭私,民其允怀"。孔子、孟子提出"杀身成仁","舍生取义"。《礼记·礼运》赞美"天下为公"的无私境界。贾谊说:"国尔忘家,公尔忘私,利不苟就,害不苟去,唯义所在。"(《新书·阶级》)以后的历代政治家、思想家都极力提倡"公而忘私,国而忘家"的献身精神,并把它视为人生修养的最高境界。范仲淹的"先天下之忧而忧,后天下之乐而乐",顾炎武的"天下兴亡,匹夫有责"等名句,千古传颂,教育、激励着人们为民族独立、国家富强、人民幸福去奋斗不已。中国传统道德以社会为本位,这固然有忽视抹杀个性之弊端,但其中提倡的把社会、民族、国家的利益放在第一位的思想,天下为公、公而忘私的自我牺牲精神,则是中华民族宝贵的精神财富。

中国共产党是中国工人阶级的先锋队,是中国各族人民利益的代表者。除了中华民族的利益之外,中国共产党没有自己的任何私利。毛泽东提出,全心全意为人民服务是共产党的惟一宗旨。共产党员要以革命利益为第一生命,以个人利益服从革命利益;要大公无私,克己奉公,埋头苦干;要一不怕苦,二不怕死。中国共产党人提倡和实践的全心全意为人民服务的思想是中国古代"天下为公"思想在当代的继承和弘扬。蒋介石虽然大肆鼓吹礼、义、廉、耻,要为国家尽全忠,为全民族尽大孝,公而忘私,国而忘家,但他所代表的大地主大资产阶级的本性决定他不可能真正代表民族和人民的利益,不可能言行一致。

毛泽东对中国传统哲学的继承和发展远不止以上五个方面。即使对历史上的唯心论和形而上学,他亦主张辩证地对待,从中吸取其积极的、合理的因素。这方面的内容在《哲学篇》已有论及。

海内外少数学者责难毛泽东和中国共产党人全盘否定中国传统文化,造成中国现代意识的危机,导致中国传统文化的中断。显然,这种责难是不符合历史实际的。事实上,毛泽东哲学思想才是中国传统哲学的真正继承者和弘扬者,毛泽东思想才是当代中华民族智慧的结晶。毛泽东思想将中国思想文化的发展推进到了一个新的阶段。

九

经 验 篇

马克思主义与中国传统文化的结合是一个曲折、复杂的历史过程。这中间既有丰富的经验,也有深刻的教训。对结合过程的经验教训,前面已分散地谈到,现在作一归结和补充。

(一) 正确对待马克思主义

要正确处理好马克思主义与中国传统文化之间的关系,首先要科学地对待马克思主义。

马克思主义是人类发展到 19 世纪 40 年代的产物,是无产阶级认识世界和改造世界的锐利武器。如毛泽东在《论人民民主专政》一文中所述,先进的中国人是经过千辛万苦,在向西方国家寻找救国救民的真理过程中,经过比较后才选择了马克思主义。马克思主义传入中国,引起了思想界的大革命。"自从中国人学会了马克思列宁主义以后,中国人在精神上就由被动转入主动。"①没有马克思主义,就没有中国共产党,就没有中华民族的独立和解放,没有社会主义的新中国。这是历史已经证明了的。马克思主义不适合中国国情,马克思主义已经过时,马克思主义已经死亡等言论都是错误的。马克思主义不能丢,丢掉了要亡党亡国。马克思主义作为科学真理,不会过时,需要的是不断地发展,与时俱进。

马克思主义是科学,不是宗教教条,它不提供解决现实问题的现成答案,它只提供认识世界和改造世界的科学世界观、方法论和价值观。恩格斯说得好:"马克思的整个世界观不是教义,而是方法。它提供的不是现成的教条,

---

① 毛泽东:《唯心历史观的破产》(1949 年 9 月 16 日),《毛泽东选集》第四卷,人民出版社 1991 年版,第 1516 页。

而是进一步研究的出发点和供这种研究使用的方法。"①针对机械搬用马克思和他的话的倾向,恩格斯又说:"要根据自己的情况像马克思那样去思考问题,只有在这个意义上,'马克思主义者'这个词才有存在的理由。"②中国共产党内的教条主义者不懂得这一点,把马克思主义当做教条。他们学习马克思主义只注意学习它的词句,只注意它的具体的原理和结论,忽视它的精神实质和科学方法论。他们不顾中国的具体实际,照搬照抄本本,盲目执行共产国际和斯大林的指示,致使中国革命遭受重大的挫折,几乎陷于绝境。毛泽东则不同,他从接受马克思主义之时起就不停留在词句上,注重精神实质和方法论。针对教条主义,他强调学习马克思主义不应当只学习它的词句,不仅要学习它的一般原理和具体结论,而且要学习它观察问题和解决问题的立场、观点和方法;强调精通理论的目的全在运用,用它来解决中国革命的实际问题。

马克思主义并不是离开人类文明大道而产生的宗派,而是一个开放的科学体系。虽然马克思主义者常说,马克思主义是全人类智慧的结晶,但它没有穷尽真理,决不能认为马克思主义已总结、概括了世界各国、各民族的所有文明成果,决不能把世界各国、各民族的文明成果仅仅作为它的"注释"和"证明"。实事求是地讲,马克思恩格斯及列宁主要是总结了欧洲的文明成果。随着马克思主义在世界范围内的传播,它需要不断地向世界各民族学习,吸取它们的智慧。马克思主义到了中国,作为一种外来的思想文化,要想在中国发生作用,生根、开花和结果,为中国人民所掌握,就必须与中国的现实的革命实际相结合,与中国的历史文化相结合,就必须从博大精深的中国文化中撷取精华,借以丰富发展自己,形成为中国老百姓所喜闻乐见的中国作风和中国气派,亦就是说,马克思主义要中国化。否则它在中国就不能生根、开花和结果,没有生命力。由此可见,与中国传统文化相结合,是马克思主义在中国传播、发展自身的内在要求。把马克思主义与中国传统文化绝对对立起来,否认两者结合的必要和可能,是不懂得马克思主义本质的表现。

---

① 恩格斯:《致威·桑巴特》(1895 年 3 月 11 日),《马克思恩格斯选集》第 4 卷,人民出版社 1995 年版,第 742—743 页。

② 阿·沃登:《和恩格斯的谈话》,《智慧的明灯》,人民出版社 1983 年版,第 91 页。

这里还有一个如何看待马克思主义在不同时代、不同国家的变化、发展问题。从历史上看，任何一种学说，包括宗教在内都因时因地而发生变化、分化。佛教、基督教、伊斯兰教在不同国家、不同时期分化成不同教派，具有不同的特点。即使在一个国家，学说也会分化。韩非子说：孔子死后儒家分为八派，"有子张之儒，有子思之儒，有颜氏之儒，有孟氏之儒，有漆雕氏之儒，有仲良氏之儒，有孙氏之儒，有乐正氏之儒"。墨子死后分为三派："有相里氏之墨，有相夫氏之墨，有邓陵氏之墨。"(《韩非子·显学》)学说在发展过程中发生分化是一个规律，不分化是不可能的，不分化，就没有发展，没有创新，只有僵化而衰亡。因此同一学说，在不同国家、不同时代，必然会有不同的形态。毛泽东说过：从孔夫子到佛教、基督教，后来还不是分成许多派别，有着许多不同的解释。任何事物，没有不同的解释，就不会有新的发展，新的创造，否则就停滞，就死亡了。固守创立者的学说，不因时势而变，其最终的结果必然导致学派的消亡。产生在西方资本主义发达国家的马克思主义，传到东方半殖民地半封建的中国，必然要发生变化，产生新的形态。判断谁是真正的发展了的马克思主义的唯一标准，不是马克思的本本，不是权威的言论，而是社会实践，看其是否能解决现实问题，推动社会的进步和发展。教条主义者不懂这一点，他们把本本、权威的言论作为标准，结果把中国化的马克思主义视为非马克思主义。

（二）正确对待中国传统文化

要正确处理好马克思主义与中国传统文化的关系，必须正确对待中国传统文化。

首先，要认识到，中华民族是一个有着悠久历史，创造了灿烂的古代文化，为人类发展作出伟大贡献的民族。如毛泽东所说：我们民族有"许多珍贵品"[①]，"有许多伟大的思想家、科学家、发明家、政治家、军事家、文学家和艺术

[①] 毛泽东：《中国共产党在民族战争中的地位》(1938年10月14日)，《毛泽东选集》第二卷，人民出版社1991年版，第534页。

家,有丰富的文化典籍。"中华民族是一个"有光荣的革命传统和优秀的历史遗产的民族。"①对我们民族的历史遗产不能采取简单的否定一切的态度。新文化运动的领导人陈独秀、胡适等人对中国传统文化有深厚的功底,都是些饱学之士。他们承认孔子是当时的名人,有其历史价值和地位。但他们认为,孔子之道已不适应今天新的时代,应予抛弃。他们只看到新旧文化的对立,没有认识到新文化是从旧文化中发展来的,旧文化中仍有可为新文化所吸取继承的精华。毛泽东在《反对党八股》中指出,他们犯了否定一切的"形式主义"错误。1943 年 12 月,刘少奇在致续范亭的信中说:"一切剥削阶级的学者关于人性、是非、善恶、好恶联系起来所构成的学说,没有一个不是说得错误百出的";孔子之道"是中国文化的不良传统"等。毛泽东在读刘少奇信时直率地批写道:"剥削阶级当着还能代表群众的时候,能够说出若干真理,如孔子、苏格拉底、资产阶级,这样看法才是历史的看法。""孔孟有一部分真理,全部否定是非历史的看法。"②毛泽东还说过:"封建主义的东西也不全是坏的。我们要注意区别封建主义发生、发展和灭亡不同时期的东西。当封建主义还处在发生和发展的时候,它有很多东西还是不错的。"③毛泽东对历史上剥削阶级的思想采取了具体的历史的态度。我们需要认真地总结和继承我们民族珍贵的历史遗产,以当代新的眼光去发掘古代丰富的文化宝藏,为我们今天伟大的社会主义现代化事业服务,创造出无愧于伟大时代的新的文化。

我们还应认识到,中国文化中有许多宝贵思想是马克思主义中没有的或尚未展开的。人类各民族、各国家的文化既有共性、普遍性的一面,又有个性、特殊性的一面。人们习惯地说"马克思主义是全人类智慧的结晶",但若由此认为"马克思主义当然包括了中华民族的智慧",这就值得商榷了。事实上,马克思主义主要是欧洲文明的总结,基本上没有涉及中国文明成果,尽管其中

---

①　毛泽东:《中国革命和中国共产党》(1939 年 12 月),《毛泽东选集》第二卷,人民出版社 1991 年版,第 622、623 页。

②　毛泽东:《对刘少奇致续范亭信的批语》(1943 年 12 月 17 日),《毛泽东文集》第三卷,人民出版社 1996 年版,第 84 页。还可参见陈晋:《毛泽东文化性格》,中国青年出版社 1991 年版,第 195—196 页。

③　毛泽东:《应当充分地批判地利用文化遗产》(1960 年 12 月 24 日),《毛泽东文集》第八卷,人民出版社 1999 年版,第 225 页。

普遍性的东西与中国文化中普遍性的东西有相通或相一致之处,尽管欧洲文明(尤其是 17—18 世纪时期的文明)受到中国古代文明的重大影响。因此,中国传统文化中除了有与马克思主义相通或相似之处外,还有不少是马克思主义里所没有的或虽有而未能展开的。以马克思主义为指导,立足当代中国和世界的现实,认真研究、总结中国历史文化,用中国文化的优秀成果,尤其是用中国文化中有而马克思主义中没有的或尚未展开的特殊成果丰富和发展马克思主义,这是中国马克思主义者义不容辞的职责,也是马克思主义中国化的重要内容。在这方面毛泽东是典范。如本书"中国传统文化——毛泽东思想的重要来源"一节所言,毛泽东思想中的有些内容(如独立自主思想、政治策略、军事理论、人生哲学等)主要来自于中国传统文化,而非来自于马克思主义。

遗憾的是至今许多研究者还没有认识到,马克思主义基本上没有总结、概括中国文化的优秀成果,中国文化中有许多精华是马克思主义中所没有的或尚未展开的。他们仅仅把中国文化的精华当做马克思主义的"注释"和"证明"。由国家教育部社科司组编的、由诸多著名专家参加撰稿的《中国哲学与辩证唯物主义》一书编写的指导思想是:马克思主义哲学"是整个人类智慧的结晶,当然也包含着中国传统哲学","用中国古代唯物论、辩证法的丰富思想来证明辩证唯物主义的真理性"。这样使马克思主义哲学更容易为青年学生所接受,可以引导青年学生正确地学习、研究和对待我们的历史文化遗产,有利于提高青年学生的民族自尊心、自信心和自豪感。笔者以为编写该书的出发点和意图是好的,但仅仅停留在"用中国古代唯物论、辩证法的丰富思想来证明辩证唯物主义的真理性"的指导思想却不敢苟同,用传统哲学教科书的框架来框中国古代唯物论、辩证法丰富思想的削足适履的做法也不可取。事实上,中国哲学中有许多宝贵思想是现在流行的马克思主义哲学教科书所没有的,把这些宝贵思想发掘出来,经过提炼、改造,使之融入马克思主义哲学,这才是我们主要的研究工作。

这里需要再次强调的是,中国古代学派众多,异彩纷呈。春秋战国时期,百家争鸣,有儒家、墨家、道家、法家、兵家、阴阳家、名家、农家等等。在漫长的封建社会则有儒、释、道三大家。各种学说流派(包括少数民族的学说),都是中华民族文化的组成部分,都为中华民族的生存、发展、繁荣、昌盛作出过贡献。毛泽东能以平等的态度来对待历史上的各家各派,取其精华,去其糟粕,对唯心论也不是简单否定,而是吸取其重视能动性的优点。五四新文化运动猛烈抨击孔子,毛泽东本人在政治上也对孔子持否定态度,但他还是把孔子视为中国古代的圣人,中国传统文化的代表人物。他说"从孔夫子到孙中山",而没讲"从墨子(或老子)到孙中山"。他晚年批孔,尊法反儒,有所偏颇。但总其一生看,他对待中国古代的学派并没有像有的人那样只尊一派、一宗。现代新儒家口口声声说他们代表中国文化,其实他们只尊儒家一家,排斥其他学说。就是儒家,他们主要也是尊宋明的陆王心性之学这一派,而对儒家中的唯物主义、辩证法思想则一笔抹煞,绝口不提。笔者以为,现代新儒家的宗派情绪、门户之见十分严重,他们中的不少人对中国的非儒家采取的是虚无主义态度、不承认主义态度。现代新儒家没有毛泽东和中国马克思主义者对待中国传统文化的那种博大胸怀。

其次,还必须认识到,传统文化中的珍贵品在今天仍有其价值。美国研究中国文化的学者列文森在《儒教中国及其现代命运》一书中提出了"博物馆学"的理论,只承认孔子有历史意义,否认其仍有现实的价值。列文森是美国研究中国问题的著名学者费正清的学生。费正清对他的评价是:"他(列文森)不是一个普通的研究者,而是一个创造的天才,后来者必须努力跟上他的脚步。……作为老师,我为此而自豪。"现代新儒家的代表人物杜维明认为:"《儒教中国及其现代命运》是一个天才人物写的一部天才的著作,一部现代经典,西方'中国研究'一个时代的象征。"在书中,列文森不赞成"共产主义的中国依然是原样的传统的中国"、"共产党的官僚不过是乔装起来的儒家官僚"等观点,也不认为中国共产党全盘否定孔子,全盘否定中国传统文化。他说:"马克思主义者对待古代经典的态度,既不像有些人那样,必定将它斥之为封建思想,也不像儒家那样将其赞颂为万古不变的真理,马克思主义者认为,古代经典是后人深入研究精神世界的主题,但不能像它们曾经所做的那样的去统治精神世界本身。""共产主义者既排除了封建守旧分子对孔子的过分推崇,又把孔子从资产阶级知识分子的全盘否定中解救出来,使他成为一个既不受崇拜,也不遭贬斥的民族历史人物,……把孔子光荣的迎请到寂静的博物馆中……"列文森比较客观地反映了"文化大革命"前中国共产党对以孔子为代表的儒家的态度。列文森认为,以孔子为代表的儒学虽然在历史上有其辉煌成就,但在今天则失去了其价值,"成为没围墙的博物馆的陈列品","只具有历史的意义",充其量只能为人所欣赏。① 列文森否定儒家在现代仍有其价值的观点,我们难以苟同。他认为中国共产党只把孔子及其儒学当作博物馆的陈列品的观点也不符合中国共产党对孔子及中国传统文化的态度。毛泽东和中国共产党并不只是把孔子及中国传统文化作为博物馆的陈列品,并不否认包括孔子在内的中国传统文化有其现代价值。如前所述,毛泽东和中国共产党善于从中国传统文化中汲取精华,用以丰富和发展马克思主义,为当前的革命和建设服务。

再次,中国传统文化是农业社会的产物,是封建的经济和政治的反映,因此,从总体上讲已不适合现代的工业化的社会,不适合社会主义的经济和政治。那种认为孔子之道仍然适合今天中国社会的观点是不能成立的。海内外的现代新儒家极力鼓吹所谓儒学的第三期发展,只是一种主观的意愿。其实认同他们的人并不多,他们内心也时时有花果飘零的没落之感。即使在台湾、香港,也是儒门淡泊,门可罗雀。被视为现代新儒家的重要人物之一的香港中文大学教授刘述先承认:"它(儒学)在学术和思想上的地位到晚近才慢慢得到海内外的承认,在现实的影响则几乎是不存在的。"②20 世纪 80 年代,新加坡曾一度想复兴儒学,但也以不了了之而告终。总之,从总体上讲孔子之道已不适合现代社会。儒家学说经过五四新文化运动已经终结。全盘肯定中国传统文化,搞复古主义、尊孔主义是违背时代潮流的,悲叹现代中国人不如古代中国人高明更是可笑的。伴随着政治革命、经济革命,必然会有思想文化革命。思想文化革命是思想文化发展过程中辩证的自我否定。通过辩证的自我否定产生出适应新经济、新政治、新文化。

还应指出,中国传统文化中的精华和积极的、合理的因素,只有融合到新

---

① 〔美〕列文森:《儒教中国及其现代命运》,中国社会科学出版社 2000 年版,第 331—332、340、373、374、382 页。英文原著的三卷分别在 1958 年、1964 年和 1965 年出版,1968 年三卷又合在一起出版。

② 刘述先:《就传统的理念的理解与哲学的角度对于胡适的评论》(1993 年),刊于《胡适与现代中国文化转型》,香港中文大学出版社 1994 年版,第 320 页。

文化中,成为新文化的有机成分才能在现代社会发生作用,才能在新的条件下得到保存和发展。传统文化若不自我革新,与新的文化结合,而是封闭、僵化、拒变,其最后的结果必然是逐渐衰亡。旧文化只有融入到新文化中才能使自己的精华得到延续并求得新的发展。从这一方面讲,与马克思主义相结合,也是中国传统文化获得新生的内在要求。用传统文化来拒斥马克思主义,看起来似乎在捍卫传统文化,而其结果将适得其反,传统文化不仅将不能保存,反而会为滚滚向前的时代潮流所淘汰。

第四,必须正视封建主义腐朽思想文化的负面作用。文化本身是随着社会经济政治的发展而发展的。文化发展过程是一个不断推陈出新的过程,自我辩证否定的过程。事实上李贽、黄宗羲、王夫之、戴震等对封建君主专制主义和理学的批判,都是中国社会内部积极的新思想对旧思想的批判。这种批判为满族入关而中断。辛亥革命后传统的文化与新的时代发生了尖锐冲突,新文化运动应时而起,成为20世纪中国的第一次伟大的思想革命运动。在民主革命时期,毛泽东和中国共产党注重对封建主义的批判,并取得了伟大的胜利。

传统是一种巨大的保守力量,数千年来形成的习惯势力决不会轻易消失。但新中国成立后,毛泽东比较多的是注意对资产阶级和资本主义思想的批判,忽视了对封建主义思想的批判,而且有些封建主义成分则以马克思主义、社会主义的形式出现。就"文化大革命"来说,虽然从其发动者主观上讲,包含有批判封建主义的任务,但实际上却是封建主义沉渣的大泛滥。"文化大革命"结束后,人们才痛切地感受到批判封建主义的任务远没有完成。邓小平在总结"文化大革命"的教训时深刻地揭露了党和国家领导制度方面存在的种种弊端:官僚主义、权力过分集中、家长制、一言堂、个人专断、干部领导职务终身制、特权、宗法观念、等级制、"官工"、"官商"、文化专制主义、不承认科学和教育的重要性、闭关锁国、夜郎自大等等。他指出,这些弊病"多少都带有封建主义色彩"。他又说:"旧中国留给我们的,封建专制传统比较多,民主法制传统很少。"①他提出了批判封建主义思想的任务。时至今日,封建主义及小生

①　邓小平:《党和国家领导制度的改革》(1980年8月18日),《邓小平文选》第二卷,人民出版社1994年版,第334、332页。

产者习惯势力在政治生活、经济生活、文化生活、家庭生活及社会生活的其他方面都有广泛而深刻的影响。广大群众所痛恨的形形色色的腐败，固然同资本主义腐朽思想有关，但更多的则是同旧社会遗留下来的封建主义遗毒有关。我们要清醒地认识到，我们这个党和国家有可能毁在封建主义遗毒手里。因此，我们在弘扬中国传统文化精华时不可忘记对封建主义遗毒的清算。

即使是传统文化中的优秀东西，我们也要注意其时代的局限性。如中国传统道德注重整体，以社会为本位，提倡公而忘私，国而忘家；注重维护国家的统一，社会的稳定；注重人与人的和谐，"和为贵"、"中庸"；提倡克己，自我修养，顺从听话等。但中国传统道德有一个致命的缺陷：不尊重个性，束缚个性的发展，培养人的奴性。按照中国传统道德去修养，可以修养成一个温文尔雅、听话恭顺的好人，但很难修养成一个具有独立人格、敢于冒险、富有创新的现代人。因此，当代中国的道德建设，在继承中国优秀道德传统的同时，更多的是要面向现代化，面向世界，面向未来，要有时代精神。

（三）正确对待当代资本主义文化

当代世界是开放的世界，马克思主义是世界历史的产物，是国际性的学说。马克思主义要不断地吸取和借鉴人类创造的一切文明成果。对吸取和借鉴亚、非、拉广大发展中国家的文明成果和古代欧洲文明的成果，我国理论界的争议不大。但在要不要学习借鉴当代发达资本主义国家文明成果上则存在着歧见。因此在马克思主义中国化过程中还必须正确对待当代资本主义文化，正确处理马克思主义、中国传统文化、资本主义文化这三者的关系。

马克思主义批判地继承和发展了资本主义文化成果。马克思恩格斯的后继者们在一个很长的时期里对马克思主义产生以后的资产阶级哲学社会科学却采取全盘否定的态度，认为资产阶级哲学家只是神学家手下的有学问的帮办，资产阶级经济学家只是资产阶级手下的有学问的帮办。他们中间任何一个人说的任何一句话都不可信。这样，马克思恩格斯的后继者们就把马克思主义与现代西方资产阶级文化隔离开来了，自己把自己封闭起来了。时间一久,导致自身的僵化,脱离时代,脱离群众。这是马克思主义发展史上的一大教训。

　　哲学社会科学有着鲜明的党性、阶级性。资本主义文化是资本主义经济政治的反映,并为其服务,马克思主义同资产阶级意识形态是对立的。资本主义社会存在着严重的文化危机、精神危机,存在着大量腐朽的、反动的东西。但这是问题的一个方面。另一方面,我们还应看到,西方资本主义国家在经济、科技、教育、军事等方面处于世界领先地位,比我们发达得多。西方国家创造的物质文明、制度文明和精神文明是人类社会发展到现阶段的产物,是人类的共同财富。西方的哲学社会科学,西方的资本主义文化,仍然有我们值得汲取和借鉴的文明成果。西方哲学社会科学家中的不少人敢于正视和揭露资本主义社会存在的矛盾、危机,并提出相应的理论和对策。他们对社会现代化进程中出现的矛盾、危机的分析和对现代化生产、管理规律的研究具有普遍的意义,并不都具有意识形态的性质。至于他们创造的科学技术成果更是我们必须学习的。

　　另外,我们应摒弃近代以来体用分离的思维方式,摒弃"西方物质文明比我们发达,精神文明我们优越于西方"的陈腐观念。我们应思考:马克思主义、毛泽东思想和邓小平理论是我们国家的精神支柱和精神动力,那么支撑和推动美国等国经济、科技、教育、军事乃至整个社会发展的精神支柱和精神动力是什么? 他们的精神支柱和精神动力中是否有值得我们吸取和借鉴之处呢? 美国这样的国家,历史短,发展快,在许多方面处于世界领先地位,其原因何在? 值得我们研究。实用主义是一种主观唯心主义,是为美国资产阶级服务的,这是没有问题的。但实用主义注重利益、注重效果,提倡行动、冒险、创新。实用主义是美国的国家哲学,美国社会的发展不能说同实用主义没有关系。实用主义的积极的、合理的因素能否为我们吸取呢? 这是大可研究的。

　　资产阶级极端个人主义、享乐主义,我们要坚决反对。以个人为本位的价值观是建立在资本主义私有制的基础上的。它与建立在社会主义公有制基础上的以社会为本位的价值观是相对立的。但资产阶级价值观中的自主、自由、平等、民主、法治、效率、竞争、创新、冒险等观念可为我们批判地吸取和借鉴。倘若无产阶级的价值观拒绝接受这些合理的因素,那它就很难同传统的以社会为本位的价值观划清界限。我国传统的以社会为本位的价值观是以否定个人利益、牺牲个性自由为条件的价值观。社会主义的以社会为本位的价值观是建立在尊重个性自由基础上的个体与社会有机统一的价值观。社会主义的价值观是对资本主义价值观的辩证扬弃,而不是全盘否定。

我们应承认,我国在经济、科学、技术、教育、军事等诸多方面,在社会整体的发展水平方面,不如西方发达国家。当代科学技术革命蓬勃发展,科学技术成果日新月异。我们要赶上发达资本主义国家,就必须不断地吸取和借鉴资本主义的文明成果,就不仅要学其"用",而且要批判地学其"体"。中国化的马克思主义要与时俱进,永远保持自己的先进性,必须善于总结和概括西方发达国家的文明成果。当然,帝国主义亡我之心不死。因此,在学习、吸取和借鉴当代西方发达资本主义国家文明成果时,对他们的"西化"、"分化",妄想搞垮我国社会主义制度的图谋必须始终保持警惕,对极少数人鼓吹的"全盘西化"论必须坚决反对。

总之,坚持马克思主义的指导,努力弘扬中国传统文化的精华,大胆吸取人类文明尤其是当代西方文明成果,这是处理三者关系时应采取的正确态度。

(四) 正确认识当代世界和中国的现实

现实是基础,既是人类生存发展的基础,也是思想文化发生发展的基础。马克思主义与中国具体实际相结合,最根本的是要正确认识中国的国情。正确认识中国国情,是认清中国一切革命和建设问题的基本根据,是马克思主义中国化的基础。党内的教条主义者在莫斯科读了一大堆马克思主义的书,却没有革命的实际经验,不懂得中国的现状和历史,因而不能把马克思主义与中国实际相结合,结果使革命遭受挫折,也阻碍了理论的发展。毛泽东读马列本本不如教条主义者多,但他能掌握其实事求是的精髓,深入社会,尤其是农村,进行社会调查,正确认识到中国是一个经济政治发展极端不平衡的、半殖民地半封建的大国,中国革命必须分两步走,必须走农村包围城市、武装夺取全国政权的道路。总之,正确认识中国国情是马克思主义中国化的关键。这一道理许多论著有所阐明,在此不再赘述。

这里需要说明的是,对马克思主义和中国传统文化的理解也是由现实决定的。马克思说得好:"理论在一个国家实现的程度,总是决定于理论满足这个国家的需要的程度。"①马克思主义的文本是一种客观的历史存在,马克思主义思想体系也是客观的,但是不同国家、不同时代的人因其所处的社会历史条件不同,个人主观状态不同,因而对它的理解也就有所不同。对中国历史文化的理解也是如此。中国的历史是客观的,但对它的理解则不能不受理解者的主观状态所制约。理解者所处的现实以及对现实的认识直接影响着对历史的理解。从这一意义上讲,克罗齐说的"一切历史都是当代史"的说法包含有部分真理。

在民主革命时期,毛泽东之所以能正确地处理马克思主义、中国现实和中国传统文化三者的关系,最重要的是对中国及世界形势有一个正确的认识。他的《新民主主义论》,对此作了理论上的最好说明和论证。他首先说明中国社会的性质和世界的形势,在此基础上分别论述新民主主义的政治、新民主主义的经济和新民主主义的文化,批评"左"和右的错误倾向,最后阐明新民主主义文化是民族的、科学的、大众的文化。在社会主义时期,毛泽东在处理三者关系时产生的失误,究其原因,最重要的也是对中国社会及世界形势的认识出现了偏差。他夸大了社会生活中的阶级矛盾和阶级斗争,忽视了中国经济、政治、文化的不发达和发展的不平衡性,由此产生了一系列"左"的理论和政策。"文化大革命"中的"批孔运动",是基于对当时国内和党内形势的错误分析,把以孔子为代表的儒家思想看成是"无产阶级专政条件下继续革命"的思想障碍。

在今天,对中国传统文化认识上的不同见解,也同论者对当代国内国际形势的认识有关。

有不少人认为,当代世界上存在着人与自然、人与社会、国家与国家、人与人、人身与人心等方面的矛盾,出现了生态危机、社会危机、道德危机、精神危

---

① 马克思:《〈黑格尔法哲学批判〉导言》(1843 年),《马克思恩格斯选集》第 1 卷,人民出版社 1995 年版,第 11 页。

机、价值危机,而这些危机的出现同西方主客二分、强调斗争的哲学有关。和平和发展是当代世界的主题。这些矛盾和危机的解决,不是靠斗争,而是靠"和"、"和合"。他们认为,与西方哲学不同,中国哲学的精华则是"天人合一"和"和合"或"中庸",解决当代世界矛盾和危机要靠中国哲学,靠"和的哲学"、"和合哲学"、"天人合一哲学"。这种观点乍听起来,很是新鲜,其实不过是20世纪初东方文化救世论的重现,是一种自我陶醉,也是一种自我麻醉。中国人民热爱和平,新中国的外交是和平外交,争取世界和平是我们的愿望。但"和平"不是靠呼吁就能实现的。现实世界的矛盾和危机不是靠"和"、"和合"、"天人合一"的哲学所能解决的,帝国主义、霸权主义依然是当代世界不安宁的主要根源,世界大战一时打不起来,但局部战争并没有间断。新世纪初的"9·11"事件、阿富汗战争等预示着新世纪是一个很不太平、很不安宁的世纪。矛盾和危机需要靠正确的斗争来解决。因此,笔者不赞成"和"、"和合"、"天人合一"和"中庸"是中国哲学的精髓的观点,认为独立自主、自力更生、自强不息、艰苦奋斗的精神才是中华民族的基本精神,是中国哲学的精华。没有这种精神,中华民族就不可能获得独立和解放,就没有今天的中国特色社会主义。

现实是理论的基础、出发点和最后归宿。无论是对马克思主义理论的学习和运用,还是对中国的传统文化和外国文化(尤其是当代西方文化)的批判继承,都要从当代中国和世界的现实出发,都要有利于中国社会主义现代化事业的发展和中华民族的腾飞。

(五) 警惕中国传统文化消极因素的渗入

在国内外,有极少数人把马克思主义中国化诬蔑为"马克思主义的封建化"、"儒家化"。也有人把毛泽东的马克思主义称为"农民马克思主义",把毛泽东的社会主义称为小资产阶级的社会主义、农业社会主义或封建社会主义。林彪一伙攻击毛泽东"是一个行孔孟之道,借马列之皮,执秦始皇之法的中国历史上最大的封建暴君"。笔者反对上述说法,认为毛泽东思想是无产阶级的科学思想体系,是中国化的马克思主义,是马克思主义在中国的创造性地运用和发展。但笔者认为,毛泽东在把马克思主义中国化的过程中是否有中国传统文化中的消极因素——封建主义和小生产者习惯势力的渗入,则是一个值得我们研究的问题,也是一个不容回避的问题。

在本书"政治篇"、"道德篇"和"教育篇"中已分别论及以孔子为代表的儒家思想对毛泽东发生的负面影响。全面审视毛泽东晚年的理论和实践,我们发现,中国传统文化中消极因素对毛泽东的影响不止这些,这里再举三点。

首先,个人专断、家长制的作风。从理论上讲,毛泽东反对封建专制主义,提倡民主主义;反对"三纲"、个人专断、家长制、一言堂,强调民主集中制,提出集体领导和个人负责相结合的制度。在"文化大革命"中,他在讲党史时还批评陈独秀等搞家长制、一言堂。在民主革命时期,在困难的条件下,毛泽东民主作风比较好,能虚心听取不同意见,包括反对的意见,能团结不同意见的同志,包括反对自己并反对错了的同志一道工作。1956年,他正确批评斯大林个人专断,严重破坏民主集中制、破坏民主、破坏法制的错误。可是,他很快就重犯斯大林的错误,把个人凌驾于集体之上、党之上,个人专断、家长制、一言堂十分严重。他与其他领导同志的关系已不是以往平等的、同志式的关系,而是有点类似封建时代的君臣关系。他沿用了封建主义的做法,自己选择自己的接班人。他主张人治,不主张法治。他对民主集中制等的理解和实践也渗进了专制主义的成分。

再如,个人崇拜。毛泽东在很长时期里是反对个人崇拜的。在延安时期,50岁祝寿是一件平常事,不少同志搞过,但他不赞成给他祝寿,也不赞成大搞鼓吹他的思想。在革命胜利前夜召开的中共七届二中全会上,他提出:"禁止给党的领导者祝寿,禁止用党的领导者的名字作地名、街名和企业的名字,保持艰苦奋斗作风,制止歌功颂德现象。"①新中国成立之初,他不赞成人民币上印他的头像,不赞成在天安门广场铸他的铜像,不赞成他主持制定的新中国第一部宪法称"毛泽东宪法"(苏联的第一部宪法称"斯大林宪法"),并删去了

---

① 毛泽东:《党委会的工作方法》(1949年3月13日),《毛泽东选集》第四卷,人民出版社1991年版,第1443页。

宪法中颂扬他的文字。他肯定苏共二十大对斯大林个人崇拜的批判。但随着对国际国内形势判断的失误,他的看法有所改变,由反对个人崇拜到逐渐接受、欣赏对他的个人崇拜。他甚至在理论上提出有"正确的个人崇拜"和"不正确的个人崇拜"两种,把"个人权威"混同于"个人崇拜"。

林彪一伙利用了毛泽东的弱点,在"文化大革命"中搞起了造神运动。他们公开鼓吹学董仲舒,搞文化专制主义。1966年8月8日,林彪在一次讲话中说:"汉朝废百家,独尊儒术,有个董仲舒,我希望大家都当董仲舒。"陈伯达则进一步发挥说:"林副主席号召我们做个革命的董仲舒,他是西汉人,秦始皇当皇帝后,主张愚昧政策,大搞焚书坑儒,使孔孟的学说吃不开了。这时董仲舒给皇帝讲道理,要想永远统一天下,就要有一种能统一人民的思想,这种思想只能是一种思想,那就是孔孟之道。……由于他高举孔孟之道,所以很快被人民接受了,一直传了几千年。"①对造神运动,毛泽东开始是赞赏的,是为了打鬼,批判修正主义。当造神运动太过分时,他则表示讨嫌。但是,他认为,要人们去克服三千年迷信皇帝的传统习惯是困难的事。他本人也并没有想从根本上纠正对他的个人崇拜。因此政治生活、社会生活中对毛泽东的个人崇拜继续存在。"文化大革命"结束后,邓小平反对"两个凡是"(即"凡是毛主席作出的决策,我们都坚决维护,凡是毛主席的指示,我们都始终不渝地遵循"),拨乱反正,纠正毛泽东晚年的失误。至此,对毛泽东的个人崇拜才逐渐消失了。对毛泽东不再崇拜,并不等于中国社会已不存在个人崇拜的社会条件,更不等于个人崇拜已退出政治生活。

如何认识个人崇拜?1956年,毛泽东主持撰写和审改的《关于无产阶级专政的历史经验》一文曾有精辟的论述。文章指出:"个人崇拜是过去人类长时期历史所留下的一种腐朽的遗产,个人崇拜不只在剥削阶级中间有它的基础,也在小生产者中间有它的基础。大家知道,家长制就是小生产经济的产物。在无产阶级专政建立之后,即使剥削阶级消灭了,小生产经济已经由集体经济所代替了,社会主义社会建成了,但是旧社会的腐朽的、带有毒素的某些

---

① 陈伯达1967年4月13日的讲话。引自《林彪与孔孟之道(材料之一)》。

思想残余,还会在人们的头脑中,在一个很长的时期内保存下来。'千百万人的习惯势力是最可怕的势力'(列宁)。个人崇拜也就是千百万人的一种习惯势力,这种习惯势力既然在社会中还存在着,也就有可能给许多国家工作人员以影响,甚至像斯大林这样的领导人物也受了这种影响。"毛泽东在审改时还加写了这样的话:"脱离群众的个人突出和个人英雄主义这一类现象还是会长期存在的。一次克服了,下次还会再出现。有时由这一些人表现出来,有时又由另一些人表现出来。……因此,反对脱离群众的个人突出和个人英雄主义,反对个人崇拜,是应该经常加以注意的问题。"①遗憾的是,毛泽东本人重犯了斯大林欣赏个人崇拜的错误。社会主义国家发生个人崇拜这类现象,也还有制度上的原因。高度集中的政治、经济体制容易滋长个人崇拜。毛泽东的悲剧在于,他以为对他的个人崇拜是党和国家的需要,是为了保证党和国家的统一、稳定和不变颜色。

又如,平均主义。孔子提出:"不患寡而患不均,不患贫而患不安","均无贫,和无寡,安无倾"(《季氏》)。孔子的"不患寡而患不均"、"均无贫"的思想对后世影响很大。"均无贫"的思想反映了农民小生产者的平等要求,成为历史上农民起义的思想武器。"均无贫"的思想与马克思主义平等观念有类似之处。因此,有人把它视为社会主义。梁启超在《欧游心影录》中说:"社会主义自然是现代最有价值的学说",社会主义的精神,"不是外来的,原是我所固有。孔子讲的'均无贫,和无寡',孟子讲的'恒产恒心',就是这主义精神的论据,我并没有丝毫附会。"②梁启超最后一句表白是无用的。他把现代的社会主义与孔子的"均无贫"混为一谈是典型的"附会"。在很长时期里,毛泽东对科学社会主义与小生产者的平均主义的界限是比较清楚的。他反对绝对平均主义,反对农业社会主义。1948年4月,在晋绥干部会议上的讲话中,他尖锐地批评土地改革过程中出现的绝对平均主义。他指出:农村中流行的绝对平均主义,"是一种农业社会主义思想,它的性质是反动的、落后的、倒退的。我

①　《关于无产阶级专政的历史经验》,这篇文章是根据中国共产党中央政治局扩大会议的讨论,由人民日报编辑部写成的,《人民日报》1956年4月5日。
②　梁启超:《欧游心影录》(1920年3月),《饮冰室合集》专集之二十三。

们必须批判这种思想。"①同月 29 日,他在批转薄一波关于工商业问题的报告中又指出:农业社会主义思想,"其性质是反动的,落后的,倒退的,必须坚决反对"②。但在社会主义时期,尤其是在 1958 年,农民的平均主义思想也反映到他的头脑中,并且与历史上的农民平均主义联系起来。1958 年他发动搞起了人民公社化运动。他对张鲁的原始社会主义运动发生兴趣。东汉末年,张道陵创立五斗米道,其孙张鲁在汉中建立地方政权近 30 年,实行政教合一,设立"义舍、义米、义肉",路人量腹取食。陈寿的《三国志·张鲁传》有记载。1958 年 8 月,毛泽东在北戴河会议上的讲话中就提到张道陵的五斗米道。同年 11 月,他在郑州会议上说:三国时候,汉中有个张鲁,曹操把他杀了。他也搞过吃饭不要钱。凡是过路人,在饭铺里吃饭、吃肉都不要钱,尽肚子吃,这不是吃饭不要钱吗? 他不是在整个社会上都搞,而是在饭铺里头搞。他搞了 30 年,人们都很高兴那个制度,那是种社会主义作风。我们这个社会主义由来已久。随后,在 12 月召开的武昌会议期间,他对《三国志·张鲁传》写了两个很长的批语。12 月 7 日的批语写道:这里所说的群众性医疗运动,有点像人民公社免费医疗的味道,不过那时是神道的,也好,那时只好用神道。道路上饭铺里吃饭不要钱,最有意思,开了我们人民公社公共食堂的先河。现在的人民公社运动,是有我国的历史来源的。12 月 10 日,大概他感到这一批语有些不妥,就把它删了,重新写了一个,但基本精神与第一个相同。在中共八届六中全会上,他把第二个批语同张鲁传一起印发给到会者。这些都表明,现实的和历史的农民平均主义渗入到了毛泽东的社会主义思想中。平均主义、共产风,导致对农民的剥夺,造成农村生产力的严重破坏。毛泽东发现"左"倾冒险主义的危害严重后,大力纠正共产风和平均主义,使生产关系有所调整,但从"文化大革命"中再次批判资产阶级法权看,他的社会主义思想中依然杂有小生产者的平均主义。

总之,毛泽东晚年的思想中渗进了某些封建主义的和小生产者的消极思

---

① 毛泽东:《在晋绥干部会议上的讲话》(1948 年 4 月 1 日),《毛泽东选集》,解放社 1949 年版,第 138 页。又见《毛泽东选集》第四卷,人民出版社 1991 年版,第 1314 页。"是一种农业社会主义思想"这句话在 1960 年收入《毛泽东选集》第四卷时删去。

② 《毛泽东年谱(1893—1949)》中卷,人民出版社、中央文献出版社 1993 年版,第 305 页。

想,影响了他对社会主义的理解。这是他晚年犯错误的一个重要原因。

如何认识毛泽东身上发生的这一现象?为什么会发生这种情形?笔者以为,这种情形的发生一点也不奇怪。毛泽东晚年的严重失误和他思想中渗有某些封建主义、小生产者习惯势力的杂质带有中华民族的特征和时代的特征,从中我们也看到了我们民族存在的某些积弊与弱点。出现这一情况的原因是多方面的。

首先,这种情形的发生有着广泛而深刻的社会基础。旧中国是一个经济、政治、文化落后的半殖民地半封建国家,农民占全国人口的百分之九十。我国虽然取得了新民主主义革命的彻底胜利,并建立了社会主义基本制度,但几千年的封建主义传统根深蒂固,旧中国留下的封建专制传统比较多,民主法制传统很少。生产力不发达,落后的小生产方式没有根本改变,自然经济半自然经济大量存在。中国共产党的党员和干部大都出身于农民,来自于农村。中国社会和中国共产党的这种特点,使得中国共产党及其领袖人物很容易受到封建主义和小生产者的思想的渗透和侵蚀。

其次,毛泽东是人,而不是神,他是从旧社会过来的,必然带有旧社会的痕迹。每一个人一生下来,就遇到现成的生产力,现成的社会经济制度,现成的文化,现成的社会心理和习惯势力。即使是一个不识字的文盲,他在这样的环境中长大,也必然具有传统的思想、心理、思维方式和生活习惯。人当然也是可以改造的,在改造环境中改造自己。但他与传统不可能一刀两断,彻底决裂。这种情形,不仅在毛泽东身上发生,在其他人身上也发生过。孙中山是伟大的革命民主主义者,向往美国式的民主,反对专制、独裁。但他本人领导作风也是不民主的。凡是参加国民党的人都要宣誓效忠他个人,无条件地服从他个人。在国民党内是不能批评孙中山的。陈独秀,五四新文化运动的总司令,提倡民主和科学,向往的是法国式的民主。之后转变成马克思主义者,成为中国共产党的第一代领导人。但他的领导方式是家长制、一言堂,当时就遭到很多人批评。这说明,旧的传统不是你想摆脱就能摆脱得了的,即使主观上想彻底决裂,客观上仍不能不受传统所制约。许广平在致鲁迅的信中说过:"旧社会留给你苦痛的遗产,你一面反对这遗产,一面又不敢舍弃这遗产,恐怕一旦摆脱,在旧社会里就难以存身,于是只好甘心做一世农奴,死守这遗产。"①鲁迅对许广平的信没有提出异议。许广平的话对我们理解毛泽东是否有某种启发呢？

笔者曾多次说过："如果说毛泽东对中国历史、哲学、文学的渊博知识和精湛造诣曾是他将马克思主义中国化的一个重要的条件的话，那么到了晚年，毛泽东对中国历史、哲学、文学的酷爱在一定程度上限制了他的视野，中国传统的思想文化成了他身上的一个负担。"②

再次，毛泽东失去了对封建主义的警惕。在民主革命时期，毛泽东是注重对封建主义进行批判的。在新中国成立后，他注重的是无产阶级与资产阶级的矛盾，社会主义和资本主义的矛盾，而对思想文化和社会生活领域里的封建主义很少提及。他看到了中国"穷"与"白"，即生产力的不发达和科学教育文化的落后，但没有看到旧社会遗留下的传统对社会主义现代化的负面影响。列宁曾说过："由于历史进程的曲折而不得不开始社会主义革命的那个国家愈落后，它由旧的资本主义关系过渡到社会主义关系就愈困难。"③毛泽东不赞成列宁的落后国家革命开始容易而完成则要比高度发达资本主义国家难的观点。1959年12月，他在读苏联《政治经济学教科书》时说：西方各国进行革命和建设，有一个很大的困难，这就是资产阶级的毒很厉害，已经渗透到各个角落去了。我国的资产阶级还只有三代，而英国这些国家的资产阶级已经十几代了。他们的资本主义发展的历史有二百五六十年至三百来年，资产阶级思想、作风影响到各个方面、各个阶层。又说：在资本主义有了一定发展水平的条件下，经济愈落后，从资本主义过渡到社会主义是愈容易，而不是愈困难。人愈穷，才愈要革命。这里，毛泽东只看到中国资产阶级影响比西方发达资本主义国家要小，要浅，但他忽视了中国几千年的封建主义遗毒要比资产阶级的影响厉害得多。放松了对封建主义遗毒的警惕，忽视了对封建主义遗毒的批判，这就势必容易受到它们的浸染。这是个人主观上的原因。在"文化大革

① 许广平致鲁迅的信（1926年11月22日），《两地书》，《鲁迅全集》第11卷，人民文学出版社1981年版，第220页。
② 见拙著《毛泽东晚年的理论与实践》，中国大百科全书出版社1993年版，第11页。
③ 列宁：《在俄共（布）第七次代表大会上关于战争与和平的报告》（1918年3月7日），《列宁选集》第3卷，人民出版社1995年版，第436页。

命"中,我们吃了封建主义遗毒的苦。惨痛的教训使我们认识到在社会主义现代化的进程中还有一个批判封建主义残余的任务。

总之,在马克思主义与中国传统文化相结合过程中要十分警惕中国传统文化中消极因素的渗入。有了这种警惕,头脑会清醒些,马克思主义中国化就可以得到健康的发展。

(六) 中国化的政治层面和学术层面的区分

最后,在研究、总结马克思主义中国化的历史经验时有必要提出政治层面的中国化和学术层面的中国化的区分。笔者的这一见解是受毛泽东对我国哲学界的批评的启发而产生的。

1964 年 8 月 18 日,毛泽东在北戴河同陈伯达、康生等人谈话时说:"我是土哲学,你们是洋哲学。"同时,他讲了对辩证法规律的看法,认为把质量互变、否定之否定同对立统一规律平行的并列,这是三元论,不是一元论。最根本的是一个对立统一规律。1965 年 12 月 21 日,毛泽东在杭州同陈伯达、艾思奇等人谈话中又一次说:"你们是洋哲学,我是土哲学。"他希望搞哲学的人到工厂、农村去搞几年,把哲学体系改造一下,不要照过去那样写,不要写那么多。他再次讲了对改造哲学体系的看法。毛泽东这两次谈话反映出他对中国马克思主义哲学现状的不满。他的话不多,但击中要害。

新中国成立后,我国哲学家、理论工作者为宣传、研究马克思主义哲学作出了重大的贡献,哲学教科书中加进了毛泽东哲学思想和中国革命和建设的经验,但整个教科书体系和内容仍然没有摆脱舶来品的形象,还是搬的苏联哲学教科书的一套,没有中国化。所以毛泽东说"你们是洋哲学"。他讲"我是土哲学",这表明他的哲学不是照搬外国的,而是扎根于中国土壤的,有自己的特点,是中国化了的。毛泽东思想是中国化的马克思主义,毛泽东哲学是中国化的马克思主义哲学,这都是确定无疑义的。但这仅仅是马克思主义哲学中国化的开端,并不等于马克思主义哲学已中国化了。毛泽东提出"你们是洋哲学",是希望哲学家们把作为哲学学科的哲学中国化,这就是笔者所认为的学术层面的中国化。

与学术层面的中国化相对的是政治层面的中国化。所谓政治层面的中国化是指用马克思主义的立场、观点和方法来解决革命和建设过程中遇到的实际问题和理论问题,形成指导革命和建设的新的理论、路线、方针和政策。这个工作主要由党中央领导集体做。政治层面的中国化自然也是马克思主义与中国和世界的现实实际、中国历史文化实际相结合的产物,但其结合的重点则是中国和世界的现实实际,主要是对中国革命和建设的经验及国际经验的总结和概括。政治层面的中国化与中国和世界形势的发展有着直接的密切的关联。因此,不同时期,不同形势,不同任务,会形成不同形态的理论。这方面,我们党取得了可喜的成果,到目前已经历了两次历史性的理论飞跃,先后形成毛泽东思想、中国特色社会主义理论(邓小平理论、"三个代表"重要思想、科学发展观和习近平新时代中国特色社会主义思想)。

学术层面的中国化是指哲学、政治经济学等学科的中国化,形成具有中国特点的马克思主义哲学、政治经济学。作为政治层面的中国化,无须考虑学科的体系、结构和内容,而作为学术层面的中国化则必须考虑这些问题,必须研究学科的体系、结构、范畴和概念。学术层面的中国化自然也必须立足于当前的国内和国际的现实,从哲学的高度概括、总结国内和国际新的实践经验,概括、总结当代科学技术和社会科学发展新成果,但它更多地则要考虑对中国传统哲学的吸取和改造,将中国哲学中的精华,尤其是中国哲学中具有而马克思主义哲学中没有或虽有而未曾展开的那些内容融入马克思主义哲学。这就需要对中国哲学有深入的研究与把握,吃透中国哲学的精神实质,而不是在讲马克思主义哲学时引几句中国哲学的语录。这是慢功细活,需要用气力,下功夫,来不得半点急躁、浮夸。这工作不是由政治家、实践家来做,而是由哲学专门家做。学术层面的中国化比政治层面的中国化更难,更需要时间,因此带有明显的滞后性。佛教从传入到中国化经历了六七百年时间。这也可以理解为什么马克思主义政治层面的中国化已经历了两三次飞跃而哲学层面的中国化至今仍未取得令人满意的成果,连一次飞跃也未完成。

马克思主义哲学中国化成效不大也有主观方面的原因。第一,教条主义的束缚。长期以来我国的理论工作者主要是从事注经、解经的工作,没有认识到马克思主义哲学并没有概括博大精深的中国哲学的优秀成果,中国哲学中有许多内容是马克思主义哲学中所没有的或虽有而未曾展开了的。受教条主义的束缚,我国的哲学工作者没有创造中国化马克思主义哲学新体系的自觉性和使命感,不敢讲要创立具有个性特点的新哲学。第二,哲学工作者内部的分工过细,哲学家们的知识构成不合理,知识面过窄。搞马克思主义哲学原理的,不懂中国哲学、外国哲学。搞中国哲学的,不搞外国哲学,不热心马克思主义哲学。搞外国哲学的,不搞中国哲学、马克思主义哲学。搞哲学原理的,不懂美学、伦理学、科学哲学和逻辑学。搞哲学的不懂经济学、不懂历史。总之,受苏联教研室体制的影响,近五十年来,哲学工作者因分工而分家,知识面很窄。当然,一个人的精力是有限的,不可能万事通。但除本专业之外,再懂一二门相关学科是必要的。一般地说,一个哲学教授应讲二至三门二级学科的课,否则就是一个不称职的教授。就马克思主义哲学中国化而言,哲学工作者起码要精通马克思主义哲学和中国哲学。今天,许多从事马克思主义哲学研究的中青年学者,对马克思主义哲学、西方哲学尚知道一些,而对中国哲学则知之甚少。不懂中国哲学、历史、文化,马克思主义哲学中国化就是一句空话。当务之急是搞马克思主义哲学的人,要下功夫学中国哲学,研究中国哲学,由此再旁通外国哲学和其他学科。哲学的特点在会通。历史上的哲学家无不具有广博的知识。马克思主义哲学工作者知识贫乏的状况应迅速改变,否则哲学将继续贫困化下去。

马克思主义政治层面和学术层面的中国化的区分是相对的,在现实中两者是互相渗透、互相促进的。一方面,广大的理论工作者积极参与政治层面的中国化,为毛泽东思想、邓小平理论和"三个代表"重要思想的形成发展作出了自己的贡献;另一方面,政治层面的中国化促进了学术层面的中国化,为学术层面的中国化提供动力、创造条件和增添新的内容。毛泽东既是党的领袖、革命家,又是学问家、哲学家。他的哲学是马克思主义哲学中国化的典范,他的哲学思想无疑是中国化马克思主义哲学的重要组成部分。笔者之所以提出马克思主义中国化的两个层面的区分,主要是为了防止以政治层面的中国化取代学术层面的中国化,希望我国的学术界能更自觉地承担起学术层面中国化的使命,在学术层面的中国化方面取得更大的进展。

　　马克思主义中国化是一个永无止境的历史过程。马克思主义中国化与中国革命的胜利、中国社会主义现代化事业的前进、中国思想文化的发展和中华民族的伟大复兴是同一个过程。马克思主义中国化绝不是少数人的事业，而是中国共产党全党的事业，也是整个中华民族的事业。毛泽东为马克思主义中国化开辟了道路，让我们沿着他的道路继续前进吧！

附录一

毛泽东有关孔子言论
资料辑录

（按年代排列）

1915 年

尝诵程子之箴,阅曾公之书,上溯周公孔子之训,若曰惟口兴戎,讷言敏行,载在方册,播之千祀。今者子升以默默示我准则,合乎圣贤之旨,敢不拜嘉!

《致萧子升信》(1915 年 8 月),《毛泽东早期文稿》,湖南出版社 1990 年版,第 18 页。

(《论语·里仁》:"君子欲讷于言,而敏于行。")

仆读《中庸》,曰博学之。朱子补《大学》,曰:即凡天下之物,莫不因其已知之理而益穷之,以至乎其极。表里精粗无不到,全体大用无不明矣。其上孔子之言,谓博学于文,孟子曰博学而详说,窃以为是天经地义,学者之所宜遵循。

《致萧子升信》(1915 年 9 月 6 日),《毛泽东早期文稿》,湖南出版社 1990 年版,第 21 页。

……然尚有其要者,国学是也。足下所深注意,仆所以言之在后者,夫亦郑重之意云尔。国学则亦广矣,其义甚深,四部之篇,上下半万载之纪述,穷年竭智,莫殚几何,不向若而叹也!……顾吾人所最急者,国学常识也。昔人有言,欲通一经,早通群经。今欲通国学,亦早通其常识耳。首贵择书,其书必能孕群籍而抱万有。干振则枝披,将麾则卒舞。如是之书,曾氏"杂钞"(按:曾国藩所纂的《经史百家杂钞》)其庶几焉。是书上自隆古,下迄清代,尽论四部精要。

《致萧子升信》(1915 年 9 月 6 日),《毛泽东早期文稿》,湖南出版社 1990 年版,第 24 页。

吾人立言,当以身心之修养、学问之研求为主,辅之政事时务,不贵文而贵质,彩必遗弃,惟取其神。

《致萧子升信》(1915 年 9 月 27 日),《毛泽东早期文稿》,湖南出版社 1990 年版,第 28 页。

1916 年

右经之类十三种,史之类十六种,子之类二十二种,集之类二十六种,合七十有七种。据现在眼光观之,以为中国应读之书止乎此。苟有志于学问,此实为必读而不可缺。

《致萧子升信》(1916 年 2 月 29 日),《毛泽东早期文稿》,湖南出版社 1990 年版,第 37 页。

古称三达德,智、仁与勇并举。今之教育学者以为可配德智体之三言。诚以德智所寄,不外于身;智仁体也,非勇无以为用。……昔者圣人之自卫其生也,鱼馁肉败不食,《乡党》一篇载之详矣。孟子曰:知命者不立夫岩之下。有身而不能自强,可以自强而故暴弃之,此食馁败而立岩墙也,可惜孰甚焉!

《致黎锦熙信》(1916 年 12 月 9 日),《毛泽东早期文稿》,湖南出版社 1990 年版,第 59、60 页。

(《礼记·中庸》:"天下之达道五,所以行之者三。曰:君臣也,父子也,夫妇也,昆弟也,朋友之交也。五者,天下之达道也。知、仁、勇三者,天下之达德也,所以行之者一也。"

《论语·乡党》:"食不厌精,脍不厌细,食饐而餲,鱼馁而肉败,不食。色恶、不食。臭恶,不食。失饪,不食。不时,不食。割不正,不食。不得其酱,不食。肉虽多,不使胜食气。唯酒无量,不及乱。沽酒市脯,不食,不撤姜食,不多食。"

《孟子·尽心上》:"是故知命者,不立乎岩墙之下。")

1917 年

自有生民以来,智识有愚暗,无不知自卫其生者。……有圣人者出,于是乎有礼,饮食起居皆有节度。故"子之燕居,申申如也,夭夭如也";"食饐而

馁,鱼馁而肉败,不食";"射于矍相之圃,盖观者如墙堵焉"。人体之组成与群
动无不同,而群动不能及人之寿,所以制其生者无节度也。人则以节度制其
生,愈降于后而愈明,于是乎有体育。体育者,养生之道也。东西之所明者不
一:庄子效法于庖丁,仲尼取资于射御;现今文明诸国,德为最盛,其斗剑之风
播于全国……

《体育之研究》(1917 年 4 月 1 日),《毛泽东早期文稿》,湖南出版社 1990
年版,第 66 页。

(《论语·述而》:"子之燕居,申申如也,夭夭如也。"

《论语·乡党》:"食不厌精,脍不厌.食饐而餲,鱼馁而肉败,不食。色恶,
不食。臭恶,不食。……"

《礼记·射义》:"孔子射于矍相之圃,盖观者如堵墙。")

又尝闻之:精神身体不能并完,用思想之人每歉于体,而体魄蛮健者多缺
于思。其说亦谬。此盖指薄志弱行之人,非所以概乎君子也。孔子七十二而
死,未闻其身体不健;释迦往来传道,死年亦高;邪苏(按:即耶稣)不幸以冤
死;至于摩诃末(按:即穆罕默德),左持经典,右执利剑,征压一世,此皆古之
所谓圣人,而最大之思想家也。

《体育之研究》(1917 年 4 月 1 日),《毛泽东早期文稿》,湖南出版社 1990
年版,第 70 页。

圣人,既得大本(按:指宇宙之本源,宇宙之真理)者也;贤人,略得大本者
也;愚人,不得大本者也。圣人通达天地,明贯过去现在未来,洞悉三界现象,
如孔子之"百世可知",孟子之"圣人复起,不易吾言"。孔孟对答弟子之问,曾
不能难,愚者或震之为神奇,不知并无谬巧,惟在得一大本而已。

《致黎锦熙信》(1917 年 8 月 23 日),《毛泽东早期文稿》,湖南出版社
1990 年版,第 87 页。

(《论语·为政》:"子张问:'十世可知也?'子曰:'殷因于夏礼,所损益,
可知也;周因于殷礼,所损益,可知也。其或继周者,虽百世,可知也。'"

《孟子·公孙丑上》:"圣人复起,必从吾言矣。")

小人累君子,君子当存慈悲之心以救小人。……若以慈悲为心,则此小人者,吾同胞也,吾宇宙之一体也。吾等独去,则彼将益即于沉沦,自宜为一援手,开其智而蓄其德,与之共跻于圣域。彼时天下皆为圣贤,而无凡愚,可尽毁一切世法,呼太和之气而吸清海之波。孔子知此义,故立太平世为鹄,而不废据乱、升平二世。大同者,吾人之鹄也。立德、立功、立言以尽力于斯世者,吾人存慈悲之心以救小人也。

《致黎锦熙信》(1917 年 8 月 23 日),《毛泽东早期文稿》,湖南出版社1990 年版,第 88、89 页。

弟久思组织私塾,采古讲学与今学校二者之长,暂只以三年为期,课程则以略通国学大要为准。过此即须出洋求学,乃求西学大要,归仍返于私塾生活,以几其深。怀此理想者,四年于兹矣。今距一年之后,即须实行,而基础未立,所忧盖有三事:一曰人,有师有友,方不孤陋寡闻;二曰地,须交通而避烦嚣;三曰财,家薄必不能任,既不教书,阙少一分收入,又须费用,增加一分支出,三者惟此为难。然拟学颜子之箪瓢与范公之画粥,冀可勉强支持也。

《致黎锦熙信》(1917 年 8 月 23 日),《毛泽东早期文稿》,湖南出版社1990 年版,第 89—90 页。

(《论语·雍也》:"子曰:'贤哉,回也! 一箪食,一瓢饮,在陋巷。人不堪其忧,回也不改其乐。贤哉,回也!'"

宋释文莹《湘山野录》记载:范仲淹少时家贫,在僧寺里读书,经常煮粥一小锅,待凝结后用刀划成四块,早晚各取两块,外加一点咸菜,即为一天饮食。《宋史·范仲淹传》:"……食不给,至以糜粥继之,人不能堪,仲淹不苦也。")

(1917 年 11 月 9 日,毛泽东主持的湖南省立第一师范学校学友会附设的夜学开学)六点半,将黑,夜学教职员陆续至国民学校,学生逐渐报到,齐即试验。……毕,整队向国旗、孔圣行三鞠礼,职教、学生相向互行一鞠躬礼。

《夜学日志首卷》(1917 年 11 月),《毛泽东早期文稿》,湖南出版社 1990年版,第 103 页。

真者,善也;伪者,恶也,实行利己主义者,念虽小犹真也,借利他之名而行利己之实者,则大伪也。由利己而放开之至于利人类之大己,利生类之大己,利宇宙之大己,系由小真而大真,人类智力进步可得达到也。人己并举则次序不明,易致假利他之名而行利己之实,无由而达到最大之利己也。予思吾儒家之说,乃是以利己主义为基础,如"天地之道造端乎夫妇"之言,"先修身而后平天下","先亲亲而后仁民爱物"可以见之。(毛泽东此段批注是针对《伦理学原理》中的"吾人意识之中,小己之刺激、与社会之刺激,利己之感情、与利他之感情,常杂然而并存……"而写。)

《〈伦理学原理〉批注》(1917—1918 年),《毛泽东早期文稿》,湖南出版社 1990 年版,第 143—144 页。

(《礼记·中庸》:"君子之道,造端乎夫妇,及其至也,察乎天地。"

《礼记 大学》:"古之欲明明德于天下者,先治其国;欲治其国者,先齐其家;欲齐其家者,先修其身;欲修其身者,先正其心;欲正其心者,先诚其意;欲诚其意者,先致其知。致知在格物,物格而后知至,知至而后意诚,意诚而后心正,心正而后身修,身修而后家齐,家齐而后国治,国治而后天下平。"

《孟子·尽心上》:"孟子曰:君子之于物也,爱之而弗仁;于民也,仁之而弗亲。亲亲而仁民,仁民而爱物。")

康德之意见。……吾国先儒之说亦然。(毛泽东此句批注是针对《伦理学原理》中的"据昔贤说,如康德辈,皆以为道德之本义,即在人类理性,必有其普通无异之实质"而写。)

《〈伦理学原理〉批注》(1917—1918 年),《毛泽东早期文稿》,湖南出版社 1990 年版,第 128 页。

而后知圣人者"生而知之"、"不虑而中,不思而得,从容中道"之不可信也。(毛泽东此句批注是针对《伦理学原理》中的"使人类无苦痛之恐怖,则无所谓刚毅……"而写。)

《〈伦理学原理〉批注》(1917—1918 年),《毛泽东早期文稿》,湖南出版社 1990 年版,第 183 页。

（《论语·季氏》："孔子曰:生而知之者,上也;学而知之者,次也;困而学之,又其次也;困而不学,民斯为下矣。"

《礼记·中庸》："诚者,不勉而中,不思而得,从容中道,圣人也。"）

吾国宋儒之说与康德同。（毛泽东此句批注是针对《伦理学原理》中的"康德之视义务意识也过重,而其徒非希的 Fichte 尤甚"而写。）

《〈伦理学原理〉批注》(1917—1918 年),《毛泽东早期文稿》,湖南出版社 1990 年版,第 215 页。

1919 年

康有为因为广州修马路,要折毁明伦堂,动了肝火,打电给岑伍,斥为"侮圣灭伦"。说,"遍游各国,未之前闻。"康先生的话真不错,遍游各国,那里寻得出什么孔子。更寻不出什么明伦堂。

《各国没有明伦堂》(1919 年 7 月 14 日),《毛泽东早期文稿》,湖南出版社 1990 年版,第 326 页。

康（按:指康有为）先生又说:"强要折毁,非民国所宜。"这才是怪! 难道定要留着那"君为臣纲""君君臣臣"的事,才算是"民国所宜"吗?

《什么是民国所宜?》(1919 年 7 月 14 日),《毛泽东早期文稿》,湖南出版社 1990 年版,第 327 页。

邓镕在新国会云,"尊孔不必设专官,节省经费。"张元奇云,"内务部祀孔,由茶房录事办理,次长司长不理,要设专官。"内务部的茶房录事,大略不是人。要说是人,怎么连祀孔都不行呢? 我想孔老爹的官气到了这么久的年载,量也减少了一点。

《大略不是人》(1919 年 7 月 14 日),《毛泽东早期文稿》,湖南出版社 1990 年版,第 328 页。

张元奇又说,"什么讲求新学顺应潮流,本席以为应宗孔逆挽潮流。"不错不错! 张先生果然有此力量,那么,扬子江里的潮流,会从昆仑山翻过去。我们到欧洲的,就坐船走昆仑山罢。

《走昆仑山到欧洲》(1919 年 7 月 14 日),《毛泽东早期文稿》,湖南出版社 1990 年版,第 330 页。

(四)那时候(按:健学会成立前二十年)的思想,是以孔子为中心的思想。那时候于政治上有排满的运动,有要求代议政治的运动。于学术上有废除科举,兴办学校,采取科学的运动。却于孔老爹,仍不敢说出半个"非"字。甚且盛倡其"学问要新道德要旧"的谬说,"道德要旧"就是"道德要从孔子"的变语。

……自由讨论学术,很合思想自由,言论自由的原则。人类最可宝贵,最堪自乐的一点,即在于此。学术的研究,最忌演绎式的独断态度。中国什么"师严而后道尊","师说","道统","宗派",都是害了"独断态度"的大病。都是思想界的强权,不可不竭力打破。像我们反对孔子,有很多别的理由。单就这独霸中国,使我们思想界不能自由,郁郁做二千年偶像的奴隶,也是不能不反对的。

《健学会之成立及进行》(1919 年 7 月 21 日),《毛泽东早期文稿》,湖南出版社 1990 年版,第 363、368 页。

第二条 下列各种问题及其他认为有研究价值续行加入之问题,为本会(按:毛泽东提议的"问题研究会")研究之问题。

……

(四)孔子问题

(五)东西文明会合问题

……

第五条 问题之研究,有须实地调查者,须实地调查之,如华工问题之类。无须实地调查,及一时不能实地调查者,则从书册、杂志、新闻纸三项着手研究,如孔子问题及三海峡凿隧通车问题之类。

《问题研究会章程》(1919 年 9 月 1 日),《毛泽东早期文稿》,湖南出版社1990 年版,第 396、397、401 页。

1920 年

我想暂不出国去,暂时在国内研究各种学问的纲要。我觉得暂时在国内研究,有下列几种好处:

1.看译本较原本快迅得多,可于较短的时间求到较多的知识。

2.世界文明分东西两流,东方文明在世界文明内,要占个半壁的地位。然东方文明可以说就是中国文明。吾人似应先研究过吾国古今学说制度的大要,再到西洋留学才有可资比较的东西。

3.吾人如果要在现今的世界稍为尽一点力,当然脱不开"中国"这个地盘。关于这地盘内的情形,似不可不加以实地的调查,及研究。这层工夫,如果留在出洋回来的时候做,因人事及生活的关系,恐怕有些困难。不如在现在做了,一来无方才所说的困难;二来又可携带经验到西洋去,考察时可以借资比较。

老实说,现在我于种种主义,种种学说,都还没有得到一个比较明了的概念,想从译本及时贤所作的报章杂志,将中外古今的学说刺取精华,使他们各构成一个明了的概念。有工夫能将所刺取的编成一本书,更好。所以我对于上列三条的第一条,认为更属紧要。

《致周世钊信》(1920 年 3 月 14 日),《毛泽东早期文稿》,湖南出版社 1990 年版,第 474—475 页。

第一集(按:《新民学会会员通信集》)所收多前一二年旧信,然于学会颇关重要,因多属于团体事业之进行与发展的。……通信集之发刊,所以联聚同人精神,商榷修学,立身,与改造世界诸方法。

《〈新民学会会员通信集〉发刊的意思及条例》(1920 年 11 月),《毛泽东早期文稿》,湖南出版社 1990 年版,第 576 页。

这是《新民学会会员通信集》的"第二集",采集会员通信计二十八封。重要者如下:……以上各信,或于身心之修养有益,或于学术之讨论问题之研究有益,或于会务之进行有益,并且都是很能引起会员团体生活的兴味的。

《〈新民学会会员通信集〉第二集序》(1920 年 11 月 30 日),《毛泽东早期文稿》,湖南出版社 1990 年版,第 578 页。

1925 年

"想造成中间派的同志以为右也不好,左也不好,只有不左不右所谓中庸之道才是好的。""依我的观察,这中间派是不能存在的。"在世界上,欧战以后,"分成两个大本营,一个是大资产阶级领袖的反革命大本营,一个是无产阶级领袖的革命大本营,两派短兵相接起来,中派的基础就动摇了。"在中国,辛亥革命以来的历史证明,一向自命为中间派的人,都成了帝国主义、军阀的走狗,完全成了反革命派。在广东,在分为革命和反革命两大派的情形下,是没有敢站在中间的。根据以上事实,"证明中间派在中间是不能立足的","只有革命的理论策略,才是我们党的理论策略"。

《在国民党广东省代表大会闭幕会上的演说》(1925 年 10 月 27 日),《毛泽东年谱(1893—1949)》上卷,人民出版社、中央文献出版社 1993 年版,第140 页。

(《论语·雍也》:"子曰:'中庸之为德也,其至矣乎! 民鲜久矣。'")

1930 年

许多做领导工作的人,遇到困难问题,只是叹气,不能解决。他恼火,请求调动工作,理由是"才力小,干不下"。这是懦夫讲的话。迈开你的两脚,到你的工作范围的各部分各地方去走走,学个孔夫子的"每事问",任凭什么才力小也能解决问题,因为你未出门时脑子是空的,归来时脑子已经不是空的了,已经载来了解决问题的各种必要材料,问题就是这样子解决了。

《反对本本主义》(1930 年 5 月),《毛泽东选集》第一卷,人民出版社 1991年版,第 110 页。

(《论语·八佾》:"子入太庙,每事问。")

1936 年

(1920 年春,毛泽东由北京到上海)在前往南京途中,我在曲阜停了一下,去看孔子的墓。我看到了孔子的弟子们濯足的那条小溪和孔子幼年所住的小镇。在有历史意义的孔庙附近的一棵有名的树,相传是孔子栽种的,我也看到了。我还在孔子的一个著名弟子颜回住过的河边停留了一下,并且看到了孟子的出生地。

《毛泽东一九三六年同斯诺的谈话》，人民出版社 1979 年版，第 35 页。

蒋氏(按：蒋介石)已因接受西安条件而恢复自由了。今后的问题是蒋氏是否不打折扣地实行他自己"言必信，行必果"的诺言，将全部救亡条件切实兑现。全国人民将不容许蒋氏再有任何游移和打折扣的余地。蒋氏如欲在抗日问题上徘徊，推迟其诺言的实践，则全国人民的革命浪潮势将席卷蒋氏以去。语曰："人而无信，不知其可。"蒋氏及其一派必须深切注意。

……共产党的"言必信，行必果"，十五年来全国人民早已承认。全国人民信任共产党的言行，实高出于信任国内任何党派的言行。

《关于蒋介石声明的声明》(1936 年 12 月 28 日)，《毛泽东选集》第一卷，人民出版社 1991 年版，第 247 页。

(《论语·为政》："子曰：'人而无信，不知其可也。大车无輗，小车无軏，其何以行之哉？'"

《论语·子路》："言必信，行必果。硁硁然小人哉！抑亦可以为次矣。")

……"内省不疚，夫何忧何惧"。九一八之不能抵御，原于一九二七[年]之失败。今日国难之是否得救，决定于统一战线能不能发展与巩固，不决定于日本。……任何事物、任何过程，外力是有影响的，且是严重的影响，然必通过内的情况才起作用。决定的东西属于内力。

《读〈辩证法唯物论教程〉(中译本第三版)一书的批注》(1936 年 11 月—1937 年 4 月 4 日)，《毛泽东哲学批注集》，中央文献出版社 1988 年版，第 108—109 页。)

(《论语·颜渊》："司马牛问君子。子曰：'君子不忧不惧。'曰：'不忧不惧，斯谓之君之已乎？'子曰：'内省不疚，夫何忧何惧？'")

1937 年

外因是变化的条件，内因是变化的根据，外因通过内因而起作用……"物必先腐也，而后虫生之，人必先疑也，而后谗入之"，这是苏东坡的名言。"内省不疚,夫何忧何惧",这也是孔夫子的实话。一个人少年充实,他就不易感受风寒。苏联至今没有受日本的侵袭,全是因为他的强固,雷公打豆腐,拣着软的欺了。全在自强,怨天尤人,都没有用。人定胜天,困难可以克服,外界的条件可以改变,这就是我们的哲学。

《矛盾论》(1937 年 8 月)初稿本,见许全兴、魏世峰主编:《延安时期的毛泽东哲学思想》,陕西人民教育出版社 1988 年版,第 45 页。

(《论语·颜渊》:"司马牛问君子。子曰:'君子不忧不惧。'曰:'不忧不惧,斯谓之君子已乎?'子曰:'内省不疚,夫何忧何惧?'")

鲁迅在中国的价值,据我看要算是中国的第一等圣人。孔夫子是封建社会的圣人,鲁迅则是现代中国的圣人。

《论鲁迅》(1937 年 10 月 19 日),《毛泽东文集》第二卷,人民出版社 1993 年版,第 43 页。

(统一战线工作)"总的方针要适合团结御侮","目前应该是和为贵","使国共合作,大家有利"。

在 1937 年 12 月召开的中央政治局会议上的发言(1937 年 12 月 11 日),转引自中共中央文献研究室编写的《毛泽东传(1893—1949 年)》,中央文献出版社 2004 年版,第 523 页。

(《论语·学而》:"有子曰:'礼之用,和为贵。'")

1938 年

你们大家都知道,苏州关了七君子,为什么把君子关起来呢?(大笑)孔夫子孟夫子都说君子是好人。君子确实是好人,因为他们主张抗日,那里没有民权,不准他们主张。

在抗大一队成立大会上的讲话(1938 年 5 月 4 日),《党史研究资料》1989 年第 12 期。

我上次说二十年(按:1938 年 3 月 30 日,毛泽东在抗大干部会议上说:

"要下决心在此教它二十年书。"),大家不要吓着,长久一点,要一生,(笑)一生当教员,黑格尔便是。黑格尔何人也? 他是马克思的先生,此人似乎当了一世教员。我们中国的孔夫子,起初做官,以后撤职,大概是当教员到死吧。详细的我还没有查清楚,(笑)张如心学黑格尔、孔夫子,我们要学黑格尔、孔夫子、张如心。当教员同时又要学习,不要以为这是小事。黑格尔、孔夫子还是个圣人,(笑)几千年只此一个。他们也未当过省长,孔夫子做官,也不过小国里的秘书长。……我们三四百人,可否出几个孔夫子、几个黑格尔呢? 重要的是要发展。由小的地方出发可以有利于全世界。中国有个武训,不去做官,当叫化子,(笑)他办学堂,办了一生,有了钱仍旧要当叫化子。现在是不是提倡同志们去当化子呢? 不是,只请你们当教员,下决心当一世教员,也许七八年以后调你们走,但你们要安下心来。

在抗大第三期总结干部会上的讲话(1938 年 5 月 21 日),《党史研究资料》1989 年第 11 期。

四万万人要能打胜日本侵略者,非有群众的领导者不可。没有领袖是做不出事情来的,那不过是空中楼阁而已。有些人常常以为自己是了不得的人,天下第一。此所谓"山中无老虎,猴子也称王"。每个领袖都应当有他的志向。孔子说:"吾十有五而志于学",马克思主义者也有他的志向。但是为什么当时的孔夫子不作共产党呢? 那是当时的老百姓不要他作共产党而要他作教书先生。而今的老百姓则需要我们作共产党了,而今有了无产阶级就有了共产党,孔夫子时代没有无产阶级,当然不会有共产党,正是没有母亲,怎么会有孩子一样的道理。因此这个志向是根据老百姓的需要与当时当地的环境而定的。

在抗大纪念"七一"、"七七"及突击运动总结大会上的讲话(1938 年 7 月 9 日),《党史研究资料》1989 年第 10 期。

全中国就是一个抗日大学,你们去当学生也当教师。……只要方向正确,又当学生,又当教师,学问一点一点就会多起来。孔子是一个教员,但是他只登过泰山,就以为是最高的山了。我的马夫所登过的山比他登过的泰山还高一些。可是他很喜欢当教员。他说他教人家就不要打瞌睡,学生也不要打瞌睡。这点是我们赞成的。虽然他比我的马夫差一点(从登山说),(大笑)但我们还要学他。看肚吃饭,量体裁衣,看情形来当教员。从孔子那里学来了教人不打瞌睡,但是学生不高兴,一个个的溜走了,只剩下自己一个人也是没有意思。所以教员还要看情形来团结学生,给学生所需要的东西。不要用注入式的方法来灌注学生,而用下毛毛雨的方法去教育学生。这才是当教员的精神,百折不回才是我们的作风。

无论哪种职业的人,他都要当学生,又当教员。一个新闻记者他也要当学生,又当教员,而且他还是一个很好的教员。像孔子那样的周游列国,碰到一个人就可以从他那里学得一些东西,也可以教他一些东西。

对抗大第四期毕业同学的讲话(1938 年 8 月 5 日),《党史研究资料》1989 年第 10 期。

从前有个好教员孔夫子,他慢慢地来,弄清了学生的脾气,使学生们都喜欢,然后好好地教他们,所谓"循循善诱"。他又学而不厌,随时当学生,如果你们有人会学得厌,就不如他了。孔夫子还有一件事,当先生不打盹睡,所谓"诲人不倦"。

《当学生、当先生,当战争领导者》(1938 年 8 月 22 日),《党的文献》2013 年第 6 期。

学习我们的历史遗产,用马克思主义的方法给以批判的总结,是我们学习的另一任务。我们这个民族有数千年的历史,有它的特点,有它的许多珍贵品。对于这些,我们还是小学生。今天的中国是历史的中国的一个发展;从孔夫子到孙中山,我们应当给以总结,承继这一份珍贵的遗产。这对于指导当前的伟大的运动,是有重要的帮助的。共产党员是国际主义的马克思主义者,但是马克思主义必须和我国的具体特点相结合并通过一定的民族形式才能实现。

《中国共产党在民族战争中的地位》(1938 年 10 月 14 日),《毛泽东选集》第二卷,人民出版社 1991 年版,第 533—534 页。

学习的敌人是自己的满足,要认真学习一点东西,必须从不自满开始。对自己,"学而不厌",对人家,"诲人不倦",我们应取这种态度。

《中国共产党在民族战争中的地位》(1938 年 10 月 14 日),《毛泽东选集》第二卷,第 535 页。

(《论语·述而》:"子曰:'默而识之,学而不厌,诲人不倦,何有于我哉?'")

同志们的志愿都很好,从前有个孔夫子,他讲自己是十五而读书,可见他十四岁的时候还没有读书。今天我们不但是立志,要读书,而且要立志做大事,而且要立志打倒日本帝国主义,而且要立志创造一个新中国。

向抗大八大队同学所作的讲演(1938 年 12 月 15 日),《党史研究资料》1989 年第 11 期。

1939 年

(五)中庸问题

墨家的"欲正权利,恶正权害"、"两而无偏"、"正而不可摇",与儒家的"执两用中"、"择乎中庸服膺勿失"、"中立不倚"、"至死不变"是一个意思,都是肯定质的安定性,为此质的安定性而作两条战线斗争,反对过与不及。这里有几点意见:(1)是在作两条战线斗争,用两条战线斗争的方法来规定相对的质。(2)儒墨两家话说得不同,意思是一样,墨家没有特别发展的地方。(3)"正"是质的观念,与儒家之"中"(不偏之谓中)同。"权"不是质的观念,是规定此质区别异质的方法,与儒家"执两用中"之"执"同。"欲"之"正"是"利",使与害区别。"恶"之"正"是"害",使与利区别而不相混。"权者两而无偏",应解作规定事物一定的质不使向左右偏(不使向异质偏),但这句话并不及"过犹不及"之明白恰当,不必说它"是过犹不及之发展"。(4)至于说"两而无偏,恰是墨子看到一个质之含有不同的两方面,不向任何一方面偏向,这才是正,才真正合乎那个质",则甚不妥,这把墨家说成折中论了。一个质有两方面,但在一个过程中的质有一方面是主要的,是相对安定的,必须要有所偏,必须偏于这方面,所谓一定的质,或一个质,就是指的这方面,这就是质,否则否定了质。所以墨说"无偏"是不要向左与右的异质偏,不是不要向一个质的两方面之一方面偏(其实这不是偏,恰是正),如果墨家是唯物辩证论的话,便应作如此解。

《致陈伯达》(1939 年 2 月 1 日),《毛泽东书信选集》,人民出版社 1981 年版,第 141—142 页。

(《墨子·经上》:"欲正权利,且恶正权害。"

《墨子·经说上》:"仗者,两而勿偏。"孙诒让《墨子间诂》中说,"仗"当作"权"。

《墨子·经下》:"正而不可担。"孙诒让《墨子间诂》中说,"担"当作"摇"。

《礼记·中庸》:"子曰:'舜其大知也与,舜好问而好察迩言,隐恶而扬善,执其两端,用其中于民,其斯以为舜乎。'"

《礼记·中庸》:"子曰:'回之为人也,择乎中庸,得一善,则拳拳服膺,而弗失之矣。'"

《礼记·中庸》:"君子和而不流,强哉矫;中立而不倚,强哉矫;国有道,不变塞焉,强哉矫;国无道,至死不变,强哉矫。")

统一战线一方面讲亲爱、讲团结,另一方又要斗争,那就这不是自相矛盾吗? 你们在学校里,一个人自身也有统一与斗争,自己犯了错误,要克服错误,不是要斗争吗? 孔子说"君子和而不同,小人同而不和",这也是说统一里有斗争。父子之间、君臣之间的关系也有统一与斗争。一方面,父爱子孝,君明臣贤,这是亲爱、团结,这就是统一;另一方面,子劝父过,臣谏君误,这就是斗争,也就是现在所谓的说服教育。这一切,都说明了统一里有斗争,天下万物皆然。如果有人认为只有团结而没有斗争,那他就还没有学通马克思主义。统一与斗争是统一战线的两个基本原则,那末这两者是不是半斤与八两呢? 或者说斗争更重于统一呢? 回答都是否定的! 抗日民族统一战线的第一个基本原则便是统一,这就是说要跟朋友讲亲爱、讲团结、互相帮助等等;但还有一个原则是斗争,那就是劝解、说服、教育等等,这是不可缺少的一个原则。

在中央党校的演讲(1939 年 2 月 5 日),《党的文献》1995 年第 4 期。

(《论语·子路》:"子曰:'君子和而不同,小人同而不和。'")

伯达同志的《孔子哲学》我曾经看过一次（没有细看），觉得是好的，今因你的嘱咐再看一遍，仍觉大体上是好的，惟有几点可商榷之处开在下面，请加斟酌，并与伯达同志商量一番。我对孔子的东西毫无研究，下列意见是从伯达文章望文生义地说出来的，不敢自信为正确的意见。

（一）"名不正则言不顺，言不顺则事不成……"，作为哲学的整个纲领来说是观念论，伯达的指出是对的；但如果作为哲学的部分，即作为实践论来说则是对的，这和"没有正确理论就没有正确实践"的意思差不多。如果孔子在"名不正"上面加了一句："实不明则名不正"，而孔子又是真正承认实为根本的话，那孔子就不是观念论了，然而事实上不是如此，所以孔子的体系是观念论；但作为片面真理则是对的，一切观念论都有其片面真理，孔子也是一样。此点似宜在文中指出，以免读者误认"名不正言不顺"而"事"也可"成"。"正名"的工作，不但孔子，我们也在做，孔子是正封建秩序之名，我们是正革命秩序之名，孔子是名为主，我们则是实为主，分别就在这里。又观念论哲学有一个长处，就是强调主观能动性，孔子正是这样，所以能引起人的注意与拥护。机械唯物论不能克服观念论，重要原因之一就在于它忽视主观能动性。我们对孔子的这方面的长处应该说到。

（二）"家庭中父与子的关系，反映了社会中君与臣的关系"，不如倒过来说："社会中（说国家中似较妥当）君与臣的关系，反映了家庭中父与子的关系"。事实上奴隶社会与封建社会的国家发生以前，家庭是先发生的，原始共产社会末期氏族社会中的家长制，是后来国家形成的先驱，所以是"移孝作忠"而不是移忠作孝。一切国家（政治）都是经济之集中的表现，而在封建国家里家庭则正是当时小生产经济之基本单元，如伯达所说的"基本细胞"，封建国家为了适应它们的集中（封建主义的集中）而出现。

（三）中庸问题

伯达的解释是对的，但是不足的。"过犹不及"是两条战线斗争的方法，是重要思想方法之一。一切哲学，一切思想，一切日常生活，都要作两条战线斗争，去肯定事物与概念的相对安定的质。"一定的质含有一定的量"（不如说"一定的质被包含于一定的量之中"），是对的，但重要的是从事物的量上去找出并确定那一定的质，为之设立界限，使之区别于其它异质，作两条战线斗争的目的在此。文中最好引《中庸》上面"舜其大知也与,舜好问而好察迩言……执其两端用其中于民"以及"回之为人也,择乎中庸得一善则拳拳服膺而弗失之",更加明确地解释了中庸的意义。朱熹在"舜其大知"一节注道:"两端谓众论不同之极致,盖凡物皆有两端,如大小厚薄之类。于善之中又执其两端而度量以取中,然后用之,则其择之审而行之至矣。然非在我之权度精切不差,何以与此? 此知之所以无过不及而道之所以行也"。这个注解大体是对的,但"两端"不应单训为"众论不同之极致",而应说明即是指的"过"与"不及"。"过"的即是"左"的东西,"不及"的即是右的东西。依照现在我们的观点说来,过与不及乃指一定事物在时间与空间中运动,当其发展到一定状态时,应从量的关系上找出与确定其一定的质,这就是"中"或"中庸",或"时中"。说这个事物已经不是这种状态而进到别种状态了,这就是别一种质,就是"过"或"左"倾了。说这个事物还停止在原来状态并无发展,这是老的事物,是概念停滞,是守旧顽固,是右倾,是"不及"。孔子的中庸观念没有这种发展的思想,乃是排斥异端树立己说的意思为多,然而是从量上去找出与确定质而反对"左"右倾则是无疑的。这个思想的确如伯达所说是孔子的一大发现,一大功绩,是哲学的重要范畴,值得很好地解释一番。

(四)说孔子"患得患失"时不必引孔子做鲁国宰相"有喜色"一例,因为不能指出当做了官的时候除了"有喜色"之外应取什么更正当的态度,问题在于那个官应不应做,不在有无喜色。

(五)关于孔子的道德论,应给以唯物论的观察,加以更多的批判,以便与国民党的道德观(国民党在这方面最喜引孔子)有原则的区别。例如"知仁勇",孔子的知(理论)既是不根于客观事实的,是独断的,观念论的,则其见之仁勇(实践),也必是仁于统治者一阶级而不仁于大众的;勇于压迫人民,勇于守卫封建制度,而不勇于为人民服务的。知仁勇被称为"三达德",是历来的糊涂观念,知是理论,是思想,是计划,方案,政策,仁勇是拿理论、政策等见之实践时候应取的一二种态度,仁象现在说的"亲爱团结",勇象现在说的"克服困难"(现在我们说亲爱团结,克服困难,都是唯物论的,而孔子的知仁勇则一概是主观的),但还有别的更重要的态度如象"忠实",如果做事不忠实,那"知"只是言而不信,仁只是假仁,勇只是白勇。还有仁义对举,"义者事之

246

宜",可说是"知"的范畴内事,而"仁"不过是实践时的态度之一,却放在"义"之上,成为观念论的昏乱思想。"仁"这个东西在孔子以后几千年来,为观念论的昏乱思想家所利用,闹得一塌糊涂,真是害人不浅。我觉孔子的这类道德范畴,应给以历史的唯物论的批判,将其放在恰当的位置。伯达同志有了一些批判,但还觉得不大严肃。

(六)没有明白指出孔子在认识论上与社会论上的基本的形而上学之外,有它的辩证法的许多因素,例如孔子对名与事、文与质、言与行等等关系的说明。

(七)此外,文没有一个总的概念,使初学看了觉得缺乏系统性,如能在文前或文尾对于孔子哲学加以概括的说明,指出其根本性质则更好。我看过的伯达的几篇文章,似乎都有此缺点。

以上几点并未深想,只是随说一顿而已。

《致张闻天》(1939年2月20日),《毛泽东书信选集》,人民出版社1981年版,第144—148页。

伯达同志的文章再看了,改处都好。但尚有下列意见,请转达伯达同志考虑。

(一)说孔子教育普及化的功绩时引了郭沫若的话,说孔子的功绩仅在教育普及一点,他则毫无,这不合事实,也与本文冲突,我觉可以不引。

(二)在最末一段前我加了一句,似更醒目。

(三)伯达此文及老墨哲学诸文引了章(炳麟),梁(启超),胡(适),冯(友兰)诸人许多话,我不反对引他们的话,但应在适当地方有一批判的申明,说明他们在中国学术上有其功绩,但他们的思想和我们是有基本上区别的,梁基本上是观念论与形而上学,胡是庸俗唯物论与相对主义,也是形而上学,章,冯……(章,冯二家我无研究),等等。若无这一简单的申明,则有使读者根本相信他们的危险。老子等两篇已发表,可在孔子篇的末尾来一申明(此申明低二格写),说明此篇,前二篇,及尔后发表诸文,凡引他们的话,都是引他们在这些问题上说得对的,或大体上说得对的东西,对于他们整个思想系统上的错误的批判则属另一问题,须在另一时间去做。

是否有当,请兄及陈同志斟酌。

《致张闻天》(1939 年 2 月 22 日),《毛泽东书信选集》,人民出版社 1981 年版,第 150—151 页。

历史上只有禹王,他是作官的,他也耕田,手上起了泡,叫做胼胝。还有一个墨子,也是一个劳动者。他不是官,而他是比孔子更高明的圣人。孔子虽然也是圣人,但有一个缺点,就是不耕地。人家问孔先生耕地种菜怎么做? 他说,不知道,去问耕田的人,去问种菜的人。墨子不同,他自己动手作桌子椅子。

在抗大生产运动初步总结大会上的讲话(1939 年 4 月 24 日),《党史研究资料》1989 年第 11 期。

孔子办学校的时候,他的学生也不少,"贤人七十,弟子三千",可谓盛矣。但是他的学生比起延安来就少得多,而且不喜欢什么生产运动。他的学生向他请教如何耕田,他就说:"不知道,我不如农民。"又问如何种菜,他又说:"不知道,我不如种菜的。"中国古代在圣人那里读书的青年们,不但没有学过革命的理论,而且不实行劳动。

《青年运动的方向》(1939 年 5 月 4 日),《毛泽东选集》第二卷,人民出版社 1991 年版,第 568 页。

(《论语·子路》:"樊迟请学稼。子曰:'吾不如老农。'请学为圃。曰:'吾不如老圃。'"

司马迁《史记·孔子世家》:"孔子以诗书礼乐教,弟子盖三千焉,身通六艺者七十有二人。")

巩固边区有一个方针,两条原则。一个方针,就是:"一步不让",对于他们的捣乱给以无情的打击,决不让步。两条原则的第一条便是"人不犯我,我不犯人",同他讲亲爱,讲团结,要是他对我们不客气,我们就来第二条,就是"人要犯我,我必犯人",这叫摩擦,人家摩擦来,我们就摩擦去,也就是孔夫子所谓的"来而不往非礼也",否则不叫"礼尚往来"。这是圣人之言,天经地义,我们一定要摩擦去。

在延安后方留守兵团军事会议上的讲话(1939 年 5 月 5 日),参见《毛泽东年谱(1893—1949)》中卷,人民出版社、中央文献出版社 1993 年版,第123 页。

(《礼记·曲礼上》:"礼尚往来,往而不来,非礼也;来而不往,亦非礼也。")

同志们:大家都要努力学习,不可落后,不可躲懒睡觉。从前孔子的学生宰予,他在白天睡觉,孔子骂他"朽木不可雕也",对于我们队伍中躲懒的人,也可以这样讲一讲,但是对学习有成绩的,就要奖赏,有赏有罚,赏罚严明。不过我们主要的在于奖,假使有个把宰予,也没有什么关系。

《在延安在职干部教育动员大会上的讲话》(1939 年 5 月 20 日),《毛泽东文集》第二卷,人民出版社 1993 年版,第 180 页。

(《论语·公冶长》:"宰予昼寝。子曰:'朽木不可雕也,粪土之墙不可圬也;于予与何诛?'")

从古以来真正有学问的人,不是从学堂里学来的。孔夫子的孔夫子主义,不是一下子从学堂里学到的。他的老师叫做项橐,这是有书为证的,"昔仲尼,师项橐",在《三字经》里记载着。但是他的主义不是全部从项橐那儿学到的,他是在当先生的时候,在鲁国做官的时候,才有他的孔夫子主义的。

《在延安在职干部教育动员大会上的讲话》(1939 年 5 月 20 日),《毛泽东文集》第二卷,人民出版社 1993 年版,第 183 页。

从前我读书的时候,没有你们现在这样好的条件。起初读的是孔子的书,就是"学而时习之,不亦说乎?"那一套。到后来进了洋学堂,受到一些资产阶级的教育。在学校里虽也听说过一点孙中山、马克思的话,但是真正的孙中山主义、马克思主义,是出了学校门才学到的。现在你们什么都能够听到,仅仅孔夫子的少一点。

《永久奋斗》(1939 年 5 月 30 日),《毛泽东文集》第二卷,人民出版社

1993 年版,第 189 页。

（《论语·学而》："子曰:'学而时习之,不亦说乎? 有朋自远方来,不亦乐乎?……'"）

"唤起民众"这是孙中山先生临死时讲的,古人说"人之将死,其言亦善",但有些人也只唤了三天,第四天就不干了。

《永久奋斗》（1939 年 5 月 30 日）,《毛泽东文集》第二卷,人民出版社1993 年版,第 192 页。

（《论语·泰伯》："曾子言曰:'鸟之将死,其鸣也哀;人之将死,其言也善……。'"）

至于蒋介石先生说了什么共产党不存在的话,我以为这是不确实的。因为:第一,蒋先生是一个政治家,他不但有政治常识,而且懂得更多的东西。第二,蒋先生是抗战领袖,他不应该说这样的话。第三,他如果说这样的话,岂不是与他从前的话相矛盾吗? 因为他在一九三七年九月二十三日发表过谈话,承认了共产党的合法存在。所以,我相信,这种毫无常识的话,这种不利于团结抗战的话,这种与蒋先生过去所说互相冲突的话,他应该是不会说的。而如果果然说了的话,那我们就有权利请他更正。古人说"君子之过也,如日月之食焉:过也,人皆见之;更也,人皆仰之。"蒋先生如果真的说了这样的话,那实在是他的过错,是一个全体共产党员皆不能忍受的过错,我们一定要请他更正。

《同美国记者斯诺的谈话》（1939 年 9 月 24 日）,《毛泽东文集》第二卷,人民出版社 1993 年版,第 240—241 页。

（《论语·子张》："子贡曰:'君子之过也,如日月之食焉:过也,人皆见之;更也,人皆仰之。'"）

中庸思想本来有折中主义的成分,它是反对废止剥削又反对过分剥削的折中主义,是孔子主义即儒家思想的基础。不是"被人曲解",他本来是这样的。

《读艾思奇编〈哲学选辑〉一书的批注》(1939 年),《毛泽东哲学批注集》,中央文献出版社 1988 年版,第 364 页。

(艾思奇拟的哲学《研究提纲》中说:"中庸思想常常被人曲解为折中主义,或妥协调和主义。"毛泽东针对此而批写。)

中庸思想是反辩证[法]的,他知道量变质,但畏惧其变,用两条战线斗争方法来维持旧质不使变化,这是维持封建制度的方法论。他只是辩证法的一要素,……而不是辩证法。

中庸主义包括了死硬派和折中派两种思想。当其肯定质的绝对安定性,这是同一律,也就是死硬派思想。当其畏首畏尾于过程正反之间成为排中律的反面之唯中律,代表两端间的过渡形态时,他是折中主义。当新势力与旧势力斗争激烈而胜负未分时,往往出现这种折中主义。

《读艾思奇编〈哲学选辑〉一书的批注》(1939 年),《毛泽东哲学批注集》,中央文献出版社 1988 年版,第 380 页。

1940 年

一定的文化是一定社会的政治和经济在观念形态上的反映。在中国,有帝国主义文化,这是反映帝国主义在政治上经济上统治或半统治中国的东西。……在中国,又有半封建文化,这是反映半封建政治和半封建经济的东西,凡属主张尊孔读经、提倡旧礼教旧思想、反对新文化新思想的人们,都是这类文化的代表。帝国主义文化和半封建文化是非常亲热的两兄弟,它们结成文化上的反动同盟,反对中国的新文化。这类反动文化是替帝国主义和封建阶级服务的,是应该被打倒的东西。不把这种东西打倒,什么新文化都是建立不起来的。不破不立,不塞不流,不止不行,它们之间的斗争是生死斗争。

《新民主主义论》(1940 年 1 月),《毛泽东选集》第二卷,人民出版社 1991 年版,第 694—695 页。

中国的长期封建社会中,创造了灿烂的古代文化。清理古代文化的发展过程,剔除其封建性的糟粕,吸收其民主性的精华,是发展民族新文化提高民族自信的必要条件;但是决不能无批判地兼收并蓄。必须将古代封建统治阶级的一切腐朽的东西和古代优秀的人民文化即多少带有民主性和革命性的东西区别开来。中国现时的新政治新经济是从古代的旧政治旧经济发展而来的,中国现时的新文化也是从古代的旧文化发展而来,因此,我们必须尊重自己的历史,决不能割断历史。但是这种尊重,是给历史以一定的科学的地位,是尊重历史的辩证法的发展,而不是颂古非今,不是赞扬任何封建的毒素。对于人民群众和青年学生,主要地不是要引导他们向后看,而是要引导他们向前看。

《新民主主义论》(1940 年 1 月),《毛泽东选集》第二卷,人民出版社 1991 年版,第 707—708 页。

提纲(按:指范文澜 1940 年在延安新哲学会年会上作的关于中国经学简史的讲演提纲)读了,十分高兴,倘能写出来,必有大益,因为用马克思主义清算经学这是头一次,因为目前大地主大资产阶级的复古反动十分猖獗,目前思想斗争的第一任务就是反对这种反动。你的历史工作继续下去,对这一斗争必有大的影响。

《致范文澜》(1940 年 9 月 5 日),《毛泽东书信选集》,人民出版社 1983 年版,第 163 页。

1941 年

如能实行以上十二条(按:中共中央为解决皖南事变而向国民党当局提出的"悬崖勒马,停止挑衅"、"恢复叶挺自由,继续充当新四军军长"等十二条),则事态自然平复,我们共产党和全国人民,必不过为已甚。否则,"吾恐季孙之忧,不在颛臾,而在萧墙之内",反动派必然是搬起石头打他们自己的脚,那时我们就爱莫能助了。

《为皖南事变发表的命令和谈话》(1941 年 1 月 20 日),《毛泽东选集》第二卷,人民出版社 1991 年版,第 775—776 页。

(季孙,鲁国大夫。颛臾,春秋时的小国。萧墙是古代宫室内当门的小墙。《论语·季氏》记载:"季氏将伐颛臾。……孔子曰:'吾恐季孙之忧,不在颛臾,而在萧墙之内也。'")

事情确需多交换意见,多谈多吹,才能周通,否则极易偏于一面。对下情搜集亦然,须故意(强所不愿)收集反面材料。我的经验,用此方法,很多时候,前所认为对的,后觉不对了,改取了新的观点。客观地看问题,即是孔老先生说的"毋意,毋必,毋固,毋我",你三日信的精神,与此一致,盼加发挥。此次争论,对边区,对个人,皆有助益。各去所偏,就会归于一是。……事情只求其"是",闲气都是浮云。过去的一些"气",许多也是激起来的,实在不相宜。我因听得多了,故愿与闻一番,求达"和为贵"之目的。

《致谢觉哉》(1941 年 8 月 5 日),《毛泽东年谱(1893—1949)》中卷,人民出版社、中央文献出版社 1993 年版,第 317 页。

(《论语·子罕》:"子绝四:毋意,毋必,毋固,毋我。"

《论语·学而》:"有子曰:'礼之用,和为贵。'")

1942 年

没有文化,马克思列宁主义的理论就学不进去。学好了文化,随时都可学习马克思列宁主义。我幼年没有进过马克思列宁主义的学校,学的是"子曰学而时习之,不亦说乎"一套,这种学习的内容虽然陈旧了,但是对我也有好处,因为我识字便是从这里学来的。何况现在不是学的孔夫子,学的是新鲜的国语、历史、地理和自然常识,这些文化课学好了,到处有用。

《整顿党的作风》(1942 年 2 月 1 日),《毛泽东选集》第三卷,人民出版社1991 年版,第 818 页。

(《论语·学而》:"子曰:'学而时习之,不亦说乎? 有朋自远方来,不亦乐乎? ……'")

五四运动时期,一班新人物反对文言文,提倡白话文,反对旧教条,提倡科学和民主,这些都是很对的。在那时,这个运动是生动活泼的,前进的,革命的。那时的统治阶级都拿孔夫子的道理教学生,把孔夫子的一套当作宗教教条一样强迫人民信奉,做文章的人都用文言文。总之,那时统治阶级及其帮闲者们的文章和教育,不论它的形式和内容,都是八股式的,教条式的。这就是老八股、老教条。揭穿这种老八股、老教条的丑态给人民看,号召人民起来反对老八股、老教条，这就是五四运动时期的一个极大的功绩。

《反对党八股》(1942 年 2 月 8 日)，《毛泽东选集》第三卷，人民出版社 1991 年版，第 831 页。

孔夫子提倡"再思"，韩愈也说"行成于思"，那是古代的事情。现在的事情，问题很复杂，有些事情甚至想三四回还不够。

《反对党八股》(1942 年 2 月 8 日)，《毛泽东选集》第三卷，人民出版社 1991 年版，第 844 页。

(《论语·公冶长》："季文子三思而后行，子闻之，曰：'再，斯可矣。'")

研究中国共产党的历史，还应该把党成立以前的辛亥革命和五四运动的材料研究一下。不然，就不能明了历史的发展。现在有很多东西直接联系到那时候，比如反对党八股，如不联系"五四"时反对老八股、老教条、孔夫子的教条、文言文，恐怕就不能把问题弄清楚。

《如何研究中共党史》(1942 年 3 月 30 日)，《毛泽东文集》第二卷，人民出版社 1993 年版，第 404 页。

世上决没有无缘无故的爱，也没有无缘无故的恨。至于所谓"人类之爱"，自从人类分化成为阶级以后，就没有过这种统一的爱。过去的一切统治阶级喜欢提倡这个东西，许多所谓圣人贤人也喜欢提倡这个东西，但是无论谁都没有真正实行过，因为它在阶级社会里是不可能实行的。真正的人类之爱是会有的，那是在全世界消灭了阶级之后。阶级使社会分化为许多对立体，阶级消灭后，那时就有了整个的人类之爱，但是现在还没有。我们不能爱敌人，不能爱社会的丑恶现象，我们的目的是消灭这些东西。

《在延安文艺座谈会上的讲话》(1942 年 5 月 23 日)，《毛泽东选集》第三卷，人民出版社 1991 年版，第 871 页。

(《论语·颜渊》："樊迟问仁。子曰：'爱人。'")

对于"党棍"要坚持清除。没有斗争便不能有进步。有人说我们所进行的党内斗争是不符合中国的习惯的,但我们说我们必须拿起批评与自我批评的武器,使党员更提高更进步。

在中共中央西北局高级干部会议开幕会上的讲话,(1942 年 10 月 19 日),《毛泽东年谱(1893—1949)》中卷,人民出版社、中央文献出版社 1993 年版,第 408 页。

有许多的部队、机关、学校,在他们的生产活动中,负行政指挥责任的同志不大去管,甚至有少数人完全不闻不问,而仅仅委托于供给机关或总务处去管,这是由于还没有懂得经济工作的重要性的原故。其所以还不懂得,或则中了董仲舒们所谓"正其谊不谋其利,明其道不计其功"这些唯心的骗人的腐话之毒,还没有去掉得干净;或则以为政治、党务、军事是第一位的,是最重要的,经济工作虽然也重要,但不会重要到那种程度,觉得自己不必分心或不必多分心去管它。但是这些想法全是不对的。在目前陕甘宁边区的条件下,大多数人做工作,讲革命,除了经济与教育(理论教育,政治教育,军事教育,文化教育,技术教育,业务教育,国民教育,均在内)两件工作以外,究竟还有什么工作值得称为中心工作,或所谓第一位工作的呢? 究竟还有什么工作是更革命的呢? 不错,其他工作是有的,而且还有许多,但是中心的或第一位的工作,就目前边区条件说来,就大多数同志说来,确确实实地就是经济工作与教育工作,其他工作都是围绕着这两项工作而有其意义。……两项工作中,教育(或学习)是不能孤立地去进行的,我们不是处在"学也,禄在其中"的时代,我们不能饿着肚子去"正谊明道",我们必须弄饭吃,我们必须注意经济工作。离开经济工作而谈教育或学习,不过是多余的空话。离开经济工作而谈"革命",不过是革财政厅的命,革自己的命,敌人是丝毫也不会被你伤着的。

《经济问题与财政问题》(1942 年 12 月),《毛泽东文集》第二卷,人民出版社 1993 年版,第 464—465 页。

(《论语·卫灵公》:"子曰:'君子谋道不谋食。耕也,馁在其中矣;学也,禄在其中矣。君子忧道不忧贫。'"

《汉书·董仲舒传》:董仲舒主张,"正其谊不谋其利;明其道不计其功"。)

1943 年

在政治上提出"己所不欲,勿施于人"的口号是不适当的,现在的任务是用战争及其他政治手段打倒敌人,现在的社会基础是商品经济,这二者都是所谓己所不欲,要施于人。只有在阶级消灭后,才能实现己所不欲,勿施于人的原则,消灭战争、政治压迫与经济剥削。目前国内各阶级间有一种为着打倒共同敌人的互助,但是不仅在经济上没有废止剥削,而且在政治上没有废止压迫(例如反共等)。我们应该提出限制剥削与限制压迫的要求,并强调团结抗日,但不应提出一般的绝对的阶级互助(己所不欲,勿施于人)的口号。

《致彭德怀的信》(1943 年 6 月 6 日),《毛泽东文集》第三卷,人民出版社1996 年版,第 26—27 页。

(《论语·颜渊》:"仲弓问仁。子曰:'出门如见大宾,使民如承大祭。己所不欲,勿施于人。在邦无怨,在家无怨。'")

抗战时期国民党又搞法西斯。因为它是买办的、封建的法西斯主义,所以它是反人民的。当然,国民党也"爱"老百姓。不管中国的、外国的、古代的和现代的,地主阶级、资产阶级,他们的生存都离不开老百姓。中国孔夫子讲"仁爱",他也和我们延安一样"拥政爱民"。地主、资产阶级统治者"爱"民,是为了从老百姓身上取东西,为了剥削,他们的爱民和爱牛差不多,喂牛干什么? 耕田之外,还可挤乳。我们和他们不同,我们自己是民,我们党是民的代表,我们要人民觉悟,要人民团结起来。在这个问题上,我们和他们是冲突的:一个要人民,一个脱离人民。

在中共中央党校第二部学员开学会上的讲话(1943 年 8 月 8 日),参见《毛泽东年谱(1893—1949)》中卷,人民出版社、中央文献出版社 1993 年版,第 463 页。

当资产阶级对封建革命时候,他们是代表了社会进化利益。他们也爱好他们所能知道的真理,例如民约论与进化论。(毛泽东上述批语是针对 1943年 6 月 28 日刘少奇致续范亭的信中的"只有觉悟了的无产阶级,真正的马克思主义者,才能坦率的爱好真理"所写的。)

王阳明也有一些真理。

剥削阶级当着还能代表群众的时候,能够说出若干真理,如孔子、苏格拉底、资产阶级,这样看法才是历史的看法。(毛泽东上述批语是针对"一切剥削阶级的学者关于人性、是非、善恶、好恶联系起来所构成的学说,没有一个不是说得错误百出的"所写的。)

孔孟有一部分真理,全部否定是非历史的看法。〔毛泽东上述批语是针对"我们决不能把这种哲学(按:指'中国封建阶级的伦理哲学'),把孔孟之道,看做是中国文化的优良传统。相反,这恰是中国文化的不良传统"所写的。〕

《对刘少奇致续范亭的信的批语》(1943年12月17日),《毛泽东文集》第三卷,人民出版社1996年版,第85页。另参见陈晋:《毛泽东文化性格》,中国青年出版社1991年版,第195—196页。

(据《毛泽东年谱(1893—1949)》中卷,第485—486页载:1943年12月17日,毛泽东在读了刘少奇6月28日关于人性、是非、善恶等问题致续范亭的信后,写信给刘少奇。信中说:"一气看完了你这一篇,前后看了三遍。并且率直批上了我的意见。")

1944 年

我们的方针是避免内战,集中抗战。……我们要采取同国民党搞好关系的方针,即是实行"孔夫子打麻将——和为贵"。

《关于路线学习、工作作风和时局问题》(1944年3月5日),《毛泽东文集》第三卷,人民出版社1996年版,第99页。

(《论语·学而》:"有子曰:'礼之用,和为贵。'")

拿环境来说,今年比去年好,磨擦仗大概是不会打了。罗斯福不赞成我们中国打磨擦仗,那位蒋委员长也不想打,我们更不想打,大家都不想打,自然就打不起来,所谓"和为贵"。

《关于陕甘宁边区的文化教育问题》(1944年3月22日),《毛泽东文集》第三卷,人民出版社1996年版,第106页。

我们还要提倡父慈子孝。过去为了这件事,我还和我的父亲吵了一架,他说我不孝,我说他不慈,我说应该父慈第一,子孝第二,这是双方面的。如果父亲把儿子打得一塌糊涂,儿子怎么样能够孝呢?这是孔夫子的辩证法。今年庆祝三八妇女节,提出建立模范家庭,这是共产党的一大进步。我们主张家庭和睦,父慈子孝,兄爱弟敬,双方互相靠拢,和和气气过光景。

《关于陕甘宁边区的文化教育问题》(1944年3月22日),《毛泽东文集》第三卷,人民出版社1996年版,第115—116页。

在教学方法上,教员要根据学生的情况来讲课。教员不根据学生要求学什么东西,全凭自己教,这个方法是不行的。教员也要跟学生学,不能光教学生。现在我看要有一个制度,叫做三七开。就是教员先向学生学七分,了解学生的历史、个性和需要,然后再拿三分去教学生。这个方法听起来好像很新,其实早就有了,孔夫子就是这样教学的。同一个问题,他答复子路的跟答复冉有的就不一样。子路是急性子,对他的答复就要使他慢一些;冉有是慢性子,对他的答复就要使他快一些。

《关于陕甘宁边区的文化教育问题》(1944年3月22日),《毛泽东文集》第三卷,人民出版社1996年版,第116页。

任何社会没有文化就建设不起来。封建社会有封建文化,封建社会的文化就是孔夫子的文化,比如送先生一块猪肉才能上学,这是孔夫子说的,这片猪肉究竟有几斤几十斤,不得而知。总之,这件事是从孔夫子开始的,这是在孔夫子以前所没有的。以前教育掌握在巫神手里,后来和官府结合,掌握在官府手里,老百姓没有自己送子弟进学的情形。老百姓自己送学生进学,还是从孔夫子开始的。我看孔夫子的这种办法是民办学校,他的学生有三千,是从小学到大学都有,程度不齐,大学部有七十二个,所谓七十二贤人,其他都是小学中学。当然这三千弟子也是多少年学生的总数,但程度不齐是事实。

《关于陕甘宁边区的文化教育问题》(1944年3月22日),《党的文献》1993年第2期。

凡事忍耐，多想自己缺点，增益其所不能；照顾大局，只要不妨大的原则，多多原谅人家。忍耐最难，但作一个政治家，必须练习忍耐，这点意见，请你考虑。

《致陈毅》(1944 年 4 月 9 日)，《毛泽东文集》第三卷，人民出版社 1996 年版，第 127 页。

(《论语·卫灵公》："子曰：'巧言乱德。小不忍则乱大谋。'")

我们的方针是教育人，这个方针是确定了的，我现在再一次向你们宣布。有人相信，有人不相信，信不信由你。《论语》上说"言可复也"，意思是说过的话是要实行的。中央决定的方针，既然宣布了，就要实行，大家可以看。

《在延安大学开学典礼上的讲话》(1944 年 5 月 24 日)，《毛泽东文集》第三卷，人民出版社 1996 年版，第 155 页。

(《论语·学而》："信近于义，言可复也。")

我们信奉马克思主义是正确的思想方法，这并不意味着我们忽视中国文化遗产和非马克思主义的外国思想的价值。

中国历史遗留给我们的东西中有很多好东西，这是千真万确的。我们必须把这些遗产变成自己的东西。然而我们中国有些人却崇拜旧的过时的思想，这些思想对于我们今天的中国不仅不适用而且有害。这样的东西必须抛弃。

外国文化也一样，其中有我们必须接受的、进步的好东西，而另一方面，也有我们必须摒弃的腐败的东西，如法西斯主义。

继承中国过去的思想和接受外来思想，并不意味着无条件地照搬，而必须根据具体条件加以采用，使之适合中国的实际。我们的态度是批判地接受我们自己的历史遗产和外国的思想。我们既反对盲目接收任何思想也反对盲目抵制任何思想。我们中国人必须用我们自己的头脑进行思考，并决定什么东西能在我们自己的土壤里生长起来。

《同英国记者斯坦因的谈话》(1944 年 7 月 14 日)，《毛泽东文集》第三卷，人民出版社 1996 年版，第 191—192 页。

我们的军队,一向就有两条方针:第一对敌要狠,要压倒它;第二对自己人、对人民、对同志、对官长、对部下要和,要团结。这是党中央和西北局的方针,也是全体人民所要求的方针。

《在中央招待留守兵团学习代表时的演说》(1944 年 9 月 18 日),《解放日报》1944 年 9 月 23 日。

凡是需要群众参加的工作,如果没有群众的自觉和自愿,就会流于徒有形式而失败。"欲速则不达",这不是说不要速,而是说不要犯盲动主义,盲动主义是必然要失败的。

《文化工作中的统一战线》(1944 年 10 月 30 日),《毛泽东选集》第三卷,人民出版社 1991 年版,第 1012—1013 页。

(《论语·子路》:"子夏为莒父宰,问政。子曰:'无欲速,无见小利。欲速则不达,见小利则大事不成。'")

1945 年

决议(按:指中共六届七中全会通过的《关于若干历史问题的决议》)把许多好事挂在我的账上,我不反对,但这并不否认我有缺点错误,只是因为考虑到党的利益才没有写在上面,这是大家要认识清楚的,首先是我。孔夫子七十而从心所欲不逾矩,我即使到七十岁相信一定也还是会逾矩的。

《对〈关于若干历史问题的决议〉草案的说明》(1945 年 4 月 20 日),《毛泽东文集》第三卷,人民出版社 1996 年版,第 284 页。

(《论语·为政》:"子曰:'吾十有五而志于学,三十而立,四十而不惑,五十而知天命,六十而耳顺,七十而从心所欲,不逾矩。'")

我们要站在自卫的立场反击国民党的进攻,一个是自卫,一个是反击……我们的方针:第一条,就是老子的哲学,叫做"不为天下先"。就是说,我们不打第一枪。第二条,就是《左传》上讲的"退避三舍"……第三条,是《礼记》上讲的"礼尚往来"。来而不往非礼也,往而不来亦非礼也,就是说"人不犯我,我不犯人;人若犯我,我必犯人"。

《在中国共产党第七次全国代表大会上的口头政治报告》(1945 年 4 月 24 日),《毛泽东文集》第三卷,人民出版社 1996 年版,第 325—326 页。

(《老子》第六十七章:"我有三宝:持而保之,一曰慈,二曰俭,三曰不敢为天下先。"

《左传·僖公二十三年》:"晋楚治兵,遇于中原,其辟君三舍。"又《左传·僖公二十八年》:"子犯曰:'……微楚之惠不及此,退三舍辟之,所以报之。'"

《礼记·曲礼上》:"往而不来,非礼也;来而不往,亦非礼也。")

最后一个问题上,就是要讲真话。……要讲真话,不偷、不装、不吹……什么是不装?就是"知之为知之,不知为不知"。孔夫子的学生子路,那个人很爽直,孔夫子曾对他说:"知之为知之,不知为不知,是知也。"懂得就是懂得,不懂得就是不懂得,懂得一寸就讲懂得一寸,不讲多了。

《在中国共产党第七次全国代表大会上的口头政治报告》(1945 年 4 月 24 日),《毛泽东文集》第三卷,人民出版社 1996 年版,第 349—350 页。

(《论语·为政》:"子曰:'由!诲女,知之乎?知之为知之,不知为不知,是知也。'")

我们这次大会就要选出这样的中央。我们的代表多得很,有的同志送给他一个代表名义他还不要,有许多同志要求不要当选中央委员,这种态度是好的。孔夫子讲过:"临事而惧,好谋而成。"不要说什么革命没有胜利就是因为我没有当中央委员,这样说是不好的。

《第七届中央委员会的选举方针》(1945 年 5 月 24 日),《毛泽东文集》第三卷,人民出版社 1996 年版,第 368 页。

(《论语·述而》:"子谓颜渊曰:'用之则行,舍之则藏,惟我与尔有是夫!'子路曰:'子行三军,则谁与?'子曰:'暴虎冯河,死而无悔者,吾不与也。必也临事而惧,好谋而成者也。'")

我曾经同国民党的联络参谋讲过,我们的原则是三条:第一条不打第一枪,《老子》上讲"不为天下先",我们不先发制人,而是后发制人。第二条"退避三舍",一舍三十里,三舍九十里,这是《左传》上讲晋文公在晋楚城濮之战中的事,我们也要采取这样的政策。第三条"礼尚往来",这是《礼记》上讲的,礼是讲究往来的,"来而不往非礼也,往而不来亦非礼也",你来到我这里,我不到你那里去,就没有礼节,所以我们也要到你们那里去。我叫国民党的联络参谋把这三条告诉胡宗南,希望他们也采取"不为天下先"、"退避三舍"、"礼尚往来"的政策,这样就打不起来。他们不喜欢马克思主义,我们说:这是老子主义,是晋文公主义,是孔夫子主义。

《在中国共产党第七次全国代表大会上的结论》(1945 年 5 月 31 日),《毛泽东文集》第三卷,人民出版社 1996 年版,第 389 页。

1945 年 9 月 2 日,毛泽东出席张澜以中国民主同盟名义举行的宴会,在宴会上,毛泽东反复强调"和为贵"。

《毛泽东年谱(1893—1949)》下卷,人民出版社、中央文献出版社 1993 年版,第 19 页。

(《论语·学而》:"有子曰:'礼之用,和为贵。'")

中国今天只有一条路,就是和,和为贵,其他一切打算都是错的。

在张治中为毛泽东回延安举行的欢送会上的致答词(1945 年 10 月 8 日),见余湛邦:《和平将军——毛泽东和张治中》,《毛泽东交往录》,人民出版社 1991 年版,第 269 页。

1949 年

不懂得和不了解的东西要问下级,不要轻易表示赞成或反对。有些文件起草出来压下暂时不发,就是因为其中还有些问题没有弄清楚,需要先征求下级的意见。我们切不可强不知以为知,要"不耻下问",要善于倾听下面干部的意见。先做学生,然后再做先生;先向下面干部请教,然后再下命令。

《党委会的工作方法》(1949 年 3 月 13 日),《毛泽东选集》第四卷,人民出版社 1991 年版,第 1441 页。

（《论语·公冶长》："子贡问曰：'孔文子何以谓之文也？'子曰：'敏而好学，不耻下问，是以谓之文也。'"）

1953 年

说到"施仁政"，我们是要施仁政的。但是，什么是最大的仁政呢？是抗美援朝，要施这个最大的仁政，就要有牺牲，就要用钱，就要多收些农业税。多收一些农业税，有些人就哇哇叫，还说什么他们是代表农民利益。我就不赞成这种意见。

抗美援朝是施仁政，现在发展工业建设也是施仁政。

所谓仁政有两种：一种是为人民的当前利益，另一种是为人民的长远利益，例如抗美援朝，建设重工业。前一种是小仁政，后一种是大仁政。两者必须兼顾，不兼顾是错误的。那末重点放在什么地方呢？重点应当放在大仁政上。现在，我们施仁政的重点应当放在建设重工业上。

《抗美援朝的伟大胜利和今后的任务》（1953 年 9 月 12 日）。

孔夫子的缺点，我认为就是不民主，没有自我批评的精神，有点像梁先生。"吾自得子路而恶声不入于耳"，"三盈三虚"，"三月而诛少正卯"，很有些恶霸作风，法西斯气味。我愿朋友们，尤其是梁先生，不要学孔夫子这一套，则幸甚。

《批判梁漱溟的反动思想》（1953 年 9 月 16 日—18 日）。

梁漱溟说，工人在"九天之上"，农民在"九地之下"。事实如何呢？差别是有，工人的收入是比农民多一些，但是土地改革后，农民有地，有房子，生活正在一天一天地好起来。……用什么办法来让农民多得一些呢？你梁漱溟有办法吗？你的意思是"不患寡而患不均"。如果照你的办法去做，不是依靠农民自己劳动生产来增加他们的收入，而是把工人的工资同农民的收入平均一下，拿一部分给农民，那不是要毁灭中国的工业吗？这样一拿，就要亡国亡党。

《批判梁漱溟的反动思想》（1953 年 9 月 16 日—18 日）。

（《论语·季氏》："丘也闻有国有家者,不患贫而患不均,不患寡而患不安。盖均无贫,和无寡,安无倾。……"）

要搞社会主义。"确保私有"是资产阶级观念。"群居终日,言不及义,好行小惠,难矣哉"。"言不及义",就是言不及社会主义,不搞社会主义。……不靠社会主义,想从小农经济做文章,靠在个体经济基础上行小惠,而希望大增产粮食,解决粮食问题,解决国计民生的大计,那真是"难矣哉"!

《关于农业互助合作的两次谈话》(1953 年 11 月 4 日)。

（《论语·卫灵公》："子曰:'君居终日,言不及义,好行小慧,难矣哉!'"）

1954 年

郭沫若曾经用很多材料证明,孔夫子所以成为圣人,是因为他是革命党,到处参加造反。说孔夫子著春秋"而乱臣贼子惧",那是孟子讲的。其实当时孔夫子周游列国,就是哪里造反他就到哪里去,哪里想革命他就到哪里去。所以此人不可一笔抹煞,不能简单地就是"打倒孔家店"。……对孔夫子,自董仲舒以来就说不得了,"非圣诬法,大乱之殃"。我们不能这样,我们要实事求是。我们对一切事情都要加以分析:好,就肯定;不好,就批评。

《关于辛亥革命的评价》(1954 年 9 月 14 日),《毛泽东文集》第六卷,人民出版社 1999 年版,第 345、346—347 页。

1955 年

没有你,地球还是照样转,事业照样在进行,也许还要做得好些。没有孔夫子,中国更进步了。一种是老资格(像我这样的人),一种是新生力量,哪一种人更有希望呢? 当然是新生力量。

《在中国共产党全国代表会议上的结论的提纲》(1955 年 3 月 31 日),《建国以来毛泽东文稿》第五册,中央文献出版社 1991 年版,第 74 页。

没有你,地球就不转了吗? 地球还是照样地转,事业还是照样地进行,也许还要进行得好些。孔夫子早已没有了,我们有了中国共产党,总比孔夫子高明一点吧,可见没有孔夫子事情还做得好一些嘛!

《在中国共产党全国代表会议上的讲话》(1955 年 3 月),《毛泽东文集》第六卷,人民出版社 1999 年版,第 402 页。

曲阜县是孔夫子的故乡,他老人家在这里办过多少年的学校,教出了许多有才干的学生,这件事是很出名的。可是他不大注意人民的经济生活。他的学生樊迟问起他如何从事农业的话,他不但推开不理,还在背后骂樊迟做“小人”。现在他的故乡的人民办起社会主义的合作社来了。经过了两千多年仍然是那样贫困的人民,办了三年合作社,经济生活和文化生活都开始改变了面貌。这就证明,现在的社会主义确实是前无古人的。社会主义比起孔夫子的“经书”来,不知道要好过多少倍。有兴趣去看孔庙孔林的人们,我劝他们不妨顺道去看看这个合作社。

《〈中国农村的社会主义高潮〉的按语》(1955 年),《建国以来毛泽东文稿》第五册,中央文献出版社 1991 年版,第 508—509 页。

资产阶级分子腐蚀我们和我们反对资产阶级分子对于我们的腐蚀的斗争将是长期的,这个问题不是很快就可以完全解决的。但是在三反五反以后,党内在这个问题上明显的右的偏向已经不是一个主要的偏向,被腐蚀的事件是存在着,但不是很多的。在党内发生最多的是一种用“左”的形式出现的偏向。三反五反以后,资产阶级已被孤立,心中惶惶无主,想靠拢我们,但是许多同志不了解这种变化,他们被三反五反的斗争吓怕了,因而对于资本主义所有制和资产阶级的改造问题存在着悲观主义,怕同资本家接触,有些人对资本家采取若即若离的态度,有些人采取“敬鬼神而远之”的态度。他们对于资产阶级的实际情况不作全面分析,以为如果要说到资产阶级除了消极的一面之外,还有积极的一面似乎就要“伤害马克思主义”……

《关于〈中共中央关于资本主义工商业改造问题的决议〉草案的信件和对决议草案的修改》(1955 年 11 月),《建国以来毛泽东文稿》第五册,中央文献出版社 1991 年版,第 442—443 页。

(《论语·雍也》:“樊迟问知,子曰:‘务民之义,敬鬼神而远之,可谓知矣。’”)

1956 年

水调歌头 · 游泳

才饮长江水，

又食武昌鱼。

万里长江横渡，

极目楚天舒。

不管风吹浪打，

胜似闲庭信步，

今日得宽馀。

子在川上曰：

逝者如斯夫！

风樯动，

龟蛇静，

起宏图。

一桥飞架南北，

天堑变通途。

更立西江石壁，

截断巫山云雨，

高峡出平湖。

神女应无恙，

当惊世界殊。

《水调歌头 · 游泳》（1956 年 6 月），《毛泽东诗词集》，中央文献出版社 1996 年版，第 95—96 页。

（《论语 · 子罕》："子在川上曰：'逝者如斯夫！不舍昼夜。'"）

孔子是教育家，也是音乐家，他把音乐列为六门课程中的第二门。

《同音乐工作者的谈话》（1956 年 8 月 24 日），《毛泽东文集》第七卷，人民出版社 1999 年版，第 81 页。

现在天下基本太平了,阶级斗争基本过去了,还有一部分没有过去。那就是资产阶级思想、小资产阶级思想还存在,这是一个长期的斗争。……思想领导不能放松,要用马克思去和孔子对抗,争取群众,你有孔夫子,我有马克思,要辨别风向,才好写文章。

　　在邀集准备出席或列席中共八届二中全会的部分省市委书记会上的讲话(1956 年 11 月 8 日),《毛泽东年谱》(1949—1976),第三卷,中共文献出版社 2013 年版,第 25—26 页。

　　经验是永远学不足的。一万年以后,搞计划就一点错误不犯? 一万年以后的事情我们管不着,但是可以肯定,那个时候还是会犯错误的。青年要犯错误,老年就不犯错误呀? 孔夫子说:他七十岁干什么都合乎客观规律了,我就不相信,那是吹牛皮。

　　《在中国共产党第八届中央委员会第二次全体会议上的讲话》(1956 年 11 月 15 日)。

　　(《论语·为政》:"子曰:'吾十有五而志于学,三十而立,四十而不惑,五十而知天命,六十而耳顺,七十而从心所欲,不逾矩。'")

1957 年

真理是跟谬误相比较,并且同它作斗争发展起来的。美是跟丑相比较,并且同它作斗争发展起来的。善恶也是这样,善事、善人是跟恶事、恶人相比较,并且同它作斗争而发展起来的。总之,香花是跟毒草相比较,并且同它作斗争发展起来的。禁止人们跟谬误、丑恶、敌对的东西见面,跟唯心主义、形而上学的东西见面,跟孔子、老子、蒋介石的东西见面,这样的政策是危险的政策。它将引导人们思想衰退,单打一,见不得世面,唱不得对台戏。

　　……

　　我劝在座的同志,你们如果懂得唯物主义和辩证法,那就还需要补学一点它的对立面唯心主义和形而上学。康德和黑格尔的书,孔子和蒋介石的书,这些反面的东西,需要读一读。不懂得唯心主义和形而上学,没有同这些反面的东西作过斗争,你那个唯物主义和辩证法是不巩固的。

《在省市自治区党委书记会议上的讲话》(1957年1月27日),《毛泽东文集》第七卷,人民出版社1999年版,第192—193页。

难分香花毒草,许多新生事物在旧社会几乎都是要被打击的。比如,马克思主义曾经被人们认为是野草,认为是毒草。同盟会,孙中山被清朝政府认为是毒草嘛……孔夫子也是不被承认的,孔夫子这老先生,他一生不得志,他的道理没有听。耶稣开始时也是社会不承认的。佛教怎么样?也是经过那么一个过程,受压迫,社会上不承认。……你活着不受批评,你死了人家还要批评你。我们就批评过孔子,打倒孔家店嘛,人家死了几千年,还批评他嘛!……现在孔子又好了一点。

在最高国务会议上的讲话(1957年2月27日),见许全兴:《为毛泽东辩护》,当代中国出版社1996年版,第335页。

中学办在农村是先进经验,农民子弟可以就近上学,毕业后可以回家生产。……如果说办学质量差,孔夫子还没有受过这样的教育呢。这是要解决农民子女就近读中学的问题。

《在普通教育工作座谈会上的讲话》(1957年3月7日),《毛泽东文集》第七卷,人民出版社1999年版,第245页。

大字报是个好东西,我看要传下去。孔夫子的《论语》传下来了,"五经"、"十三经"传下来了,"二十四史"都传下来了。这个大字报不传下去呀?我看一定要传下去。

《打退资产阶级右派的进攻》(1957年7月9日)。

知识分子是工人阶级、劳动者请的先生,你给他们的子弟教书,又不听主人的话,你要教你那一套,要教八股文,教孔夫子,或者教资本主义那一套,教出一些反革命,工人阶级是不干的,就要辞退你,明年就不下聘书了。

《打退资产阶级右派的进攻》(1957年7月9日)。

1958 年

四海之内皆兄弟。

《在中共八大二次会议上的讲话提纲》(1958 年 5 月 16 日),《建国以来毛泽东文稿》第七册,中央文献出版社 1992 年版,第 199 页。

(《论语·颜渊》:"司马牛忧曰:'人皆有兄弟,我独亡。'子夏曰:'商闻之矣:"死生有命,富贵在天。"君子敬而无失,与人恭而有礼,四海之内,皆兄弟也。君子何患乎无兄弟也?'")

有灭亡,才有生长,回归自然,再造生物

如孔子至今存在,岂非一大灾难?

鼓盆而歌是正确的

人死应开庆祝会

《在中共八大二次会议上的讲话提纲》(1958 年 5 月 22 日),《建国以来毛泽东文稿》第七册,中央文献出版社 1992 年版,第 201 页。

就共产主义者队伍说来,四海之内皆兄弟,一定要把苏联同志,看作自己人。大会之后,根据总路线同他们多谈,政治挂帅,尊重苏联同志,刻苦虚心学习。但又一定要破除迷信,打倒贾桂!贾桂(即奴才)是谁也看不起的。

为中共八大二次会议印发第二机械工业部党组关于同苏联专家关系的报告写的批语(1958 年 5 月 16 日),《建国以来毛泽东文稿》第七册,中央文献出版社 1992 年版,第 231 页。

中国教育史有人民性的一面。孔子的有教无类,孟子的民贵君轻,荀子的人定胜天,屈原的批判君恶,司马迁的颂扬反抗,王充、范缜、柳宗元、张载、王夫之的古代唯物论,关汉卿、施耐庵、吴承恩、曹雪芹的民主文学,孙中山的民主革命,诸人情况不同,许多人并无教育专著,然而上举那些,不能不影响对人民的教育,谈中国的教育史,应当提到他们。但是就教育史的主要侧面说来,几千年来的教育,确是剥削阶级手中的工具。从剥削阶级手中的工具到工人阶级手中的工具,是教育的质的飞跃,是教育本身的大革命。

为陆定一《教育必须与生产劳动相结合》一文增写的文字(1958年8月16日),《建国以来毛泽东文稿》第七册,中央文献出版社1992年版,第340页。

中国教育史有好的一面,应当说到,否则不全。
《致陆定的一信》(1958年8月22日),《建国以来毛泽东文稿》第七册,中央文献出版社1992年版,第338页。

我们都是中国人。三十六计,和为上计。金门战斗,属于惩罚性质。……你们与我们之间的战争,三十年了,尚未结束,这是不好的。建议举行谈判,实行和平解决。
《告台湾同胞书》(1958年10月6日),《建国以来毛泽东文稿》第七册,中央文献出版社1992年版,第439—440页。
(《论语·学而》:"有子曰:'礼之用,和为贵。'")

司马迁的《史记》,李时珍的《本草纲目》,都不是因为稿费、版税才写的。《共产党宣言》也不是因为稿费才写的。《红楼梦》、《水浒传》也不是因为稿费才写的。《诗经》、《论语》,孔夫子那些东西,还有《道德经》,谁给他们稿费呢?《圣经》的"新约"、"旧约"是什么人写的? 也不是因为稿费。这些都是因为有一种需要,才写出来的。
同彭真、陈伯达、王鹤寿等在专列上的谈话(1958年10月15日),《毛泽东年谱(1949—1976)》第三卷,中央文献出版社2013年版,第446—447页。

受任新职,不要拈轻怕重,而要拈重鄙轻。古人有云:贤者在位,能者在职,二者不可得而兼。我看你这个人是可以兼的。年年月月日日时时感觉自己能力不行,实则是因为一不甚认识自己;二不甚理解客观事物——那些留学生们,大教授们,人事纠纷,复杂心理,看不起你,口中不说,目笑存之,如此等类。这些社会常态,几乎人人都要经历的。此外,自己缺乏从政经验,临事而惧,陈力而后就列,这是好的。这些都是事实,可以理解的。我以为聪明、老实二义,足以解决一切困难问题。

《致周世钊》(1958 年 10 月 25 日),《毛泽东书信选集》,人民出版社 1983 年版,第 548 页。

(《论语·季氏》:"孔子曰:'求!周任有言曰:'陈力就列,不能者止。'"

《孟子·公孙丑上》:"贤者在位,能者在职。")

1959 年

我也喜欢哲学,但我是学哲学的学生。四十年前,当过小学教员。七八岁时,相信过神。以后我相信过康德的唯心论、无政府主义、孔夫子,什么都相信过。我崇拜过华盛顿、拿破仑、加里波里,看他们的传记。我相信过亚当·斯密的政治经济学,赫胥黎的天演论,达尔文的进化论,……因为中国当时的情况实在太惨无人道,三座大山压在我们头上。我当小学教师当不成,就走上了共产党这条路。

会见智利政界人士的谈话(1959 年 5 月 15 日),《毛泽东年谱(1949—1976)》第四卷,中央文献出版社 2013 年版,第 51—52 页。

欢迎彭德怀同志的觉悟。我们大家都要帮助他(其他人也一样)。我相信,他会改好的,只要他肯改,我们肯帮。他肯改,我们肯帮,一定会学好马克思主义的。孔子曰:"假我数年,卒以学易,可以无大过矣。"学哲学(宇宙观,方法论)极为重要。

"人非圣人,孰能无过。""君子之过也,如日月之蚀焉。过也,人皆见之。改也,人皆仰之。"

《在中央军委扩大会议上的讲话提纲》(1959 年 9 月 11 日),《建国以来毛泽东文稿》第八册,中央文献出版社 1993 年版,第 523 页。

(《论语·述而》:"子曰:'加我数年,五十(按:有人认为,"五十"为"卒"之误,见《四书章句集注》)以学易,可以无大过矣。"

《论语·子张》:"子贡曰:'君子之过也,如日月之食焉。过也,人皆见之;更也,人皆仰之。'")

1960 年

胜利是逐步得来的,群众的觉悟也是逐步提高的。包括我们在内,也是逐步觉悟起来的。我自己也是如此,在中学读书时并不知道马列主义。我读的书分两个阶段,先是读私塾,是孔夫子那一套,是封建主义;接着进学校,读的是资本主义,信过康德的哲学。后来是客观环境逼得我同周围的人组织共产主义小组,研究马列主义。

同日本文学代表团的谈话(1960 年 6 月 21 日),《毛泽东文集》第八卷,人民出版社 1999 年版,第 203 页。

对中国的文化遗产,应当充分地利用,批判地利用。中国几千年的文化,主要是封建时代的文化,但并不全是封建主义的东西,有人民的东西,有反封建的东西。要把封建主义的东西与非封建主义的东西区别开来。封建主义的东西也不全是坏的。我们要注意区别封建主义发生、发展和灭亡不同时期的东西。当封建主义还处在发生和发展的时候,它有很多东西还是不错的。反封建主义的东西也不是全部可以无批判地利用的。封建时代的民间作品,也多少都还带有若干封建统治阶级的影响。

我们应当善于进行分析,应当批判地利用封建主义的文化,而不能不批判地加以利用。反封建主义的文化当然要比封建主义的好,但也要有批判、有区别地加以利用。我所了解的是这样,我们现在的方针是这样。至于充分利用文化遗产,我们现在还没有做到。中国古典著作多得很,现在是分门别类地在整理,用现代科学观点逐步整理出来,重新出版。

《应当充分地批判地利用文化遗产》(1960 年 12 月 24 日),《毛泽东文集》第八卷,人民出版社 1999 年版,第 225 页。

……我们并不崇拜成吉思汗,我们不崇拜秦始皇、汉武帝,不崇拜唐太宗、宋太祖,也不崇拜孔夫子。我们只崇拜孙中山,因为他搞辛亥革命有功。我们崇拜马克思、恩格斯、列宁,也相当崇拜斯大林。四个人都是外国人。

会见胡志明时的谈话(1960 年 8 月 19 日),《毛泽东年谱(1949—1976)》第四卷,中央文献出版社 2013 年版,第 444 页。

1962 年

不论党内党外,都要有充分的民主生活,就是说,都要认真实行民主集中制。要真正把问题敞开,让群众讲话,哪怕是骂自己的话,也要让人家讲。骂的结果无非是自己垮台,不能做这项工作了,降到下级机关去做工作,或者调别的地方去做工作,那有什么不可以呢? 一个人为什么只能上升不能下降呢?为什么只能做这个地方的工作而不能调到别个地方去呢? 我认为这种下降和调动,不论正确与否,都是有益的,可以锻炼革命意志,可以调查和研究许多新鲜情况,增加有益的知识。我自己就有这一方面的经验,得到很大的益处。不信,你们不妨试试看。司马迁说过:"文王拘而演周易,仲尼厄而作春秋。屈原放逐,乃赋离骚。左丘失明,厥有国语。孙子膑脚,兵法修列。不韦迁蜀,世传吕览。韩非囚秦,说难孤愤。诗三百篇,大抵贤圣发愤之所为作也。"这几句话当中,所谓文王演周易,孔子作春秋,究竟有无其事,近人已有怀疑,我们可以不去理它,让专门家去解决吧,但是司马迁是相信有其事的。文王拘,仲尼厄,则确有其事。司马迁讲的这些事除左丘明一例以外,都是指当时上级领导者对他们作了错误处理的。我们过去也错误地处理过一些干部,对这些人不论是全部处理错误了的,或者是部分处理错了的,都应当按照具体情况,加以甄别和平反。但是一般地说,这种错误处理,让他们下降,或者调动工作,对他们的革命意志总是一种锻炼,而且可以从人民群众中吸取许多新知识。我在这里申明,我不是提倡对干部,对同志,对任何人可以不分青红皂白,作出错误处理,像古代人拘文王,厄孔子,放逐屈原,去掉孙膑的膝盖骨那样。我不是提倡这样做,而是反对这样做的。

《在扩大的中央工作会议上的讲话》(1962 年 1 月 30 日),《毛泽东文集》第八卷,人民出版社 1999 年版,第 291—292 页。

1963 年

物质可以变精神,精神可以变物质。说精神不能变物质,人民大会堂还不是由工程师、工人变成的。一言兴邦,一言丧邦,就说的是精神变物质。马克思讲无产阶级专政,是一言兴邦;赫鲁晓夫讲三无世界、全民党、全民国家,是一言丧邦。

在杭州会议上的讲话(1963年5月11日),见许全兴:《毛泽东晚年的理论与实践》,中国大百科全书出版社1993年版,第327—328页。

(《论语·子路》:"定公问:'一言而可以兴邦,有诸?'孔子对曰'言不可以若是,其几也,人之言曰:'为君难,为臣不易'如知为君之难也,不几乎一言而兴邦乎?"曰:'一言而丧邦,有诸?'孔子对曰:'言不可以若是,其几也,人之言曰:'予无乐乎为君,唯其言而莫予违也。'如其善而莫之违也,不亦善乎?如不善而莫之违也,不几乎一言而丧邦乎?'")

1964 年

古代哲学的发展可以从古代希腊讲起,在中国是从春秋战国讲起。苏格拉底注重伦理学,他不是唯物主义者,也不是辩证法的理论家,但是他注意研究伦理学和宪法,他同敌人作斗争。……黑格尔的先生就是康德。黑格尔……是马克思、恩格斯的先生,也是列宁的先生,也是我们的先生。对马克思和恩格斯来说,没有康德、黑格尔和费尔巴哈的德国古典哲学,就不会有马克思主义的哲学。我国古代的思想家是孔子、老子等。

会见威尔科克斯和夫人时的谈话(1964年2月9日),《毛泽东年谱(1949—1976)》第五卷,中央文献出版社2013年版,第313页。

课程可以砍掉一半。学生要有娱乐、游泳、打球、课外自由阅读时间。孔子教学生的课程只有六门:礼、乐、射、御、书、数。就这样还教出了颜回、曾子……等四大贤人。学生只是成天读书,不搞点文化娱乐、体育活动,游泳,不跑跑跳跳,又不看课外读物……那是不行的。

现在我们搞得太死了,课程太多,搞得太死,我不赞成。现在的教育办法是摧残人才,摧残青年。我不赞成读那么多书。考试的办法是对付敌人,害死人,要停止。

我们丢掉了孔夫子的主流。他只有六门课:礼、乐、射、御、书、数。

现在有些人不重视下乡劳动。明朝李时珍就是跑来跑去,上山采药。祖冲之没有上过中学大学。孔夫子出身贫穷,放过羊,也没有进过中学、大学,是个吹鼓手。他什么都干过。人家死了,他给人家吹吹打打,也可能做过会计,会弹琴赶车,骑马射箭。"御",就是驾车,就是当汽车司机。教出了颜回、曾子等七十二贤人,有弟子三千。他自小从群众中来,了解一些群众的疾苦。后来他在鲁国当了官,也不太大。长期被人家瞧不起,周游列国时,人家骂他,这个人爱说老实话。后来子路做了孔子的侍从保镖,他不准人家说孔夫子坏话,谁说了他就揍人家,从此不好的声音不再入耳了,群众不敢接近了。孔夫子的传统不要丢了。我们的方针正确,方法不对。现在的学制、课程、教学方法、考试方法都有不少问题,这一套都要改,这是摧残人的。孔夫子的教学方法也有问题,没有工业、农业,他的学生四体不勤,五谷不分,这不行。这方面我们要想办法。

在春节座谈会上的讲话(1964 年 2 月 13 日),参见《关于教育革命的谈话》,《建国以来毛泽东文稿》第十一册,中央文献出版社 1996 年版,第 22—23 页。

中国有一个孔夫子、有一个秦始皇。这两个人是这样的。秦始皇历来说他不好,但是最近这几十年来,资产阶级历史学家已经给他翻了案。孔夫子,历来说他好,也是资产阶级历史学家把孔夫子的一套教条推翻了。可是孔夫子阴魂不散,有喜欢孔夫子的,现在给他翻案。孔夫子有些好处,但也不是很好。我们认为应该讲公道话,秦始皇比孔夫子伟大得多。孔夫子是讲空话的,秦始皇是第一个把中国统一的人物。他不但政治上统一中国,而且统一了中国的文字、中国的各种制度如度量衡,有些制度后来一直沿用下来。中国过去的封建君主还没有第二个人可以超过他的。可是他被人骂了几千年。骂他的就是两条:杀人多了,杀了四百六十个知识分子;烧了一些书。

同马里政府代表团的谈话(1964 年 6 月 24 日)。《毛泽东年谱(1949—1976)》第五卷,中央文献出版社 2013 年版,第 367 页。

古为今用,洋为中用。

关于《对中央音乐学院的意见》的批语(1964 年 9 月 27 日),《建国以来毛泽东文稿》第十一册,中央文献出版社 1996 年版,第 172 页。

有些人读书太多了,读蠢了!"不必读书然后为学"(不是孔夫子说过的吗?)

在中央四清工作会议上的插话(1964年12月27日),《杨尚昆日记》,中央文献出版社2001年版,第476—477页。

(《论语·先进》:"子路使子羔为费宰。子曰:'贼夫人之子。'子路曰:'有民人焉,有社稷焉,何必读书,然后为学?'子曰:'是故恶夫佞者。'"是毛泽东的话有误,还是杨尚昆记录有误,须查毛泽东讲话记录稿。)

1965年

孔子的家乡我去过两次,一次是四十年前,一次是解放以后。孔子自己就乱杀人。他当了首相才七天,就杀了他的反对派少正卯。少正卯只是爱说话,会说些话,把孔子的学生争取过去了。孔子杀了他,是为了抢学生。这件事后来被荀子揭发出。孔子代表奴隶主、贵族,荀子代表地主阶级,儒家的左派。孟子和孔子一样,也是唯心主义。在中国历史上,真正做了点事的是秦始皇,孔子只说空话。有些事,秦始皇的办法不对。他虽然只统治了十三年,但影响有几千年。

会见胡志明时的谈话(1965年6月13日),《毛泽东年谱(1949—1976)》第五卷,中央文献出版社2013年版,第500页。

孔门充满矛盾论。

在赵纪彬的《孔子'和而不同'的思想来源及其矛盾调和论的逻辑归宿》一文上的批语(1965年),《建国以来毛泽东文稿》第十一册,中央文献出版1996年版,第496页。(赵文刊载于《哲学研究》1965年第4期)

毛泽东让人拿出一本《毛主席语录》给大家看,并说,这本书共三十章,够了,比孔夫子的著作还多,老子的文章也只有五千字,还没有这个本子这么多。这个本子不错。李葆华等说,群众很欢迎这本书,最好一个生产队发一本,我们已向中央办公厅提出这个要求,这次在中央工作会议上也提了。毛泽东说,好嘛,向中央办公厅要,提不通,到下次中央工作会议上再提。

同李葆华等同志在专列上的谈话（1965 年 11 月 14 日）《毛泽东年谱（1949—1976）》第五卷，中央文献出版社 2013 年版，第 539 页。

1966 年

我们也有过几年竭泽而渔（高征购）和很多地区荒年保不住单纯再生产的经验，总应该引以为戒吧。现在虽然提出了备战、备荒、为人民（这是最好地同时为国家的办法，还是"百姓足，君孰与不足"的老话）的口号，究竟能否持久地认真地实行，我看还是一个问题，要待将来才能看得出是否能够解决。

《关于农业机械化问题的一封信》（1966 年 3 月 12 日），《毛泽东文集》第八卷，人民出版社 1999 年版，第 428 页。

（《论语·颜渊》："百姓足，君孰与不足。"）

1970 年

我也长期是资产阶级世界观。开头相信孔夫子，后头相信康德的唯心论。什么马克思，根本不知道。我相信华盛顿，相信拿破仑。后头还是蒋介石帮了忙，1927 年他杀了人。当然，还在 1921 年就搞了 70 个知识分子，组织了共产党。

《会见斯诺的谈话纪要》（1970 年 12 月 18 日），《建国以来毛泽东文稿》第十三册，中央文献出版社 1998 年版，第 171 页。

1971 年

我不是天才。我读了六年孔夫子的书，又读了七年资产阶级的书，到 1918 年才读马列主义，怎么是天才？

《在外地巡视期间同沿途负责人谈话纪要》（1971 年 8 月—9 月），《建国以来毛泽东文稿》第十三册，中央文献出版社 1998 年版，第 245 页。

1973 年

我们青年时代也没有想到要革命啊。读孔夫子的书，我变成了封建主义者。然后读资本主义的书,变成资本主义者。到了二十几岁我还不知道世界上有马克思主义。十月革命后我才知道世界上有什么马克思、马克思主义,列宁、列宁主义。

同墨西哥总统埃切维里亚会见时的谈话(1973 年 4 月 20 日),《毛泽东年谱(1949—1976)》第六卷,中央文献出版社 2013 年版,第 475 页。

1973 年 5 月 25 日,毛泽东主持召开中央政治局会议,会议主题是筹备党的十大。在会上,毛泽东批评了"文化大革命失败了"的说法,提出要注意抓路线、抓上层建筑、抓意识形态,要求学一点历史和批判孔子。他说,郭老的《十批判书》有尊孔思想,要批判;但郭老的功大过小。他在中国历史的分期上,为殷纣王、曹操翻案,为李白的籍贯作考证,是有贡献的。对中国的历史要进行研究,从孔夫子到孙中山,从乌龟壳(甲骨文)到现在,都要进行研究、总结,要有知识。

在中央政治局会议上的讲话(1973 年 5 月 25 日),参见《周恩来年谱(1949—1976)》下卷,中央文献出版社 1997 年版,第 595 页。

郭老不仅尊孔,而且是反法,尊孔反法。国民党也是一样啊!林彪也是啊!我赞成郭老的历史分期,奴隶制以春秋战国之间为界,但是不能大骂秦始皇。早几十年中国的国文教科书就说秦始皇不错了,车同轨,书同文,统一度量衡。就是李白讲秦始皇,开头一大段也是讲他了不起:"秦王扫六合,虎视何雄哉!挥剑决浮云,诸侯尽西来"一大篇……

同王洪文、张春桥的谈话(1973 年 7 月 4 日),《毛泽东年谱(1949—1976)》第六卷,中央文献出版社 2013 年版,第 485 页。

《毛泽东年谱(1949—1976)》第六卷,中央文献出版社 2013 年版,第449 页。

劝君少骂秦始皇,
焚坑事业要商量。
祖龙魂死秦犹在,

孔学名高实秕糠。

百代都行秦政法，

十批不是好文章。

熟读唐人封建论，

莫从子厚返文王。

《读〈封建论〉呈郭老》(1973 年 8 月 5 日)，《建国以来毛泽东文稿》第十三册，中央文献出版社 1998 年版，第 361 页。

秦始皇在中国是有名的，就是第一个皇帝。中国历来分两派，讲秦始皇好的是一派，讲秦始皇坏的是一派。我赞成秦始皇，不赞成孔夫子。因为秦始皇第一个统一了中国，统一了文字，修筑了宽广的道路，不搞国中有国而用集权制，由中央政府派人去各地，几年一换，不用世袭制度。

会见埃及副总统沙菲时的谈话（1973 年 9 月 23 日），《毛泽东年谱(1949—1976)》第六卷，中央文献出版社 2013 年版，第 500 页。

1974 年

现在形而上学猖獗，片面性。批林批孔，又夹着走后门，有可能冲淡批林批孔。

《给叶剑英的信》(1974 年 2 月 15 日)，《建国以来毛泽东文稿》第十三册，中央文献出版社 1998 年版，第 377 页。

现在是要团结、稳定。批林批孔联在一起，我看许多人对孔夫子不大懂呢，过去我劝郭老看杨荣国的书，不大注意，又劝他看赵纪彬的《论语新探》。

同李先念的谈话(1974 年 8 月 20 日)，《毛泽东年谱(1949—1976)》第六卷，中央文献出版社 2013 年版，第 542 页。

1975—1976 年

真正的本事不是在学校学的，孔夫子没有上过大学，还有秦始皇、刘邦、汉武帝、曹操、朱元璋，都没上过什么大学。可不要迷信那个大学，高尔基只上过两年小学，恩格斯只上过中学，列宁大学未毕业就被开除了。

《毛主席重要指示》(1975 年 10 月—1976 年 1 月)，《建国以来毛泽东文稿》第十三册，中央文献出版社 1998 年版，第 489 页。

批林批孔，什么叫孔老二她(江青)也不懂，又加了走后门。几十万人都走后门，又要这几十万人批林批孔。有走前门的，就有走后门的，几万年还会有。

对江青的批评(1975 年 5 月)，见中央文献研究室编：《毛泽东传》第六卷，中央文献出版社 2011 年版，第 2699 页。

我学孔夫子、资本家十三年，就是不知道马列，十月革命后才学马列，过去不知道。

《关于文艺工作的谈话》(1975 年 7 月 14 日)，《建国以来毛泽东文稿》第十三册，中央文献出版社 1998 年版，第 447 页。

批林、批孔、批走后门，成了三个主题，就搞乱了，也不告诉我。有人说批林容易批孔难。世界上的事，说起来难，做起来并不难。比如"四书"、"五经"，以前不读不行，现在都不读了，孔夫子是文圣打倒了，一样可以治国嘛。关云长是武圣也打倒了。说批林批孔是第二次文化大革命是不对的。

听取周恩来和王洪文汇报时谈的一些意见(1975 年 12 月 23 日、24 日、25 日、27 日)，《毛泽东年谱(1949—1976)》第六卷，中央文献出版社 2013 年版，第 563 页。

真正的本事不是在学校学的，孔夫子没有上过大学，还有秦始皇、刘邦、汉武、曹操、朱元璋，都没有上过大学。

……

我建议在一二年内读点哲学，读点鲁迅。读点哲学，可以看杨荣国的《中国古代思想史》和《简明中国哲学史》。这是中国的。要批孔。有些人不知道孔子的情况,可以读冯友兰的《论孔丘》,冯天瑜的《孔丘教育思想批判》。冯天瑜的比冯友兰的好。还可以看郭老的《十批判书》中崇儒反法部分。

毛主席重要指示(1975年10月—1976年1月),《建国以来毛泽东文稿》第十三册,中央文献出版社1998年版,第489、490页。

附录二

论　文

"和的哲学"辨析[*]

再过数年,20 世纪即将过去。站在世纪之交,回顾过去,展望未来,这是件颇有意义的事。20 世纪是人类历史上取得最伟大成就的世纪。甚至可以说,在不到一百年的时间里,人们所创造的物质财富和精神财富要超过以往数千年里所创造的一切的总和。人类在取得辉煌成就的同时也付出了巨大的代价。20 世纪经历了两次世界大战,发生了数百次不同规模的国内战争、民族战争和国家间的战争,牺牲了数千万人的生命。伴随着科学技术革命的迅猛发展和生产力的极大提高,生态环境恶化、人口危机、核威胁等全球性问题日益尖锐化。如何解决这些人类所面临的共同问题是各国的政治家、社会活动家、哲学家和科学家们所思考的重要课题。我国有些学者力图从中国传统文化中找出路,提出"和的哲学",以此消除"人与人的不和"、"人与社会的不和"、"人与自然的不和"。有人认为,21 世纪的走向就是一个"和",中国哲学对 21 世纪的贡献就是一个"和"字。如何看待正在兴起的"和的哲学",值得人们关注。

一、"和的哲学"的兴起

首先也许有人会说:"和的哲学"真的像你所说正在中国哲学界悄然兴起吗? 是不是你为取得某种效应而制造的神话? 当然不是,请看事实。

---

[*] 原文刊于《哲学研究》1995 年第 9 期。

　　北京大学哲学系冯友兰教授晚年致力于《中国哲学史新编》(7 卷本) 的
著述。他实现了自己的宏愿。遗憾的是他只见到了由人民出版社出版的前 6
卷,最后一卷即第 7 卷因种种原因未能如期出版。这一卷直到他去世两年后
才由香港中华书局以《中国现代哲学史》的书名印行。冯友兰在书的最后谈
了他对中国哲学和世界未来走向的看法。他认为:中国古典辩证法的特点是
强调统一,未来世界是向着"仇必和而解"的方向发展的。为了论证这一点,
他把马克思主义辩证法与中国古典辩证法加以比较。他写道:马克思主义辩
证法主张把矛盾斗争放在第一位。"中国古典哲学没有这样说,而是把统一
放在第一位","在中国古典哲学中,张载把辩证法的规律归纳为四句话:'有
象斯有对,对必反其为;有反斯有仇,仇必和而解。'(《正蒙·太和篇》)这四句
中的前三句是马克思主义辩证法思想也同意的,但第四句马克思主义就不会
这样说了。"冯友兰推测:"它可能会说:'仇必仇到底。'"接着他又说:"客观
辩证法的两个对立面矛盾统一的局面,就是一个'和'。""'仇必和而解'是客
观的辩证法,不管人们的意思如何,现代社会,特别是国际社会,是照着这个客
观辩证法发展的。""人是最聪明、最有理性的动物,不会永远走'仇必仇到底'
那样的路,这就是中国哲学的传统和世界哲学的未来。"①冯友兰在书稿的写
作过程中就向周围的学人讲过上述思想,在学术界有一定的影响。

　　北京大学的陈国谦在《关于环境问题的哲学思考》中高唱"和的哲学"。
他在文中直接大段引用冯友兰在《中国哲学史新编》中有关"和"的论述,并进
而认为:中西辩证法,"一个将矛盾斗争绝对化,以破坏统一体存在;一个将矛
盾斗争调和化,以维持统一体的存在"。"马克思主义坚持斗争哲学,是由革
命的性质决定的,其目的就是破坏旧的社会这个统一体。中国传统哲学以统
一体的存在为前提,它有自己的根据。它看到,像宇宙这样的事物,按哲学上
的定义,作为统一体是不可能被破坏的,其基本规律只能是以和为本,这就导
致了调和哲学。"他的基本结论是:"发展变化的规律只能是以和为本的辩证
法","世界的发展以及人们对它的认识都体现着以和为本的辩证法。"②

---

① 冯友兰:《中国现代哲学史》,香港中华书局 1992 年版,第 257—261 页。
② 陈国谦:《关于环境问题的哲学思考》,《哲学研究》1994 年第 5 期。

类似观点的文章还有一些,因篇幅关系,在此不能作更多的罗列。总之,笔者感到,近几年来"和的哲学"正在中国哲学界悄然兴起。"和的哲学"的出现有其理由:它是对"文化大革命"中盛行的"斗争哲学"的一种回应,是对阶级斗争扩大化的错误实践(尤其是十年"文化大革命"的动乱)的一种反思。"物极必反",由"斗争哲学"走向"和的哲学",是自然的。和平与发展是当代世界的两个最大问题;中国的社会主义现代化事业迫切需要安定团结的政治局面,这是冯友兰等人提出"和的哲学"的现实根据。"和的哲学"的出现有其理由是一回事,"和的哲学"本身是否科学,这又是一回事。对后一问题需作深入分析。

二、"和的哲学"是五四时期调和论的重现

"和的哲学"的提倡者们都认为:西方哲学传统强调斗争,中国哲学传统强调统一,中国哲学和世界哲学走向是和。这一观点乍一听似乎很新鲜,但仔细一想,它不过是五四时期一种思潮在新形势下的重现。

五四新文化运动的发动者、领导者陈独秀在《东西民族根本思想之差异》一文中指出:东西民族根本思想的第一个差别是:一个重安息,一个重战争。他说:"西洋民族以战争为本位,东洋民族以安息为本位。""西洋民族性,恶侮辱,宁斗死;东洋民族性,恶斗死,宁忍辱。"①他认为,中华民族之所以贫弱到这步田地,与中国人缺乏斗争性有关。新文化运动的另一重要人物李大钊在《东西文明根本之异点》中也认为"东洋文明主静,西洋文明主动"。东洋文明为"与自然和解、与同类和解文明";西洋文明为"与自然奋斗、与同类奋斗文明"。东西文明"一为自然的,一为人为的;一为安息的,一为战争的;一为消极的,一为积极的"②。陈独秀、李大钊对西洋文明提倡奋斗精神持肯定态度,

---

① 陈独秀:《东西民族根本思想之差异》(1915年12月15日),《陈独秀文章选编》(上),三联书店1984年版,第97页。

② 李大钊:《东西文明根本之异点》(1918年7月1日),《李大钊文集》(上),人民出版社1984年版,第557页。

而对东洋文明提倡和解精神持批判态度。李大钊称："青年之文明,奋斗之文明也,与境遇奋斗,与时代奋斗,与经济奋斗。"①

在东西文化争论中,梁漱溟所持的立场、观点和方法,与陈独秀、李大钊不同,主张东方文化救世,但在对东西文化差异的看法上却大体一致。梁在他的成名之作《东西文化及其哲学》一书中认为:西方文化以向前要求为其根本精神,由此产生征服自然的异彩、科学方法的异彩和德谟克拉西的异彩;中国文化则以调和、持中为其根本精神,由此形成知足、随遇而安、不是奋斗而是调和的生活态度。他还认为:在中国哲学中,"调和"是大家公认的中心意思。"调和折中是宇宙的法则","调和、平衡、持中都是孔家的根本思想"。在他看来,世界发展到今天,西方文化已走到尽头,未来世界文化的走向应是中国文化的路向,亦就是孔家文化的路向。梁漱溟的这一见解受到当时进步文化界的批判。

三、用"和"与"斗"来概括中西辩证法的特点不符合历史实际

西方辩证法的特点是强调斗争,中国古典辩证法的特点是强调统一,对中西辩证法的这种比较、概括对吗?笔者对中西辩证法史无专门研究,但凭我所知的一些史料看,上面的那种概括虽很流行,但并不正确。

中国是一个富于辩证思维的民族。根据《国语·郑语》记载:史伯对郑桓公说:和与同是不同的,"和实生物,同则不继"。当权者若"去和取同"就不能维持自己的统治。春秋末期齐国的晏婴进一步发挥了"和"的思想。冯友兰在《中国哲学史新编》中认为:史伯和晏婴所讲的和,"实际上是调和",他们"没有看到对立面的斗争,而只是看到对立面的统一"②。在先秦诸子中,儒家强调"和为贵"、中庸,提倡"君子无所争"。墨家讲兼爱非攻。道家强调对立

---

① 李大钊:《〈晨钟〉之使命》(1916年8月15日),《李大钊文集》(上),人民出版社1984年版,第179页。
② 冯友兰:《中国哲学史新编》第1册,《三松堂全集》第8卷,河南人民出版社1991年版,第82—83、124—125页。

面之间的互相依存、互相转化、相反相成，提倡无为、不争。在先秦诸子中也有讲斗争的，这主要是法家。商鞅主张耕战，"国之所以兴者，农战也"（《商君书·农战》）。"今世强国事兼并，弱国务力守。"（《商君书·开塞》）韩非强调竞争："上古竞于道德，中世逐于智谋，当今争于气力。"（《韩非子·五蠹》）在社会制度发生剧烈大变革的时期，"和为贵"、"不争"、"兼爱"、"无为"等不过是人们的善良愿望，是一种脱离实际的迂阔空论。即使是在思想文化领域里，各家各派之间也并非"和为贵"，并非"不争"，并非"兼爱"，而是诸子蜂起，百家争鸣。

鉴于秦王朝失败的教训，自汉以后，封建统治者为了维护自己的统治，自然不再提斗争，也不再讲对立面的转化，而是提倡不争、大一统，儒家的"和为贵"、"中庸"、"天不变，道亦不变"等占了主导地位。在漫长的封建社会，虽然也有思想家、哲学家认识到矛盾斗争的不可避免性，但由于阶级的和历史的局限，最终还是归结于和。张载认识到"有反斯有仇"，但结论却是"仇必和而解"。他赞同孔子的"君子无所争"。"仇必和而解"并不是像有的人所说的是通过斗争达到对立面和谐的统一，而是矛盾斗争双方通过和解、调和来解决矛盾。"仇必和而解"是张载辩证法思想不彻底性的表现。在近代，即使是洪秀全这样的农民革命领袖也没有能摆脱"和为贵"的影响。他在《原道醒世训》的最后说："天生天养和为贵，各自相安享太平。"直到19世纪末20世纪初，西方进化论思想传入我国，引起了我国近现代史上第一次思想革命后，中国人的思想才开始发生变化。中国先进的知识分子为了救亡图存、复兴中华，大声疾呼斗争，并身体力行，赴汤蹈火。马克思主义传入中国，又一次引起了中国的思想革命。中国共产党人以马克思主义的科学宇宙观和社会革命理论为思想武器，领导中国人民进行反帝反封建反官僚资本主义的民主革命，创建了中华人民共和国。新中国是靠奋斗得来的。中国人民不屈不挠的斗争精神并非是外来的，而是中国社会现实民族斗争和阶级斗争的反映，同时也有它的历史传统渊源。

由此看来，简单用注重统一（或和）来概括中国辩证法的特点是不妥的，犯了以偏概全的错误。

能否认为西方哲学从来就强调斗争、缺乏和的精神呢？同样不能。确实，在西方，通常被称为辩证法奠基者的古希腊哲学家赫拉克利特十分强调斗争。

他认为:"一切都是斗争产生的。""战争是万物之父,也是万物之王,它使一些人成为神,使一些成为人;它使一些人成为奴隶,使一些成为自由人。"在强调斗争这一点上,赫氏与我国古代法家商鞅、韩非相类似。他是"斗争哲学"的真正创立者。但我们也不应忘记,赫氏在讲斗争时也讲到"和谐"。他认为,艺术就是由对立面的和谐造成的。不同的色调形成画,不同的音调形成音乐:"那些对立事物是协调的;不同的事物产生最美的和谐。""(人们)不理解与自身不同的事物是如何一致的:和谐包含对立的力量,就像琴弓与竖琴的和谐一样。"①赫氏的这一思想与中国古代史伯、晏婴所讲的"和"有相近之处。我们更应看到,在古希腊,讲"和"的哲学家大有人在。稍早于赫拉克利特的毕达哥拉斯就是讲"和谐"的著名数学家和哲学家。毕氏认为:数是万物的本原,"整个的天是一个和谐,一个数目"。"一切都是和谐的","美德乃是一种和谐"②。"对立面的和谐或统一,是毕达哥拉斯学派最为重要的思想。""主张对立面的中和、中庸与和谐,是希腊人在公元前6世纪后一百多年间兴起的一种新思潮。"③在哲学史上,毕氏的影响要比赫氏大。

在毕氏之后,统一、和谐的思想在古希腊继续发展。苏格拉底最关注的不是自然,而是人事。他认为,人的本质是灵魂的美。他的学生柏拉图也不讲斗争。此后的亚里士多德更是把中庸视为美德。他说:"美德乃是一种中庸之道","过度和不足乃是恶行的特性,而中庸则是美德的特性"。在西方,整个中世纪,基督教神学占统治地位。基督教哲学是不讲斗争的。它讲的是容忍、服从、爱、"不但爱邻人,也要爱仇敌"等教条。至于基督教是否真正能"爱自己的仇敌",是否真有容忍、宽容精神,那是另一回事。

近代以来,西方讲同一、统一、爱的哲学家也很多。16世纪意大利哲学家布鲁诺主张"宇宙是统一的","对立面吻合于一"。他过于重视统一导致了忽视对立的区别。英国人以稳健、调和、中庸、保守的绅士风度著称于世。18—

---

① 北京大学哲学系外国哲学史教研室编译:《古希腊罗马哲学》,三联书店1957年版,第19、23页。

② 北京大学哲学系外国哲学史教研室编译:《古希腊罗马哲学》,三联书店1957年版,第36、37页。

③ 杨适:《哲学的童年》,中国社会科学出版社1987年版,第159、164页。

19世纪的德国人,以其庸人气息贯彻于哲学、文化之中。黑格尔是公认的辩证法大师。他重视矛盾,但不讲对立的斗争,最终陷入调和论。费尔巴哈尖锐批评黑格尔的唯心主义和宗教神学,大讲抽象的人类之爱,企图创立爱的宗教。

由此可见,说西方哲学从一开始就强调斗争而缺乏和的精神是不符合历史实际的。事实上在西方,只是到了近代,随着农业文明向工业文明的转化,市场经济的发展,优胜劣汰的竞争日益激烈,才逐渐形成奋斗、进取、创新的精神。陈独秀、李大钊所认为的以斗争为本位的西方文明是指反映西方现代工业社会的文明,而非指西方古代的或中世纪的农业文明。

总之,矛盾着的对立面之间既有统一的一面,又有斗争的一面。无论在中国,还是在外国,无论在古代,还是在现代,都有这样的情况:有的哲学家偏重讲矛盾斗争的一面,有的哲学家偏重于讲矛盾统一的一面。企图用一个"和"字或一个"斗"字来概括数千年不同历史时期中西辩证法的不同是不科学的,犯了笼统、抽象的毛病。

四、"和"与"斗"的辩证统一

在马克思主义哲学产生以前,哲学家们未能全面正确地认识矛盾着的对立面之间又统一、又斗争的复杂关系。有的人抓住斗争这个侧面,有的人则抓住统一这个侧面。马克思主义哲学首次正确地解决了两者的关系,指出:矛盾着的对立面之间的斗争性是绝对的、无条件的,它们之间的同一性是相对的、有条件的;同一性中存在着斗争性,斗争性寓于同一性之中。冯友兰认为,马克思主义辩证法强调斗争性,这没有错,符合马克思主义辩证法的本意,但他由此推论出马克思主义辩证法主张"仇必仇到底",始终把斗争放在第一位,则不符合马克思主义辩证法的本意。

马克思主义哲学是无产阶级的革命哲学,它的本质是批判的。它强调斗争、否定、转化、扬弃,这是它的本质、使命所规定了的。但它并不因此就轻视统一。恩格斯曾指出:在达尔文以前,生物学者们强调的是有机界中的和谐合作,在达尔文学说被承认之后,这些人到处只看到斗争。"这两种见解在狭小的界限内都是有道理的,然而两者也都同样是片面的和褊狭的。自然界中无生命的物体的相互作用既有和谐也有冲突;有生命的物体的相互作用则既有有意识的和无意识的合作,也有有意识的和无意识的斗争。因此,在自然界中决不允许单单把片面的'斗争'写在旗帜上。"①列宁既讲过"发展是对立面的斗争",又讲过"发展是对立面的统一"。他把辩证法规定为"研究对立同一的学说"。对毛泽东,人们往往只记起他的"共产党的哲学就是斗争的哲学"的话,而不知道他还多次讲到"和为贵"。他在谈到处理党内矛盾、人民内部矛盾时强调要"和"、"和为贵"②。为了国家、民族的利益,毛泽东在抗日战争胜利后亲赴重庆,同国民党进行和平谈判。在重庆的一些招待会上,他说:"中国今天只有一条路,就是和,和为贵。"③在毛泽东那里,斗与和是统一的。对敌要狠,对己要和。对敌狠,也不是乱斗一通,而是要讲究斗争的艺术策略,要善于利用矛盾,争取多数,孤立少数,分化瓦解,各个击破,要有理、有利、有节,必要时要作妥协、让步。在统一战线、人民内部讲和为贵,但并不是无原则的,而是有必要的斗争,以斗争求团结。在抗日战争时期,共产党在同国民党的关系上,统一和斗争是两个不可缺少的原则,斗争的目的是求团结,共同抗日。当然,没有斗争,是万万不行的。以退让求团结,则团结亡,以斗争求团结,则团结存。

马克思主义辩证法认为斗争是绝对的,但并不认为在任何情况下斗争总是最重要的。矛盾因性质不同,斗争与统一的关系也不同。有的矛盾以斗争性为主,有的矛盾以统一性为主。同一矛盾,在其发展的不同阶段上也呈现不同的情况,在有的阶段以统一性为主,而在有的阶段则以斗争性为主。矛盾斗争的结局也因矛盾的性质、情况的不同而不同。矛盾斗争的结局大致有以下五种情形:(1)一方战胜另一方,一方吃掉另一方(当然吃掉的方式是多样的,

① 恩格斯:《自然辩证法》,《马克思恩格斯选集》第4卷,人民出版社1995年版,第372页。
② 中共中央文献研究室编:《毛泽东年谱(1893—1949)》中卷,人民出版社1993年版,第317、546页。
③ 中共中央文献研究室编:《毛泽东年谱(1893—1949)》下卷,人民出版社1993年版,第19、31—32页。

可以是非和平的,也可是和平的);(2)双方同归于尽,产生新的对立面,形成新的矛盾;(3)矛盾双方主次地位的转化,使事物的性质发生变化;(4)矛盾着对立面之间的结合、融合;(5)在矛盾双方势均力敌情况下,矛盾双方通过互相让步、妥协、调和以求得在一定条件下的暂时共存。"用不同的方法去解决不同的矛盾,这是马克思列宁主义者必须严格地遵守的一个原则"①,马克思主义辩证法并不排斥一定条件下矛盾双方的让步、妥协、调和与共存。冯友兰把"仇必仇到底"的公式套到马克思主义辩证法上是一种片面的"推测"。

那么"仇必和而解"是不是客观辩证法呢? 对此,学者们的认识不尽一致。20 世纪五六十年代,中国哲学史界普遍认为,张载的"仇必和而解"的命题是反辩证法的调和论。冯友兰也这样看。② "文化大革命"结束后,不少学者依然认为"仇必和而解"是张载辩证法思想的时代和阶级的局限性,有的学者则改变了原有的看法。冯友兰可算是代表。笔者认为,对立面之间的结合、融合、调和是解决某些矛盾的一种方法;根本否认这种方法是错误的,但将这种方法夸大为解决一切矛盾的公式,同样也是错误的。"仇必和而解"与"仇必仇到底"都不具有普遍性,都只反映了事物辩证法的一个侧面。

和平与发展是当代世界最重要的两个问题。不同社会制度的国家之间、同一社会制度的不同国家之间的既互相依存、互相合作,又互相矛盾、互相斗争的局面将在一个相当长的历史时期内存在。全人类最终要走向消灭一切剥削制度、剥削阶级的大同世界。这些都是没有疑义的。问题是现今的世界依然是一个霸权主义横行的弱肉强食的世界。今日世界的矛盾、冲突总不是靠一个"仇必和而解"的"和"所能解决的,决不是靠一些人天天唱"让世界充满爱"一类美妙动听的歌声所能消除的。戈尔巴乔夫提倡新思维的核心是"全人类利益高于一切",企图靠退让、妥协,乞求博得西方资本主义大国的欢心、支持,其结果是众所周知的。和平与发展是各国人民的共同愿望,但要实现这个愿望,使之变为现实,则不能指望洋大人的恩赐,而要靠发展自身和必要的

---

① 毛泽东:《矛盾论》(1937 年 8 月),《毛泽东选集》第一卷,人民出版社 1991 年版,第 311 页。

② 冯友兰:《王夫之的唯物主义哲学和辩证法思想》,《三松堂全集》第 12 卷,河南人民出版社 1992 年版,第 671—672 页。

斗争才能获得。一厢情愿的"和"就很可能"和"到别人那里去了,成了西方某些大国的附庸。以愚之见,人类在未来的 21 世纪将取得比 20 世纪更加辉煌的物质文明和精神文明,悲观论是错误的,这是其一;其二,未来的新世纪依然是一个充满矛盾、斗争和很不稳定的世纪,而不是一个"和"的世纪。因此,今日中国最需要的是一种自强不息、发展自己的奋斗精神,需要一种不信邪、不怕鬼、不怕压的气概和赶上并超过西方发达国家的雄心。世界距消灭一切剥削制度、一切剥削阶级的理想社会还很远。我们不要被"和"、"爱"之类的美丽辞藻模糊了自己的眼睛。

也许有人会说:你是不是又在提倡"斗争哲学"? 笔者的回答是:否! 笔者既不赞成提倡"斗争哲学",也不赞成提倡"和的哲学",而是主张"斗"和"和"的辩证统一。"矛盾着的对立面又统一,又斗争,由此推动事物的运动和变化。"①这才是客观的辩证法。具体地分析具体情况是马克思主义的精髓。用一个"斗"或"和"去概括辩证法的本质的做法本身就违背了辩证法。我们应在"斗"与"和"的关系上多一点辩证法,少一点片面性、绝对化。要提倡具体情况具体分析的实事求是的精神和态度。惟有这种科学精神和科学态度,才能使中华民族屹立于世界民族之林而岿然不动,才能使中国对人类作出更加伟大的贡献。

---

① 毛泽东:《关于正确处理人民内部矛盾的问题》(1957 年 2 月 27 日),《毛泽东文集》第七卷,人民出版社 1999 年版,第 213 页。

中国哲学精神简论[*]

中国哲学,历史悠久,学派众多,博大精深。中国哲学精神是什么? 这历来是一个见仁见智的问题。由于论者所处时代和环境的不同,政治倾向和学术观点的不同,知识构成和个人情趣的不同,见解自然也就不同。近十多年来,相当多的学者认为,"和"、"和合"、"天人合一"、"中庸"是中国哲学的精神或精髓。我在读到此类观点的文章时总有点保留,心想,如果真如此,中华民族能历久不衰,巍然屹立于当今世界的东方吗? 为了弄清问题,近几年来,我对"中国哲学精神是什么"的问题发生了兴趣,读了些书,作了些思考。趁第十二届国际中国哲学大会召开之机,我将多年思考的结果写出来,以期引起同仁们对此问题的研究和争鸣。

一、中国哲学精神的种种说法

中国哲学精神的提法从何时开始,笔者没有做过考证。但有一点似乎可以肯定,这一提法是在近代西方文化传入中国后才有的。西方文化传入中国,中西文化发生碰撞,中国传统文化和中华民族发生了危机,中国学者为了回应西方文化的挑战,保存和弘扬中国哲学,为了捍卫中华民族的独立,提出了

---

　* 本文为提交 2001 年第十二届国际中国哲学大会的论文,收入方克立主编的大会的论文集《中国传统哲学的现代诠释》,商务印书馆 2003 年版,曾刊于《理论前沿》2001 年第 17、18 期,经补充后以《中国哲学的基本精神》为题收入王杰主编的《领导干部国学公开课》,中共中央党校出版社 2017 年版。

"中国哲学精神"的问题(注:哲学是文化的核心,文明的活的灵魂,时代精神的结晶,因此,"中国哲学的精神"与"中国文化的精神"、"中国文明的精神"、"中华民族的精神"等说法,虽然有差别,但本质上是同一的。故本文对这些说法不作严格的区别)。现将我见到的一些有代表性的观点笔录如下:

尊王尊孔论者辜鸿铭在《中国人的精神》一书的序言中申说:孔子的礼是"中国文明的精髓"。"以礼来自我约束,非礼毋言,非礼毋行。这就是中国文明的精华和中华民族精神的精髓所在。我在这本书中需要加以阐明和解释的也正是这点。"①

辜鸿铭上述序是在 1915 年写的。经过五四新文化运动,孔子被打倒在地,批得尊孔者羞不能出口。梁漱溟看不下去,公开申明要为孔子辩护,发挥孔家学说,发表《东西文化及其哲学》,提出今后世界文化的走向应是孔家文化。梁漱溟认为,中国形而上学的"中心意思,就是调和","调和折中是宇宙的根本法则","双,调和,平衡,中,都是孔家的根本思想"。他说:"西方文化是以意欲向前要求为根本精神的。""中国文化是以意欲自为调和、持中为其根本精神的。"②总之,在梁漱溟看来,调和是中国哲学、中国文化的根本精神。

冯友兰认为,哲学是人生的反思,哲学的任务在于教人如何提高境界,成为"圣人"。哲学是"入圣"之学。1944 年,他在《新原道》(一名《中国哲学之精神》)中说:中国哲学的主要传统,中国哲学的主流,中国哲学要求的一种最高境界,中国哲学的真正精神,是"极高明而道中庸"③。

杜国庠则不赞成冯友兰的观点,揣出中国哲学的精神并不是"极高明而道中庸",并不是"经虚涉旷",而是"实事求是"。他说,为学做人需要的也是实事求是精神。④

1958 年,唐君毅、牟宗三等四人,带着"流亡海外"、"四顾茫茫"的心境情调,发表《为中国文化敬告世界人士宣言》。他们站在宋明心学的立场上提

---

① 辜鸿铭:《中国人的精神》,海南出版社 1996 年版,第 21、17 页。
② 梁漱溟:《东西文化及其哲学》,商务印书馆 1987 年影印版,第 55、118、124、144 页。
③ 冯友兰:《新原道》绪论,《三松堂全集》第 5 卷,河南人民出版社 1986 年版,第 6—7 页。
④ 杜国庠:《玄虚不是中国哲学的精神》,《杜国庠文集》,人民出版社 1962 年版,第405 页。

出："中国学术思想之核心"、"中国文化之神髓"是"心性之学"，悲叹当今中国与世界之学者"皆不能了解心性之学"①。

方东美著有《中国哲学之精神及其发展》，全书赅综儒家、道家、佛家和宋明以来的新儒家之哲学体系，提出"中国形而上学表现为一种'既超越又内在'、'即内在即超越'之独特形态，与流行于西方哲学传统之'超自然或超越形而上学'迥乎不同"②。

罗光对方东美的见解不以为然。他在著九大册中国哲学史之后由繁返简，写了一本《中国哲学的精神》，书中罗列"崇实"、"贵心灵"、"生生之谓易"等十六个题，分述中国哲学精神。书中说道，"中国哲学的基本精神，为一种重实的精神"③。

"文化大革命"结束后，张岱年在许多文章中反复说明："自强不息"、"厚德载物"是中国文化传统的基本精神。他认为，这些思想激励着人们奋发向上，不断前进。张岱年提出的见解为越来越多的人认同。有的学者提出"自强不息是中华民族精神的核心"。张岱年还明确表示"不能把'中庸'看做中国文化的基本精神"④。

十年"文化大革命"，"斗争哲学"盛行。"物极必反"，"文化大革命"结束后，"和"的哲学蜂起。有的学者提出"和合"哲学。唱和者甚至建议要在北京搞"中华和合纪念碑"，搞"中华和合文化弘扬工程"。有的学者认为，西方社会诸多问题，与西方哲学主张"主客二分"有关。与西方哲学不同，中国哲学主张"天人合一"。于是有人鼓吹以中国天人合一之长济西方"主客二分"之穷，鼓吹"天人合一救世"。也有人不赞成用"和"、"和合"、"天人合一"来概括中国哲学精神，主张用"尚通"或"中"作为中国哲学的精髓。

总之，中国哲学，流派纷呈，意蕴丰富，犹如万花筒，一人一见，十人十见。

① 汤一介、杜维明主编：《中国哲学经典》(1949—1978年)，海天出版社1998年版，第241、245页。

② 汤一介、杜维明主编：《中国哲学经典》(1949—1978年)，海天出版社1998年版，第54页。

③ 罗光：《中国哲学的精神》，台湾学生书局1990年版，第14页。

④ 张岱年：《文化传统与民族精神》，载《文化与哲学》，教育科学出版社1988年版，第74—75、76页。

对中国哲学精神见仁见智,不足为怪,这是主体能动性的体现,有助于学术的繁荣和进步。

二、如何界定中国哲学精神

对上述中国哲学精神的种种说法,本文不作论析。但笔者认为,在弄清中国哲学精神的具体内涵之前,首先要解决如何界定中国哲学精神的问题。笔者的看法是:

第一,中国哲学精神应是中国哲学中积极的、进步的成分,是中国哲学的精华。消极的、落后的东西,即使在中国历史上有很大的影响也不能算作中国哲学的精神。

第二,中国哲学精神应是中国哲学中具有普遍的、永久价值的珍贵品。它不仅在历史上有其价值,而且在今天,对中华民族的振兴和世界文化的发展仍有意义。有些东西在某一历史时期有一定价值,而后随着时间的推移渐渐失去价值。这类东西不能算中国哲学的精神。中国哲学精神是中华民族的灵魂和精神支柱,是推动中国社会发展的精神动力。

第三,中国哲学精神涵义丰富,是多种因素的有机统一,并非是单一的。因此,很难用一两个概念或论断加以表达。

第四,中国哲学精神是活的,不断发展着的,不同时代有不同的特点和重点。

学者因政治立场、政治倾向和学术观点的不同,对精华与糟粕、积极与消极、进步与落后的看法也就不同,甚至是截然相反。我们究竟应持什么样的立场和观点呢? 我认为,我们只能站在中华民族和中国最大多数人的立场上,以辩证的、唯物的、历史的观点来审视数千年的中国哲学,取其精华,弃其糟粕,弘扬其真正的精神。

基于上述理解,笔者以为中国哲学精神至少应包含以下四个方面内容:(一)刚健有为,自强不息;(二)经世致用,实事求是;(三)阴阳互补,辩证思维;(四)大同理想,止于至善。以下分别简述之。

三、刚健有为,自强不息

中华民族屹立于世界东方五千余年。中华文明是世界六大古代文明中惟一没有中断过的文明。维系中华民族生存、推动中华民族发展的精神动力是什么? 多数学者首推刚健有为、自强不息的精神。笔者完全赞同这一观点。

中国古代,西周以前,神学世界观占支配地位,一切听命于神。周灭商之后,统治者提出"以德配天命"的理论。西周末期,神的统治地位发生了动摇。春秋战国时期,无神论思想兴起。有人说:"夫民,神之主也,是以圣王先成民而后致力于神"(《左传·桓公六年》);"国将兴,听于民;将亡,听于神"(《左传·庄公三十二年》)。有的人明确讲:"吉凶由人"(《左传·僖公十六年》);"祸福无门,唯人所召"(《左传·襄公二十三年》)。老子是无神论者,主张道法自然,尊重客观法则。他讲无为,但目的是为了达到"无不为"。孔子虽然讲天命,但更多的是提倡"刚健"、"弘毅"。为了救世,他颠沛流离,四处游说,"知其不可为而为之"。他提倡自主、自信、自强,"不怨天,不尤人"(《论语·宪问》)。他还说:"为仁由己,而由人乎哉"(《论语·颜渊》);"我欲仁,斯仁至矣"(《论语·述而》)。《易经·乾卦》说:"君子终日乾乾。"《易传》进一步发挥了这种思想。《象传》提出:"天行健,君子以自强不息。"《象传》提出:"刚健笃实,辉光日新。"《文言》则说:"大哉乾乎! 刚健中正,纯粹精也。"孔子、《周易》的这些思想为后世儒家所提倡。荀子讲:"以修身自强,则名配尧禹。"(《荀子·修身》)朱熹讲:"学者自强不息,则积少成多;中道而止,则前功尽弃。其止其往,皆在我而不在人也。"(《四书章句集注·论语集注》)他又说:"闻道有蚤(早)莫(暮),行道有难易,然能自强不息,则其至一也。"(《四书章句集注·中庸章句》)

中国古代刚健有为、自强不息的精神还表现为一种"日新"变革的进取精神。《礼记·大学》记有商汤在自己沐浴之盘上铸有"苟日新,日日新,又日新"的格言。《尚书·咸有一德》说:"始终唯一,时乃日新。"《周易·系辞上》说:"日新之谓盛德。"《周易·革卦》则说:"天地革而四时成,汤武革命,顺乎天而应乎人,革之时,大矣哉。"日新,革命,是自然、社会法则,人应遵循它,效法它,不断创新,不断进取。中国古代虽然有"天不变道亦不变"的形而上学思想,但上述日新、变革的思想也为先进的人们反复提倡。日新、变革的思想推动着中华民族不断开拓进取。

自强不息的精神还表现为一种奋发有为,百折不挠,艰苦奋斗,勇于献身的精神。孔子反对饱食终日,无所用心,不思进取的懒惰思想。他自己则"发愤忘食,乐以忘忧,不知老之将至"(《论语·述而》)。孟子提倡在逆境中磨炼自己。他说:"天将降大任于斯人也,必先苦其心志,劳其筋骨,空乏其身,行拂乱其所为,所以动心忍性,增益其所不能。"又说"生于忧患而死于安乐也"(《孟子·告子下》)。司马迁在总结历史时写道:"文王拘而演周易,仲尼厄而作春秋。屈原放逐,乃赋离骚。左丘失明,厥有国语。孙子膑脚,兵法修列。不韦迁蜀,世传吕览。韩非囚秦,说难孤愤。诗三百篇,大抵贤圣发愤之所为作也。"(《报任安书》)文天祥的"人生自古谁无死,留取丹心照汗青"的名句,千古传诵。在中华民族的历史上,无数仁人志士,为了民族独立,国家富强,社会进步,不惜牺牲自己的生命,奋斗不止,留下了许多可歌可泣的壮丽诗篇。

近代以降,面对日益深重的民族危机,自强不息的精神尤为发扬光大。资产阶级改革派领袖康有为组织"强学会",创办《强学报》,力倡自强、维新。他说:"《易》首系《乾》以自强不息",国之振兴,"惟有自强而已"(《上海强学会后序》)。革命民主主义先行者孙中山为了中华民族的独立、富强,十落十起,百折不回,愈挫愈奋,与时俱进,鞠躬尽瘁,死而后已。以毛泽东为代表的中国共产党人更是继承、发扬了自强不息的精神。在面临亡国灭种的时刻,毛泽东响亮地提出:"中华民族有同自己的敌人血战到底的气概,有在自力更生的基础上光复旧物的决心,有自立于世界民族之林的能力。"[①]中国共产党人不怕帝,不怕鬼,不怕魅,不信邪,排除来自各方面的压力和干扰,独立自主地领导中国的革命和建设,把中华民族的历史推进到一个崭新的阶段。中国共产党人的"独立自主、自力更生"的思想是中华民族自强不息精神在当代的弘扬。

---

① 毛泽东:《论反对日本帝国主义的策略》(1935年12月27日),《毛泽东选集》第一卷,人民出版社1991年版,第161页。

四、经世致用,实事求是

中国古代哲学家、思想家虽然研究的是天道、人道一类十分高深、抽象、玄虚的问题,但他们决不是为学问而学问,为求真而求真。与西方不同,中国没有为学术而学术的传统。中国宗教观念薄弱,中国古代的哲人和普通百姓,注重现实,注重现世,不像西方人那样,有浓厚的宗教观念,向往追求来世天国。

老子讲玄之又玄的道,讲无为,但落脚点却是为了实现小国寡民的社会理想。他讲的道,既是天道,又是人道,也是治国之道,他的"治大国若烹小鲜"的话,竟为20世纪80年代美国总统就职演说时引用。孔子对"礼崩乐坏"的大变革痛心疾首,力图变"无道"为"有道"。儒家的一套学说,为的是救世济民,"修身、齐家、治国、平天下"。墨子以讲"圣王之道"为职志,宣扬"兼爱"、"尚贤"、"节用"等思想。中国古代思想家以匡正时弊、救世济民为己任的思想绵延不绝。

当然,中国历史上也有慕出世、尚清谈、讲心性的唯心主义传统,其中尤以宋明儒家为盛。明清之际的黄宗羲、顾炎武、王夫之等针对空谈误国,大兴经世致用之实学。黄宗羲讲:"古者儒墨诸家,其所著书,大者以治天下,小者以民为用。盖未有空言无事实者也"。(《今水经序》)顾炎武激烈反对宋明理学的"空虚之论",提倡"文须有益天下","君子为学,以明道也,以救世也。"他提出:"天下兴亡,匹夫有责。"王夫之批判各种唯心主义,提倡实学。如他儿子所说,其父"明人道以为实学,欲尽废古今虚妙之说,而反之实"(王敔:《姜斋公行述》)。

我国古代先哲在治学上提倡实事求是的态度。孔子博学于文,虚心好学,"不耻下问",周游历国,调查研究。他讲:"知之为知之,不知为不知,是知也。"(《论语·为政》)《中庸》提倡"博学之,审问之,慎思之,明辨之,笃行之"。司马迁游历大江南北,实地考察古迹,"网罗天下放失旧闻",写成了千古名著《史记》。司马迁"不虚美,不隐恶"的治学态度,对后世影响极大。汉景帝之子刘德,喜好学问,搜集先秦典籍,其数可与朝廷匹敌。班固在《汉书》

中作了记载,称赞刘德"修学好古,实事求是"。以后,实事求是渐渐成了成语,流传下来,泛指治学、治国和做人的一种态度。清朝乾嘉学派,矫宋明空谈之弊,注重考据,强调实事求是。乾嘉考据学集大成者阮元自称:"余之说经,推明古训,实事求是而已,非敢立异也。"(《研经室集·自序》)但乾嘉考据之学走向另一极端,埋头于文字上寻章摘句,搞烦琐哲学,结果陷于钻故纸堆,脱离现实。

近代以来,随着西学的传入,先进的中国人用实事求是来指称西方的科学精神、科学态度和科学方法。郭嵩焘说:"实事求是,西洋之本也。""西人格致之学,所以牢笼天地,驱役万物,皆实事求是之效也。"①郑观应说,在西方,"无论何学,总期实事求是"②。梁启超起草的京师大学堂的办学章程说:"本学堂以实事求是为主。"③章太炎讲:"近代学术,渐趋实事求是之涂。"④20世纪初,实事求是成为一个盛行的用语。有的用它作书院名,如杭州有求是书院。有的用它作匾额,如民国初年,在原岳麓书院旧址上办的湖南工业专科学校的讲堂上就挂有"实事求是"的横匾。青年毛泽东在长沙求学时在此活动过,知晓此匾额。

以毛泽东为代表的中国共产党人在马克思主义基础上继承和发扬了实事求是的优良传统。毛泽东说:"科学的态度是'实事求是',……我们民族的灾难深重极了,惟有科学的态度和负责的精神,能够引导我们民族到解放之路。"⑤1941年12月,他为中央党校题写了"实事求是",作为校训。他对实事求是作了唯物而辩证的说明,赋予了新的内容。他用实事求是来概括马克思主义学风,反对教条主义。在新的历史时期,邓小平在总结正反两方面历史经验的基础上反复讲:实事求是,是毛泽东思想的精髓,是马克思主义的精髓,过去打仗靠这个,现在搞建设、搞改革开放也靠这个。实事求是是中国共产党的

①　《郭嵩焘日记》(三),湖南人民出版社1981年版,第731、766页。
②　《郑观应集》(二),上海人民出版社1982年版,第104页。
③　舒新城编:《近代中国教育史料》第一册,中华书局1928年版,第139页。
④　章太炎:《答铁铮》,《民报》1907年第14号,载《章太炎全集》第4卷,上海人民出版社1985年版,第370页。
⑤　毛泽东:《新民主主义论》(1940年1月),《毛泽东选集》第二卷,人民出版社1991年版,第662—663页。

思想路线。中国共产党人是中国哲学优秀传统的真正继承者和发扬者。

五、阴阳互补,辩证思维

中华民族是一个富有辩证思维的民族。中国古代的先哲通过仰观天文,俯察大地,天才地猜测到世界是由对立面组成的,对立面之间的互相依存,互相渗透,互相激荡,互相作用,互相转化,产生万物,推动自然、社会和人的思维的发展。阴阳互补、对立统一的辩证思维,是中国古代辩证法的优点和特点。

中国古代最早的经典《易经》提出宇宙由八种物质组成,即天(乾☰)与地(坤☷)、雷(震☳)与风(巽☴)、水(坎☵)与火(离☲)、山(艮☶)与泽(兑☱)。天地是宇宙万物的总根源,天地交感产生万物。《易经》认识到对立着的事物是统一的,相反相成,物极必反。《易经》虽没有明确提出阴阳概念,但乾具有阳的性质,坤具有阴的性质已十分明确。所以《庄子·天下篇》说:"《易》以道阴阳。"孔子十分推崇《易经》,自己研究不止,"韦编三绝",并把它作为教材,传授弟子。他讲过:"加我数年,五十以学《易》,可以无大过矣。"(《论语·述而》)形成于战国时期的《易传》,进一步发展了《易经》中的辩证法,更突出了发展的思想。《系辞上》说:"日新之谓盛德,生生之谓易。"《易传》明确提出"一阴一阳之谓道",把对立面之间的相互作用看成事物运动变化的总根源和根本规律。

《周易》为历代学者推崇,被尊为"六经"之一。《周易》辩证法在历史上影响很大。先秦以后的中国哲学家普遍地接受事物因内部阴阳互相作用而生运动、变化的思想。宋朝张载是气一元论者。他说:"一物两体,气也。一故神,两故化,此天之所以参也。"(《正蒙·参两》),又说:"无无阴阳者,以是知天地变化,二端而已。""两不立,则一不可见;一不可见,则两之用息。"(《正蒙·太和》)朱熹虽然是唯心主义者,但也把阴阳二端看成事物变化的动力。他说:"凡天下之事,一不能化,惟两而后则化,且如一阴一阳,始能生化万物。"(《朱子语类》卷九十八)他又说:"一分为二,节节如此,以至于无穷,皆是一生两尔。"(《朱子语类》卷六十七)

中国古代辩证法，《周易》是一系。除《周易》之外，《老子》《孙子兵法》亦是中国古代辩证法思想的两大宝库、两大源头。《老子》《孙子兵法》各有自己鲜明的特点，这是不言自明的。它们两者在辩证法思想上有共同点，这也是显而易见的。这两部著作中关于对立面互相依存、互相渗透、互相转化、相反相成的思想十分丰富、深刻。这两部著作中涉及有无、阴阳、男女、刚柔、强弱，大小、长短、难易、生死、祸福、吉凶、善恶、动静、进退、胜负、攻守、虚实、劳逸、正奇、战和等数十对矛盾。这两部著作和《周易》中包含的矛盾着的对立面之间的互相依存、互相渗透、互相转化、相反相成的辩证法思想已深入到我国政治、军事、文化、艺术、医学、自然科学和社会生活的各个方面，成为中华民族的重要思维方式之一。

我国古代的阴阳互补、相反相成的辩证思维对近现代自然科学的发展有重大的影响。玻尔、普利高津等科学家十分推崇我国的阴阳学说。阴阳互补思想与现代量子力学的"互补原理"有契合之处。量子力学的创始人玻尔以象征阴阳互补的太极图（即阴阳鱼）作为自己家族的族徽，就充分说明了这一点。

中国传统的阴阳互补、相反相成的辩证法思想与马克思主义的唯物辩证法思想是相通的。20世纪中国尖锐、复杂、曲折的社会矛盾运动为辩证法的运用和发展提供了历史舞台。毛泽东的辩证法思想既是马克思主义辩证法与中国革命具体实践相结合的产物，也是对中国古代辩证法思想的直接继承和发展。

如本文开头所说，近十多年来，我国相当一部分学者在鼓吹"和"、"和合"、"中庸"。对此，笔者难以苟同。应当承认，中国古代的"和"、"和合"，不同于"同"，含有对立面统一之意，具有辩证法的因素。不过，这只是一方面。另一方面，"和"、"和合"强调的是对立面之间的统一，不承认或反对对立面之间的互相转化，不讲新矛盾对旧矛盾的代替，旨在维护现存事物，起着保守的作用。中庸最初之意，不同于调和，反对"过"与"不及"，同样具有辩证法的因素。"中庸"承认"量变质，但畏惧其变"，维护旧质，因此，从根本上讲"中庸"是反辩证法的。[①] 总之，在二千多年的封建社会，"和"、"中庸"没有对立面转

---

① 《毛泽东哲学批注集》，中央文献出版社1988年版，第380页，又参见《毛泽东书信选集》，人民出版社1983年版，第147页。

化、质变、发展的观念,其主要内涵是调和矛盾,主要的社会作用是维护现存的秩序。"和"、"中庸"不能列为中国哲学的精华。中国古代辩证法的精华不仅在于承认对立面之间的统一,更在于认识到对立面之间的转化,"物极必反","日新、日新,又日新"和"穷则变,变则通,通则久"。

六、民贵君轻,以人为本

以人为本是中国哲学的又一优良传统。在西方,整个中世纪,神学占统治地位。直到文艺复兴时期,神学统治才开始动摇,人才逐渐从神的束缚下解放出来。中国在夏商时代也是宗教神学占绝对统治地位,但随着商朝的灭亡,周朝的统治者从奴隶的暴动中看到了人民的力量,认识到"天命靡常"(《诗经·大雅·文王》),"天视自我民视,天听自我民听","民之所欲,天必从之"(《尚书·泰誓》)。春秋战国时期,社会发生激烈的大变革,重民思想有了进一步的发展,人的地位上升。随国季梁说:"夫民,神之主也,是以圣王先成民而后致力于神"(《左传·桓公六年》)。宋国司马子鱼说:"祭祀以为人也。民,神之主也。"(《左传·僖公十九年》)郑国的子产讲"天道远,人道迩。"(《左传·昭公十八年》)他认为天道离现实远,人道离我们近,因而主张重视人道。

孔子发展了西周以来重民的思想,是中国第一个以人为本的思想家、哲学家。他"不语怪、力、乱、神"(《论语·述而》),"敬鬼神而远之"(《论语·雍也》)。他说过:"未能事人,焉能事鬼?"(《论语·先进》)他注重人道,把人作为研究的中心,充分肯定人的价值,提出了仁学。孔子仁的基本精神是重视人,即所谓"仁者爱人"。他提倡,"泛爱众"(《论语·学而》),"节用而爱人,使民以事"(《论语·学而》),"博施于民而能济众"(《论语·雍也》)。郭沫若曾说,孔子的仁是人的发现,这不无道理。孟子总结了兴衰存亡的历史经验,进一步发展孔子的思想,提出了仁政学说。他说:"三代(即夏商周)之得天下也以仁,其失天下也以不仁,国之所以兴废存亡者亦然。"(《孟子·离娄上》)。他主张给农民固定的土地,"制民之产",安定民心。他认识到,得人心者得天下,失人心者失天下。他一定程度上看到了人民对保持和巩固国家政权的重要意义。他说:"民为贵,社稷次之,君为轻。"(《孟子·尽心下》)孟子的"民贵君轻"的民本思想对后世影响甚大。1958 年,毛泽东把它视为中国古代有关人民性思想的重要范例。①

与孔子的以仁为中心的思想不同,老子的思想则以道为中心。他站在小生产者的立场上批判剥削、压迫制度。他指出:"民之饥,以其上食税之多,是以饥。"(《老子·七十五章》)他崇尚天之道,批判人之道:"天之道损有余而补不足,人之道则不然,损不足以奉有余。"(《老子·七十七章》)他提的"圣人无常心,以百姓之心为心"(《老子·四十九章》),此话鲜明地表达了民本思想。他警告统治者,对老百姓不要逼得过分,因为"民不畏死,奈何以死惧之?"(《老子·七十四章》)他提出无为而治的主张。

中国古代明确提出"以人为本"的是《管子》一书。《管子·霸言》说:"争天下者,必先争人。明大数者得人,审小计者失人。得天下之众者王,得其半者霸。""霸王之所始也,以人为本。本理则国固,本乱则国危。"《管子》一书对称霸、治国要以人为本做了多方阐述,并提出爱民、顺民、富民的方针,以赢得人心,巩固统治大业。《晏子春秋》记载,齐国大夫晏婴在回答叔向处乱世如何行道时提出"以民为本"②。后人则明确指出:"民可近,不可下,民惟邦本,本固邦宁。"(《古文尚书·五子之歌》)以人为本的思想在荀子那里得到进步发展。荀子提出了"人最为天下贵"的命题。在民与君的关系上,他引用古语:"君者,舟也;庶人者,水也。水则载舟,水则覆舟。"荀子进一步发挥说:"故君人者,欲安,则莫若平政爱民矣"(《荀子·王制》)。"水可载舟,亦可覆舟",成为后世有作为统治者的治国箴言。唐太宗李世民与大臣居安思危,常用此话警策自己。唐太宗讲:"为君之道,必须先存百姓。若损百姓以奉其身,犹割股以啖腹,腹饱而身毙。"(《贞观政要·君道》)他又说:"凡事皆须务本。国以人为本,人以食为本。""国以民为本,人以食为命。"(《贞观政要·务农》)到了明清之际,黄宗羲将"民贵君轻"的民本思想发展为"民主君客"的民主主义。

---

① 毛泽东:《对陆定一〈教育必须与生产劳动相结合〉一文的批语、按语和修改》(1958 年 8 月),《建国以来毛泽东文稿》第七册,中央文献出版社 1992 年版,第 340 页。
② 见《晏子春秋》内篇问下第四·叔向问处乱世其行正曲晏子对以民为本第二十一。

中国两千多年的高度集权的专制制度,就其本质而言,是蔑视人、贬低人、把人不当为人的制度。三纲主义,存天理、灭人欲的道德说教,扼杀了人的个性和自由。这是基本的方面。但也应看到,进步的思想家、哲学家和政治家确实有以人为本的民本思想,并成为一种传统。近代以来,传统的民本思想同由西方传入的民主主义相结合。孙中山提倡民族、民权、民生的三民主义。他好引用"民为贵,社稷次之,君为轻"和"民为邦本,本固邦宁"的话来论证他的民主主义思想。他认为,"三大主义皆基本于民"①。他在《中华民国临时大总统宣言书》中郑重地宣告:"国家之本,在于人民。"②他多次论说,人民是国家的主人,官吏是人民的公仆。他在临终前的遗嘱中说,积四十年之经验,深知达自由平等中国之目的,"必须唤起民众"。马克思主义传入中国后,中国共产党把马克思主义的群众观与传统的民本思想相结合,形成了一切为了群众、一切依靠群众、从群众中来到群众中去的群众路线。群众路线是中国共产党的根本路线,是党长期在敌我力量悬殊的艰苦环境里进行革命活动的无比宝贵历史经验的总结,也是中国古代以人为本的民本思想在当代的新发展。

七、大同理想,止于至善

哲学不仅是世界观、认识论和方法论,告诉人们如何认识世界和改造世界,而且还是价值观、人生观,解决人的理想信念,人生的追求和归宿,告诉人们如何做人。中国哲学尤其重视人生问题,以至有人把中国哲学归结为人生哲学。

每一个民族都有自己所追求的美好理想。我国古代先秦典籍中有一些关于尧、舜、禹时代原始社会的零星的记载。一些思想家出于对不平等、不公正社会现实的不满,把原始共产主义社会视为理想的黄金时代。形成于秦汉之

---

① 孙中山:《〈民报〉发刊词》(1905 年 10 月 20 日),《孙中山选集》,人民出版社 1986 年印,第 75 页。

② 孙中山:《中华民国临时大总统宣言书》(1912 年 1 月 1 日),《孙中山选集》,人民出版社 1986 年印,第 90 页。

际的《礼记·礼运》，假托孔子之名集中完整地描述了以天下为公的大同理想世界。《礼运》说："大道之行也，天下为公，选贤与能，讲信修睦。故人不独亲其亲，不独子其子，使老有所终，壮有所用，幼有所长；矜、寡、孤、独、废疾者皆有所养；男有分，女有归。货恶其弃于地也，不必藏于己；力恶其不出于身也，不必为己。是故谋闭而不兴，盗窃乱贼而不作，故外户而不闭。是谓大同。"《礼运》提出的大同理想反映了劳动人民和进步思想家向往一个没有剥削，没有压迫，人人平等、自由、幸福、和谐的理想社会。《礼运》的理想社会无疑带有空想的色彩，是一个理想化的世界。历代具有改革性的政治家、思想家大多依托大同为蓝本来描绘其理想社会的图景。大同思想是中国思想文化中的优良传统。大同理想对中国历史，尤其是近代以来的历史，有重大影响。

太平天国领袖洪秀全在《原道新世训》中引了前面《礼运》有关"大同"的著名论述，谴责当今"相侵相夺相斗相杀"的旧世界，希望建立"天下一家，共享太平"的新世界。戊戌维新派首领康有为吸取了西方空想社会主义的思想，用进化论的观点，进一步发挥了大同理想。他作了《礼运注》，著有《大同书》。他提出的大同理想社会去掉了国界、级界、种界、形界、家界、产界、乱界、类界、苦界等九界，无私有财产，生产力发达，人人劳动，人人过着美好的物质生活和精神生活。康有为的大同社会是一个"至平、至公、至仁，治之至"的社会。毛泽东讲，"康有为写了《大同书》，他没有也不可能找到一条到达大同的路。"①中国古代大同思想对民主主义革命家孙中山影响甚大。他把中国古代的大同理想与西方的空想社会主义和马克思主义糅合起来，提出了"天下为公"的社会理想。他书写了《礼运》大同社会的语录和"天下为公"的条幅。他在讲话、文章中多次讲到大同理想。他说："人类进化之目的为何？即孔子所谓'大道之行，天下为公'。"②他又说："我们三民主义的意思，就是民有、民治、民享。这个民有、民治、民享的意思，就是国家是人民所共有，政治是人民共管，利益是人民共享。照这样说法，人民对于国家不只是共产，一切事权都

---

① 毛泽东：《论人民民主专政》(1949 年 6 月 30 日)，《毛泽东选集》第四卷，人民出版社 1991 年版，第 1471 页。

② 孙中山：《建国方略》(1918 年)，《孙中山选集》，人民出版社 1986 年印，第 156 页。

是要共的。这才是真正的民主主义,就是孔子所希望之大同世界。"①孙中山的"大同思想"同样带有空想的性质,但其进步性、革命性是显而易见的。中国古代的大同思想与马克思主义的社会主义思想虽然有本质的不同,但两者也有一致之处。中国古代的大同思想是中国先进分子接受马克思主义的有利的思想条件。

社会理想要人来实现。与大同理想相联的是中国哲学注重人身修养,提倡达到天下为公、公而忘私的至善境界。《诗经·召南·采蘩》有"夙夜在公"之语。《尚书·周官》记有"以公灭私,民其允怀。"孔子、孟子提倡"杀身成仁""舍生取义。"《礼运》赞美"天下为公"的无私境界。贾谊说:"国尔忘家,公尔忘私,利不苟就,害不苟去,唯义所在。"(《新书·阶级》)以后历代的政治家、思想家极力提倡"公而忘私,国而忘家"的献身精神,并把它视为人生修养的最高境界。范仲淹的"先天下之忧而忧,后天下之乐而乐"、顾炎武的"天下兴亡,匹夫有责"等名句,千古流传,教育、激励着人们为民族独立、国家富强、人民幸福去奋斗不已。

中国传统道德以社会为本位,忽视、抹杀个性,这是弊端。但它提倡内省、克己、自我修养,把社会、民族、国家的利益放在第一位,提倡天下为公、公而忘私的自我牺牲精神,则是中华民族的优秀传统。中国共产党人注重主观世界的改造,提倡全心全意为人民服务,这是"天下为公"思想在当代的继承和弘扬。我们今天还处于社会主义初级阶段,应提倡社会和个人相统一的集体主义,提倡个性解放,尊重个性自由,克服忽视个性的弊病。我们在纠正"左"的脱离现实的错误时,不应淡化共产主义理想。一个民族,一个国家,无论如何不能没有天下为公的大同理想和公而忘私的献身精神。

中国哲学精神是什么? 这是一个永远研究不完的课题。中国哲学精神的内涵肯定不止以上五个方面。但有一点似乎也是肯定的,把上述五个方面列为中国哲学的基本精神大体上是不差的。因为当代中国仍然需要继承和弘扬这些精神。

---

① 孙中山:《三民主义》(1924 年),《孙中山选集》,人民出版社 1986 年印,第 843—844 页。

毛泽东——中华民族空前的民族英雄[*]

20 世纪的中国出了个毛泽东,这是中华民族的骄傲。他的理论与实践,扭转了中国数百年来衰颓的趋势,改变了中国的面貌。毛泽东在领导中华各族人民反对民族压迫和阶级压迫,争取民族独立和阶级解放的伟大斗争中,在领导中华各族人民进行社会主义现代化建设,争取实现民族振兴和国家富强的伟大事业中,继承和弘扬了中华民族精神。毛泽东是 20 世纪中华民族产生的空前的民族英雄,是当代中华民族的象征。继承、弘扬毛泽东倡导和体现的民族精神,是我们今天学习、纪念毛泽东的重要内容,也是我们培养和弘扬中华民族精神的重要途径。

一、空前的民族英雄

中华民族历史悠久,是世界文明发达最早的国家之一,在其发展的历史长河中不仅产生了许多伟大的思想家、科学家、发明家、政治家、军事家、文学家和艺术家,而且产生了许多反对民族压迫,捍卫民族独立和国家统一的民族英雄。近代以来,中华民族落伍了,面临着帝国主义侵略、瓜分的严重威胁,外患内忧交困。为了民族独立,国家富强,无数仁人志士,平民百姓,有的拿枪战斗,有的拿笔战斗,有的两者并用,奔走呼号,抛头颅,洒热血,赴汤蹈火,前仆

　＊ 本文为纪念毛泽东诞辰 110 周年而作,本文第一部分刊《中华魂》2003 年第 10 期,其余部分刊《理论动态》第 1617 期,2003 年 11 月 20 日。全文收入沧南主编:《现代化视野中的毛泽东思想研究》,湖南人民出版社 2003 年出版。

后继,奋斗不止,以至献出自己的宝贵生命,成为永垂不朽的民族英雄。天安门广场上庄严耸立着由毛泽东书写的"人民英雄永垂不朽"八个金光闪闪大字的人民英雄纪念碑,就是为纪念自 1840 年以来,为了反对内外敌人,争取民族独立和人民自由幸福,而在历次斗争中牺牲的人民英雄而立的。

我们通常称毛泽东是党、国家和军队的领袖、主席,是伟大的马克思主义者、战略家、政治家、军事家、哲学家、诗人、书法家,而不怎么习惯称他是民族英雄。其实,他也是民族英雄,而且是中华民族空前的民族英雄。

所谓英雄是在激烈的矛盾和斗争中产生的杰出人物,民族英雄则是在激烈的民族斗争、阶级斗争和同自然界斗争中产生的,为民族的生存和发展做出了重大贡献的杰出人物。19 世纪 40 年代至 20 世纪上半期的一百多年间,中国社会的民族矛盾和阶级矛盾空前激烈、复杂,中华民族灾难深重,遇到了有史以来生死攸关的最为严重的危机。鸦片战争、太平天国农民革命、中法战争、中日战争、戊戌变法、义和团运动、辛亥革命等反抗帝国主义及其走狗的革命斗争,虽然可歌可泣,英雄辈出,也在一定程度上推动了中国社会的进步,但总起来讲,都没有成功,中华民族依然危机日深,各族人民依然生活在帝国主义和封建专制主义的双重压迫之下,倒悬之苦,日甚一日。

在不屈不挠的斗争中,代表中华民族最先进力量的政党——中国共产党应运诞生了,从此中华民族的解放运动进入了一个新的时期。但革命道路是不平坦的,革命斗争在艰难曲折中进行。伟大的斗争需要伟大的人物来领导,伟大的斗争也一定会产生伟大的人物。中国共产党人是在经过了胜利与失败的比较,付出血的代价,最终才选择了毛泽东为自己的领袖,由此中国革命走上正确的道路。1927 年大革命失败后,正是在他的正确领导下,我们党开辟了以农村包围城市、武装夺取政权的独特的中国革命道路;长征途中,当党和红军陷于绝境之中的危难时刻,正是他带领党和红军摆脱困境,转危为安,终于取得二万五千里长征的伟大胜利,打开了中国革命的新局面;当日本帝国主义大举侵略中国,中华民族到了亡国灭种的紧急关头,正是他以民族利益为重,捐弃前嫌,领导全党,高举抗日民族统一战线的大旗,制定了正确的路线、方针和政策,团结国内外一切可以团结的力量,经过艰苦卓绝的八年抗战,终于打败了日本帝国主义,取得了中华民族史上反对帝国主义侵略的第一次伟大胜利;抗日战争胜利后,中华民族又面临着光明与黑暗两个前途、两种命运的大决战,正是他顶住了国际国内的压力,敢于斗争,善于斗争,敢于胜利,善于胜利,领导全党和全国各族人民打败了得到美帝国主义支持的国民党反动派,取得了新民主主义革命的伟大胜利,建立了中华人民共和国。新中国诞生了,中国人民站起来了,中华民族再也不是一个被人侮辱、欺凌的民族。总之,如邓小平所说,没有毛泽东,我们党就还在黑暗中苦斗,就没有新中国。

在新中国成立后,他继续领导全党和全国各族人民,顶住了帝国主义、霸权主义、大国沙文主义的侵略、威胁、干涉,独立自主,自力更生,进行社会主义现代化建设,捍卫了国家的主权,民族的尊严。在他的领导下,中国由一个贫穷落后、受人欺负的半殖民地半封建国家变成了一个独立自主、具有比较完整的工业体系和国民经济体系的社会主义国家。毛泽东不仅是现代中国革命之父,新中国的主要缔造者,而且是中国社会主义现代化事业的开拓者和奠基者。毛泽东领导下的社会主义新中国,巍然屹立于世界东方,得到世界各国的尊重,任何人都不能小视它的存在,成为反对帝国主义、霸权主义,维护世界和平的重要力量。在毛泽东的领导下,中国扭转了自明朝中叶以来停滞不前、日益衰颓的趋势,结束了一百多年受帝国主义侵略、欺负的历史,中华民族的发展进入了新的纪元,走上了复兴的道路。

毛泽东不仅是伟大的战略家、革命家、军事家,而且精通中国的历史、哲学、文学,是伟大的学问家、思想家、哲学家、诗人和书法家。他把当代人类最先进的科学思想——马克思主义与中国传统文化相结合,形成了中国化的马克思主义,将中国思想文化推进到一个崭新的阶段,也为人类思想文化发展做出了重要贡献。中国人被视为不文明的人的时代一去不复返了。毛泽东思想是中华民族智慧的结晶,他的理论与实践,他的诗词和书法,他的人格和品德,都浸透着中华民族的民族精神。他领导下形成的井冈山精神、长征精神、延安精神、西柏坡精神、大庆精神、雷锋精神等都是中华民族精神在当代的继续和发扬。毛泽东与中华民族融为一体,毛泽东就是中华民族魂。

在《新民主主义论》中,毛泽东称赞鲁迅不仅是伟大的文学家,而且是伟大的思想家和革命家。鲁迅的骨头是最硬的。"鲁迅是在文化战线上,代表全民族的大多数,向着敌人冲锋陷阵的最正确、最勇敢、最坚决、最忠实、最热忧的空前的民族英雄。"①用"空前的民族英雄"来称呼毛泽东更是十分贴切的。中华民族历史悠久,人口众多,地大物博,山河壮美,引无数英雄竞折腰。但像毛泽东这样的历史人物确实是中国历史上前所未有的。历史上有哪位民族英雄的功业、理论、精神、文采、人格能与毛泽东相比呢? 恐怕很难找得出来。

梁漱溟是一位因五四运动后尊孔而博得大名的中国文化保守主义的开山师祖,爱国志士,毛泽东和共产党的诤友,1953 年曾受到毛泽东的严厉批评,"文化大革命"中又一度挨整。"文化大革命"结束后的 1980 年,撰写梁漱溟传记的美国作家艾恺在拜访梁漱溟时间:中国历史上伟人很多,"你觉得最伟大的中国人是谁?"梁漱溟既没有讲孔子,也没有讲别人,而认为是毛泽东,尽管他晚年犯有很多错误。他说:"毛泽东实在了不起,恐怕历史上都少有,……是世界性的伟大人物。""他创造了共产党,没有毛泽东就不能有共产党,没有共产党就没有新中国,这是百分之百的事实。"②这是一位熟谙中国历史、受到过毛泽东严厉批评,而且在思想上与毛泽东有诸多不同认识的老人对毛泽东的最后的看法。

在国外也有人把毛泽东视为中国的民族英雄和历史伟人。就在毛泽东逝世之时,国外就有人称毛泽东主席"是中华民族新生的英雄","不仅是成功地领导了革命的政治家、战略家,而且是为绚丽多彩、灿烂辉煌的中华民族的历史增添光辉的英雄"③。日本研究中国历史和毛泽东的著名学者竹内实认为:中国历史上有四个伟人。第一个是秦始皇,因为他统一了天下。第二个是孔子,因为由于他的存在,中华世界才具有"中华文明"的"面貌"。秦始皇是中国政治权力的第一人,孔子则是没有权力的精神世界的第一人。使这两个人合为一体的第三个人是毛泽东。他既握有权力又拥有思想,他把一个国家放到历史的舞台上了。抹杀毛泽东的名字,也就没有了中国革命的历史。第四

---

① 毛泽东:《新民主主义论》(1940 年 1 月),《毛泽东选集》第二卷,人民出版社 1991 年版,第 698 页。

② 《美国学者艾恺先生访谈梁漱溟记录摘要》,《梁漱溟全集》第 8 卷,山东人民出版社 1993 年版,第 1161 页。

③ [日]福原亨一:《毛泽东是代表二十世纪的英雄》,原载 1976 年日本《熊本日日新闻》,转引自《中国出了个毛泽东》,解放军出版社 1991 年版,第 374—375 页。

个人是邓小平,因为他积极推进中国改革开放政策,在干前无古人的事。① 竹内实关于毛泽东合孔子与秦始皇之长,既有思想又有权力(事功)的见解不无道理。

时势造英雄。20 世纪中华民族空前的生死存亡危机,20 世纪中华民族空前的可歌可泣斗争,20 世纪中华民族空前的翻天覆地变革,造就了中华民族空前的民族英雄——毛泽东。我们之所以要强调"毛泽东是中华民族空前的民族英雄",这并不是要在毛泽东原有的种种荣誉称号之外再加一个头衔。毛泽东生前就讨嫌各种虚名,在他去世后多年的今天则更无这种必要。我们提出"毛泽东是中华民族空前的民族英雄",为的是学习、继承和弘扬毛泽东所提倡和体现的中华民族的民族精神。

民族精神是一个民族在长期历史发展过程中形成的精神财富的凝聚与积淀的结晶,是民族赖以生存与发展的精神支柱和精神动力。民族精神随着社会的发展而不断发展。民族精神在民族英雄身上得到集中的体现。毛泽东倡导和体现的民族精神具有丰富的内涵,主要可归结为:爱国主义精神、独立自主精神、艰苦奋斗精神、为人民服务精神、实事求是精神等。下面就简略分述之。

二、爱国主义精神

爱国主义是人们对生于斯、长于斯的祖国深厚感情的升华,是形成民族凝聚力和向心力的思想道德基础,是捍卫祖国独立和统一、推动民族和国家进步发展的最强大的精神力量。爱国主义是民族精神的核心。中华各族人民有着深厚的爱国主义光荣传统,爱国主义的生动感人事迹不绝于史书。近代以来的历史更是反抗帝国主义侵略,争取民族独立的爱国主义历史。毛泽东将中

---

① ［日］竹内实:《中国历史上的四位伟人》,《现代中国的实相》,苍苍社 1987 年版,"序言",转引自萧延中主编:《外国人怎样评论毛泽东·从奠基者到"红太阳"》,中国工人出版社 2001 年版,第 19—20 页。

华民族的爱国主义发展到一个新的阶段。

受爱国思想的熏陶，毛泽东在青少年时代就立下救国救民的宏愿大志。1915年1月，日本帝国主义向袁世凯政府提出旨在独占中国的《二十一条》并于5月7日发出最后通牒。《二十一条》是灭亡中国的条约，自然遭到中国人民的强烈反对，"5月7日"被定为国耻纪念日。毛泽东在读的湖南第一师范学校学生集资刊印了当时有关这方面的文章资料汇编，取名《明耻篇》。毛泽东认真圈点阅读了该书，并在书的封面上用毛笔端端正正写了一首四言明志诗："五月七日，民国奇耻；何以报仇？ 在我学子！"[①]短短十六个字，一颗青年学子的雪耻报国的赤诚之心跃然纸上。青年毛泽东以改造中国和改造世界为己任，密切关注天下大事和国家的安危。1916年7月，他在致同学信中说："思之，思之，日人诚我国劲敌！""二十年内，非一战不足以图存，而国人犹沉酣未觉，注意东事少。"他提醒国人，应"磨励以待日本"[②]。青年毛泽东的预言当然不会为人重视。令人惊奇的是历史的发展竟不幸被青年毛泽东言中了，20年后日本帝国主义发动侵略战争，妄图灭亡中国，以实现由来已久的把中国变成它独占殖民地的野心。但此时的毛泽东已不再是无足轻重的小人物了，而是中国共产党和中国工农红军的主要领导人。

面对日本帝国主义的狂妄侵略，以毛泽东为代表的中国共产党人高举抗日救国的大旗，及时调整政策，与国民党实行第二次合作。长征到达陕北后，毛泽东从理论上阐述建立抗日民族统一战线的必要性、可能性，讲明抗日救国是党的中心任务，做党内的思想工作，克服"左"倾关门主义。同时他给爱国民主人士、社会名流贤达、国民党的爱国将领以至国民党最高当局写信，做社会各界的工作。毛泽东的一封封信函，情真意切，文雅义深，阐明寇深祸亟、亡国灭种之形势；披肝沥胆，痛陈利害得失，晓以民族利益之大义，呼吁在民族存亡续绝之际，国共两党要停止内战，共赴国难，外御其侮。毛泽东的信函充满了殷殷爱国之情，每一个有爱国之心的中国人读后无不为之感动。在抗日战

---

① 毛泽东：《〈明耻篇〉题志》(1915年夏)，《毛泽东早期文稿》，湖南出版社1990年版，第11页。

② 毛泽东：《致萧子升信》(1916年7月25日)，《毛泽东早期文稿》，湖南出版社1990年版，第51页。

争时期,毛泽东还从理论上阐明民族斗争与阶级斗争的关系、国际主义与爱国主义的关系。他始终以民族利益为重,认为阶级斗争要服从民族斗争,共产党员是国际主义者,同时也是爱国主义者。他号召共产党员要站在抗日最前线,成为抗日的先锋和模范。

对生养自己祖国的自尊、自信是爱国主义的重要内容。毛泽东有着强烈的民族自尊心、自信心。他在青年时代就深信中华民族的伟大创造力。他在《湘江评论》上宣称:"我们中华民族原有伟大的能力!""他日中华民族的改革,将较任何民族为彻底。""我们总要努力! 我们总要拼命的向前! 我们黄金的世界,光华灿烂的世界,就在前面!"①新中国成立后,他为中华民族的全面复兴谋划着、操劳着。他认为,只有社会主义能救中国,把爱国主义与社会主义紧密联系起来;中国要彻底摆脱落后挨打的被动局面,必须在经济、科学技术方面赶上并超过西方发达国家,把爱国主义与实现现代化联系起来。他反对民族自卑心理,深信西方资产阶级能够做到的事,东方无产阶级也一定能做到,中国将会对人类作出更大的贡献。他的战略构想,尤其是他振兴民族的宏伟气魄,激励着每一个中国人。

在处理国家关系上,毛泽东提出并坚持实行独立自主、和平共处的外交方针。他把国家利益放在第一位,不仅敢于同以美国为首的西方帝国主义对我国的侵略、干涉斗,而且敢于同苏联霸权主义的干涉、侵犯斗。他提出,帝国主义和一切反动派是纸老虎,要破除对它们的迷信。老子讲:"民不畏死,奈何以死惧之。"(《老子·第七十四章》)毛泽东说,我们中国人是有骨气的,中国人连死都不怕,还怕什么。他赞扬鲁迅、闻一多、朱自清的硬骨头精神。他本人的骨头也是最硬的。他自尊、自信、自强,正气凛然,为中华民族争气增光,也令他的对手敬畏佩服。

毛泽东的爱国主义决不是狭隘的爱国主义和狭隘的民族主义。他坚决反对帝国主义的侵略和压迫,但绝不盲目排外。他主张面向世界,对外开放,向世界上一切国家、民族学习,包括西方发达资本主义国家。他把爱国主义与国

① 毛泽东:《民众的大联合(三)》(1919年8月4日),《毛泽东早期文稿》,湖南出版社1990年版,第393—394页。

际主义相结合,坚决反对大国沙文主义、霸权主义,支持被压迫民族、被压迫阶级争取民族独立和阶级解放的正义斗争,支持第三世界、中小国家反对外来欺负、干涉和侵略的斗争。毛泽东领导的新中国成为被压迫民族和广大第三世界国家反对帝国主义、霸权主义,争取民族解放,维护国家独立的榜样。毛泽东被广大第三世界国家人民视为反对外来欺负、干涉、侵略,捍卫国家独立的民族英雄。

三、独立自主精神

中华文明是世界六大文明中惟一没有中断过的文明。刚健有为、自强不息是维系中华民族生存、推动中华民族发展的最重要的精神动力。中国古代经典《易经》乾卦说:"君子终日乾乾。"孔子强调"为仁由己"(《论语·颜渊》),提倡"刚健"、"弘毅"和"强矫"精神。《易传》则进一步发挥了上述思想。《象传》提出:"天行健,君子以自强不息。"这种自强不息的精神推动着中华民族不断开拓进取。近代以降,民族危机日益深重,自强不息精神尤为得到发扬。毛泽东说:"中国人民,百年以来,不屈不挠、再接再厉的英勇斗争,使得帝国主义至今不能灭亡中国,也永远不能灭亡中国。"①以毛泽东为代表的中国共产党人则在新的时代继承和发展了这种自强不息精神,形成了系统的独立自主、自力更生的理论。

面对日本帝国主义的猖狂进攻,毛泽东坚定地说:"我们中华民族有同自己的敌人血战到底的气概,有在自力更生的基础上光复旧物的决心,有自立于世界民族之林的能力。"②他又说过:"中华民族决不是一群绵羊,而是富于民族自尊心与人类正义心的伟大民族,为了民族自尊与人类正义,为了中国人一定要生活在自己的土地上,决不让日本法西斯不付重大代价而达到其无法无

---

① 毛泽东:《中国革命和中国共产党》(1939 年 12 月),《毛泽东选集》第二卷,人民出版社1991 年版,第 632 页。

② 毛泽东:《论反对日本帝国主义的策略》(1935 年 12 月 27 日),《毛泽东选集》第一卷,人民出版社 1991 年版,第 161 页。

天的目的。"①他批评把抗战的希望寄托在外国的援助上的错误思想,反复地阐述战胜日本帝国主义主要依靠自己的力量,实行全面的全民抗战。

独立自主的方针,不只是指革命主要靠本国的力量,更重要的是指要独立自主地领导革命。中国革命的胜利离不开马克思主义理论的科学指导。但马克思主义必须与中国具体实际相结合,决不能照抄照搬书本上的现成结论和外国的经验,更不能听命于外国人的指导。在中国革命过程中,中国共产党在没有成熟的时候,受国际共产主义运动中教条主义的影响,吃了照搬照抄外国主张的亏,致使革命遭受曲折,付出了沉痛的代价。毛泽东从革命实践中首先认识到"中国革命的胜利要靠中国同志了解中国情况",鲜明地提出反对本本主义,即教条主义。他对斯大林和共产国际有关中国革命的意见、主张,取分析的态度,正确的接受,不正确的抵制,决不盲从。在中国革命是走农村包围城市、最后武装夺取政权的道路,还是搞城市中心论;抗日战争的胜利主要依靠国民党、蒋介石,还是主要依靠人民、依靠共产党;抗日民族统一战线中要不要坚持共产党的领导权,要不要坚持独立自主原则;抗日战争胜利后,是敢于用革命战争反对得到美帝国主义支持的国民党反动派发动的反革命战争,还是交出人民武装,到国民党政府中去做官;革命即将在全国胜利之时,是将革命进行到底,解放全中国,还是将革命半途而废等重大问题上,毛泽东抵制了斯大林的错误意见,取得了中国革命的伟大胜利。从某种意义上说,中国革命是违背斯大林意志取得的。

革命主要靠自己,建设同样主要靠自己。新中国成立后,毛泽东提出,在学习苏联先进经验时要反对照搬照抄的教条主义,独立自主地寻找适合中国特点的社会主义新路。他指出:"自力更生为主,争取外援为辅,破除迷信,独立自主地干工业、干农业、干技术革命和文化革命,打倒奴隶思想,埋葬教条主义,认真学习外国的好经验,也一定研究外国的坏经验——引以为戒,这就是我们的路线。"②面对国际反动势力联合反华的严峻形势,他号召:"全军民,要

①　毛泽东:《在纪念孙中山逝世十三周年及追悼抗敌阵亡将士大会上的讲话》(1938 年 3 月 12 日),《毛泽东文集》第二卷,人民出版社 1993 年版,第 113 页。

②　毛泽东:《独立自主地搞建设》(1958 年 6 月 17 日),《毛泽东文集》第七卷,人民出版社 1999 年版,第 380 页。

自立。不怕压,不怕迫。不怕刀,不怕戟。不怕鬼,不怕魅。不怕帝,不怕贼。奇儿女,如松柏。上参天,傲霜雪。"(《八连颂》)正是在自力更生为主、争取外援为辅路线的指引下,我们取得了社会主义建设的伟大胜利,在较短时间里建立了比较独立的完整的工业体系和国民经济体系,研制和爆炸了原子弹、氢弹,发射了导弹、人造卫星。新中国倘若依赖于当时的所谓"大家庭",不建立独立完整的工业体系和国民经济体系,没有原子弹、氢弹,没有导弹、人造卫星,没有现代高科技,就不可能独立自强,不可能在苏东剧变之后依旧岿然不动。

马克思主义是国际性的理论,无产阶级革命是国际性的事业。《共产党宣言》提出的是"工人无祖国"、"全世界无产者联合起来"。马克思、恩格斯和列宁先后成立三个国际组织,指导国际共产主义运动,各个国家的共产党接受国际组织的领导。马克思主义的本本上没有"独立自主,自力更生"。苏联共产党不赞成"独立自主,自力更生"的方针,把它指责为"民族主义"。毛泽东的"独立自主,自力更生"的思想确实并非直接来自马克思主义的本本,而是来自中国革命的实践,来自中华民族的传统,是中华民族自强不息民族精神在当代的弘扬和发展。中国革命和建设的胜利,是中华各族人民在毛泽东领导下唱出的独立自主、自强不息的正气歌。独立自主是毛泽东思想活的灵魂的三个基本方面之一,是我们立党立国之本。

四、艰苦奋斗精神

中华民族以刻苦耐劳著称于世,历尽艰险,在奋斗中崛起,在逆境中发展。艰苦奋斗是中华民族的优良传统。大禹治水、愚公移山、越王勾践卧薪尝胆等传说、神话、故事,充分表现了中华民族不屈不挠的艰苦奋斗精神。数千年来,这种精神一直推动中华民族去战胜千难万险,不断向前。受艰苦奋斗传统的影响,青年毛泽东就认识到,欲救亡图存,非奋斗不可。他誓言:"与天奋斗,其乐无穷;与地奋斗,其乐无穷;与人奋斗,其乐无穷。"要奋斗,就要有顽强的意志。他说:"夫力拔山气盖世,猛烈而已;不斩楼兰誓不还,不畏而已;化家为国,敢为而已;八年于外,三过家门而不入,耐久而已。"①猛烈、不畏、敢为和耐久,皆意志之事,亦皆艰苦奋斗之事。他注重锻炼意志,培养艰苦奋斗的精神。他有一种天不怕、地不怕的奋斗精神。

中国革命的内外敌人异常强大,中国革命的条件异常艰苦。为了战胜国内外强大的敌人,为了克服恶劣的自然条件和物质生活的菲薄所带来的严重困难,毛泽东大力提倡艰苦奋斗的精神。他说:"我们民族历来有一种艰苦奋斗的作风,我们要把它发扬起来。要把现在许多人中间流行的那种自私自利,贪生怕死,贪污腐化,萎靡不振的风气改过来。"②他把艰苦奋斗的工作作风列为抗大的教育方针和人民军队作风的重要内容。他阐明了艰苦奋斗的工作作风与坚定正确的政治方向的关系。他说,坚定正确的政治方向是与艰苦奋斗的工作作风不能脱离的,没有坚定正确的政治方向,就不能激发艰苦奋斗的工作作风;没有艰苦奋斗的工作作风,也就不能执行坚定正确的政治方向。革命每前进一步都要付出极大的代价。有奋斗就会有牺牲。他提倡一不怕苦,二不怕死的革命精神,号召共产党员要做艰苦奋斗的模范,要"下定决心,不怕牺牲,排除万难,去争取胜利"③。中国革命的胜利是靠全体党员、全国人民和无数革命先烈不屈不挠的奋斗得来的。

新中国从艰苦奋斗中来。新中国成立后,还要不要艰苦奋斗? 鉴于中外历史上因胜利而骄傲、懈怠、腐化而招致失败的教训,毛泽东在新中国成立前夕召开的中共七届二中全会上告诫全党:中国革命的胜利是伟大的,但这只是万里长征走完了第一步,革命以后的路程更长,工作更伟大,更艰苦。务必要继续地保持谦虚、谨慎、不骄、不躁的作风,务必要继续地保持艰苦奋斗的作风,要警惕资产阶级糖衣炮弹的袭击。④ 针对一部分同志革命意志衰退,革命

---

① 毛泽东:《体育之研究》(1917 年 4 月 1 日),《毛泽东早期文稿》,湖南出版社 1990 年版,第 71 页。
② 毛泽东:《国民精神总动员的政治方向》(1939 年 5 月 1 日),《新中华报》1939 年 5 月 10 日。
③ 毛泽东:《愚公移山》(1945 年 6 月 11 日),《毛泽东选集》第三卷,人民出版社 1991 年版,第 1101 页。
④ 毛泽东:《在中国共产党第七届中央委员会第二次全体会议上的报告》(1949 年 3 月 5 日),《毛泽东选集》第四卷,人民出版社 1991 年版,第 1438—1439 页。

精神不足,闹名誉地位的情况,他提出,"人是要一点精神的","艰苦奋斗是我们的政治本色"①。"我们要保持过去革命战争时期的那么一股劲,那么一股革命热情,那么一种拼命精神,把革命工作做到底。"②古人说:"历览前贤国与家,成由勤俭破由奢。"(李商隐:《咏史》)坚持和发扬艰苦奋斗精神,就能抵制剥削阶级腐朽思想的侵蚀,做到拒腐蚀,永不沾,就能保持全体人民奋发向上的精神状态和整个社会淳朴健康的道德风尚。毛泽东把能否保持艰苦奋斗的精神当做一个能否继续坚持革命、能否保持党的无产阶级先锋队性质的重大政治问题。

艰苦奋斗的精神不仅包括艰苦奋斗的工作作风,而且包括勤俭节约、艰苦朴素的生活作风。在革命战争的艰苦岁月里,物质生活十分困苦,没有薪水,靠的是共产主义的理想信念,靠的是干部与群众的同甘共苦,靠的是政治思想工作。在社会主义建设时期,虽然情况完全不同了,但中国是一个经济落后的穷国、大国,要使中国富强起来,需要大量资金,仍需要长期的艰苦奋斗。他说:"要使我国富强起来,需要几十年艰苦奋斗的时间,其中包括执行厉行节约、反对浪费这样一个勤俭建国的方针。"③这就要反对奢侈,反对浪费,艰苦朴素,勤俭办一切事业。毛泽东率先垂范,生活十分俭朴,在他身边的工作人员看来,有时他做得有点过分。他艰苦朴素的生活作风和与全国人民同甘共苦的精神,成为一种巨大的精神力量,激励着全国人民发愤图强,战胜困难,去争取胜利。

五、为人民服务精神

天下大同,自古以来就是中华民族追求的社会理想。在 20 世纪,以毛

---

① 毛泽东:《艰苦奋斗是我们的政治本色》(1956 年 11 月 15 日),《毛泽东文集》第七卷,人民出版社 1999 年版,第 162 页。

② 毛泽东:《坚持艰苦奋斗,密切联系群众》(1957 年 3 月 20 日),《毛泽东文集》第七卷,人民出版社 1999 年版,第 285 页。

③ 毛泽东:《关于正确处理人民内部矛盾的问题》(1957 年 2 月 27 日),《毛泽东文集》第七卷,人民出版社 1999 年版,第 240 页。

泽东为代表的中国共产党人把大同理想发展为建立在科学基础上的共产主义理想。中国共产党是中国工人阶级的政党,它的最终理想是实现共产主义。但共产主义的实现要经过一系列由低级到高级的不同发展阶段,是一个漫长的历史过程。中国共产党是中国工人阶级的先锋队,是中国各族人民利益的忠实代表者。除了谋求中国人民的利益之外,中国共产党没有自己的任何私利。毛泽东提出:全心全意为人民服务是共产党的惟一宗旨;一切为了人民群众,一切从最广大人民群众的利益出发,而不是从个人或小集团的利益出发;一切以合乎最广大人民群众的最大利益,为最广大人民群众所拥护为最高标准;共产党的路线就是人民的路线,从群众中来,到群众中去,一切依靠群众,离开了人民群众,共产党将一事无成。在人类历史上,只有中国共产党才能真正做到这一点,这是党的工人阶级性质所决定的;而一切剥削阶级及其代表人物,虽然也讲为民办事,虽然也能为民办些事,但不可能做到全心全意为人民服务,这也是他们的阶级性决定的。中国共产党在各个历史时期的路线代表了中国各族人民的根本利益,因而为各族人民所拥护。

天下为公、公而忘私、国而忘家是中华民族的优秀传统美德。毛泽东把"天下为公、公而忘私、国而忘家"的传统美德发展为"全心全意为人民服务"的思想。《诗经》已有"夙夜在公"(《召南·采蘩》)之语。《尚书》记有"以公灭私,民其允怀"(《周官》)。孔子讲"杀身成仁"(《论语·卫灵公》)。孟子讲"舍身取义"(《孟子·告子上》)。《礼记》提出"天下为公"的无私境界(《礼运》)。贾谊说:"国尔忘家,公尔忘私,利不苟就,害不苟去,唯义所在"(《新书·阶级》)。以后历代的思想家、政治家都极力提倡"公而忘私,国而忘家"的献身精神。范仲淹的"先天下之忧而忧,后天下之乐而乐",文天祥的"人生自古谁无死,留取丹心照汗青",顾炎武的"天下兴亡,匹夫有责"等名句,千古传颂,激励后人为民族独立,国家富强,人民幸福而去奋斗不已。毛泽东继承和发扬了这种精神。他要求共产党人、革命干部要努力做到全心全意为人民服务,要以人民利益为第一生命,个人利益应服从人民利益;要大公无私,积极努力,克己奉公,埋头苦干;要毫不利己,专门利人,对同志要满腔热情,关心他人比关心自己为重;要一辈子做好事,做一个高尚的人,有道德的人,有益于人民的人。他的《纪念白求恩》、《为人民服务》、《愚公移山》等名篇和"革命第一,工作第一,他人第一"、"生的伟大,死的光荣"、"向雷锋同志学习"等著名题词是当代中华民族最宝贵、最崇高的品德和情操的结晶,深深地影响着一代又一代的中国人,成了全国人民及世界上一切善良的人们进行道德教育和道德修养的重要教材。

中国传统道德,注重言行一致,知行合一,反对言行不一;注重以身作则、身教重于言教的表率作用。毛泽东继承了这一优秀传统,他严于律己,身体力行。他把自己的一生及全家无私地献给了中华民族的解放事业。他亲爱的夫人(杨开慧)、两个弟弟、妹妹和侄子五位亲人都参加革命,惨遭反动派杀害,为革命壮烈牺牲。1950年,朝鲜战争爆发后,作为共和国的主席,毛泽东送自己的爱子上前线,抗美援朝,保家卫国。他的儿子血洒疆场,为中朝人民,为世界和平献出了年轻的生命,和无数志愿军烈士一样,长眠于朝鲜大地。他是无私的,他心中装着人民,时刻想着人民,以革命利益为第一生命。即使在晚年犯错误时,他自以他这样做是出于公心,是为人民的根本利益和党的事业所必须的,这也是他的悲剧之所在。直至暮年,他依然壮心不已,念念不忘的仍是人民的命运,党和国家的安危。他鞠躬尽瘁,死而后已,实践了全心全意为人民服务的宗旨。

"为人民服务"是20世纪中国新产生的普及最广、影响最大、意义最深的箴言。为人民服务的思想已深入党心、民心,必将继续对中华民族的发展产生深远的影响。

六、实事求是精神

民族精神随时代的发展而发展。民族精神不是封闭的,而是开放的,在人类历史由民族历史转变成世界历史之后尤其是这样。民族精神要在国家与国家、民族与民族的交往中互相学习,互相吸取,以不断丰富发展自己。在20世纪,毛泽东把中华民族实事求是的优良传统与马克思主义相结合,形成了新的实事求是的科学精神,指导中华民族获得新生。

中国古代的哲人、思想家、政治家注重实事求是、经世致用。孔子一生志在救世济民。在治学上，他虚心好学，"不耻下问"（《论语·公冶长》），周游列国，调查研究。他提倡"知之为知之，不知为不知，是知也"（《论语·为政》）的老实态度。司马迁游历大江南北，实地考察历史遗迹，"网罗天下放失旧闻"，写成千古鸿篇巨著《史记》。汉景帝之子刘德，喜好学问，搜集先秦古籍，其数量可与朝廷匹敌。班固在《汉书》中作了记载，称赞刘德"修学好古，实事求是"，意谓做学问要广泛搜集资料，辨别真伪，言之有据。在此以后，"实事求是"作为一个成语流传下来，泛指治学、治国和做人的一种态度。近代以来，先进的中国人用实事求是来指称西方的科学精神、科学态度和科学方法。郭嵩焘说："实事求是，西洋之本也。"①章太炎讲："近代学术，渐趋实事求是之涂。"②

中国古代注重经世致用、调查研究、实事求是的优良传统对毛泽东影响很深。他从青年时代起就踏着人生社会的实际说话，注重社会调查。在中国革命过程中，他提出了实事求是的思想路线，并在此思想路线的指引下，开辟了中华民族复兴的新路。他说："科学的态度是'实事求是'，……我们民族的灾难深重极了，惟有科学的态度和负责的精神，能够引导我们民族到解放之路。"③他强调一切从实际出发，注重调查研究，用实事求是来反对主观主义，尤其是教条主义，把马克思主义理论与中国具体实际相结合。他指出，马克思主义的态度就是实事求是的态度。对马克思主义的理论，要能够精通它、应用它，精通的目的全在于应用。他对实事求是作了马克思主义的解释，赋予了崭新的内涵。他为中共中央党校题写"实事求是"作为校训。经毛泽东的提倡和阐释，"实事求是"成了中国共产党人的座右铭，是马克思主义思想路线的中国化表述。毛泽东逝世后，邓小平在总结正反两方面的历史经验后指出：实事求是是马克思主义、毛泽东思想的精髓，过去我们搞革命取得的一切胜

① 《郭嵩焘日记》（三），湖南人民出版社1981年版，第731页。
② 章太炎：《答铁铮》，《民报》1907年第14号。《章太炎全集》第4卷，上海人民出版社1985年版，第370页。
③ 毛泽东：《新民主主义论》（1940年1月），《毛泽东选集》第二卷，人民出版社1991年版，第662—663页。

利,是靠实事求是;现在我们要实现四个现代化,搞改革开放,同样要靠实事求是。

真正的哲学是时代精神的精华,民族的活的灵魂。实事求是是中国传统哲学的精髓,实事求是也是马克思主义的精髓。毛泽东在中国革命过程中把两者很好地结合起来,一方面,使中国传统哲学获得了新的时代精神和科学内涵;另一方面,使马克思主义具有中华民族的形式,在占人类四分之一人口的中华大地上得到新发展。毛泽东的实事求是思想是民族精神和时代精神的高度统一,是当代中华民族精神的灵魂。惟有实事求是的科学精神,才能引导我们民族破除迷信,解放思想,大胆实践,勇于创新,排除万难,去夺取新的胜利。中华民族的伟大复兴靠的是毛泽东思想,靠的是实事求是的科学精神。

伟大的民族,伟大的时代,造就伟大的民族英雄。伟大的民族英雄极大地推动了民族的发展、促进了时代的进步。伟大的民族懂得以科学的态度对待自己的英雄,尊崇、维护自己的英雄。英雄是人,并非是全知全能、完美无缺的神,自然有可指摘的缺点,有可总结吸取的教训。神化英雄,迷信英雄,崇拜英雄,已成为历史,不应再重演。但冷漠英雄也不可取。倘若抓住英雄的缺点和错误,来否定英雄,丑化英雄,这不过是丑类们的伎俩而已,那更是我们应坚决反对的。伟大的中华民族在 20 世纪产生了空前的民族英雄——毛泽东。唐代伟大诗人杜甫在《戏为六绝句》诗中,针对一些无卿文人对唐初"四杰"王勃、杨炯、卢照邻、骆宾王诗文的妄加菲薄,痛斥道:"王杨卢骆当时体,轻薄为文晒未休。尔曹身与名俱灭,不废江河万古流。"毛泽东的功业和人格已熔铸于伟大的中华民族。毛泽东的精神是永存的。

面对激烈的国际竞争带来的严峻挑战,面对社会主义现代化建设和改革开放过程中出现的各种困难,面对社会主义精神文明建设中存在的诸多问题,弘扬和培育民族精神的任务尤其显得重要和紧迫。中华民族精神在毛泽东的理论与实践、诗文与人格中得到了集中的体现。毛泽东所提倡和体现的民族精神对今天党的建设、精神文明建设和全面建设小康社会、实现中华民族伟大复兴具有直接的现实意义。弘扬和培育民族精神有许多种形式和途径,学习毛泽东所提倡和体现的民族精神无疑是其中最为切近现实、也是最为广大干部和群众所喜闻乐见的一种形式和途径。继承和弘扬毛泽东所提倡和体现的民族精神应是纪念毛泽东诞辰 110 周年的重要内容之一。

中华民族空前的民族英雄毛泽东永垂不朽！

关于儒学复兴的若干思考[*]

"儒学复兴"思潮呈不可阻挡之势。"儒学复兴"思潮甚为复杂,主要可区分作为意识形态的"儒学复兴"与作为学术流派的"儒学复兴",前者绝无可能,后者则有可能和也有需要。作为学术流派的儒学经过自我变革,可以成为社会主义多元文化中的重要一员,为中国特色社会主义事业作出贡献,但它决不能成为社会主义文化的主导。"儒学复兴"要处理好儒学与中国马克思主义的关系。现代新儒学要吸取中国马克思主义,以适应当代中国社会的发展。

一、"儒学复兴"思潮发展的方向

20 世纪的中国,儒学复兴思潮时显时隐、时起时伏,从未中断。无论是北洋政府,还是国民党政权,都竭力提倡尊孔读经,反对新文化,反对马克思主义,借以维护自己的反动统治。在学术界,当五四新文化运动把孔子批得"羞不能出口"时,梁漱溟继杜亚泉的东方文化救世论后逆势而起,为孔子辩护,发表《东西文化及其哲学》,从哲学上论证中国及世界未来之走向应是孔家的道路,开当今"三十年河东,三十年河西"之先河。随后,熊十力提出"新唯识

* 本文以《"儒学复兴"之管见》为题刊《理论动态》2009 年 8 月 10 日,第 1823 期,后收入国际儒学联合会编、滕文生主编的《儒学的当代使命——纪念孔子诞辰 2560 周年国际学术讨论会文集》(第二卷),九州出版 2010 年出版。以《关于儒学复兴的若干思考》为题刊《贵州社会科学》2010 年第 2 期,《新华文摘》2010 年第 12 期,《高等学校文科学术文摘》2010 年第 3 期。又收入高瑞泉主编《中国思潮评论》第 4 辑,上海古籍出版社 2012 年版。

论"，冯友兰提出"新理学"。贺麟虽未能像熊、冯那样构造出"新心学"的逻辑体系，但他明确提出"儒家文化的复兴"，力倡"儒家思想的新开展"。在 20 世纪上半期，以上四位哲学家在中西哲学融合、传统儒学现代化方面有所成就，但从总的看，儒学的复兴未成气候，也无多大社会效果，而马克思主义的辩证法唯物论却在文化"围剿"中成了时代哲学的主潮，中国化的马克思主义——毛泽东思想引领着民族复兴的伟大征程。

新中国成立后，尽管熊十力、梁漱溟、马一浮等极少学者仍坚持自己的学术立场，学术界也对孔子及儒家进行研究，但儒学作为一个学术流派则中断了，在"文化大革命"中还发生了中国历史上最大规模的"批孔运动"。"文化大革命"结束后，拨乱反正，否定"批孔运动"，学术界恢复了对孔子及儒学的研究，孔子作为中国古代文化象征的历史地位重新得到肯定。时任新成立的中华孔子研究所所长的张岱年指出：孔子是中国古代伟大的思想家和教育家，"孔子的学说对于中华民族的共同文化和共同心理的形成起了别人不能比拟的深远响影"。基于历史经验，他指出："尊孔的封建时代已过去，十年动乱时期盲目反孔的时代也已过去。"又说："孔子评价问题是一个学术问题，可以各抒己见，自由讨论。过去有一段时间，总把孔子问题当成一个政治问题，那是一种不正常的现象。"①

与大陆情况不同，国民党政权到台湾后依旧力倡孔孟之道，但岛内依然儒门淡泊，门可罗雀。一些台港及海外华人学者面对儒学的衰颓，痛心疾首，竭力复兴儒学。牟宗三等在 1958 年元旦发表的《为中国文化敬告世界人士宣言》，是复兴新儒学的纲领，反映了流亡海外新儒家们的四顾苍茫、飘零孤寂、悲愤凄凉的心境情调与学术诉求，"在无情的现实面前一次又一次被证明是苍白无力的道德空想，只能是在上一代梦幻破灭的废墟之上又重新编织的另一个美丽的梦。"②

海外儒学复兴热起于 20 世纪 80 年代。大陆的儒学复兴思潮是由海外输入的，其中现代新儒家的重要代表人物、美籍华人学者杜维明的作用尤为突

---

①　张岱年：《孔子在中国文化史上的地位》(1985 年 7 月 19 日)，《文化与哲学》教育科学出版社，1988 年版，第 282 页。

②　景海峰：《〈当代新儒家〉编序》，《当代新儒家》，三联书店 1989 年版，第 13 页。

出。他明确地说:儒学的复兴,"儒学在 21 世纪是否有生命力,主要取决于它是否能够经过纽约、巴黎、东京,最后回到中国。"他对儒学在国内的复兴充满希望,持乐观态度。他说:"如果儒学在大陆没有发展,那么我相信,它在其他方面的发展也将都是散离的、浮光掠影的,大的动力肯定不够。这就是为什么我特别重视国内这方面问题的讨论的原因。"①他在大陆通过讲学、学术会议、访谈、发表文章等形式,大力推行儒学第三期发展。

20 世纪 80 年代以来,台港和海外新儒家们鼓吹的儒学复兴思潮对国内学术界、思想界的影响由小到大,并逐渐形成了大陆的新儒家。1989 年,有位大陆学者在台湾《鹅湖》月刊发表《中国大陆复兴儒学的现实意义及其面临的问题》长篇文章,提出:"儒学理应取代马列主义,恢复其历史上固有的崇高地位,成为当今中国代表中华民族的民族生命与民族精神的正统思想。"该文是大陆新儒家"复兴儒学"的纲领。当时大陆学术界公开响应"复兴儒学"论者不能说没有,但为数寥寥。

到了 20 世纪 90 年代,儒学复兴渐成潮流。海内外极少数学者甚至发出"21 世纪是儒学世纪"、"21 世纪儒学必然在全世界复兴"的呼喊。有学者提出:"着眼于摆脱困境,重建民族精神,则儒学复兴既有可能也有必要的问题是不证自明。"②也有学者对儒学复兴持保留、否定的态度,认为"儒学已死","'儒学复兴'说是误用词汇和幻象"③。相当多的学者虽然重视对儒学的研究,肯定儒学在当代的价值,提倡要继承和弘扬儒学中的优秀传统和积极成果,但并不赞成儒学复兴说。有的学者明确地说:"儒家的积极精神肯定会在中国现代化的进程中发挥作用","而古老的原生儒学理论形态不可能再次复兴"。"说 21 世纪会出现'新的儒学',无异于说 21 世纪会出现'新的封建社会'。"④

---

① 杜维明:《儒家传统的现代转化》(1985 年)(薛涌访问整理),《杜维明文集》第 1 卷,武汉出版社 2002 年版,第 563 页。《创造的转化》(薛涌记录整理),《杜维明文集》第 1 卷,武汉出版社 2002 年版,第 293—294 页。

② 余敦康:《用现实眼光看儒学复兴问题》,《北京日报》1994 年 2 月 3 日。

③ 谢遐龄:《评"儒学复兴"——兼论"儒家资本主义"及其它》,《复旦学报》1994 年第 3 期。

④ 赵吉惠:《论儒学前景与 21 世纪人类文化走向》,《儒学与 21 世纪》,华夏出版社 1996 年版,上册第 37、54 页。

也有学者从正面肯定"儒学复兴"的意义,认为它是对我国现代化进程中产生的文化危机的反映。"它对建立民族文化信心,抗拒西方颓废文化入侵,提高民族道德意识,矫治各种'现代病',或许是不无裨益的。"论者认为,必须坚持马克思主义的指导地位,儒学复兴只能定位在学术研究和行为方式层面。①方克立对某些大陆新儒家进行了评析,指出他们的矛头是直指"立国之本"的马克思主义。他认为,"作为前现代的意识形态的儒学,决不可能在建设社会主义现代化国家的中国全面复兴,重新取得它在历史上曾经有过的正统或'独尊'地位。"放弃了重新取得正统地位的儒学,经过创造性的自我变革,"将成为 21 世纪多元文化中的重要的一元,以其特有的人文价值为合理的人类文化建构作出其他文明所不可替代的贡献"②。

进入 21 世纪,随着"国学热"的升温,"读经"四起,祭孔盛行,《论语》的世俗化,"儒学复兴"的思潮益发高涨。有学者认为,现在的"国学热"、"儒学复兴","虽热还是点点滴滴的星火,但是其势不可挡"。"在中国大陆上复兴儒学,任重道远。"③

提倡"儒学复兴"的学者,对"儒学复兴"的内涵、途径、方式和目标也各有所见,甚至有着根本的对立。粗略地分大致有三类:

一类是竭力把儒学政治化、宗教化,公开主张"儒教立国","儒化共产党","儒化社会",提倡中小学"读经",公开反对马克思主义,排斥西方学说。这种极端主张,公开赞成者不多,公开反对者不少。

一类是认为儒学经过吸取西方的自由、民主和科学精神,进行创造性转换,由"内圣"开出"新王外",实现现代化,希冀重新取得昔日独尊地位,以他们阐释的新儒学救中国、救世界。这类学者崇信孔子及儒学,竭力全面复兴儒学。其中公开标榜自己为新儒家者不多,但思想上认同者不少,其社会影响日

---

① 曹晨辉:《关于"儒学复兴"之我见——兼谈儒学复兴的当代意义》,《新视野》1997 年第 1 期。

② 方克立:《评大陆新儒家"儒学复兴"的纲领》,《晋阳学刊》1997 年第 4 期;《方克立文集》,第 350—351 页。

③ 许嘉璐:《从中国文化与世界文化看儒学复兴》,《北京日报》2007 年 6 月 11 日。

增。如有的论者所言,"今天主张儒学作为指导思想的人大有人在"①。

一类是主张把儒学作为一个学派加以复兴,从学术层面上继承和发扬儒学中的积极内容,为振兴中华民族服务,但不赞成恢复儒学的独尊地位,认为它只能是社会主义多元文化中的重要一元。"复兴儒学"论者中的多数人持此类观点。

当今学术界,有许多学者依然反对"复兴儒学",或对"复兴儒学"持质疑或保留态度。但总的看,在多种社会力量和思潮的作用下,儒学复兴的思潮确实有不可阻挡之势,淹没了反对者的声浪。

儒学复兴思潮的发展方向如何,值得国人和学界关注。

二、中华民族复兴与儒学的衰兴

儒学的复兴与中华民族的复兴有着密不可分的联系,这是所有主张或赞成"儒学复兴"论者都承认的。究竟有何联系? 不同的论者,则有不同的见解,有的甚至根本相对立。

有的论者认为,中华民族的复兴首先取决于中国固有道德的复兴,儒学是中国道德文化的主体,中华民族血脉之所在,因此中华民族的复兴有赖于传统儒学的复兴。

有的论者认为,中华民族的复兴是全面的复兴,不仅是经济的复兴、政治的复兴,而且包括文化的复兴,文化的复兴主要是儒家文化的复兴。

也有的论者认为,儒学的复兴有赖于中华民族的复兴,而不是中华民族的复兴有赖于儒学的复兴。中华民族的复兴需要继承和发展包括儒家在的中华民族的优秀传统文化,中华民族文化的复兴不同于中华民族传统文化的复兴,

---

① 见全国政协常委兼教科文委主任、文化部原部长、国际儒学联合会常务副会长、中国政法大学国际儒学院院长刘忠德在接受《中国文化报》记者齐大任的访谈。齐大任《儒学复兴与当代中国文化建设》,《中国文化报》2006 年 9 月 28 日。刘忠德反复指出:我们承认儒学有精华部分,主张弘扬儒学精神,但绝不可能把儒学作为中华文化的指导思想。我们的指导思想只能是马克思主义、毛泽东思想、邓小平理论和"三个代表"重要思想,这一点不能动摇。

更不等同于儒学的复兴。

这些不同的见解,都值得我们思考。

为了正确认识中华民族复兴与儒学复兴的关系,有必要简略回顾一下儒学的兴衰。

在春秋末期"礼崩乐坏"的时代,孔子提出仁学,以此来维护周礼,从而创立"以仁为体,以礼为用"的儒家学派。孔子是我国第一个伟大的教育家,弟子三千,贤者七十有二,但儒学在春秋战国时代不过是诸子百家中的一家。孔子一生很不得志,四处碰壁,"累累若丧家之狗"(《史记·孔子世家》)。孟子称在他所处时代,"杨朱、墨翟之言盈天下。天下之言,不归杨,则归墨。"(《孟子·滕文公下》),因而他竭力辟杨墨,复孔学。经过孟子等后儒努力,儒墨并称为"显学"。荀子在儒学的基础上吸取了其他诸子学说,集先秦思想之大成,建立起一个百科全书式的思想体系,为中华民族的统一("一天下")提供了思想武器。他的两个弟子韩非、李斯为秦始皇统一中国作出了重要贡献。秦始皇崇法反儒,以至发生"焚书坑儒",但我们不能由此就否定儒学在统一中国方面起的巨大作用。政治上,汉承秦制,但在学术上,汉初黄老之学颇有影响。汉武帝为了巩固高度集权的封建专制主义的统治,在政治思想领域采纳了董仲舒的"罢黜百家,独尊儒术"主张,从此儒学成了官方意识形态,儒学被神学化、神圣化,取得了新的形式,由先秦儒学转变成为两汉"经学"。在而后的漫长的两千余年的封建社会,孔子逐渐被神圣化,成为"文宣王","至圣先师","万世师表"。

从学术层面讲,情况要复杂些。中国文化始终是多元的,儒学在与佛学、道家等其他学术流派的互动中发展,有时受到佛道两家的压抑、冲击。最明显的是在汉朝以后,儒学受魏晋玄学、隋唐佛学的挤压,失去过学术上的主导优势,失去了多数士人对它的崇信,连许多儒者都出入佛老,儒学出现危机。唐朝韩愈认为孟子之后,儒家"道统"中断。他把历史上起重大作用的荀子、董仲舒(及两汉经学)排除在儒家之外,这是他"道统"的偏见。但他的儒家"道统"中断的观点,客观上反映了儒学危机的严重性。韩愈以孟子自居,激烈排佛老,倡道统,力图复兴儒学。不过,他和当时其他卫道者的学术思想新意不多,比较贫乏,因而影响不大,儒学未能实现复兴,佛学的影响和价值明显盖过儒学。只是到宋明时期，经周敦颐、张载、程颢、程颐、朱熹、陆九渊、王阳明等努力，以儒学为主，兼综佛道，从而融合形成新的儒学（内分理学、心学和气学），实现了儒学的复兴，将儒学推进到又一个新的形态。由宋明至清末，无论从意识形态上，还是从学术思想上，儒学都居统治地位，儒学被绝对化、神圣化、僵硬化，"非圣即违法"，"以理杀人"，成为禁锢人们思想的教条。

中国封建社会在明朝中期达到高峰，此后开始由鼎盛走向衰落。随着封建社会内部资本主义因素的滋长和发展，反映新社会因素的新思想也在社会内部萌芽、生长，其中以李贽对"以孔子之是非为是非"的批判、黄宗羲对封建专制主义"君权论"的批判、戴震对"以理杀人"的程朱理学的批判最为代表。这是从中国社会内部、从儒学内部的批判。这种启蒙批判表明，随着资本主义商品经济的发展，儒家思想开始不适应社会的发展，逐渐由维护和促进社会发展的积极力量转变为社会发展的阻力。即使没有西方资产阶级新思想的传入，中国社会内部同样会发生犹如西欧的文艺复兴运动和启蒙运动，区别在于西方批判的是中世纪占绝对统治的神学和宗教，而中国批判的则是占绝对统治地位的儒学和专制君权。儒学的衰颓有其深刻的社会根源。现代新儒家把20世纪儒学的中断主要归结为五四批孔，这是一种只见表象的肤浅之见。

为一些人津津乐道的"康乾盛世"，其实不过是中国整个封建社会灭亡前的回光返照，犹如曹雪芹笔下描述的大观园，表面繁华而内囊却已腐败。在西方列强的侵略下，中华民族的危机日益严重，以至到亡国灭种的地步。1911年的辛亥革命，推翻满清王朝，结束了两千多年的封建帝制统治。辛亥革命后，共和名存实亡，复辟势力一度猖獗，而复辟者无不尊孔卫道，复辟与尊孔相随。先进的中国人认识到，靠孔夫子一套救不了中国。为了挽救民族的危亡，振兴中华，他们热心向西方学习，寻找真理。陈独秀们之所以激烈批孔，批判旧文化、旧道德，就是为了反对复辟，提高国民觉悟，振兴中华民族。五四新文化运动批孔，是20世纪中华民族第一次伟大的思想解放运动。没有五四新文化运动就不可能有20世纪中华民族的复兴。五四新文化运动的历史功绩不可抹杀。新儒家中除个别的开明者承认五四新文化运动批孔的积极意义外，多数人则全盘否定批孔运动。在他们看来，只有传统的儒家文化才是中国文化，而陈独秀们倡导和创建的五四新文化不算中国文化，五四运动以后民主主义者和马克思主义者们建设的新文化也不算中国文化。五四新文化运动对传统旧文化确实是一场革命,要说中断,是发展过程中的中断,是中国封建旧文化的终结,然而它又是中国民主主义新文化的诞生。

中国古代文化从夏商时代起就是多元的,儒家文化不等于中国文化,批孔不等于批全部中国文化。对此,陈独秀们是清楚的。他们对中国古代文化有很深的功底,明确承认孔子在历史上的价值,他们只是认为孔子之道已不适合现代社会。他们激烈批孔,实质是批尊孔、批三纲、批封建专制主义,提倡科学、民主、自由、个性解放。他们犯有形式主义的缺点。他们只看到新旧文化之间的对立,没有看到它们之间还有继承的一面;只看到东西文化之间的对立,没有看到它们之间还有相通、互补的一面;只见文化的时代性,忽视了文化的民族性。①

儒家文化是中国多元文化中的主体,这是毋庸置疑的。儒家文化在维系中华民族的统一、兴盛和发展方面,在形成和传承中华民族的心理、文化、精神、智慧等方面,有着不可磨灭的历史功绩。儒家文化是农业社会文化,就政治、意识形态而言,它在总体上已不适应中国现代社会;但就它内涵的民族精神、民族智慧、民族灵魂而言,就它的精华和优秀传统而言,仍有其价值,必然会在新的条件下得到继承和发展。儒家文化的作用、地位和现代意义是道家、佛家等其他诸家文化所不能相比的。正因如此,毛泽东在讲到继承中国传统文化时讲"从孔夫子到孙中山",而不说从老子或墨子到孙中山。他承认孔子是中国古代圣人,也熟悉《论语》。他在抗大讲话中甚至提出要学习孔夫子,要出几个孔夫子。毛泽东一生中引用古今中外名人的话,以孔子的为最多。②在20世纪上半期,在中华民族处于存亡绝续之际,中国共产党人和革命民主主义者在为民族独立和解放的斗争中,继承和弘扬了"从孔夫子到孙中山"的中华民族文化的优秀传统。

中华民族的复兴,离不开中华民族民族精神的继承和弘扬。但由此能否认为,中华民族的复兴,首先是或本质上是儒家文化的复兴呢? 笔者以为

① 详见拙文《陈独秀与中国传统文化》,《孔子研究》1989年第2期,收入《百年中国哲学革命》,人民出版社2015年版。
② 见《毛泽东论孔子言论辑录》,刊许全兴:《毛泽东与孔夫子》,人民出版社2003年版。

不能。

从理论上讲,一个社会,最基本的大致可分为经济、政治、文化(当作观念形态的狭义文化)三方面。它们之间的关系是:"一定的文化是一定社会的政治和经济的反映,又给予伟大影响和作用于一定的政治和经济;而经济是基础,政治则是经济的集中的表现。"①文化是不可缺少的,任何社会没有文化就建设不起来。文化在社会发展的作用与时俱增,不可忽视。但它归根到底是由经济、政治决定的。对旧文化的革命离不开对旧政治、旧经济的革命,对新文化的建设离不开对新政治、新经济的建设。

从历史上讲,近代以来,包括儒学在内的中国文化的衰颓是同整个中华民族的衰颓相联的。一个备受西方列强侵略、瓜分的国家,一个在政治、经济上处于殖民地半殖民的国家,是谈不到民族文化的复兴。中华民族复兴的前提是,中华民族的独立和解放,亦即推翻帝国主义、封建主义和官僚资本主义在中国的统治。没有中华民族的独立和解放,就谈不到中华民族的复兴,而没有中华民族的复兴,就无所谓中华民族文化的复兴。在当代,中华民族文化在世界文化中的地位和影响主要取决于社会主义新中国在当代世界上的地位和影响,取决于我国政治、经济、军事、科学技术、文化教育的发展和综合国力的提升。只有中国强盛了,发展了,才会有更多的外国人来华留学,学习汉语,研究中国的历史文化,学习中国的先进科学技术,学习中国的长处和经验,才能破除西方中心论,西方文化才会真正平等地同中华民族文化交流、对话。今天,我国大学的哲学系普遍设有西方哲学课程及教研机构,而西方大学哲学系开设中国哲学课程的甚少,只是个别的。

现代新儒家普遍夸大了文化的作用,在历史观上,他们是文化决定论者。贺麟在20世纪40年代写的《儒家思想的新开展》一文中的观点很有代表性。他说:中华民族的复兴,本质上是民族文化的复兴。"民族文化的复兴,其主要的潮流、根本的成分就是儒家思想的复兴,儒家文化的复兴。"②今天新儒家

---

① 毛泽东:《新民主主义论》(1940年1月),《毛泽东选集》第二卷,人民出版社1991年版,第663—664页。
② 贺麟:《儒家思想的新开展》(1941年8月),《文化与人生》,商务印书馆1988年版,第4—5页。

们依然持类似的观点,有的甚至更为极端,认为亡国不可怕,最可怕的是亡文化。他们说,五四以来,最大的危机是因儒家文化中断所产生的文化危机,中华民族的复兴,最根本的、最紧迫的是儒学的复兴。为此他们竭力鼓吹立儒教为国教。只要稍有一点我国近现代历史知识的人,就可知道,这种观点完全违背了历史事实,也是一种脱离实际的幻想。

现代新儒家在复兴民族文化的旗号下鼓吹复兴儒学。他们大力宣传,复兴民族文化就是复兴传统文化,就是复兴儒学。这种观点,乍一听似乎有理,因而赢得相当多的人的赞同。其实,这一观点是大可商榷的。

中华民族的复兴是全面的,包含政治、经济、文化等诸方面的复兴。毛泽东在新中国成立前夕就指出:"随着经济建设的高潮的到来,不可避免地将要出现一个文化建设的高潮。中国人被人认为不文明的时代已经过去了,我们将以一个具有高度文化的民族出现于世界。"①在今天,中华民族政治和经济的复兴,绝不是指中华民族传统的旧政治、旧经济的复兴,而是指在革除旧政治、旧经济的基础上建设和发展适合当代中国实际的社会主义的新政治、新经济。同样,中华民族文化的复兴,绝不是指中华民族传统的旧文化的复兴,而是指在革除旧文化的基础上建设和繁荣适合当代中国社会主义新政治、新经济的新文化。把民族文化复兴理解为民族传统文化的复兴,是一种误解,应予以澄清。

有人会说:难道中华民族文化的复兴就同中华民族传统的文化没有关系?当然不是,两者大有关系,而且有十分密切的关系。因为中华民族新文化尽管是中华民族新政治、新经济的反映,但它决不能从空地上建立起来,它必须利用和继承中华民族传统文化中的优秀成果。历史不能割断,当代中国的新文化是中华民族数千年优秀文化的继承和发展。因此中华民族文化的复兴,新文化的建设,需要从包括儒家文化在内的中华民族传统文化中吸取营养,继承精华,从而必然会出现一个研究历史文化的热潮,出现一个向包括儒家在内的古代诸子百家学习的热潮。这就有当今的盛世修典,国学热,儒学热。然而笔

---

① 毛泽东:《中国人从此站立起来了》(1949 年 9 月 21 日),《毛泽东文集》第五卷,人民出版社 1996 年版,第 345 页。

者以为,盛世修典,国学热,儒学热,都不能算是传统文化的复兴,不能算是儒学的复兴,它只是社会主义文化建设的一部分。

三、意识形态"儒学复兴"与学术流派"儒学复兴"

在当代,儒学能否复兴? 笔者以为要具体分析,要区分是意识形态上的"儒学复兴",还是学术流派上的"儒学复兴"。

笔者赞成这样的观点:儒学,作为一种两千多年占统治地位的意识形态,早已随着辛亥革命和五四新文化运动而终结,已不可能复兴。道理很简单,时代变了,经济基础变了,人的思想观念必然随着改变。这一层道理,五四时期的人已经说得很明白了。

有人说,历史上不是曾有宋明儒学的复兴吗,为什么今天不能有第三期的发展呢? 道理同样很简单,两千余年,直至 20 世纪,中国始终是农业社会,孔子之道大体与中国社会的经济基础相一致。进入 20 世纪,更不用说 21 世纪,中国社会发生了深刻的翻天覆地的变化,儒家依赖的经济基础和家族制度已不复存在,要再想复兴儒学,犹如痴人说梦。袁世凯、张勋、蒋介石都主张尊孔读经,结果如何,历史早已有结论。就是竭力鼓吹"复兴儒学"的现代新儒家所在的台港地区,儒学复兴了吗? 恐怕没有,在那里占主导地位的是西方思潮。在那里,儒学的复兴恐怕只仅仅限于少数人的书本上和书斋里。至于大学的课堂里,儒学有多少地位,现代新儒家们心里是清楚的,只是不好说出而已。在 20 世纪 80 年代,新加坡的执政者曾想以儒家价值观之优点去补救西方价值观之弊病,大力提倡儒学,从 1984 年起在中学开设儒家伦理选修课。现代新儒家们热情相助,纷纷应邀赴新加坡讲学,一度备受鼓舞。我国某些人在访问新加坡后也颇受影响,发表感言,认为看来得儒家立国。结果如何? 新加坡儒学复兴了吗? 没有。1989 年儒家伦理课中止。新加坡治国理念和价值观中无疑吸取了儒家的一些积极因素,但其起主导作用的显然不是儒家价值观。连台港地区和新加坡都无法复兴儒学,难道在社会主义的新中国还能复兴儒学吗？答案是不证自明的。

儒家文化远播海外，对人类文明发展有重大影响。在当代，学界普遍认为，儒家价值观对西方文化能有某种补偏救弊之功用。但儒家对西方文化能否有补偏救弊之功用是一回事，儒学能否复兴则是又一回事。在西方社会，经过宗教改革和资本主义洗礼后的基督教等各种宗教，在社会生活仍起着重要作用，但在意识形态上，它们不占主导地位，在调节人与人的伦理关系方面也只起辅助作用。由此可以推定，在现代社会，儒学在经过自我变革后，在处理和调整人伦关系方面可以发挥重要作用，但绝无可能在意识形态上恢复昔日的独尊地位。

有人说，欧洲有"文艺复兴"，为什么中国不能有"儒学复兴"？说这样话的人不明白欧洲"文艺复兴"是怎么回事。在14—16世纪的欧洲，新兴的力量弱小的资产阶级为了同强大的占绝对统治的封建教会和神学势力相抗衡，不得不在复兴古希腊罗马文化的旗帜下，开展资产阶级的新思想、新文化运动。欧洲"文艺复兴"绝不是复兴古希腊罗马文化的运动，而是一次伟大的反封建、反教会的资产阶级的人文主义运动、思想解放运动。现代新儒家的"儒学复兴"，其针对的是现代新思想、新文化，它不是引导人们向前看，而是引导人们向后看。中国有没有类似欧洲的"文艺复兴"呢？有的，但绝不是"儒学复兴"。胡适曾说过，他本人比较喜用"中国文艺复兴"这一名词来称谓五四新文化运动。《新潮》杂志的英文刊名便叫 Renaissane（"文艺复兴"）①。以欧洲有"文艺复兴"为由而提倡"儒学复兴"，这是对"文艺复兴"的莫大误解。

作为一种意识形态的儒学早已终结，为新的意识形态所代替，这是一个不争的历史事实。作为一种学术流派的儒学，是否有复兴的可能？这可以讨论。笔者为，经过自我变革，儒学作为一个学派有可能复兴，成为社会主义多元文化中的重要一元而继续存在和发展。

在社会主义社会，包括佛教、道教、伊斯兰教、基督教、天主教等在内的各种宗教都存在着、发展着，都能适应社会主义社会、为社会主义事业作出有益的贡献。有适应社会主义的新佛学、新道学，为什么不可以有适应社会主义的

---

① 《胡适的口述自传》，《胡适文集》第1册，北京大学出版社1998年版，第340页。

新儒学呢？当然可以有,何况儒学不是宗教,而是一个博大精深、影响久远、对中华民族的生存发展作出伟大贡献的学派。

儒学是一个多层次、多方面的复杂的体系,其中既有精华,也有糟粕。有的学者把它分为三个层面:政治意识形态;学术研究;行为方式。有的学者则把它分为政统、道统、学统三个方面或层面。笔者以为,儒学中作为应世、救世的具体主张和观念自然随着岁月的流逝而过时,失去其价值。但儒学在历史传承中经过磨练、积淀、凝聚的民族智慧、美德、精神、传统却有着普遍的、永久的价值。这方面计其大者有:(一)统一团结、独立自由;(二)自强不息、刚健有为;(三)厚德载物、民胞物与;(四)经世致用、实事求是;(五)多思审问,知行合一;(六)和而不同、执两用中;(七)革故鼎新、与时俱进;(八)内省修养、止于至善;(九)公而忘私、心忧兴亡;(十)民贵君轻,以人为本;(十一)协和万邦、爱好和平;(十二)天下为公、大同理想;等等。这些思想、观念、精神是中华文明之所以能延绵五千余年而不中断的最基本的民族精神,它们将随社会的进步而不断丰富和发展。

至于儒学在政治、教育、道德、哲学、历史、文艺、经济等具体学术领域中的思想,也有许多值得我们发掘和继承的珍贵品。在此仅以教育为例略加提示。如前所说,孔子是我国第一位教育家,有丰富的教育思想。尔后的儒家继承了孔子办学的传统。可以说,中华民族两千余年的教育主要是由儒家承担的,这是儒家对我们民族作出的伟大贡献。中华民族的教育思想,主要是儒家的教育思想。儒家的教育思想在总体上已不适应现代社会的需要,但其中有些传统、经验仍值得现代教育借鉴。1964年,毛泽东在春节教育谈话中尖锐批评当时的教育界,指出现在课程太多,学生负担太重,教学方法、考试方法也不得法,"我们丢了孔夫子的主流"。他向办教育的领导提出:"孔夫子的传统不要丢"。对照今天教育界的状况,我们更有理由发出:"孔夫子的传统不要丢"的呼声。

现今的时代,与五四的时代根本不同了。在那时,儒学主要是被看做民族复兴的障碍,不批孔,就不能前进。在今天,虽然儒学与社会主义现代化相矛盾的一面仍然存在,对其糟粕仍应保持清醒的认识,但已不是主要的。儒学在今天主要是被看成中华民族宝贵的文化遗产。我们应用儒学的精华、优秀成果来为社会主义事业服务。存在两千多年,对中国历史文化作出过伟大贡献,至今仍有珍贵价值和巨大影响的儒学,决不能因社会主义而中断。

在我国,公民有信仰的自由。有人崇信孔子,并致力于从儒学中发掘积极因素来为中华民族的复兴服务,为伟大的社会主义事业服务,这是件好事。儒学,作为一个学术流派在经过短暂中断后有可能重新复兴。复兴后的新儒学无论在传承中华民族文化、为社会主义新文化建设提供思想资源等方面,还是在教化人的品德、调整人与人的关系、建设社会主义精神文明等方面都能发挥重要作用。当然,它只能是社会主义多元文化中的重要一元,而不可能成为多元文化中的主导。

总之,应对"儒学复兴"做意识形态上与学术流派上的区分。这两者有着根本性质的不同,前者绝无可能,后者则有其可能,也有其必要。

四、儒学复兴与中国马克思主义

任何一种学说的生命力在于与时俱进,符合社会发展需要。作为一个学术流派的儒学有可能复兴是一回事,但能否真的实现复兴则是又一回事。儒学能否复兴,关键在自己。

儒学有日新变革、与时俱进的一面,这使得它在两千余年基本上保持占主导地位。但儒学也有宪彰文武、信而好古的一面,这使得它因僵化而终结。在当代,儒学要复兴,取决于儒学自己的自我变革,以适应新的时代。这一点现代新儒家们也都是承认的,问题是如何创造性转化和转化成什么。每个人因政治观点、知识构成、学术倾向、个人气质、情趣爱好、生活经历等的不同,创造性转化的成果也各有特色,千姿百态。

现代新儒家虽然受的现代教育,有现代意识和现代观念,但他们并没摆脱儒家的根深蒂固的"道统"观念的束缚。因而,他们不能正视历史,不愿承认儒学独尊的地位已一去不复返,不敢面对儒学已为新的学说取代的现实。他们仍致力于昔日独尊地位的恢复,而不甘愿于把新儒学作为现代多元文化中的一元。他们并不致力于发掘和弘扬儒学中的积极因素来为社会主义现代化事业服务,而是企图用他们编造的新儒学来改造社会、改造世界。他们的这种心态和主观要求,同我国的现代新佛家、新道家不同。他们的心态和主观要求,同时代相背,只能是主观的幻想。

这里实质上有一个现代新儒学对中国马克思主义态度问题。这一问题解决不好,儒学难于复兴。

近代以来的历史表明,中华民族的复兴靠的是中国化马克思主义的科学指导,而不是靠新儒学。我们在处理儒学与中国马克思主义的关系时首先要承认这一历史结论,否则就会失去正确的方向。历史地看,中国马克思主义的指导地位不是自封的,而是在同包括现代新儒学在内的各种非马克思主义和反马克思主义思潮论争中取得的。倘若有人想以复兴儒学来抗衡、取代中国马克思主义,那就忘记了中国近现代社会发展的最基本的历史经验,就会重蹈前人的覆辙。

现代新儒家承认,儒学要复兴就必须吸取现代西方文明。他们中绝大多数人所说的现代西方文明主要是指西方资产阶级的政治思想和哲学思想以及现代科学技术,而不包括西方文明最先进的成果——马克思主义。由于社会、历史等客观条件,台港现代新儒家的绝大多数人对马克思主义采取排斥、反对的态度,这是可以理解的。他们中的个别人从 20 世纪 30 年代起至 90 年代,终其一生都在反共反马克思主义。有人扬言,第三期新儒学最大的使命,"就是使马列主义的迷雾与魔障及早在中国大陆消失"。这种人以反共反马克思主义为荣耀,然而真正的海外学者对他们的辱骂、攻击不以为然,甚至认为这有失学者身份和儒雅风度。大陆学者在介绍、论析他们的学术思想时往往隐去这方面的内容,笔者以为,这样做未必恰当。

儒学与马克思主义是两个不同时代、不同阶级的思想体系,它们之间存在着根本的对立,否认这种对立是错误的。但它们之间除有对立的一面外,还有互相契合、互相补充的一面。把儒学与马克思主义绝对对立起来的观点同样也是错误的。"从整个人类文化的交往、发展看,马克思主义、马克思是现代西方文明的主要代表,中国传统文化、孔夫子是古代东方文明的主要代表,马克思主义与中国传统文化相结合,马克思与孔夫子相结合,实质上是东西两大文化、文明相结合。"①从学术上讲,可以有以马克思主义为主的结合,也可以有儒学为主的结合。现代新儒家中也有一些学者对马克思主义取宽容、甚至吸取的态度。冯友兰在新理学中就吸取了马克思主义的某些内容,以至有人把它视为唯物史观。在新中国成立后,熊十力、梁漱溟在坚持自己原有学术思想的基础上也吸取了马克思主义的某些因素。美籍华人学者窦宗仪以儒家学说为主体,将儒学与马克思主义相糅合,出版了《儒学与马克思主义》一书。在对马克思主义的态度上,杜维明与台港的某些学者有明显差别。他承认马克思主义是当代显学之一,主张新儒学与马克思主义进行互动、对话,以找到其中的结合点。

在社会主义新中国,儒学要能存在、发展,就必须使自己适应当代中国社会的需要,顺应世界之潮流,所谓"识时务者为俊杰"。因此,儒学现代化不可或缺的一个重要途径、方面是吸取马克思主义尤其是吸取中国化的马克思主义相关因素。只有这样,新儒学才能成为社会主义多元文化中的重要一元并发挥积极作用。这并不是要求新儒学接受马克思主义指导,更不是要求新儒学马克思主义化,新儒学依然可保持自己的特质和气派。

在现代社会,信仰马克思主义,还是信仰儒学,这完全是个人信仰自由的问题。是以马克思主义为指导研究儒学,继承和弘扬儒学的优秀成果,还是笃信儒学,致力儒学学派的传承和发展,这完全是个人学术研究的自由。对儒学作马克思主义的学术研究永远需要,不会中断。我们不能把以马克思主义为指导研究儒学的学者称为现代新儒家,也不能把他们的成果纳入新儒学。张岱年坚持以马克思主义指导研究儒学和中国哲学。他学识渊博,思想精深,成果卓著,德高望重,享有盛誉,是名副其实的国学大师。当有人想把他列入当代新儒家时,他明确地说:"我不是新儒家。"②确实,他是国学大师,中国哲学史家,也是有成就的马克思主义哲学家。

---

① 拙文《马克思主义与中国传统文化相结合四题》,《理论动态》2008 年 10 期,总第1795 期。

② 周桂钿:《"我不是新儒家"》,《北京日报》2004 年 5 月 24 日。周桂钿任国际儒学院常务副院长、国际儒联学术委员会主任、中国哲学史学会副会长、中华孔子学会副会长。他也说:"我不是新儒家。"

对儒学的研究完全是自由的、开放的,不是只有一种声音,而是百家争鸣,不是只有一种模式,而是无有定式。笔者以为,真正的新儒家应是笃信儒学,践行儒学,专心致志,心无旁骛,在新时代以传承和弘扬儒学为自己生命的现代儒者。儒学作为一个学术流派要得到复兴,就必须有这样的新儒者、新儒家。儒学不是宗教,但新儒学家要有新佛学家、新道学家那样一种对自己所崇信学说的践履精神、献身精神和平常心态。仅仅把儒学作为研究的对象的研究者不能算现代新儒家,仅仅热心提倡"儒学复兴"的人也不一定能算得上现代新儒家,至于把儒学作为晋升、成名、发财的敲门砖的人更不能算是现代新儒家。就此而言,在大陆真正可称得起为现代新儒家的学者屈指可数,作为一个学术流派儒学的复兴确实还仅仅是在起始阶段。

儒学作为一种学说,是最重要的国宝、国粹,需要有一些有志于献身于民族文化事业的学者一代一代传承下去,并使之得到发展和弘扬。

笔者对儒学无有专门研究,对现代新儒学也只是关注而已。本文仅是一孔之见,不妥之处,希请学界同仁指正、谅解。

两个"老祖宗"都不能丢[*]

马克思主义与中国历史文化相结合是马克思主义中国化题中应有之义。中国化马克思主义不仅是中国革命、建设和改革开放实践经验的总结和概括，也是中国历史文化的总结和概括。中国马克思主义者除了马克思、列宁"老祖宗"外，还有中国自己的"老祖宗"。马克思、列宁"老祖宗"和中国自己的"老祖宗"都不能丢。中国马克思主义者应是中华民族优秀文化的继承者和弘扬者。

一、中国马克思主义者有两个"老祖宗"

近代以来，中国面临着民族独立和社会现代化的双重历史任务。为了挽救民族的危亡，实现国家的独立、富强和人民的自由、幸福，无数仁人志士，经历了千辛万苦，终于找到了马克思主义作为救国救民的真理。一个多世纪以来的历史证明，解决中国问题的思想武器，要靠无产阶级的马克思主义，靠中国化的马克思主义。中国革命的胜利，社会主义建设和改革开放的辉煌成就，中国社会发生的翻天覆地的巨变，均是在马克思主义指导下取得的，是马克思主义在中国的胜利。因此，中国共产党始终把坚持马克思主义作为立党立国之本，一贯强调马克思、列宁"老祖宗"不能丢，丢了就会亡党亡国。这是我们

　　* 本文刊《北京大学学报》2010 年第 4 期,人大复印资料《马克思列宁主义研究》2010 年第 11 期,收入《马克思主义自我反思与创新》(论文集),人民出版社 2018 年版。

观察和讨论一切中国重要问题(包括中国文化发展问题)的基本原则,否则就会迷失方向,走上邪路。

中国马克思主义者,除了马克思、列宁"老祖宗"外,还有没有中国自己的"老祖宗"呢? 这是我国舆论宣传较少涉及的问题。作为中国马克思主义者,把马克思主义的创立者和主要发展者马克思、列宁作为自己的"老祖宗",这是合乎逻辑的。同样,中国马克思主义者,除了马克思、列宁"老祖宗"外,还应有中国自己的"老祖宗",这也是天经地义的。因为,中国马克思主义者首先是中国人,中华民族的一分子,而且是优秀的一分子,血管里流淌着中华民族的血液,思想文化上受惠于数千年中华民族历史文化的滋养。中国马克思主义者应是中华民族优秀品质和优秀传统的继承者和弘扬者。倘若中国马克思主义者,否认有中国自己的"老祖宗",那他就是中华民族的不肖子孙,在中华民族就没有存身之地,也就不是真正的中国马克思主义者。

从更深一层的学理层面讲,产生于西方的马克思主义到了中国,要在中国发生作用,开花结果,就必须中国化,使之成为中华民族血肉相连的一部分。马克思主义的中国化,不仅要使马克思主义与中国的革命、建设和改革开放的实际相结合,而且要与中国的历史文化实际相结合。在这两方面的结合中,虽然前者是主要的、基础性的,但后者也是十分重要的、不可或缺的。1938 年 10 月,毛泽东在中共六届六中全会上阐述马克思主义中国化时把研究历史提到与研究理论、研究现状同样的高度来说明,指出要继承从"孔夫子到孙中山"的数千年的珍贵历史遗产。他本人博古通今,对中国历史文化有精深的了解。他的思想、理论和实践,是马克思主义基本理论、中国社会的现实和中国的历史文化三者的有机统一,既是马克思主义的,又是地地道道的中国的,是真正中国化的马克思主义。

毛泽东思想的基础理论来源于马克思主义,这是无可置疑的,但它的有些思想,尤其是它深层的精神,则源于中国的历史文化,源于中华民族的民族智慧和民族精神,这同样也是不争的事实。如独立自主的思想并非来自于马列和共产国际,而是来自于中华民族自强不息、不屈于任何外力的独立自主精神。按照马克思主义,工人无祖国,强调的应是国际主义。按照共产国际的章程,中共是共产国际的一个支部,应执行共产国际的决议。毛泽东坚持独立自主的原则,以我为主,以中华民族的独立自由为最高利益,在尊重共产国际和斯大林的同时,又抵制了共产国际和斯大林的错误主张,从而取得中国革命的胜利。新中国成立后,又是在独立自主、自力更生的方针指导下,打破了帝国主义和霸权主义的包围、封锁、侵略和干涉,顶住了帝国主义西化、分化的图谋,使社会主义新中国屹立于世界东方。独立自主,自力更生,走自己的路,是中国共产党立党立国之本,是毛泽东思想和中国特色社会主义理论的活的灵魂。从某种意义上讲,没有独立自主,就没有中国共产党,没有社会主义新中国,也就没有中国化马克思主义。因此,丢掉了中国自己的"老祖宗",就等于中断了中国历史、中国血脉和中华文明,同样要亡党亡国。

产生于西方的马克思主义,没有能在西方取得实践上的胜利,倒是在一个经济、政治、文化相对落后的东方大国——中国取得胜利,其原因是多方面的,主要是由于 20 世纪发生的两次世界大战、俄国十月革命的胜利等有利的国际形势和中国社会现实矛盾的特殊性、尖锐性、复杂性。但也不可否认,马克思主义能在中国生根、开花和结果,与中国是一个具有悠久历史的、灿烂文明的大国密切相关的。试想,即使是最好的种子能在贫瘠的沙漠中长成参天大树吗? 不可能。因此,从这方面看,马克思主义在中国获得实践上的胜利绝不是偶然的,博大精深的中国文化是其扎根、开花、结果的必要条件。

刘少奇在中共七大的报告中说得好,毛泽东思想是应用马克思列宁主义的科学方法,"概括中国历史、社会及全部革命斗争经验而创造出来"的,"是中国民族智慧的最高表现和理论上的最高概括"[1]。中共七大对毛泽东思想的说明比今天流行的表述更为全面、准确。今天的表述舍弃了毛泽东思想的丰富历史文化内涵。这反映了我国理论界对毛泽东思想及马克思主义中国化内涵的理解上有偏颇。这种理解上的偏颇直接导致我国马克思主义理论界对中国历史文化研究的忽视。

长期以来,我们只认马列一个"老祖宗",不认在马列之外还有中国自己的"老祖宗",不认孔子、老子、墨子……孙中山等"老祖宗"。结果不重视学习历史,对历史知之甚少。在许多马克思主义者看来,研究中国历史文化固然很

---

[1]　刘少奇:《论党》,《刘少奇选集》上卷,人民出版社 1981 年版,第 334、335 页。

重要,但这是历史学家们的事,哲学史家们的事,而不是我们马克思主义理论家分内的事,我们的任务是读马列的书,研究马克思主义理论。作为马克思主义自然要刻苦地、认真地研读马列著作,力求完整准确地把握马克思主义的基本原理。但若仅仅停留于此,那是很不够的,还不能算是中国的马克思主义者,而只能算是在中国的马克思主义者研究者,甚至很可能是一个只知道外国、不知道中国的教条主义者。其实,认真学习和研究历史,继承和弘扬中国历史文化的优秀传统,这是中国马克思主义者责无旁贷的应尽职责。今天,我们的马克思主义理论家们和专门的学者们可扪心自问:自己对中国历史文化究竟知道多少? 很多理论家和学者仍然是像毛泽东在延安整风运动中指出的那样,言必称外国,"对于自己的祖宗,则对不住,忘记了"①。这是笔者提出中国马克思主义者不能忘记中国自己的"老祖宗"的缘由和根据。

二、中国马克思主义应是中华历史文化的总结和概括,具有中华民族的民族智慧、民族精神、民族灵魂

马克思主义与中国历史文化相结合,这已是我国理论界、学术界绝大多数人的一种共识,但在如何理解结合和怎样进行结合上,则有不同的见解和做法。

较为流行的理解是:马克思主义是人类智慧的结晶,其中包含了中华民族的智慧。因此,马克思主义与中国历史文化的结合主要是用丰富的中国思想资料来证明马克思主义原理具有普遍真理性,说明马克思主义与中国历史文化有一致性,帮助读者理解马克思主义,同时又可提高读者的民族自尊心、自信心和自豪感。这种理解和做法,具有一定的合理性,是一种浅层次的、通俗化的初步结合。但这种理解和做法,实质上是把博大精深的中国历史文化当成马克思主义普遍真理的"注释和证明"。因而从根本上讲,这种理解和做法

---

① 毛泽东:《改造我们的学习》,《毛泽东选集》第三卷,人民出版社 1991 年版,第 797 页。

并未能正确把握马克思主义与中国历史文化相结合的实质。

笔者认为,马克思主义与中国历史文化相结合应是:立足当代中国和世界的现实,以马克思主义为指导,对中国历史文化进行科学地总结和概括,用中国历史文化中的珍品,丰富和发展马克思主义,并以此指导中国革命、建设和改革开放的实践。如果说马克思、恩格斯、列宁的马克思主义主要是欧洲文明的总结和概括,那么中国马克思主义应当是数千年中国文明的总结和概括。中国马克思主义应具有中华民族的民族智慧、民族精神和民族灵魂。在这方面,毛泽东为我们树立了典范。在 20 世纪三四十年代,中华民族处于亡国灭种的危难时刻,是什么思想、理论和实践,代表了中华民族的民族智慧、民族精神和民族灵魂?从哲学上讲,我们不能否认熊十力、冯友兰、金岳霖、贺麟等哲学家的哲学思想在某些方面体现了中华民族的民族智慧、民族精神和民族灵魂,但最能集中体现中华民族的民族智慧、民族精神、民族灵魂的不是别的什么理论、思想,而是以毛泽东为代表的中国共产党人的理论和实践,是毛泽东思想。毛泽东思想为马克思主义与中国历史文化相结合提供了宝贵的启示。

中华民族的文化是一个内容丰富的多层次、多方面的复合体。因此马克思主义与中国历史文化相结合也可在不同层次、不同方面进行。就层次而言则有民族精神(文化精神),民族传统,历史经验,文化诸方面的具体内容,神话传说、成语典故、民间谚语等思想资料;就文化的诸方面而言则有哲学、政治、经济、军事、教育、历史、文学艺术等等。

马克思主义中国化最根本的是民族精神层面的结合。这种结合应是两者基本精神不露形迹的、自然的融合,如毛泽东所做的那样,而绝非是简单的引证和外在的拼接。马克思主义只有与中华民族的民族智慧、民族精神、民族灵魂融合为一体才算真正地中国化。这里有一个中华民族的民族精神是什么的问题。中华民族的民族精神是活生生的、发展着的,其内涵既广且深,绝非一两个命题和论断所能概括。计其主要的则有:独立自主、维护统一的爱国精神;自尊自信、自强不息的奋斗精神;与时俱进、日新变革的创新精神;崇真求实、经世致用的实事求是精神;天下为公、公而忘私的精神;协和万邦、爱好和平的精神等等。这些精神互相渗透,其中最核心的则是独立自主、自强不息的主体精神。毛泽东思想和中国特色社会主义理论充分地吸取和发展了这些精神。

至于就哲学方面而言,中国化的成果则不尽如人意。现今的马克思主义哲学教科书,虽然十分注重吸取毛泽东思想和党的最新理论成果,但从内容到体系仍未能摆脱外来的影响。有的学者至今仍把 20 世纪 30 年代苏联的哲学教科书体系当作不可逾越的形态。2006 年 3 月,笔者在南京大学对马克思主义理论建设工程编写马克思主义哲学教科书的顾问、专家和南京大学哲学系师生做学术报告时指出,中国化的马克思主义哲学教科书绝不仅仅是在论述马克思主义哲学原理时引用中国古代哲学的某些思想资料,而是要在立足当代中国和世界的基础上,对中国传统哲学作出总结和概括,从内容到体系均有中国特点,青年学生读了我们的哲学教科书,要能从中领悟到中国哲学精神,体会到中华民族的智慧和灵魂。要做到这一点,需要我们的哲学家下一番苦工夫,研究和把握中国哲学的精华,并使之与马克思主义哲学的精神融为一体。

三、要十分警惕中国传统文化消极因素的渗入,大胆吸取世界文明成果

中国传统文化既有精华、优良传统,也有糟粕、不良传统。而事实上精华与糟粕、优良传统与不良传统往往交错在一起,是一个问题的两面。提倡天下为公、公而忘私、国而忘家,这是中国最重要的传统美德,永远需要继承和发扬。但另一方面,它又有忽视以至抹杀个人利益、个性自由的明显缺陷。中国古代以德治国,重视道德教化的作用,但又包含明显的片面性,轻视物质利益,以人治代替法治。中国传统优良道德要继承和弘扬,但它毕竟是农业社会、专制主义制度下的道德,而非现代社会的道德,因而不可盲目全盘肯定。按照中国传统道德来修养,可以修养成一个温文尔雅、恭顺听话的人,但决不能修养成一个具有独立人格、富于创新的现代人。

中国没有经历发达资本主义阶段,几千年根深蒂固的封建基础没有经过资本主义铁犁的翻耕。因此,在社会主义初级阶段,反对封建旧文化中消极因

素将是一个长期的、艰巨的历史任务,对此不能低估。专制主义、家长制、一言堂、官贵民贱、官本位、等级制、强同斥异、无个性自由、崇古尊圣、因循守旧、夷夏之辨等等封建的坏传统在社会生活的各个方面均不同程度地存在着。在国学热、尊孔热的今天,在大力提倡继承和弘扬中国传统文化珍贵遗产的时候,我们应有一个冷静的清醒的头脑,避免一种倾向掩盖另一种倾向,避免崇古尊圣习惯势力的复起。在提倡马克思主义与中国传统文化相结合时,一定要十分警惕中国传统文化消极因素的渗入。

中国特色社会主义是在半封建半殖民地基础上建立起来的。我们的前人不仅没有为我们准备好社会主义的物质文明,而且也没有为我们准备好必要的制度文明和精神文明。中国只有封建专制的传统,而无有民主自由的传统。这是当代中国国情的一个不可忽视的重要方面。按照马克思的设想,像中国这样没有经过发达资本主义的国家建设社会主义,必须充分吸取"资本主义制度所创造的一切积极的成果"[1]。社会主义正反两方面的实践证明了这一点。西方反动势力亡我之心不死,千方百计图谋西化分化我国,对此我们不能掉以轻心,必须高度警惕。但我们决不能由此拒绝批判地借鉴西方的制度文明和精神文明。社会主义的制度文明和精神文明既是同资本主义的制度文明和精神文明根本对立的,又是在借鉴资本主义的制度文明和精神文明基础上建立起来的。因此,我们在马克思主义与中国传统文化相结合的过程中,必须面向世界,大胆吸取世界文明成果,在中国化的同时做到时代化、大众化。

---

[1]　马克思:《给维·伊·查苏利奇的复信》(1881年2月底—3月初),《马克思恩格斯选集》第3卷,人民出版社1995年版,第765页。

后　记

　　本书篇幅不大,只有二十多万字,前后花了十多年时间,其中有的章节反复修改过多次,即使如此,仍感有许多不足之处,衷心欢迎读者批评指正。

　　本书打印稿曾送请黄楠森、沈冲、傅云龙教授审读,提意见。三位教授德高望重,都是这方面的专门家。他们看得十分认真、仔细。他们在对书稿加以充分肯定的同时也直率地指出了其中的不足,提出了修改的建议。除得到书面的审阅意见外,本人还当面向他们请教,坦诚交换意见。他们的认真负责精神令我感动。在此,特向他们表示敬意和感谢。

　　时下不少著作,空话、套话连篇,又臭又长,故弄玄虚,晦涩难读,八股气十足,即所谓的一空、二长、三难读。有的著作虽然内容甚为丰富,但由于篇幅过长,或语言佶屈聱牙,往往使读者望而生畏。为矫正此类弊端,笔者力求少讲空话、套话,把本书写得言简意赅,文约义丰,朴实流畅,引人入胜。笔者的主观意图在书中是否真的得到体现,则须由广大的读者来评判。凡事有利必有弊,因为力求简洁,本书对不少问题仅是点到为止,未能说透,意犹未尽,这点望读者谅解。笔者以为,在信息爆炸的时代,不论是文章还是著作都应力求写得实些,精些,通俗些。这样做,作者本人需要花费更多的精力和时间,但却节省了读者的时间和金钱,有益于学术的发展。

　　在 1993 年毛泽东诞辰 100 周年时出版了拙作《毛泽东晚年的理论与实践》。该书得到理论工作者、广大干部和青年朋友们的欢迎和好评,曾获首届国家社会科学基金项目优秀成果三等奖。2003 年是毛泽东诞辰 110 周年,本书是献给伟大导师毛泽东诞辰 110 周年纪念的礼物。但愿本书仍能得到广大读者的厚爱和好评。

最后,向为编辑本书付出辛勤劳动的田园同志表示衷心的感谢。

许全兴

2003 年 4 月 17 日

责任编辑：夏　青

图书在版编目（CIP）数据

毛泽东与孔夫子/许全兴著. —北京：人民出版社，2020.9（2023.5 重印）
ISBN 978－7－01－022302－5

Ⅰ.①毛…　Ⅱ.①许…　Ⅲ.①儒学-毛泽东思想研究　Ⅳ.①A84②B222.05

中国版本图书馆 CIP 数据核字（2020）第 127238 号

毛泽东与孔夫子
MAOZEDONG YU KONGFUZI

许全兴　著

人民出版社 出版发行
（100706　北京市东城区隆福寺街 99 号）

环球东力（北京）印务有限公司印刷　新华书店经销

2020 年 9 月第 1 版　2023 年 5 月北京第 3 次印刷
开本：710 毫米×1000 毫米 1/16　印张：23
字数：360 千字

ISBN 978－7－01－022302－5　定价：66.00 元

邮购地址 100706　北京市东城区隆福寺街 99 号
人民东方图书销售中心　电话（010）65250042　65289539